一流本科专业一流本科课程建设系列教材

城市经济学

张明斗 编

机械工业出版社

城市经济学是经济学领域的一门新兴学科，属于应用经济学的学科分支。本书遵循"篇—章—节"层层推进的编排思路，围绕城市经济的本质内核搭建框架，并将习近平新时代中国特色社会主义思想融入其中，主要包括四篇十五章，全面系统地阐述了城市经济学的基础理论、城经济、市经济、城市公共政策等内容。本书语言流畅、条理清晰、结构严谨，体现了较强的实用性与启发性。

本书可以作为高等学校经济学、城市管理、公共事业管理等专业本科生的教学用书，也可以作为区域经济学、城市经济学等专业研究生的教学与研究用书，以及广大公务员和城市管理实际工作者的自学和辅导用书。

图书在版编目（CIP）数据

城市经济学/张明斗编. —北京：机械工业出版社，2022.8（2025.1重印）

一流本科专业一流本科课程建设系列教材

ISBN 978-7-111-71254-1

Ⅰ.①城⋯ Ⅱ.①张⋯ Ⅲ.①城市经济学-高等学校-教材 Ⅳ.①F290

中国版本图书馆CIP数据核字（2022）第126640号

机械工业出版社（北京市百万庄大街22号　邮政编码100037）
策划编辑：常爱艳　　　　　责任编辑：常爱艳　刘　静
责任校对：史静怡　张　薇　封面设计：鞠　杨
责任印制：张　博
北京建宏印刷有限公司印刷
2025年1月第1版第3次印刷
184mm×260mm·20印张·479千字
标准书号：ISBN 978-7-111-71254-1
定价：59.80元

电话服务　　　　　　　　　网络服务
客服电话：010-88361066　　机　工　官　网：www.cmpbook.com
　　　　　010-88379833　　机　工　官　博：weibo.com/cmp1952
　　　　　010-68326294　　金　书　网：www.golden-book.com
封底无防伪标均为盗版　　　　机工教育服务网：www.cmpedu.com

前　言

城市经济问题一直都是社会各界关注的重点话题。随着城市化进程的加速，城市越来越成为人类活动的主体空间，尤其是在新时代的背景下，城市空间的重要性越发凸显。改革开放以来，我国城市发展取得显著的成效，在国民经济社会发展中起到了中流砥柱的作用；城市化的快速推进更是将国民经济发展推向前所未有的高度。然而，这其中也引发了一些"城市问题"，降低了城市经济发展的效率，阻碍了城市经济的高质量运行。如何深度解决这些"城市问题"，尤其是如何运用城市经济学的基本理论知识，为这些问题的解决提供理论上的指导和实践上的指引，成为摆在我们面前的重大课题。城市经济问题研究的勃兴和城市问题解决方案的制订，要求城市经济学学科体系必须与时俱进，本书的编写就是在这一想法基础之上产生的。

本着遵循经典、与时俱进、深入浅出、体系完整、理论联系实际的基本原则，通过四篇十五章的内容体系把城市经济的基本理论展现在读者面前，具有以下四点创新：①本书坚持以对城市经济基本范畴和城市经济学基础理论问题的研究、对以城市土地和城市基础设施等公共产品为代表的"城"经济运行规律的研究、对以城市产业和城市物流等私人产品为代表的"市"经济运行规律的研究、对城市政府公共经济行为和城市公共政策的研究为序列，形成一种全新的内容框架。②本书全面系统地梳理了城市经济学的基础理论，突出了城市经济学理论与应用的关系，既能够给初学者认识城市经济学理论体系提供演进脉络，抓住核心纲领，也能够为研究者进一步深度挖掘和开发城市经济学理论奠定扎实基础。③本书坚持"篇—章—节"层层推进的编排思路，围绕城市经济的本质内核搭建框架，并基于城市经济学的理论特色组织内容，有别于一般教材中笼统性章节划分的特征结构；将习近平新时代中国特色社会主义思想纳入教材的编写中，既保留城市经济学的理论精华，又具有中国"本土化"实践特点，内容做到系统、新颖、通俗和规范。④对城市发展战略和政策展开全方位分析。一般的城市经济学教材，对城市政府职能和公共政策有所阐述，但是对城市政府应有的城市发展战略内容阐述较少，本书从城市政府的完整职能出发，阐述了城市政府的公共经济、发展战略和公共政策等职能及其具体内容。

本书是对理论研究与教学实践的总结。本书由东北财经大学张明斗副教授编写。本书在编写过程中，得到了东北财经大学王雅莉教授、冯云廷教授、苗丽静教授的指导和帮助。

同时，本书在编写过程中参阅了大量国内外资料，因篇幅所限，不能一一列举，在这里向所有参考资料的作者表示诚挚的谢意。

为方便授课，我们为选择本书作为授课教材的教师免费提供部分授课视频、教学课件、教学大纲、课后习题答案。请登录机工教育服务网（www.cmpedu.com）索取。

本书虽力求正确无误，但由于时间紧张和作者水平有限，不成熟和值得商榷之处在所难免，恳请读者批评指正。

张明斗

目 录

前　言

绪论 ·· 1
　【学习目标】 ·· 1
　复习思考题 ·· 9

第一篇　基 础 理 论

第一章　城市与城市经济 ·· 12
　【学习目标】 ·· 12
　第一节　城市 ··· 12
　第二节　城市经济 ··· 22
　第三节　城市化 ·· 27
　复习思考题 ·· 31

第二章　城市经济基础理论 ·· 32
　【学习目标】 ·· 32
　第一节　经济区位理论 ·· 32
　第二节　集聚经济理论 ·· 48
　第三节　城市化理论 ·· 54
　复习思考题 ·· 63

第三章　城市经济增长与发展 ··· 65
　【学习目标】 ·· 65
　第一节　城市经济增长的含义与测度 ·· 65
　第二节　城市经济增长模型 ··· 68
　第三节　城市经济发展 ··· 81
　复习思考题 ·· 87

第四章　城市规模经济 ·· 88
　【学习目标】 ·· 88
　第一节　城市规模经济与适度规模 ··· 88
　第二节　城市规模分布 ··· 97
　第三节　城市群与城市化区域 ··· 102
　复习思考题 ·· 105

第二篇　城　经　济

第五章　城市土地经济 ·· 108
　【学习目标】 ·· 108

第一节　城市土地概述 ………………………………………………………… 108
　　第二节　城市土地利用 ………………………………………………………… 114
　　第三节　城市内部空间结构 …………………………………………………… 117
　　第四节　我国城市土地利用制度与政策 ……………………………………… 123
　　复习思考题 ……………………………………………………………………… 130

第六章　城市基础设施经济 …………………………………………………… 131
【学习目标】 ………………………………………………………………………… 131
　　第一节　城市基础设施概述 …………………………………………………… 131
　　第二节　城市基础设施供求与发展模式 ……………………………………… 135
　　第三节　我国城市基础设施的建设 …………………………………………… 144
　　第四节　城市基础设施产业化趋势与政府规制 ……………………………… 151
　　复习思考题 ……………………………………………………………………… 156

第七章　城市住宅经济 …………………………………………………………… 158
【学习目标】 ………………………………………………………………………… 158
　　第一节　城市住宅经济概述 …………………………………………………… 158
　　第二节　我国城市住房制度的问题与改革 …………………………………… 163
　　第三节　我国城市住房政策及其完善 ………………………………………… 168
　　复习思考题 ……………………………………………………………………… 176

第八章　城市交通经济 …………………………………………………………… 177
【学习目标】 ………………………………………………………………………… 177
　　第一节　城市交通经济概述 …………………………………………………… 177
　　第二节　城市交通的经济学分析 ……………………………………………… 180
　　第三节　城市交通模式 ………………………………………………………… 185
　　第四节　城市交通政策 ………………………………………………………… 192
　　复习思考题 ……………………………………………………………………… 197

第九章　城市安全经济 …………………………………………………………… 198
【学习目标】 ………………………………………………………………………… 198
　　第一节　城市安全经济概述 …………………………………………………… 198
　　第二节　城市突发事件与公共应急预案的经济分析 ………………………… 202
　　第三节　城市治安的经济学分析 ……………………………………………… 209
　　复习思考题 ……………………………………………………………………… 211

第十章　城市环境经济 …………………………………………………………… 212
【学习目标】 ………………………………………………………………………… 212
　　第一节　城市环境与城市环境问题 …………………………………………… 212
　　第二节　城市环境的经济分析 ………………………………………………… 216
　　第三节　生态城市建设 ………………………………………………………… 221
　　复习思考题 ……………………………………………………………………… 227

第三篇 城市经济

第十一章 城市产业经济 ... 230
【学习目标】 ... 230
第一节 城市产业分类 ... 230
第二节 城市产业结构 ... 232
第三节 城市产业集群 ... 235
复习思考题 ... 242

第十二章 城市劳务经济 ... 243
【学习目标】 ... 243
第一节 城市劳动人口流动 ... 243
第二节 城市劳动力市场 ... 246
第三节 城市就业与失业治理 ... 252
复习思考题 ... 256

第十三章 城市物流经济 ... 257
【学习目标】 ... 257
第一节 物流与城市物流 ... 257
第二节 城市物流系统 ... 263
第三节 城市物流政策体系 ... 268
复习思考题 ... 272

第四篇 城市公共政策

第十四章 城市地方社会财力与城市财政 ... 274
【学习目标】 ... 274
第一节 城市地方社会财力概述 ... 274
第二节 城市财政 ... 278
第三节 城市社会投融资 ... 285
复习思考题 ... 290

第十五章 城市发展战略与政策 ... 291
【学习目标】 ... 291
第一节 城市发展战略体系 ... 291
第二节 新型城镇化战略与政策 ... 296
第三节 城市现代化战略与政策 ... 301
第四节 城市国际化战略与政策 ... 304
第五节 城市竞争合作战略与政策 ... 308
复习思考题 ... 311

参考文献 ... 312

绪论

【学习目标】

通过绪论的学习，要求学生能够充分理解城市经济学的产生背景、发展历程和基本理论体系，了解城市经济学学科性质和研究范围，明确城市经济学是研究以城市空间要素利用为核心的资源配置和城市福利最大化的经济科学。它以集聚经济原理为核心的关于城市经济力集聚、扩散及其城市化需求与供给的运行规律的研究属于理论经济学，而以城市公共产品有效供给为核心的对各种城市经济具体问题运行规律的研究属于应用经济学。同时要初步了解城市经济学的方法论与理论流派。

一、城市经济学的产生与发展

城市经济学是关于城市空间有效利用及在城市空间资源制约下的经济活动规律的科学，是一门新兴的经济学分支学科。城市化是社会生产力发展的一个必经阶段，城市经济学所揭示的科学规律对指导国家和民族的现代化进程有重要的理论指导和实践意义。若想全面了解什么是城市经济学，要从它的产生和发展的历史谈起。

20世纪60年代，随着第二次世界大战后世界各国经济的快速发展，对城市空间的经济性利用达到了空前的程度。把农业国转向工业国的愿望，追求高于农村生活质量的城市生活方式和由集聚带来的大量的生产力外部效果和规模效益，使人们纷纷进入城市。这在提高人们生活质量的同时，也使城市空间的经济密度极度提高，甚至超过了它的可容纳水平，出现了所谓"城市病"：由于大城市数量和人口的猛增造成了生态环境恶化、交通拥挤、住房紧张、地价上涨、犯罪率上升等严重问题。这些问题的出现，妨碍了城市的进一步现代化和生产力的进一步发展，促使许多专家、学者从经济学、人口学、社会学、地理学、生态学、城市规划学等不同学科的不同角度寻找各种城市问题产生的原因并探寻解决的办法。于是，在对各种城市问题的大量、系统的研究热潮中，城市经济学建立起来并得到了迅速发展。

将城市经济学作为一门独立学科来研究，一般认为始于美国学者威尔伯·汤普森（Wilbur Thompson）于1965年主编的《城市经济学导论》一书，之后随着大量城市经济学教科书和专著的陆续问世，城市经济学作为一门独立学科的地位得以确立。到目前为止，短短几十年的时间，城市经济学得到迅速发展，并成为世界各国高等院校经济学科大学生的必修和选修课程。

城市经济学开辟了一个全新的研究领域。首先，它把经济学研究从过去的主要关注资源随着时间延续的利用状态，转向主要关注资源随着空间变化的利用状态及其空间资源的有效利用，为解决人类社会人口增多而生活和生产空间日益狭小的矛盾发挥了和正在发挥着重要作用。其次，空间资源从来就是人类社会发展的重要资源，在经济学的思想史上，对空间资源早就存在大量的相关论述，为城市经济学形成一门独立的学科奠定了深厚的基础。

早在16世纪，就有文献讨论了城乡关系、城市中心的位置及规模等问题。到了资本主义发展较快的18世纪后期及19世纪，则有更多的学者涉猎城市经济的研究。亚当·斯密（Adam Smith）对城市及其功能进行过详细的论述。如在《国民财富的性质和原因的研究》一书中，多处提出有关城市商业、金融及城乡关系的精彩观点。他指出："要先增加农村产品的剩余，才谈得上增设城市"，城市化"决不能超过农村的耕作情况和改良情况所能支持的限度"。这与当时英国推行牺牲农业、实行片面工业化进而实行殖民扩张的政策形成鲜明对比。50年之后，德国人冯·杜能（Von Thünen）提出了城市经济学的大量基础性概念。他于1826年发表的《孤立国对于农业及国民经济之关系》一书，对城市与农村之间的通融、城市增长对耕地的影响、城市及商业活动对地租及农产品价格的影响、土地类型划分等内容做了较为详尽的阐述。另一位德国学者韦伯（Weber）于1909年出版了《工业区位论：区位的纯粹理论》一书，表明他在杜能的基础上，是真正把经济学理论应用于城市空间方面研究的第一位西方学者。他认为，区位因子决定生产场所；工业配置时，要尽量降低成本，尤其是运费；工业区位论对城市工业发展与布局以及工业区位的选择等问题的研究具有重要意义。他的经济学思想与当时流行的德国历史学派有所差异，他特别强调了空间因素在生产领域中的作用。两位德国学者关于空间经济的研究成果，可视为西方城市经济学最重要的先导。

在这一时期，作为西方经济学的古典经济学阶段的主流学派，对城市问题，特别是许多国家的快速城市化，马歇尔（Marshall）和大多数古典经济学家却罕有著述；即使到了新古典及后凯恩斯阶段，主流经济学也很少论及城市。这不能不使人感到遗憾。

此外，20世纪20年代兴起的土地经济学，可看成西方城市经济学又一个重要的先导性学科。著名学者伊利（Ely）和莫尔豪斯（Morehouse），融合德国历史学派和20世纪美国制度学派的经济学思想，于1924年出版了《土地经济学原理》一书。该书成为西方土地经济学的经典之作，其中已大量涉及城市土地结构、土地政策等内容。美国土地学家赫德（Hurd）于1924年研究了美国200个城市的资料后，提出"楔形理论"，指出城市土地利用功能分区是从中央商务区（CBD）向外放射，形成楔形地带。这一理论是城市内部地域结构的三个基本理论之一。美国经济学家帕克（Park）、伯吉斯（Burgess）于1925年通过对当时的新兴大城市——芝加哥的调查，总结出城市人口流动对城市功能地域分异的五种作用力，即向心、专业化、分离、离心、向心性离心。它们在各功能地带间不断交叉变动，使城市地域形成了由内向外发展的"同心圆式结构体系"。其结构模式为：CBD、过渡带、工人居住区、高级住宅区、通勤居民区。城市土地市场的价值表现为：越靠近闹市区，土地利用集约程度越高；越向外，土地利用越差，租金越低。1936年，霍伊特（Hoyt）在研究了美国的64个中小城市的房租资料和若干大城市资料以后，对"楔形理论"和"同心圆式结构体系"加以发展。他们根据城市发展由市中心沿主要交通线向外扩展的事实，认为"同心圆式结构体系"将城市由市中心向外均匀发展的观念不能成立。高租金地域沿放射形道路呈楔形向外延伸，低收入住宅区的楔形位于高租金楔形之旁。这些研究将城市问题从单纯的工程技术领域拓展至社会经济领域，从而确立了城市经济学的社会科学性质。

第二次世界大战之后，西方学者对城市经济的研究形成一个高潮。战后第一篇重要文献首推克拉克（Clark）的《城市人口密度》（1951年），这是一篇研究世界上各种类型城市人口密度的实证文章，引起许多学者的重视。而第一本重要的理论专著要算温格（Wingo）的《交通与城市土地》（1961年），这本著作是美国未来资源研究所研究城市经济计划的一部分，是一本富有创见及系统性的著作。20世纪60年代，城市经济整个研究领域几乎已不存在空白，在各专题上都有重要的成果。在城市交通方面，迈耶（Meyer）、凯因（Kain）及沃尔（Wohl）的《城市交通问题》（1965年），成为美国城市交通研究的权威著作，而瓦尔斯（Vals）的《公路拥挤的私人和社会成本的度量与理论》（1961年）和维克利（Vickery）的《城市和郊区公共交通的定价》（1963年）等论文，首次提出了关于交通拥挤的经济学解释；在城市财政方面，纳什（Nash）的《财产税经济学》（1960年）和蒂博特（Tiebout）的《地方公共支出的纯粹理论》（1956年），可谓这方面重要的基础性著作；在城市经济住房方面，格利格斯（Griggs）的《住房市场及公共政策》（1963年）中也有多方面的新的研究成果。

在这些研究的基础上，原来作为先导的空间经济学，此时朝着专业性分学科的方向前进。如阿隆索（Alonso）《区位与土地利用》（1964年）可说是城市产业区位研究的重要基础性著作；艾萨德（Isard）的著作《区位与空间经济学》（1956年）及胡佛（Hoover）的著作《经济活动的区位》（1968年）则将空间经济学推向新的高度。显然，这方面的理论研究从一开始就对城市经济学的发展起着至关重要的作用；同时，它还为那些研究城市问题的著名经济学家，如迪克西（Dixit）、米尔利斯（Mirrlees）和索洛（Solow）提供了相关的概念。从这一角度讲，城市经济学有别于其他经济学科，例如，劳动经济学虽比城市经济学产生得早，却被视为经济学的一个旁支，而城市经济学却得益于20世纪六七十年代微观经济学的发展（这正是城市经济学研究兴起的部分原因），即在拥有了分析消费者、厂商和市场行为的大量工具之后，城市经济学理论进一步细化了空间分析，有效地拓展了其理论体系，从而它不是作为经济学的一个旁支，而是作为一个相对独立的经济学学科得到蓬勃发展。

这里有必要提及促进城市经济学成为独立学科发展的另一重要动因。1959年，美国未来资源研究所成立"城市经济学委员会"，组织有关专家拟定城市经济学研究纲要；1969年，美国经济学会又将"城市、区域经济学"划为12个大分科中的第11个分支；从20世纪60年代开始，《城市研究》《区域科学与城市经济学》《城市经济学杂志》等相继创办，高校开始培养城市经济学硕士、博士，米尔斯（Mills）、赫德（Hurd）、缪斯（Muse）等人的城市经济学专著先后出版。值得提出的一个有趣现象是，过去的空间分析文献主要由德文写成，这给建立分析城市经济的空间模型带来了麻烦。1954年，勒施（Losch）经典著作英文版的问世使母语是英语的学者知晓了空间分析，从而城市经济学科在英语国家得到了迅猛发展。

二、城市经济学的学科性质与研究范围

（一）城市经济学的学科性质

20世纪60年代末，西方城市经济学已完成初创阶段进入发展时期，70年代就开始作为独立学科而继续发展。尽管城市经济作为一个独立研究领域已不可否认，但它究竟是一门怎样的学科，学术界仍众说纷纭，尚无定论。在研究对象上，有的认为要研究"城市与区域经济及国民经济其余部分关系问题"；有的认为应"在价格的理论牢固基础上研究城市内在问题"。在研究方法上，有的采用新古典学派的一般均衡理论，如米尔斯（Mills）据此提出的地租理论和选址理论；有的更多地采用实证分析方法，如凯因（Kain）对以住房市场为基础的土地利用的实证研究。较多的学者赞同"把任何系统地运用经济学原理去解决城市问题的企图，都当作城市经济学"。例如，缪斯（Muse）这样写道："本人是不断涌现的自称为城市经济学家中的一员，自感自己的专业由发生在城市地区的一些问题来限定。不过，其他人喜欢将城市经济学视为，原理上包含有城市内部结构经济理论的特点，以及将城市内部结构作为国民经济部分与国民经济的关系这样一门学科。我发现城市经济学家感兴趣的方面及我自己工作的大部分是前者。"这得到了赫希（Hershey）的共识："城市经济学就是运用经济学原理和经济学分析方法去研究城市问题以及城市地区所特有的经济活动。"

关于城市经济学的性质，归纳目前国内学术界的不同认识，基本上有以下四种观点：

1. *城市经济学属于应用科学*

城市经济学不研究经济活动、经济关系的一般规律，也不研究城市经济中的各种技术经济问题，而是应用政治经济学、生产力经济学的一般原理，研究城市资源、能源、住宅、交通运输、环境污染及城市的合理布局等问题，它主要是为实现经济效率而提供理论服务的。

2. *城市经济学属于综合学科*

城市经济学是以某一国家的城市作为研究对象，涉及城市工业、商业、交通运输业、财政、金融、税收、工商行政等管理部门，也涉及社会制度、政治历史、自然地理等方面。所有这些，都需要进行综合的研究。从学科归属看，将其列入经济学科中的综合学科比较合适。

3. *城市经济学属于边缘学科*

城市经济学既可看作经济学的分支，又可看作城市科学的分支。由于现代城市科学理论快速发展，它对城市经济学的作用显得更直接。同时，城市经济学与许多自然科学、技术科学有密切的联系，有着十分明显的交叉性，比如，城市经济学与生态学结合产生了城市经济生态学，城市经济学与地理学结合产生了城市经济地理学等。

4. *城市经济学是一门为城市经济的宏观管理和微观管理提供科学理论基础和方法论原理的理论科学*

理由是：①从研究任务看，它要揭示城市经济的发展规律，研究城市在经济建设中的地

位和作用，叙述城市经济与整个国民经济的相互关系，阐明城市内部的各种经济关系，为制定城市经济发展战略与城市经济政策提供理论依据。②从学科特点看，它是通过高度的科学抽象，概括城市空间内的工业、交通、邮政、通信、商业、城建、财政、金融等经济部门和经济组织的活动规律。③从研究角度看，它以马克思主义政治经济学的一般原理为基础，从国民经济全局出发，研究社会主义城市系统形成、变化和发展的规律，通过对城市经济的性质、中心、类型、结构、效益的分析，并联系生产力的发展状况，揭示城市经济中诸种生产关系。

(二) 城市经济学的研究特点与对象

根据城市经济活动的发展，研究经济活动空间特征的城市经济学，目前出现了许多新的研究特点。

1. 研究重心发生转变

随着城市化发展和对城市资源的不断扩展利用，出现了大量需要解决的城市问题。城市经济学的研究重心就由单纯对空间经济的理论分析转移到解决城市问题的大量应用性研究。根据城市经济发展中所出现的各种具体问题，城市经济学进行了大量的对策性研究和政策研究，使城市经济学的应用性更为加强。由于城市问题大多表现为公共产品的供应问题，于是把公共经济和公共政策分析的一些方法用在城市问题的研究上，使城市经济学成为研究公共产品和私人产品之间联系的很好的桥梁。与此同时，另一些研究将城市经济学的研究工具运用于研究发展中国家的城市问题，使得城市经济学作为一门针对城市问题的经济学科的特点突出出来。

2. 研究视野不断拓宽

不断融入其他学科的一些研究成果，纳入学科的"边缘"进行结合，从而拓展了城市经济学的研究视野。例如，对诸如住房、交通、公共选择等一些城市问题的研究热点，西方经济学界大量地将其放在城市经济学框架内来讨论。20世纪六七十年代的城市住房分析主要关注低收入者的住房问题，80年代以后更重视住房投资及供给方面的研究，有关住房的财产性质、税收影响及供给行为的实证分析大量出现；城市交通经济研究早先借助新古典理论的效用与需求分析方法，近期更多地采用效用与需求的随机模型做城市交通形式的模拟比较研究，并在城市交通政策方面的经济分析——城市交通项目的成本/效益分析后的最佳政策选择方面取得了可喜的进展。较早的城市公共财政分析是描述性的单向研究，在蒂博特（Tiebout）的经典著作发表之后，这种状况大为改观。除了研究城市财政、城市公共服务、与上级政府的财政关系等之外，还特别研究居民对财政政策的反应在空间上的表现。此外，许多根据成本和效益的各种假设与计算，寻找公共设施最优区位选择的公共选择问题；把环境舒适性作为密集的集体消费的"物品"，研究其无形或有形、定价或不定价对市场行为的影响以及它们与政府行为的关系：都是通过设计最优化模型的实证研究进行的，并取得了有影响的成果。

3. 广泛运用计量经济工具完成大量的实证研究

城市经济学发展的早期，对于很多问题的研究都是规范研究，然而，近些年来在西方城市经济学的各专题中，大量发表的文献多为实证研究而非规范研究，它们几乎都是城市经济的经验计量研究。通过对现有理论的实证检验及修正，有助于理论体系的准确及完整，并且某些结论对于政策制定部门有间接启示作用。这种实证研究的盛行，主要原因在于，西方国家统计网较发达、实际资料较易获得、各种计量经济模型丰富而有效和计算机普及等。充足优质的数据、特别设计的计量工具和拥有计算机的专家们将会进一步深化城市经济学的应用研究。

4. 追踪现代各学科的发展动向，借鉴其他领域的新研究成果

随着经济学的不断发展，出现了很多的新分支和重要的新研究成果，如信息经济学、产权交易经济学、产业组织学、资源环境经济学等。近些年来，随着城市经济学研究领域的不断细化，接受和借鉴新成果的影响有日益增大的趋势。例如，关于信息不确定性及不对称性的研究成果就被适时地引入城市经济学中关于企业布局的理论之内，提出了信息成本与性质在布局中的影响机制的新观点。又如，在金融市场分析中，关于风险对投资组合决策的影响的研究成果，就被借用来研究住房及办公楼的空间结构的说明。甚至经济学以外的专业如社会学、地理学等的最新研究成果，也逐渐地被引入城市经济学理论之中。

5. 模拟城市经济运行的模型不断增加，使城市公共政策研究不断深化

在城市中，诸如交通体系规划和住宅计划等问题，越来越受到城市政府的关注，解决这些问题，需要政策分析，于是通过模型试验进行政策评价的研究方法在城市经济学中发展起来。当然，这类研究需要大量的资金支持，并受政府兴趣的影响。此外，城市经济学的理论是在不断探索和新的认识中进行的，模型不断发生变化。例如，20世纪80年代中期，大多数有关家庭和就业选址的模型还在假设厂商聚集于CBD，然而不到十年，在西方发达国家只有不到10%的就业集中在CBD；假定城市只有单中心的模型也不适用于现今郊区化的实际情况和复杂的交通体系；等等。有关这些现象的模拟分析还远未得到发展，正是城市经济学有待开拓的领域。

综合这些研究的变化，我们可以把城市经济学的研究对象概括为：城市经济学是研究以城市空间要素利用为核心的资源配置和城市经济福利最大化的经济科学，它以集聚经济原理为核心的关于城市经济力集聚和扩散及其城市化需求与供给的运行规律的研究属于理论经济学，而以城市公共产品有效供给为核心的各种城市经济具体问题运行规律的研究则属于应用经济学。

（三）城市经济学的研究范围

上述对城市经济学的学科性质和研究对象的分析，决定了城市经济学的研究范围。

1. 城市经济的基本范畴和城市经济学基础理论问题

城市经济学主要分析城市的形成与发展、城市经济本质以及城市化问题。根据城市等于"城"加"市"综合的内涵，城市经济的基本范畴包括以"城"为标志的城市土地和基础设施（主要是公共产品）的经济系列，和以"市"为标志的城市社会产品（主要是私人产品）的经济系列；而各种要素向城市集聚，是城市经济优于乡村经济的最重要特征，因而以集聚经济为核心所展现的城市规模经济、城市范围经济、城市分工经济理论以及中心地理论等，构成城市经济学的基础理论。

2. "城"经济及其主要构成要素的运行与供求规律

从城市增长机制出发探寻的对城市土地、基础设施、住宅等问题的研究，反映出支撑城市增长的"城"经济发展的基础条件和增长动力的一般规律。从服务于城市居民福利和社

会目标角度出发研究的城市交通、城市环境和城市安全等问题，反映出支撑"城"经济发展的社会性共享产品的供求规律。它们都具有城市纯公共产品供给的特色，研究这些公共产品的运行规律及其与私人产品之间的均衡，是城市经济学最新发展方向之一。

3. "市"经济及其主要构成要素的运转规律

这构成了城市经济学理论体系新发展的另一个重要内容。与城市公共产品运行规律的探讨相对称，城市经济学需要研究以城市产业经济、劳务经济和物流经济等"私人产品"为基础的城市经济的运行系统，或者说，城市中非基础设施产业的城市非农产业如何运转，特别是作为一个开放系统如何运转，是城市经济学研究的一个新视角。

4. 城市政府公共经济行为和城市公共政策

城市经济具有显著的公共经济特色，城市政府作为城市经济运行的一个重要主体，如何影响甚至控制城市经济的运行效果，成为城市经济学研究的一个突出特色。城市政府在市场经济体制下的管理职能，一般表现为城市发展战略的制定、以战略为依据的城市公共政策（城市公共项目）的选择执行，以及落实战略与政策的城市公共财务收支的决策和实施。对这些管理职能的经济分析，已经成为城市经济学的重要构成内容。

三、城市经济学的方法论与理论流派

（一）城市经济学的方法论

前已述及，从20世纪60年代开始，经济学家围绕城市经济问题展开的大量研究，表明城市经济学是以研究空间经济和城市公共产品及其与私人产品关系为特色的经济学。空间经济资源与时间经济资源不同，在总量上它不能够替换，因而更多地表现为公共资源；而时间资源存在着大量的替换的可能性，因而可以更多地表现为私人资源。同时，城市作为一个整体，是公共产品与私人产品的交汇处，公共产品与私人产品实现了均衡，城市经济和城市化经济就会实现均衡。因此，城市经济学在研究方法上，既要运用实证分析方法，探索其发展规律，又要运用规范分析方法，探索其发展目标。于是，城市经济学的研究方法形成了两套范式：规范主义和实证主义。

规范分析一类的研究方法，一般是通过严格的经济学模型的推演来得出诸如"完全竞争型的市场是有效率的"等理论命题，说明应该怎样组织经济体的结构才能够达到高效率；相比之下，实证主义的研究方法是要利用现有的资料论证现实的经济是如何运行的，而且运行过程与规范主义理论的描述是否一致。它的研究方法一般包括五个步骤：收集现有相关研究资料；进一步修正和分析收集到的数据；建立能够解释城市问题的模型；结合数据来估计经济模型内的参数，并检验理论假说的准确性；利用模型进行预测和政策制定。当然，根据所研究问题的性质，可以对这些步骤的内容进行修正和调整。

值得注意的是，传统经济分析在上述两类方法的运用上，都是主取其一，要么规范分析（如福利经济学），要么实证分析（如微观经济学和宏观经济学）。城市经济学的研究却是两种方法都要用：首先在不同性质的问题研究上分别采取其中一种方法，然后将研究的内容结合起来进行系统考虑。也就是说，要同时考虑两种方法的研究结果。这是城市经济学研究的一个突出特点。

关于城市经济学研究中的一些最初的理论模型，经过大量的实证研究，对模型的修正意见不断出现，形成许多新的认识；但这并不妨碍初始的模型对人们认识城市经济和城市化经济运行规律的引导作用。因此，不能简单地判断哪些模型更好，从而不能断定哪些方法是更好的。实际上，无论是规范分析还是实证分析，都只是在研究路径的角度对城市经济学进行了概要的描述，影响这些内容的往往是经济学者在研究城市经济问题时的经济理念。换言之，理论流派的差异会对相关城市研究的过程和方法产生明显的影响。

（二）城市经济学的理论流派

在城市经济学研究的流派中，目前有两类学者，颇具代表性。

一类是绝大多数城市经济学者所认为的，他们属于"主流城市经济学派"。他们研究框架内的核心命题，是如何利用有限的空间和时间资源来最大化城市内部主体的效用。这个命题的一般表述是：城市内的土地、资本和时间资源等都是有限的，在利用这些有限的资源时，应当使某个产品或者活动所带来的边际收益等于其边际成本，否则，交易中某一方的福利就会蒙受损失。这一原则就是市场配置资源的最佳方式，这是主流城市经济学家深信不疑的。当然，他们也承认在某些情况下（比如垄断、外部性和公共品等）市场会出现失灵，所以需要政府干预。例如，市场配置资源的过程可能无法兼顾收入分配的公平，所以制定收入调节的公共政策很有必要；虽然收入调节政策本身可能会带来一定的效率损失，然而社会往往会容忍一定的效率损失来实现更为公平的收入分配结构。例如，对低收入家庭的住房政策研究，研究人员首先会收集住房市场和低收入家庭状况的数据，然后建立模型和用统计数据进行参数估计，寻找到能够改善低收入家庭住房条件的最优方法。主流城市经济学家认为，兴建大量公房来解决低收入居民的住房问题是一项成本非常高昂的计划，一个比较好的办法是采用居住许可证方式，鼓励城市居民在私人住房市场购买合适的住房；同时政府对城市住房市场的居住许可补贴被经济理论证明是一个比较有效的方法；等等。此外，主流学派还采取宏观经济学的研究成果平稳市场体制中的城市经济运行，认为城市政府应该采用积极的财政政策和货币政策，来实现短期的城市经济稳定与长期内城市经济的平稳增长。这些思想决定了这个学派内的研究很多都是围绕着政策的制定来开展的。

城市经济学领域的另一个主要流派被称为"保守主义城市经济学派"，其理论创始人是米尔顿·弗里德曼（Milton Friedman），他的基本思想可以简单表达为：经济制度的最终目标是保护社会的成员在从事经济活动时具有充分的自由，因此，他认为政府对市场干预必须受到限制而且政府权力要分散到地方而不能过于集中。保守主义城市经济学家对垄断的理解非常独特，在他们看来，垄断最重要的成因是政府低效率的、类似于合谋性质的管制政策，所以如果能够通过立法的方式来降低政府对本地经济的干涉行为，那么就有可能有效避免垄断。而对于外部性的现象，米尔顿·弗里德曼等人非常推崇科斯（Coase）的理论，即如果能够充分界定产权而且达成协议的交易费用可以忽略的话，那么外部性就不会带来低效率。最后，保守主义城市经济学家认为降低城市的贫困水平是社会的中心任务之一。围绕这个问题，这个学派提出了负向收入税的概念，而它成了城市经济学中一个非常经典的命题。他们认为负向收入税至少可以带来三个方面的好处：第一，它直接提高了低收入家庭的购买力；第二，负向收入税可以帮助市场在无约束的条件下运行；第三，这项制度也在客观上激励了低收入人群更努力地工作。可见，负向收入税完全不同于一般意义上的政府对当地居民的简单补助计划，因为它内含的经济学理念是保守主义的，或者说是更强调居民的自由选择权利,而主流城市经济学派的补助计划则体现出更多的官僚机构(如社会保障部门)对经济干预的色彩。

由于基本的经济理念存在差异,保守主义城市经济学家在设计城市经济政策时,和主流城市经济学家会有很大不同。例如,很多城市都面临着大批公共旧房改造的问题。主流城市经济学家认为,旧房产生了巨大的外部不经济,因此城市政府必须出面来拆除这些破损房屋。但是,保守主义城市经济学家反对这种做法,他们提出,对破旧房屋进行抽税并通过负向收入税来为贫困居民增加收入可能是更好的选择。同时,他们还对政府所认为的低收入家庭使用破旧房屋会带来负外部性的论断提出了批评,因为相应的经济学模型表明公共住房计划的决策者可能在很多情况下都具有家长式的作风,他们经常武断地推理贫困的城市居民对住房需求将会大于对其他产品的需求。

在国内,近年来对城市经济学的研究虽然还没有形成明显的流派,但是也存在着差异很大的各种观点。有的认为应主要用宏观经济学观点阐述城市经济问题,有的认为应主要用微观经济学观点阐述城市经济问题,有的认为城市经济学就是空间经济学,有的认为城市经济学的重心是公共经济学,等等。可见,城市经济学还是一门成长中的年轻的经济学,它将在人们关注城市经济问题和城市化的历史潮流中,不断地产生新观点,不断地完善其体系,最终成为指导城市化进程和解决城市经济问题的重要理论和应用的经济学。

复习思考题

1. 城市经济学是在怎样的历史背景下发展起来的?
2. 如何理解城市经济学的研究对象?
3. 城市经济学区别于其他经济学科最主要的学科特征是什么?
4. 比较下面的经济学研究对象,它们是属于独立的宏观经济学、微观经济学、公共经济学、城市经济学还是共属于某几个学科?

(1) 城市住宅。
(2) 城市市场价格。
(3) 城市融资。
(4) 城市土地利用。
(5) 城市规划。
(6) 城市交通。
(7) 城市居民消费选择。
(8) 城市基础设施。
(9) 城市市场结构。
(10) 城市环境。
(11) 城市利率。
(12) 城市工资。

第一篇 基础理论

第一章 城市与城市经济

【学习目标】

通过本章学习，要求学生能够充分理解城市、城市经济和城市化的缘起、发展和现代形式，深刻理解城市经济与城市化经济的不同内涵，体会城市经济和城市化经济的研究对象和理论内容体系。

第一节 城 市

一、城市的内涵与特征

（一）城市的内涵

城市是一个综合体，从不同的角度观察，会有不同的定义。国内外的学者，从经济、社会、地理、历史、生态、政治、军事等角度，对城市下过各式各样的定义。

1）从经济学角度看，城市是商业、工业、金融、信息、旅游文化和各种服务业等非农产业和非农业人口的集聚地与网络系统，是某一地区或国家的生产、消费等经济中心和经济发展的龙头，在区域经济和整个国民经济中居于主导地位。

2）从历史学、地理学和心理学的角度看，城市是人类文明进步的产物，是地处交通方便且覆盖有一定面积的人群和房屋的密集结合体。它起源于古代战争防御的堡垒、自由交易物品的场所、祭神拜祖的圣地，以及共同生产生活和游戏娱乐的聚居地。城市既是物质的，又是精神的，是自然和人工物所构成的物质形态，也是文化所形成的心理状态。

3）根据生态学、环境学和系统学的观点，城市是以人类社会为主体，以地域空间和各种设施为环境的生态系统，这个生态系统是城市社会（人口、劳力、智力）与城市空间（地域环境、自然资源、人工设施）的对立统一体。其中，城市本身就构成了环境，是自然环境、社会环境和生态环境的总和。自然环境是城市不可分割的部分,城市社会环境是人们发展的条件,城市生态环境是人们生存的条件。所谓"凝固的音乐""立体的画""活动的风景线",是对城市环境的理想要求。

4)根据人类学和社会学的观点,城市是特定的生活社区,是人类聚落的形式之一,是具有某些特征的、在地理上有界的社会组织形式。由于人口的密集,它在整个人类活动和社会结构中处于显著的位置,是社会政治、法律、文化、教育、体育、医疗卫生、社会保障等制度制定和实施最重要的区域。

5)文化学和民俗学则把城市看成是一种氛围、一个集合体,是各种礼俗和传统以及由这些礼俗中所包含的并随传统而流传的那些复杂的思想和情感所构成的整体。

可见,作为非农产业人口集聚的生活社区,城市是自然、政治、经济、社会、科学、文化发展中的节点和中心,是人类各种力量聚集的焦点。英国城市经济学家巴顿(Barton)说,现代市场经济社会的"城市是一个在有限空间地域内的各种市场(住房、劳动力、土地、运输、商品等市场)交织在一起的网络系统"。法国一位地理学家说:"城市既是一个景观,一片经济空间,一种人口密度;也是一个生活中心或劳动中心;更具体点说,也可能是一种氛围,一种特征或一个灵魂。"城市属于历史范畴,是社会经济发展的产物和社会经济发展历史过程的具体体现,也是社会再生产过程的具体体现;从社会经济管理的角度看,城市是人类生活社区的形式之一,是区域管理主体(国家、城市政府)的职能结构,也是区域管理客体的空间表现。我国对于城市本质和特征最权威的提法,表现在《中共中央关于经济体制改革的决定》之中,即"城市是我国经济、政治、科学技术、文化教育的中心,是现代工业和工人阶级集中的地方,在社会主义现代化建设中起主导作用"。

综上,我们认为,城市是指一定规模及密度的非农业人口聚集地和一定层级或地域的经济、政治、社会和文化中心。

(二)城市的特征

城市自身有独特的成长机制和运行规律,它显著地区别于农村,主要表现是:

1. 环境的高组织化和物质设施的高集中化

在载体上,城市体现出环境的高组织化和物质设施的高集中化特点。环境的高组织化是指对自然环境的人为改造,这种人为改造体现为大量建筑物和构筑物的存在,其程度远高于农村,其目的是使环境适合于人的需求;物质设施的高集中化表现为各种工作、居住等场所和交通等设施在市区内的高系统性和高密度分布。这种载体特征使城市一方面在外部景观上明显区别于农村,另一方面在功能上为人们的生产生活提供了更大的便利。

2. 多元性和高度社会化

在人口上,城市具有多元性和高度社会化特点。首先,城市人口集中程度远高于农村,人口从事非农产业。其次,城市人口中三教九流无所不有,人们从事不同职业并分化为不同阶层,呈现出多元化的特点。再次,城市家庭规模小型化、结构简单化,人们有更多精力和时间投入家庭外的社会活动。最后,不同阶层、行业等背景的人为保护自身利益或为实现自己的兴趣和价值取向,往往以一定方式组成一定的社团群体,表现出城市人口较强的社群性。

3. 要素的空间集聚性和规模经济性

在经济上,城市体现了要素的空间集聚性和规模经济性。首先,经济要素特别是劳动力要素不断地向城市集聚，使得在城市里能够形成规模庞大的，甚至跨区域的经济实体。其次，城市经济的非农产业门类齐全、功能完备，经济结构能在更大程度上满足经济发展的需要，形成规模经济的特点。最后，城市分工不断分化和细化，形成不同功能的高频率的各种经济活动，使城市比农村更具有活力，城市成为"繁华"的代名词。

4. 现代化

在生活方式上，城市总是体现出现代化特点。首先是工作职业化，城市人大多从事固定的职业，工作与生活相分离，工作时间具有分割性，日常时间安排较具节奏性和条理性。其次是行为传媒化，报纸、广播、电视、电话、计算机等发达的传媒技术是城市居民须臾不离的主要行为手段，他们借此了解外部世界发生的一切和与他人随时进行间接交往。最后是交往多样化，城市人的交往范围极大地拓宽，交往的内容、方式和规则也随之表现出多样性。

5. 区别于农村文化的多元性、开放性、技术性和商业性

在文化底蕴上，城市文化带有明显区别于农村文化的多元性、开放性、技术性和商业性特点。首先，分工、产业、人群等多项城市元素构成了城市的多元社会，其文化底蕴上必然体现出多元性，城市就成为不同文化的交汇融合之处。其次，城市是个开放系统，每天都进行大量的内部交流和与外部交流，人们的意识更为开放，观念更具弹性和适应性。最后，城市是个技术社会，城市的一切，包括人的行为，都受到技术化和商业化的影响，使得城市文化在内容上倾向于技术性和商业性。

二、城市的形成和发展

(一) 城市的形成

地球上最早的城市产生于公元前约 3500 年，至今已有 5000 多年的历史。从世界范围看，城市的产生源于三次社会大分工的生产力发展和剩余产品导致的私有制的生产关系的发展。

早在新石器时代中期，经过与自然界的长期斗争，原始人学会了播种和有组织地采集，使得农业与畜牧业分离开来，产生了第一次社会大分工。农业革命为人们提供了食物来源和积蓄；并使人类为适应新的生产方式和生活方式，形成了原始群居的固定居民点。它们主要分布在尼罗河、底格里斯河、幼发拉底河、印度河和黄河等冲积平原上。

随着生产力的发展，人们产生了对生产工具和劳动技术的进一步需要，这促进了制造技术的发展和金属工具对石器的全面替代，从而使手工业和农业分离开来，即产生了第二次社会大分工。这时社会劳动产品除了人们自己食用外开始有了剩余，于是商品交换、商品生产和货币相继出现，而只以交换为目的的社会阶层——商人也随之出现，其结果导致商业从农业和手工业中分离出来，产生了第三次社会大分工。

手工业和商业集中的场所，成为部落及部落联盟之间的物资交易市场。随着生产范围的扩大和剩余产品的增多，土地和工具等生产资料逐渐为部落联盟的首领们或其他个人所占有，出现了私有制，部落之间的交换就转换为个人之间的交换。于是，原始社会向人类的第一个阶级社会过渡。阶级的出现和部落之间的战争，使部落联盟的首领们为了保护自己，在原始的居住地上不断地修建城池，产生了人类最早的城市。

可见，城市最初形成于世界上社会分工深化的最先建立奴隶制国家的文明地方，是与生

产力发展和民族、阶级、国家等社会文明同步出现的。公元前约 3500 年前，西亚两河流域最初建立的许多城市（如乌尔城），公元前约 3000 年尼罗河流域的埃及所形成的卡洪城，公元前约 2500 年印度河流域形成的莫享约-达罗城，公元前约 1500 年在我国黄河流域形成的商城（位于今日河南省郑州市中心及北关一带，面积达 320 万 m^2，包括"城"和"郭"，城市外还有许多于工业工场、窖穴、墓葬等），等等，都是这样。这是人类继农业革命之后的又一伟大革命——城市革命，它对传播人类文明的贡献，仅次于文字的发明。

根据生产力与所有制和城市的发展关系，可以体会到"城"最初是指在一定地域上用作防卫而围起来的墙垣，即军事设施和统治中心；与此相对应的"市"，最初是以"集市"表现的交易场所，大多不在"城"内。在生产力发展的驱动下，商品生产日渐发达，商品交换日趋频繁，这种交换活动逐渐要求一个安全、通达、固定的场所和环境，于是，"市"向"城"内驱动或者逐渐形成"城"的状态，最终相互结合，形成一体化——"城市"，因而城市是"城"与"市"的综合。这种从"城"的统治与防卫据点，到"市"的交易场所，进而"城"与"市"的紧密结合，反映了城市功能逐渐多元化的演进历程。

（二）**城市的发展**

城市一经形成，就成为促进经济发展与社会进步的巨大推动力，并且伴随社会生产力的发展与生产关系的变革，逐步成为一个国家或地区的政治、经济、文化中心。纵观世界各国城市发展的历史主线，城市走过了如下主要的历史过程：

1. 古代城市

古代城市主要是奴隶社会和封建社会时期、人类农业文明占主导地位的历史阶段的城市，其时间跨度长达四五千年，城市发展常因战争的盛衰存亡，几经兴废，变化极大。

人类社会的原始城市规模狭小、功能单一、建筑粗糙、居住和活动分散，是人类亿万年进化的结果。进入奴隶社会，城市的经济功能还不很突出，主要是行政、军事、宗教和手工业的中心。由于社会生产力水平很低，不少城市居民都还从事一定的农业劳动，在城内经常保留着大片的耕地、菜园和果园。此阶段代表性的城市有雅典、斯巴达、罗马等，其中罗马城在公元 1 世纪时，人口就已达到 35 万，人口密度为 2.5 万人/km^2。我国夏代的安邑、阳翟等城市也是在这一时期产生的。

随着社会分工不断扩大和完善，商品生产和商品交换愈加频繁，交通运输趋向发达。这时在一些主要河口和海岸出现了封建社会的商业城市，使城市发展从最初形态跨入了历史性成长阶段，其主要特征是：城市所处位置大都是交通便利之处，成为商品市场、贸易中心或农产品集散地；手工业匠人在城市的专业化和集中化趋势不断增强，对乡村和周围地区的影响逐渐扩大，成为手工业生产集中地；城市规模主要取决于自身的经济实力和对外的吸引能力，总体规模较小、数量很少；城市消费规模超过生产规模，城市消费主要靠农村的地租和税赋支撑，城乡关系对立。这些特征使古代城市不仅是政治文化和军事中心，也开始发展成为商品市场、贸易和经济中心，城市功能逐步走向多样化，城市的一些管理问题开始突出，一些相应的法律条文开始产生。

中古时期的东方城市，既是全国或地方的政治统治中心，耸立着封建主的宫殿与府第，又是商业与手工业集中的地方。我国唐代的长安，明代的南京，北宋的东京，隋唐的淮（安）、扬（州）、苏（州）、杭（州）等，都是著名的统治中心和商业城市。与现代城市相比，这些传统城市都具有鲜明的封闭性、孤立性、消费性等自然经济特色。

西方封建社会城市在经历了最初几个世纪的城市衰落期后，于9世纪逐渐兴起，最初在封建主城堡周围发展，也有在交通枢纽及罗马营寨城的基础上发展的。这些城市大多数分为城堡和市区两部分，城堡居住着贵族地主，是政治中心，城堡周围是手工业者和商人聚集的市区。随着市区的扩大和市民人数的增多，市民联合起来与封建领主做斗争，获得了一定的自主权，有的还形成了完全独立的自治市。威尼斯、热那亚、佛罗伦萨等都是当时的著名城市。

总之，古代城市主要以政治、军事功能为主，经济功能较弱，主要是手工业和初级商业，规模小、质量低、技术含量少，发展十分缓慢。

2. 近代城市

18世纪欧洲的产业革命揭开了城市革命性发展的序幕。随着以机器体系为基础的新一代生产力的崛起和资本主义生产关系的确立，城市工业迅速发展，大工业城市数量急剧增加，导致城市总人口迅速增加。如英国伦敦总人口1800年为86.5万人，1900年增加到453.6万人；法国巴黎总人口1800年为54.7万人，1900年增加到271.4万人；美国纽约总人口1800年为60万人，1900年增加到343.7万人。这些近代城市的形成，标志着人口城市化的开端和城市发展史跨出决定性步伐的阶段。这一阶段城市发展的显著特征是：

（1）城市是机器大工业生产的中心　集聚效应使生产原料、劳动者、资金，以及市场信息等生产要素迅速向城市集中，带动了城市交通、市场的发展，使它同时成为商业贸易中心。大工厂和商业金融机构取代了封建城堡和教堂，增强了城市辐射力。

（2）城市规模扩张、人口增加、数量猛增　城市迅速发展，同时表现出两种倾向：一方面城市各种先进的公用设施与市政工程，如电灯、电话、上下水道及各种公用交通，逐步出现并迅速普及，促进了城市发展；另一方面出现了环境污染，布局紊乱，交通拥塞，用地、住房紧张等一系列严重的城市问题，人们称之为"城市病"。

（3）城市成为行政管理中心，城乡对立、差距拉大　随着城市的发展，经济主导地位从乡村移向城市，城市文明成为农村人口向往和追求的目标。农村则越来越变成城市粮食、资源和工业原料的单纯供应者，并依附于城市的发展。于是，城市的中枢管理职能日益突出起来。

3. 现代城市

第二次世界大战结束以后，世界进入了现代城市的发展阶段。这是城市发展史上前所未有的高级阶段。城市人口迅猛增长，经济实力空前增长，出现了前所未有的特大都市、大都市区、都市带和都市系统等，如墨西哥的墨西哥城，日本的东京，巴西的圣保罗，美国的纽约，中国的上海、北京等。这一阶段城市发展的主要特点有三：

（1）城市日益成为现代经济活动中心，成为人类主要的聚居地　经济增长推动了人口向城市集中的步伐，世界上住在城市里的人1950年平均有28.4%，到1990年已经达50%以上，发达国家更是70%～90%的人口都在城市中生活。城市里不仅拥有便利而广阔的商品市场和先进而雄厚的科技力量，还拥有现代化的工业、交通运输业和服务业。特别是第三产业得到空前发展，商贸、金融、房地产、咨询等行业蓬勃兴起，各种商业活动和金融活动异常活跃。城市不仅自身综合实力雄厚，还决定并推动着整个国家和地区的经济发展。

(2) 城市空间组合发生巨变，要求城市朝着高质量和多功能方向发展　随着现代科学技术和社会生产力的迅猛发展，愈益细密化的社会分工出现了有规律的空间分布。大城市内部出现了较明显的地域分工，如工业区、商业区、住宅区、文教区等。同时现代科学技术使城市具有发达的科学管理和城市基础设施，使城市可以满足向高质量、多功能发展的社会要求。在单一城市发展的基础上，出现了城市群落、城市带、城市圈等城市群体布局，甚至有的发达地区出现了跨国的城市群落"一体化"趋向。

(3) 城乡融合、差别缩小　现代城市是随着科学技术和社会生产力的发展而发展的，这种发展从物质和文化上都为农村现代化提供了示范。农村在生产条件、技术手段和交通状况、教育水平以及生活服务设施方面，都直追城市，城乡差别不断缩小，出现了城乡融合的过程。

4. 未来城市

未来城市是即将进入信息社会和知识经济时代的城市。"信息社会"的提法，首见于1982年英国科学家詹姆斯·马丁（James Martin）的论著《电信化社会》，书中预言目前正迅速地化为现实。1993年年初，美国政府率先提出兴建"信息高速公路"。紧接着欧盟、日本、加拿大、韩国、新加坡和南美洲一些国家都纷纷响应，竞相提出了本国或本地区的"信息高速公路"计划，标志着人类开始向信息社会跨进。这种信息化浪潮极大地推动了城市建设、城市规划和城市管理向现代化迈进，并直接改变传统城市形态与功能，一种新型的"智能型城市"将矗立在世人面前。所谓"智能型城市"，就是高度信息化和全面网络化的城市。它将和人一样具有高度的智慧和理性的思维：它的大脑是市政府决策部门，各项决策将通过发达而灵敏的城市"神经系统"——城市计算机网络，高效而可靠地指挥调度它的"筋骨"——城市基础设施系统、它的"肢体"——城市建筑环境系统、它的"血脉"——城市经济系统和它的肉体——城市生活社区。它和我们今天所熟悉的城市有明显不同的各种特征：

(1) 城市功能将发生历史性变化　在信息社会，作为第四产业的信息产业将得到迅速发展，使城市产业结构进一步优化，一大批与信息密切相关的新兴产业登上历史舞台。城市将从工业制造中心、商业贸易中心逐步转为信息流通中心、信息管理中心和信息服务中心。

(2) 城市经济力转变　由主要是物质要素集聚转向主要是人力资本集聚，城市物质规模经济转向知识规模经济，使城市经济的发展龙头作用更加突出。

(3) 城市环境将得到很大改善　由于家庭办公系统的普及，人们工作岗位与居住场地相分离的现象成为过去，人们不再因工作单位改变而必须迁徙住址；这将减少城市上下班的通勤交通量，减少了占地过大的道路交通系统和汽车尾气、噪声污染及交通事故，过宽的路面、过多的停车场中的一部分可以改变为林荫绿带和街头花园，城市公共环境的清洁、舒适和安全度大大提高。与此同时，人们的居住面积增加，户内外设施标准提高、独立式花园住宅成为时尚而广受青睐。

(4) 城市的人本特征进一步突出　由于避免了重复劳动，提高了工作效率，闲暇时间倍增，人们可以更多地进行旅游和娱乐活动，故城市游览与娱乐场所须从分布上提高密度，设备上提高档次，规模上增加面积。

(5) 城市运行的民主性、效率性得到根本提高　巨型信息系统能十分快捷地提供各种背景资讯,一方面使居民可以直接了解城市的各种事情,使更多的专业人员介入城市规划的自始至终,从不同学科角度影响城市发展的一系列重大问题。城市规划方案不再是市政府官员与专家学者之间的"纸上谈兵",将成为城市每位市民关心和讨论的"炉边对话",通过信息联网使公众参与达到前所未有的程度。另一方面由于减少了因通信手段落后和邮路误差所造成的信息失真,决策可以做到更为科学、缜密和及时。借助计算机网络的先进和发达手段,城市建设与管理真正摆脱"人治"、走上"法治"轨道。

各历史阶段城市发展的主要特征列在表1-1-1中。

表1-1-1 各历史阶段城市发展的主要特征

城市阶段	发展状况	城市建设	经济功能	城乡关系
古代城市	城市规模很小,数量很少	市政设施简陋,生活条件落后	手工业集中地、农产品集散地	城市相对封闭、城乡分离
近代城市	城市规模扩张,数量猛增	市政设施完备,生活条件改善	机器大工业、商贸物流中心	城乡对立、差距拉大
现代城市	城市规模相对稳定,数量持续增加	市政设施优越,生活条件完善	第三产业中心、城市功能多元化	城乡差距缩小、逐渐融合
未来城市	形成大都市连绵区和新兴小城市	城市信息化、园林化、生态化	信息流通、管理和服务中心	城乡一体化

(三) 城市发展规律

现代城市发展不是杂乱无章的,而是遵循一定规律的。城市经济学的任务之一,就是要努力探索并坚决遵循城市发展规律。所谓城市发展的规律性,是指城市发展各要素之间的矛盾对立统一运动中固有的、本质的、必然的联系性。概括起来,城市发展规律主要有下列内容:

1. 由单一功能向多功能、由相对封闭到逐渐开放发展

这是基于世界城市5000多年的发展历史、四个历史发展阶段的总趋势而得出的结论。由最初防御性统治中心的"城"发展到经济性交易中心的"市",再发展到二者合二为一的"城市",是社会分工推进的结果;随着科学技术的发展,特别是商品生产和商品交换的发展,城市功能不断扩展,由军事政治中心发展到经济、文化、科技中心,也是社会分工和生产要素组合不断创新的结果。同时,城市由最初封闭性的统治中心发展到不断吸收周围城乡的各种原材料、信息,并不断地向周围城乡扩散质高量多的商品、技术、人才等的经济中心,这个过程中产生大量的城市与区域的互动,是生产力的开放性要求所致,它形成了城市发展的生机活力源泉和开放性;这种开放性使城市功能得以发挥,促进了城市的进一步发展,使它成为一个区域或一个国家乃至洲际性、国际性的发展中心,这仍是历史的必然。

2. 城市人口规模与承载能力、建设规模与经济规模相适应

现代城市首先是一个物质载体。城市的承载容量是由城市基础设施、文化设施、交通设施、服务设施、环境设施等的承载容量所决定的。城市的各类设施数量多、质量高,而且布局合理、配套齐全,则城市的负荷能力就强;反之则弱。城市的人口规模必须和城市的负荷能力相适应。如果城市人口盲目膨胀,超过城市的负荷能力,就会出现各种"拥挤"和"病态"。而城市建设,主要是城市基础设施的建设,是城市生产和居民生活的物质条件。

城市经济发展规模，很大程度上受制于城市自身的建设规模。如果城市经济发展不顾城市建设的发展可能，就会产生负效益。同时，城市建设规模也受制于城市经济规模，它一方面必须以城市经济规模为规划基础，另一方面又必然受制于城市经济规模所提供的资金能力。这两种建设规模若相互协调，则能相互促进、共同发展；若分割开来，单纯片面地强调任何一方面，就会造成比例失调，既有害于城市自身建设，又阻碍城市经济的发展。

3. 城市和区域相互依存、彼此推动

根据第1条城市发展规律，城市和它周围的管辖区、经济区、影响区等处于不同辐射作用下的区域有着密切联系：一方面区域是城市的发展腹地，区域所处的经济地理位置的重要程度和经济、交通发展水平，对城市的功能性质和规模起着巨大的制约作用；另一方面城市是区域的中心，城市对区域的经济发展起着关键性的龙头、牵引和辐射作用。这是一条客观规律。

4. 城市与乡村相互促进、共同繁荣

这是第3条城市发展规律的延伸。城市以自身优越的社会化大生产、商品化经济，特别是以发达的交通网络，冲击并改造着乡村的自然经济，扩散性城市化改变着城乡关系，城乡之间朝着尽可能平衡、协调发展的方向转变。这种转变既可以由市场机制自发地进行调节，也可以由城市政府有意识地进行调节，但政府调节是根据市场调节的要求而进行的调节，这也是一条客观规律。城市与乡村的兴旺是相辅相成的。乡村是城市的资源、劳动力要素供给者和商品消费者，而城市是乡村发展的资金、技术供给者和农产品消费者；如果乡村长期处于落后状态，则必然要拖城市发展的后腿，因此城市最后的全面发展要靠乡村地区的兴旺。

5. 不同规模、不同功能的城市同时并存

这是基于一个国家城市体系内部矛盾运动的分析得出的结论。现代各国城市体系，多呈现不同规模、不同功能并存的状态，大、中、小城市按比例发展。这种客观存在的必然现象，只是在不同发展阶段，某类或某规模城市发展的速度有所变化而已。这种现象一方面是受所在地理位置、自然资源和区域经济发展水平等区位条件的制约，另一方面也是充分利用区域内地理位置资源、能源等自然条件，形成区域或全国范围内的技术经济优势，合理布局区域或全国生产力的客观要求。各城市在专业化特点鲜明的基础上，城市职能、分工体系合理，大、中、小规模齐备的城市空间组合形式，将会有力地促进地区经济和社会各项事业的发展。

三、城市的本质

根据上述城市的发展历程，可以体会到城市的本质表现为两个方面：

（一）城市的自然本质

城市作为承载居民各种活动的空间，其本质是人类为满足自身生存和发展需要而创造的人工环境。城市物化环境的背后是人类社会的存在，而人类的需要又是人们创造和开发城市的动力之源，即城市产生和发展来自于人的生命力量——人们的需要和欲望，人们需要非农产业的产品，需要为从事非农产业的生产而要求的相对集中的居住方式，需要为这种生产和生活方式而提供的所有服务，于是适应这种生产和生活方式的城市就迅速发展起来。城市人口由不同年龄的人组成，就形成了适应不同年龄段人口需要的人工环境；城市是人一生的生命起点和归宿，就承担了市民从出生到死亡的一切共享性服务；等等。适应城市的这种自然性，虽然各个历史时期城市的性质、功能、形态都会发生变化，但作为以人为主体的城市自然性不会变化。人的需要，人的生命的延续，人对城市生活的人工环境的要求，这些推动了城市自然本质的延续和发展。

（二）城市的经济本质

城市作为承载社会生产活动的空间，其经济本质是一种特殊的生产力（王雅莉，2008）。所谓生产力，是指参与社会生产和再生产过程的一切物质的、技术的要素的总和。作为系统而存在，生产力的基本要素是劳动资料、劳动对象和劳动者。但这三个基本要素都是从时间角度来观察的生产要素，而没有考虑空间条件。随着人口的逐渐增多，地球上的空间越来越少，空间就会越来越成为一种特殊的生产要素而存在。实际上，西方经济学已经把土地作为重要的生产要素之一。只是城市仅仅作为土地的生产要素还不够，城市作为生产力各个要素的"载体"，不只是简单地起一种承载作用，而是能够对生产力的实体或主体部分起到"放大"作用，即作为集聚特征的城市土地及其空间，能够把常规的生产力要素的作用"放大"，起到一种特殊形态的生产力——集聚和系统形态的生产力的作用。

四、城市的功能和性质

（一）城市的功能

所谓城市功能，是指城市在一定时期里和一定的地域内（包括一定地区、一个国家直至整个世界）在政治、经济、文化生活中所负担的任务和所起的作用，以及由于这种作用发挥而产生的效能。现代城市功能通常可以从以下两个方面进行分类：

1. 城市的普遍功能与特殊功能

依据城市功能的普遍性和特殊性，城市功能可以分为普遍功能和特殊功能。

（1）城市的普遍功能　这是指任何城市都具有的共同功能。无论城市规模大小，历史长短，以及地理位置如何，无一例外。现代城市的普遍功能主要包括五个方面：

1）承载功能。城市是由自然物质承载体（如土地、水源等）和人工物质承载体（如道路、桥梁、文化设施等）构成的巨大载体，为人们在城市开展各种活动提供物质条件和环境条件。城市的载体功能有限，超出它的承受能力，城市处于超负荷状态，会出现功能紊乱现象。

2）经济功能。这是当代城市普遍具有的核心功能，主要包括生产、交通、分配、消费以及与其密切相关的信息、金融、科技、商业、运输等功能，起着组织和配置城市资源、发展城市经济的重要作用。在现代市场经济下，经济功能是城市不可缺少的重要功能。

3）政治功能。城市往往是一定地区或国家的政治中心，是各级国家政权机关所在地。例如，有些城市是政府机构所在地，有些城市是国际、国内各种政治会议的会所，还有些是地方性群众政治活动的集聚地。这些政治功能在现代城市中或强或弱，都存在。

4）文化功能。现代城市往往是一个国家或地区的教科文卫体等事业的集中地，既肩负着城市文明的基础教育功能，又承担着城市精神文明建设和繁荣文化的任务。这种城市文化功能在产业革命后更为普遍。

5）社会功能。城市是各种社会组织、各类社会活动最集中的场所，各种社会团体，如政府机构、企业、非营利组织、宗教组织等的社会活动，大都以城市为依托，将其自身巨大能量传播到广大地区和全国甚至国外；同时，城市在实施社会福利、社会救济、社会保险及保护环境、治理污染等方面最得力，因而现代城市的社会功能十分普遍。

（2）城市的特殊功能　这是指城市特有的、只能由某一个或某一类城市所独有而不可能为每一个城市都必备的功能，也称城市主导功能，反映了城市的特性。它与城市的地理位置、自然资源和历史条件有重要关系。例如，海滨城市、边防城市，主要由地理位置决定。只有位于海岸，才能成为海滨城市；只有位于国家的边境，才能成为边防城市；而石油城市、煤炭城市、钢铁城市、林业城市等，主要由其附近的自然资源决定；再如旅游城市、历史名城（如杭州、北京、西安等），主要由其自然环境和历史条件决定，如果离开特定条件，就不可能有这些城市。可见，城市的特殊功能是由城市形成的主导动因及其发展性质决定的，它具有与其物质内容相一致的两大特性：对城市发展的决定性和对区域作用的辐射性。前者对城市的形成和发展具有支配作用，城市因其盛而盛，因其衰而衰；后者是以满足自身以外的区域的需要而发挥其主导作用的，是城市经济成长的基础。由此，城市的特殊功能一方面决定城市的形成和发展，另一方面作为区域的经济中心发挥其辐射作用。

2. 城市的主要功能与辅助功能

依据城市功能的重要性程度，城市功能可以分为主要功能和辅助功能。

（1）城市的主要功能　这是指城市多种功能中对城市发展起决定作用、能够反映城市特征的功能。对一个城市来说，哪种功能是主要功能，不是由人们主观臆断，而是客观存在。诚然，一个城市的主要功能需要人为加以确定，但是这里有个主观认识必须符合客观实际的问题。自产业革命以来，城市功能发生了划时代的变化，城市的经济功能大大加强。为了适应现代社会发展经济的趋势，世界各国的城市都大力发展经济活动，其中新建大批城市也是出于发展经济的目的。在这样的发展中，城市的分工越来越明显，城市经济功能中的某种功能常常上升为城市的主要功能，一般常常以城市的某一生产专业化的部门名称表示，并成为确定城市性质的根本原因之一。这种城市的主要功能反映城市的性质，表明了城市在一定历史时期的发展方向，是城市核心竞争力的具体体现。

（2）城市的辅助功能　这是指与城市主要功能相比占据比较次要地位的功能，它包括许多内容。一般说来，辅助功能是保证主要功能的充分发挥，保证城市发展和人们生产、生活需要的城市功能。辅助功能并不是不重要或可有可无的功能。它们都是每个城市必不可少的，有的甚至十分重要。例如，对于一座矿业城市，其主要功能是对矿产品进行加工，因而其主要功能是工业功能。这时它的教育功能与大学城比起来显得次要得多。然而，矿产品的开采和加工，矿业的高水平发展，都离不开高素质的人才。因此，教育功能也可能是这一城市的重要功能。但是教育功能不是这个矿业城市的主要功能，它不可能像大学城一样办教育产业。又如，北京的经济功能很重要，但是不应当把经济功能作为它的主要功能，它的主要功能应当是政治文化功能。可见，不能说一个城市的辅助功能不重要，但是也不能将其作为主要功能来发展，这是两个不同的概念和问题。

（二）城市的性质

反映城市本质特征的某种属性就是城市的性质，它是由城市内部的矛盾性所决定的。古代城市只有两种不同的性质：政治军事城市和商品交换城市。21世纪初，国外有人把城市划分成六类：行政城市（首都、税收关卡等）、军事性城市（城堡、要塞）、科学文化城市（大学城、科学城、文化城等）、生产性城市、交通运输城市（港口、交通枢纽、商品集散地）、旅游疗养城市。而根据劳动地域分工理论，城市性质可以分成以下三类：

1. 政治中心城市

政治中心城市是指政治功能特别突出的城市，一般一个国家只有一个，即国家的首都。即使首都其他功能也较突出，还是要列入政治中心城市。

2. 经济中心城市

经济中心城市是指经济功能特别突出的城市。由于经济门类很多，通常以经济细分类内容表达城市的性质，如工业中心城市、商业中心城市、金融中心城市、交通枢纽城市等。而工业城市又可以细分成钢城、石油城、煤城、综合工业城市等。

3. 文化中心城市

文化中心城市是指历史文化底蕴深厚和文化产业比重较大的城市，具体可以分为历史文化名城、科学城、大学城、旅游城等。

这三类城市性质的确定，都是指单一特征非常突出的城市，而在更多的情况下，城市的特征可能有两个或两个以上，这时城市具有兼质性，形成了所谓兼质城市或综合性城市。

正确确定城市性质，对于城市建设和城市发展极其重要。

一是正确确定城市性质可以明确城市的发展方向，充分发挥城市的优势。城市性质问题是个经济问题，符合客观实际地确定城市性质，城市优势才能真正发挥出来，潜在的优势就会转变为经济实力；否则，城市性质不明确，城市各种经济部门盲目发展，形成"大而全""小而全"的局面，会造成资源、资金、人力、物力的浪费，影响城市优势的发挥。

二是正确确定城市性质是搞好城市规划、建设好城市的前提。纵观我国城市发展史，除极少数城市外，大多数城市都有一段"有建设无规划、先建设后规划、边建设边规划"的经历，不少城市都在布局混乱、乱搭乱建问题成堆、严重影响城市功能之后才不得不花大力气治理。造成这种局面的原因很多，而城市性质不明确是其中最重要的原因之一。

三是正确确定城市性质还有利于城市经济结构合理化和城市的协调发展。人们曾经认为，确定城市性质就是给城市的部门排队，没有排上的门类，其部门似乎是可有可无的，其实不然，确定城市性质的重要意义恰恰在于明确城市发展方向、明确城市优势，使城市经济结构合理化，使城市协调发展。一般来说，城市总有优势和劣势，围绕优势发展其他各业，做到既不是"大而全""小而全"地发展，也不是单打独斗地"跳光杆舞"，而是在突出城市优势中同时协调其他经济部门的发展，以获得较好的综合经济效益。

第二节 城市经济

一、城市经济的内涵与演变

（一）城市经济的内涵

"城市经济"作为一个独立概念并引起各学科注意，始于18世纪的产业革命。随着电力蒸汽机等先进生产力的出现和广泛使用，城市工业迅速发展，提出了城市供水供电等共享性基础设施产业的发展和城市土地的合理利用问题。当时欧洲的许多自治城市政府成立了专门的市政管理部门负责城市土地利用规划及其基础设施的建设，其中就提出了土地利用和基础设施建设的投入产出效率问题，从而"市政经济"或"城市经济"的概念应运而生。第二次世界大战以后，"城市经济"的概念得到广泛的传播。在发达国家，随着农业机械化、电气化和化学化，其劳动生产率迅速提高，节余出大量农业剩余劳动力；在发展中国家，随着由农业国向工业国转变的发展要求，也有大量农业剩余劳动力涌向城市。这些发展导致了城市人口急剧膨胀，出现所谓的"城市人口爆炸"和一系列"城市病"，地价昂贵、能源短缺、住房紧张、交通拥挤、供水不足、环境恶化、失业上升、犯罪猖獗、贫富悬殊、阶级矛盾尖锐等，这些由城市扩张带来的问题引起了各国政府和经济学家们的重视，于是学术界就纷纷展开了对这些发生在"城市中的经济问题"的研究，从而在城市中与城市土地利用、市政设施供应和城市贫困相关而发生的各种经济问题，以及与解决这些问题相应的城市政府的经济职能，就成为城市经济最初的内涵。

随着时代的发展和经济理论的深入研究，有些学者开始探究为什么城市会存在？城市在哪里发展？试图根据主流经济学派的逻辑思路，在生产什么、生产多少和怎么生产的基础上，补充在哪生产的研究，把城市的存在和发展作为生产力的研究范畴纳入经济学体系。于是，人们认为，凡是与城市空间的资源利用相关的各种经济问题，都可以纳入城市经济的概念，具体可以包括：市场在城市发展中的作用，城市内土地地租与土地利用，贫困与住宅的空间因素，地方政府的经济职能（地方财政支出与税收、市政基础设施建设、教育与预防犯罪等公共产品的提供）。

在力图把城市经济问题纳入主流经济学体系的努力中，逐渐形成了区别于主流经济学研究对象的城市经济概念。目前人们普遍认为：城市经济是指以一定地域为依托，以一定空间结构形式为特征，人口和生产要素集聚程度较高，综合性较强，非农产业部门门类复杂、社会和环境效益较显著的整体性、系统性经济体系。

作为一个独立的概念，城市经济与它的外部系统和内部系统都有明显的区别。

1) 与它的外部系统比较，主要是与农村经济和农业经济相区别。虽然城市经济与农村经济、农业经济的"边界"并不十分明确，许多地方相互交叉，部分问题重合，但是二者有实质性的区别，即城市经济是聚集程度较高和系统效益较高的经济。这与农村和农业的分散性经济及其自然依赖较强的经济特征有显著区别。

2) 与它的内部系统比较，主要是与城市内的工业经济、商业经济、交通运输经济等部门经济相区别。这些城市内的部门经济活动在外延上，与城市经济发生密切联系，构成城市经济的一部分，但是它们不是同一的系统。它们之间是块块（城市经济）和条条（部门经济）的关系，虽然相互交叉、部分重合，但往往表现出此系统与彼系统的区别。城市经济与部门经济的专业性、分工的相对单一性、生产系统的纵向关系性和经济性质的内部性、私人产品性的特点显著不同，它是以一定地域为依托的综合性经济，它具有分工和产业的横向关系性、基础设施的网络性和经济性质的外部性、公共产品性的突出特点。

(二) 城市经济的演变

城市经济概念最初形成时，主要是在理论界使用，并没有引起城市政府的注意。随着技术与产业的进步，特别是在第二次世界大战之后，和平与发展的主题，使得无论是东方城市还是西方城市，都处于迅速发展之中。城市发展的巨大成果和日益突出的"城市病"，逐渐引起城市政府关注。随着城市政府管理职能的扩展，城市经济的内涵也不断演变。

1. 以城市土地利用与城市空间结构规划为核心的城市经济的概念

19世纪20年代，西方国家的城市出现了大发展，引起社会的广泛关注，学者们纷纷投入力量研究城市发展现象，其中较多的是一些学者从经济学角度研究城市土地问题。诸如城市发展方案的选址，城市基础设施的通盘规划与布局，各种建筑物的规划设计，工业区、商贸中心和市场以及居民区的位置与空间结构，怎样充分合理利用城市土地，处理好城市空间结构问题，成为学者们关注的焦点。于是人们认为，所谓"城市经济"，就是城市土地和空间结构的合理利用问题。这一时期的主要成果来自以下几个方面：

（1）区位概念的提出　德国学者罗舍尔（Roscher）于1868年提出"区位"概念：为了"生产上的利益"而选择的空间场所，它受原料、劳动力、资本等制约。另一位德国学者、现代工业区位论的创始人韦伯（Weber）于1909年写成专著《工业区位论：区位的纯粹理论》，其核心是认为区位因子决定生产场所。工业配置时，要尽量降低成本，尤其是运费。工业区位论对城市工业发展与布局以及工业区位的选择等问题的研究具有重要意义。1924年，美国学者费特（Fate）发表论文《市场区域的经济规律》，论述了城市区位，加深了对城市经济的研究。

（2）同心圆式结构体系的提出　美国经济学家帕克（Park）、伯吉斯（Burgess）等于1925年通过对当时新兴大城市芝加哥的调查，总结出城市人口流动对城市功能地域差异的五种作用力：向心、专业化、分立、离心、向心性离心。它们在各功能地带间不断交叉变动，使城市地域形成了由内向外发展的"同心圆式结构体系"。其结构模式包括CBD、过渡带、工人居住区、高级住宅区、通勤居民区。城市土地市场的价值分带如下：越靠近闹市区，土地利用集约程度越高；越向外，土地利用越差，租金越低。

（3）楔形理论的提出　美国土地学家赫德（Hurd）于1924年研究了美国200个城市的内部资料后，提出楔形理论，指出城市土地利用功能分带是从CBD向外放射，形成楔形地带。楔形理论是与同心圆式结构体系理论相区别的城市内部地域结构的三个基本理论之一。1936年，霍伊特（Hoyt）在研究了美国64个中小城市的房租资料和若干大城市的资料以后又对楔形理论加以发展。

这些研究将城市经济问题从单纯的工程技术领域扩展至社会经济领域，确定了城市经济这个社会科学的概念内涵。

2. 利用相邻学科的理论拓展城市经济的内涵

20世纪40年代之后，对城市经济问题的研究已进入系统化阶段，涉及城市房地产市场、级差地租、土地价格、土地合理利用、企业布局、空间距离与运输成本等。对这些问题的研究，学者们运用相邻学科的成果，进一步拓展和完善了城市经济的内涵。

（1）运用城市地理学理论拓展城市经济内涵　这一时期，城市经济学的一些创建者，除了以主要精力研究城市土地问题，为城市经济学作为一门独立学科奠定理论基础外，另有一些学者则侧重于吸收其他相邻学科的"营养"。20世纪30年代—60年代，欧美一些学者相继运用城市地理学理论研究城市经济问题，特别是城市中心地学说和市场学说，创造了新的城市经济内涵。

中心地学说最早产生于 20 世纪 30 年代。当时欧洲国家工业化和城市化发展迅速。德国学者克里斯泰勒（Christaller）于 1933 年对一定区域内的城镇等级、规模、数量、职能之间关系及其空间结构的规律性进行了调查研究，然后采用六边形图示对城镇等级与规模关系加以概括；1940 年，另一位德国学者勒施（Losch）论证并发展了中心地学说，提出生产区位经济景观。第二次世界大战后，中心地学说在美洲、西北欧各国得到承认，并在居民点网和交通网规划中得到应用。

还有一些经济学家和地理学家运用城市地理学的概念、范畴与原理，对城市经济活动进行分析。例如，对城市体系和分类、城市选址、城市工业区配置、市中心与腹地联系等具体研究课题以及城市化进程、城市人口、城市职能等理论研究课题，深入研究与探讨，使城市经济的含义进一步丰富化。

（2）运用政治经济学理论扩展城市经济内涵　第二次世界大战后的 20 世纪 50 年代—60 年代，地处欧美和东亚的一些资本主义国家的城市化进程加快，城市经济大发展，带来了城市化的好处，但也引起了一系列城市经济问题。为了使城市居民能公平地分享城市发展的好处和解决城市现实问题与经济发展的关系，城市经济学的研究采用了政治经济学的一些研究方法和手段，扩大了城市经济的研究范畴。这些研究主要表现在根据城市经济发展的成果和发展中产生的具体问题，研究这些成果的分配方式和所产生的问题对城市各种经济主体带来的利益方面的影响，以及采取何种公共政策使城市发展成果能够公平分配和解决城市问题以保证城市经济顺利发展和实现市民公平。这使得城市经济不仅包括城市土地的利用和空间结构的规划，还包括了城市公平分配政策。

3. 运用"城市病"的研究与治理理论拓展城市经济内涵

"城市病"是针对城市经济与社会发展中所出现诸多弊病的一种形象化比喻，通常是指城市化进程太快、城市经济和社会发展缺乏严格管理或城市规划失控情况下所出现的种种问题，如城市人口规模急剧膨胀，城市物流人流过密，交通阻塞，住房拥挤，地价房价高涨，失业率上升，生态环境恶化，犯罪增多等。这些问题的出现，为第二次世界大战后呈上升趋势的资本主义世界（特别是其大城市）的经济、社会发展带来诸多负面影响。这使许多专家、学者从经济学、社会学、地理学、人口学、生态环境学和城市规划学等不同学科的角度分析其产生原因，寻求其解决办法。特别是经济学的研究，运用其经典方法，即供求分析方法来研究城市病问题。这样，城市经济增加了关于对城市化供求关系方面的问题的分析，使城市经济的含义扩展到包括了城市化经济的内涵。

二、城市经济的特征

与城市作为实体空间的特征不同，城市经济作为一种社会形态，有如下一些特征：

1. 要素空间分布的高集聚性

城市经济由众多相关要素高度集聚而成。这种高集聚性使城市经济成为配置空间资源的优化区域，成为一定地域内的经济中心（经济增长极）和政府调控经济活动的枢纽点。

2. 经济活动的高开放性

城市经济表现为跨区域、跨国界的人流、物流、能流、资金流、信息流的有效率活动，是沟通城乡和国内外经济联系的纽带，其市场规模和开放程度决定了一个城市经济系统的发展水平和在区域中地位的重要性程度。

3. 投入产出的高效益性

集聚经济是城市经济的内在组成部分，也是一种节约经济和效率经济，其社会化大生产的分工与合作、经营规模的合理化、发达的基础设施与先进的管理服务，可以使城市经济往往以较少的投入取得较高的效益。

4. 城市环境的高外部性

城市作为一个巨大的公共产品，其整体和局部都包含了各种各样的"外部性"问题。既有积极的外部性可以增加城市价值，也有消极的外部性将增加城市发展的成本。这些与其他社会经济系统相比显得十分突出。城市的环境污染（污水、二氧化碳、噪声等）和交通拥堵正日益成为城市面临的两大典型的消极外部性问题（边际私人成本与边际社会成本失衡），成为城市经济的显著特色。

5. 经济社会结构可持续发展的多样性和系统性

城市经济结构的可持续发展具有多样性，这主要是基于城市本身的多样性。自然禀赋、文化传统、开发历史、经济体制等诸多因素的差异决定了每个城市都有自己独特的发展轨迹。处于不同发展阶段的城市，面临的生态环境和社会经济问题不同，解决问题的方式也就不同。即使是相同的问题，也会因为传统文化、经济实力、社会制度的不同而存在不同的解决方式。其次，城市经济结构的可持续发展具有系统性。城市可持续发展系统是由经济、社会、环境（资源）三个子系统构成的相互联系、相互制约又相互依存的统一整体。这要求城市经济和社会发展均不能超越城市在开放条件下的自然资源与生态环境的承载能力。

三、城市经济的运行

城市经济的运行包括了三个方面的经济循环或者说三个经济过程：

1. 城市国民财富的再生产过程

城市国民财富包括国民财产和自然资源。国民财产包括生产性固定资产和流动资产，非生产部门的财产和居民财产；自然资源包括城市土地、地理环境和其他资源。城市国民财富的再生产过程包括城市生产、流通、分配、使用四大环节。生产过程通过劳动者运用劳动手段加工劳动对象，生产出新的社会产品，流通过程通过商品货币交换实现经济主体的供求行为，分配过程通过要素报酬和国家调节形成各经济主体的最终收入，使用过程通过消费和投资再生产出劳动三要素（劳动者、劳动手段、劳动对象）。四大环节的活动川流不息地依次进行，形成了城市财富的存量和流量。存量是一定时点上存在的变量数值，如固定资产、人口总数是存量；流量是一定时期内发生的变量数值，如投资、人口出生数是流量。流量来自存量，又归入存量之中。

2. 城市国民收入的运动过程

城市国民收入是城市社会总产品扣掉物质消耗后的新创造价值。城市社会总产品生产出来形成销售收入后，扣掉补偿固定资产磨损和原材料等流动资产的消耗，形成国民收入。国民收入首先在城市的生产单位内进行初次分配，即将新创造价值分成劳动者劳动报酬、投资者收益和单位收入；然后要对初次分配结果进行再分配，即劳动者、投资者和单位收入的一部分要通过利税形式形成国家财政收入，余下的留归经济主体分别成为企业基金和居民可支配收入；企业基金和居民可支配收入还可能进行再分配，表现为国家对本市财政和城市财政对城市经济主体的转移支付以及城市企业、居民之间的相互馈赠；最后国家、企业和个人不再进行再分配的收入将分别用于投资和消费。这些分配和再分配的货币收支活动都会影响城市经济的运行。

值得指出的是，上述城市的国民收入运动过程基本上与国家经济的国民收入运动过程类同。此外，城市中还有十分特殊的国民收入运动，即一定时期内总量既定的城市土地，会随着社会经济发展和需求的增多而不断增值。这种增值形成了城市特色的初始国民收入，它的初次分配一般形成土地所有者和土地使用者的收入，其再分配在我国目前还没有专门规定，而这部分收入往往由土地所有者和土地使用者用于再投资和消费活动。

3. 城市社会资金的循环与周转过程

城市国民财富的再生产和国民收入的运动统一于城市资金的循环和周转。城市资金的循环是城市资金根据再生产需要经过准备、生产和销售三个阶段而相应地表现为货币资金、生产资金和商品资金三种形态，并依次转化，最后又回复到原来的形态。在城市资金周而复始的循环过程中，三种资金的循环是同时并存、依次进行的，否则，将会引起一系列不良后果。城市社会资金的周转是指城市社会资金循环地周而复始、不断反复的周期性运动过程。社会资金周转的快慢，反映着城市资金的利用效果。

这三个过程在城市经济的运行中，虽然表现形式和特点不同，但三者相互影响，相互作用，共同构成了城市经济运行的有机系统。

第三节 城 市 化

一、城市化的缘起与内涵

（一）城市化的缘起

城市化作为一种社会现象，究竟从何缘起和从何时开始，理论界有着两种不同的看法：

一种是"城乡分离论"，即认为自有城市之初就有城市化进程，如英国经济学家巴顿（Barton）提出："在公元前 6000 年已经开始城市化"。欧美一些学者多持此观点。另一种是"产业革命推动论"，即认为真正意义上的城市化只是在 18 世纪中叶的产业革命以后才出现的。城市化是工业化的产物，社会化机器大工业这台强大的马达驱动了城市化的滚滚车轮。

从历史的角度看，从奴隶社会到封建社会的漫长岁月中，一直是"乡村在经济上统治城市"，真正的大城市在这里只能看作王公的营垒和经济结构上的赘疣，因为它们是"以土地财产和农业劳动为基础的城市"，在城乡关系的矛盾运动中，农村居于主导地位。

而从英国发端的产业革命则极大地改变了这一历史状况，它使城市性质发生了根本变化。即城市从政治、军事堡垒一跃而成为经济活动的中心和生产要素的集聚地。日益茁壮的城市经济发展成为国民经济的主体，并使农村成为自己的附庸，从这时起在城乡关系的矛盾运动中，城市居于主导地位。19 世纪初，经历了产业革命洗礼的英国城市人口已占总人口的 32%，而当时刚刚成立的美国，城市人口仅占总人口的 4.7%。

因此，可以认为，城市化起源于工业化，而不是发源于城乡分离。城乡分离促使了城市的产生,而工业化促使了城市化的发生。城市与城市化是两个问题,城市化历史不等于城市发展史。人类迄今已有约5000多年的城市建设和发展史,但城市化历史却只有短短200多年。城市历史虽然很久远,但城市规模与功能却很少发生革命性的变化,直至近代,在英国和欧洲其他国家相继发生产业革命之后,城市规模与功能才发生革命性变化,成为经济发展的中心和带动力量,拉开了世界城市化进程的序幕。

世界城市化的实践表明,各国城市化的发展有着共同的规律。各国的经济基础、政治制度、地域条件、历史文化迥然相异,但城市化的驱动力却有着共同的机制:比较优势和农业剩余、非农产业发展、集聚经济和外溢效应,四大历史条件促使了城市化的发生。城市的产生仅仅有前两个条件即可,城市化的发生则必须增加后两个条件。而这后两个条件,正是随着工业化发生的同时而产生的,因此工业化引起了城市化的进程。

(二) 城市化的内涵

关于城市化的内涵,不同学科依据各自的研究角度分别有不同的理解。例如:人口学认为城市化是农村人口转变为城市人口的过程;地理学认为城市化是农村地区转变为城市地区的过程;从社会学角度看,城市化是由农村生活方式转化为城市生活方式的过程;从经济学角度看,城市化则是由农村自然经济转化为城市社会化大生产的过程。综合这些含义,城市经济学所认为的城市化,表现为非农产业产出和要素集聚与扩散的过程与影响,进而表现为由此导致的农业剩余劳动力及其人口的非农化和城市化。

在城市化的进程中,由于各种原因,产生了种种对于城市化的误解,形成了一些误区。

1) 认为城市化就是要把农村人口变为城市人口。这使一些城市政府产生误解,盲目地把城市郊区农民的农业户口改成城市户口。一些被改了户口的农民说,我们还在种菜,生活方式一点没有改变,可是农民的宅基地、免税免费等待遇没有了,因而要求把户口再改回来。这种"户籍式"城市化完全忽视城市产业发展这个核心问题,因而不是真正的城市化。

2) 认为城市化就是扩展城区,建设高水平的城市建筑物,形成繁华景观。这种误解使得一些城市政府盲目地"圈地"扩城,大搞"尖、精、洋"建筑物和所谓城市标志景观。这种一味扩大城镇地域空间的"景观式"城市化,脱离了城市产业和居民的实际需要,耗费大量资金,又远离城市化目标,甚至还会造成城市化的障碍,因而也不是真正的城市化。

3) 认为城市化就是要把农村地区变成城市地区。这种误解使得一些城市政府盲目地申请"县改市"和"城市升级",使得一些"小城市"尽管称为某某"市",城与市的功能都极端缺乏。这种"行政式"的城市化导致决策者严重忽视城市化的本质内涵,会在实际上拖延城市化的发展。

可见,只变户口不变职业、只变景观不变产业、只变名称不变功能,都不是真正的城市化。根据城市化的内涵,城市化必须有两方面的核心内容:一是由非农产业的迅速发展而引起的居民职业由农业的改变为非农业的,可以简称为"非农业化";二是由非农产业的迅速发展而引起的人类聚落由农村的改变为非农村的,可以简称为"非农村化"。两方面核心内容集中到一点,就是一定要有非农产业的大力发展,否则城市化就是一句空话。

因此,城市化是社会生产力的变革所引起的人类生产方式、生活方式和居住方式等一系列社会经济结构改变的过程。它表现为:一个国家或地区内的人口由农村向城市转移、农业人口转化为非农业人口;农村地区逐步演化为城市地域;城市数目不断增加;城市人口不断膨胀、用地规模不断扩大；城市基础设施和公共服务设施水平不断提高；城市居民生活水平和居住水平发生由量变到质变的改善；城市文化和价值观念成为社会文化的主体，并在农村地区不断扩散和推广。城市化体现为物质文明进步的同时，成为精神文明前进的动力。

二、城市化的本质

城市化作为一个国家的社会经济发展到一定阶段必然出现的历史发展过程，是全球性的社会现象，这种现象突出地表现为农业人口向非农业人口、乡村人口向城市人口的转化与聚集过程。然而，透过这种现象，表现出的城市化的本质，是深刻的社会经济结构转化的过程。从发达市场经济国家城市化的进程中可以看到："人口的转移和人口的集中"只是城市化的表现形式或重要前提；而"经济活动的集聚"则是城市化的主要内容；"社会经济结构的转变"才是城市化的实质与核心。即城市化实质上是一个以人为中心的、受众多因素影响的、极其复杂多变的系统转化过程，它不仅是农业人口转化为非农业人口，并向城市集中和集聚的过程，而且是城市在空间数量上增多、区域规模上扩大、职能和设施上完善以及城市的经济关系、居民生活方式和人类社会文明广泛渗透等一系列社会经济结构转变的过程。

伴随着这种社会经济结构转变的过程，城市化的社会经济效果集中表现在：

1）城市产业结构高级化。随着城市化的推进，原来从事传统低效的第一产业的劳动力转向从事现代高效的第二、三产业，产业结构逐步升级转换，国家创造财富的能力不断提高。

2）居民收入水平不断提高。一方面，大批原来的低收入居民群体，通过在城市产业就业或者由从事农业改为从事非农业，工资水平大幅度提高；另一方面，一些在城市投资的居民，随着城市产业的高效率发展，获得大量的投资收益，使得越来越多的居民在城市化发展中增加收入、得到实惠。

3）城市外溢效应显著。城市化造成了巨大的社会经济影响，人们崇尚城市文明，使其不断向周边和偏远的广大农村地区渗透和传播，影响到农民生产方式和生活方式不断文明化、现代化，从而使农村发展纳入城乡一体化进程，提高了综合国力。

4）要素生产率成倍提高。生产要素在城市中运用，由于集聚的大量外部性和规模经济原因，原材料、机器设备、劳动力、土地等生产要素的产出效率成倍提高，相对节约了社会资源。

5）促使人的优良素质和社会优良秩序的形成。人们按照既定的游戏规则从事城市的先进生产活动和其他社会活动，遵守规范和崇尚技术的理念，使人们形成自律、自尊、自强的普遍社会风尚。这是现代文明的灵魂，是城市社会的真正魅力所在。因此，城市化会促使人们的生活方式、价值观发生重大变化，社会将建立起区别于农业社会的城市社会新秩序。

6）不断推动创新能力的产生。城市产业的高级化，主要依托科学技术的发展。城市化过程增强了人们和各种要素的联系与结合，使社会信息和技术思想通过方便的交流而不断出现融合与裂变，推使创新不断产生。

可见城市化的本质是通过创造一种发展的环境条件而推动社会经济结构的巨大变革。

三、城市化经济的含义

随着城市化的产生与发展，城市化经济成为具有独特意义的经济学范畴，它与城市经济的概念不完全相同。

城市化经济有两种含义：①城市化经济作为描述城市化特殊经济效应的专门术语，是指由城市共享基础设施和经济集聚产生的大量的正外部性，使城市产出随着城市规模的增大，在不增加城市总投入的情况下不断趋于上升的现象，其含义类同于规模经济、范围经济等经济术语。这种城市化经济的含义在学术上已经十分明确。②城市化经济作为一种社会形态，泛指由城市化现象引起的、在城市化进程中展现出来的社会经济运行过程和由此所产生的社会经济活动，犹如与城市社会、城市环境并列的城市经济的含义。但是这里的城市化经济与城市经济的概念并不完全相同：城市化经济一定是伴有城市化效应的社会经济过程，而城市经济不一定是伴有城市化效应的发展过程。所谓城市化效应，就是社会经济发展引起了总人口中的城市人口比重上升。这种城市化经济的含义在学术上还不十分明确，因而有必要加以澄清和强调，因为这种区分对于能否有效地推进我国城市化进程十分重要。

1）城市化经济源于具有一定功能的城市。城市是城市化的基础，不具有现代功能的城市不可能产生城市化经济。带来城市化效应的城市，是在历史基础上，通过产业革命形成的具有一定社会经济功能的城市。产业革命前的城市和一些小城镇，没有一定的社会经济功能，不能满足发展非农产业从而实现劳动力向非农产业转移的要求，因而就不会产生城市化经济。形成城市非农产业发展需要的各种功能，是城市化经济的一个目标性内涵。在内生城市化的进程中，这种城市功能是市场机制的作用结果；而城市的市场作用功能既包括城市自由市场的经济功能，也包括由这种自由市场功能所决定的城市政府的一般管理功能。市政府的具体管理活动是外生于市场机制的，而市政府的一般管理功能却是内生于市场机制的。后者包括基于市场交易需要的服务功能和基于市民福利需要的管理功能两大方面。具有这些城市功能的城市导致了城市化经济。

2）城市化经济源于城市化。没有城市化，也就没有城市化经济。城市化经济所依存的重要社会基础是城市"化"的过程。这种"化"一般是指人们的社会生活方式由乡村的变为城市的。这种改变是在城市功能的基础上，由人们有进入城市或参与城市生活的意愿和经济能力，即希望由农村生活方式改变为城市生活方式的强烈意愿和对进入城市所需成本的货币支付能力来支撑的。可见，城市化经济的实质是人们自愿地普遍地追求城市的社会经济功能而强烈要求进入城市和自觉地建设城市的行为过程，是由城市的社会经济功能引起的随着经济的集聚而人口集聚的过程，同时也表现为这些城市社会经济功能在空间上集聚和普遍扩散的过程。因此，城市化是由非农产业发展导致的城市功能化而引起的人们向城市转移或自动地建设城市、使具有一定功能的城市在空间上从无到有、从小到大的发展过程。

综合城市化经济的两个来源，城市化经济是指由非农产业发展引起的农村剩余劳动力（从而人口）向城市转移及其相应的城市功能建设的社会经济运行或活动。因而它与建立在一定城市功能上的能够引起人们向城市转移的城市经济的概念相同，而与自有城市以来的泛指城市内一般经济活动的城市经济含义不同，从而区别于产业革命前的城市经济。如果把产业革命前城市中的一般经济活动称作城市经济的话，产业革命后城市中的经济活动则更突出地表现为城市化经济。

根据前述的城市化缘起理论，城市功能和城市化都是来自工业化，因此可以推论，城市化经济是工业化经济的产物。工业化从一开始和发展到现在都在稳定地、持续地、不断地改变着、增加着和扩展着城市功能,并在技术上支持着城市功能的产业化;因此,工业化通过不断地扩展对劳动力及其他要素的需求,来不断地引起和支持着城市化进程,使得城市化经济领域出现。而城市化经济一旦形成,又强劲地推动着工业化发展,因为城市功能为工业和其他行业的产业化发展创造了基础设施、公共服务等方面的共同的、必备的社会条件。可见,工业化经济与城市化经济在社会生产力的推动下形成了相互促进的发展格局。现代经济一个突出的发展特征表现为:产业功能和城市功能在互为因果、相互促进的发展中不断地形成"社会一体化"。根据这种趋势,那些仅仅关注城市建设或仅仅关注城市某种产业发展的做法,都不符合城市化经济的内涵要求,因而也不符合现代意义的城市经济的含义。

复习思考题

1. 相对于农村而言,城市具有哪些特征?举例说明。
2. 举例说明我国古代城市是如何形成和发展的。与西方国家早期城市的形成与发展有什么不同?是否符合城市发展的一般规律?
3. 结合本章相关内容谈谈如何处理好城市主要功能和辅助功能的关系。
4. 什么是城市化?城市化的本质是什么?城市和城市化的形成都需要具备哪些条件?
5. 如何理解城市经济和城市化经济?二者有什么区别和联系?举例说明。

第二章 城市经济基础理论

【学习目标】

通过本章学习，要求学生了解有关城市经济的基础理论，理解城市为什么会产生和为什么会在一定的地方产生，初步了解城市群落中城市之间的关系以及不同城市在城市体系中发挥的作用；明确经济区位理论和集聚经济理论的原理及其对城市经济学的理论基础作用；深刻理解城市化理论的基本内容，了解我国城市化发展的历程，理解城市化发展的动力和规律。

第一节 经济区位理论

一、农业区位论

农业区位论主要是指冯·杜能（Von Thünen）1875年创立的"农业区位论"，其特点是立足于单一的经济主体，着眼于到城市的距离和成本、运费最省。杜能古典农业区位论源自于他的"孤立国"模型。

他首先确立了六个基本假定：①一个大平原的中央有一个城市，城市与周围农业地带组成一个孤立地区。该区位于中纬，具有适宜的气候和肥沃的土地，宜于植物、农作物生长；平原之外，没有适合耕种的土地，只有荒原与外部世界相隔绝。这个区域可称为"孤立国"。②"孤立国"既无河川，也无运河，马车是唯一的运输手段（当时火车尚在试验阶段，汽车尚未出现）。③农村与中心的城市具有单一的市场关系，中心城市是农产品的唯一贩卖中心，也是工业产品的唯一供应者。④获得最大的区位地租是农民生产的动力，为此他们会根据市场供求关系来调整其生产的产品。⑤农产品价格、农业劳动者工资、资本的利息皆假定不变。⑥运输费用（运费）同运输重量和距离成正比，由农业生产者负担。显然，满足上述条件的是一个均匀连续的各向同性面的假定空间。

根据这些基本假定，杜能逐步形成了他的农业区位向心圈的理论模式。他首先选用了一组供计算的经济指标，作为推导、计算的定量依据。这些经济指标的相互关系表现为：市场上农产品销售价格取决于经营的产品种类和经营方式及城市对农产品的需求，农产品销售成本等于生产成本和运输费用之和。以 π 代表单位产品利润，P 代表产品市场价格，C 为生产成本，T 为运输费用，则农业利润的表达式如式（1-2-1）所示。

$$\pi = P - (C+T) \tag{1-2-1}$$

对于式（1-2-1）中的利润 π，假定农产品的生产成本同产地与城市的距离无关，即 C 在区域内是无差异的，则农产品的利润 π 的大小，就完全取决于 T，而 T 取决于到城市的距离。杜能认为，这时的 π 可以定义为区位地租。这样，杜能把农业生产的纯收入与区位地租等同起来。如果进一步地，用 R 代表单位面积的区位地租，Q 代表单位面积的产量，P 代表单位产品的销售价格，C 代表单位产品的生产成本，t 代表单位产品的运费率，k 代表生产地到城市的距离，则区位地租的表达式如式（1-2-2）所示。

$$R = Q(P-C) - Qtk = Q(P-C-tk) \tag{1-2-2}$$

可见，离城市中心越远，运费率越高，区位地租就越小；区位地租与到城市中心的距离和运费率都是反方向变动的。这一原理可以用图 1-2-1 的模型做进一步的解释。

若以纵坐标表示土地收益（区位地租），横坐标表示到城市的距离，当生产成本一定时，土地收益曲线为从左上方向右下方倾斜的直线，其斜率的绝对值为运费率。另外，由于不同农产品的运费率不同，其土地收益曲线的斜率也就不同，这样随着到城市的距离的增加，在不同区间各种农产品的相对收益水平会发生变化，进而形成环绕中心城市的圈层地带，每个圈层地带由一个获益最高的农作物品种占据。在图 1-2-1 中，a、b、c 为三种农产品的收益曲线，在圈层 Ⅰ 中种植 a 种农作物收益最高，在圈层 Ⅱ 中种植 b 收益最高，而圈层 Ⅲ 则以 c 为最高。这样就会在城市外围形成分别种植这三种不同农作物的圈层地带。

距离的影响不仅会导致不同农作物品种间的圈层替代，还会导致同一农作物品种不同耕作方式的圈层替代。其原因在于对同一种农作物品种而言，采用不同的耕作制度所支付的成本不同。在前述收益公式中，当我们仅讨论一种农作物时，运费率可视为不变，因此令

$$P_k = P - kt \tag{1-2-3}$$

式中，P_k 是离城市距离为 k 的地方的农作物净价格。离城市越远，运费越高，当地农产品的净价格就越低。

而此时的收益为式（1-2-4）所示。

$$R = (P_k - C_j)Q \tag{1-2-4}$$

式中，C_j 是采用耕作制度 j 时的生产成本，产量较高的耕作制度成本也高。

由于不同耕作制度所支付的成本不同，随着与中心城市距离的增加，当地的农产品净价格就会相应下降；直到某一点上，采用原来的耕作制度的成本就会变得较高，将会被较低成本的耕作制度所取代，从而形成耕作制度完全不同的圈层。杜能正是将运费和生产成本等因素综合在一起构建出围绕中心城市的"孤立国"的农业生产布局模型，这些圈层称为杜能环或杜能圈。

杜能的"孤立国"模型共包括六个圈层地带，涵盖了当时所流行的一般耕作制度和农

作物品种。

第一，自由农业带。这是离中心城市最近的环状农业产业地带。这一地带主要耕作精细菜地和果园，这类农产品有的因经不起长途运输，只能靠人工肩挑进城，有的只能在极新鲜时小批量发售，所以都只能在城市附近生产。例如，城市每日必需的鲜奶由于不耐长时间运输，且运输成本高昂，必须在这一地带生产。

第二，林业带。"孤立国"中的平原，除了供应城市粮食外，还必须供应城市所需的薪柴、木材和木炭等。这些林产品和粮食一样，属于必需品。由于营林的成本较低，而运输成本极高，如果将林业放到远离城市的地方，城市中林产品的价格就会十分高昂；因此，与生产成本较高而运输成本较低的谷物比较，在靠近城市的地方种植树木收益会更高。因而靠近城

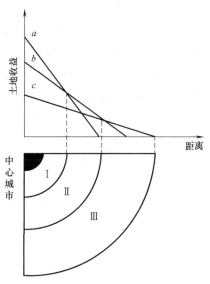

图 1-2-1　圈层农业地带形成机制

市的农民会放弃种植谷物而改种收益更高的树木。故林业会自然地向城市靠近，成为紧邻自由农业带的第二个产业圈。

第三，轮栽作物制带。"孤立国"的第三圈，其突出特点是同一块地上要划分为六个区，轮流栽种不同的作物。其中第一区栽种马铃薯，第二区栽种大麦，第三区为苜蓿，第四区为黑麦，第五区为豌豆，第六区为黑麦，谷物面积占50%左右。由于没有休闲地，土地肥力消耗很大，需要从城市运输粪肥补充地力，同时耗费的人工等费用也较粗放的耕作制度要高。因此只有在当地农作物的价格高于其生产成本时，这种耕作制度才可能存在，故它只能出现在紧靠林业带的位置上，是离城市最近的一种耕作制度。

第四，轮作休闲制带。与轮栽作物制不同的是，为了保持地力同时还要降低肥料等生产成本，就必须拿出一部分土地进行休闲。轮作休闲制是将一块土地划分为七个区，其中三个区分别种植黑麦、大麦和燕麦，三个区种植牧草，另有一个区休闲，因此也称为七区农作制。这种农作制里，谷物播种面积只占总面积的43%。可见，由于距城市较远，这一地带的农作物价格已经不能维持轮栽作物制，不得不让位给轮作休闲制。

第五，三区农作制带。随着与城市距离的加大，不断增加的运输费用使谷物的本地价格进一步下降，轮作休闲制也逐渐变得难以为继，更加粗放的三区农作制开始取代轮作休闲制。三区农作制是将一块土地划分为三个区，两个区分别种植黑麦和大麦，另一区休闲，用于种植谷物的面积仅占此地带内全部土地面积的24%。三区农作制区域产肥不足，必须依靠牧场来补充，因而和它相邻的圈层，往往开辟为永久性牧场。

第六，畜牧业圈。这是"孤立国"的最外圈，在这里种植谷物向城市出售已经完全无利可图，生产的谷物仅供自用。故土地主要用于生产牧草养畜，以畜产品如黄油、奶酪等供应城市市场。黄油、奶酪等畜产品之所以能够放在离城最远的地方生产，是因为其生产成本非常高，是谷物的14倍，而运输费用仅为谷物运输费用的2倍（这些数据皆来自杜能对田庄的实际经营），因此运距对它的影响不大。由于黄油的当地价格不会像谷物一样随着距离

的增加而迅速下降，所以它可以在谷物生产带之外进行生产而仍能获利。

畜牧业圈之外的土地尽管仍然同样肥沃，但已失去商业利用价值而撂荒。

杜能古典农业区位论原理对于研究各产业以市中心为参照系的选址和乡村转向非农化利用的区位地租（或称为城市化租金）有重要现实意义，这一问题将在第五章继续阐述。

二、工业区位论

目前主要以韦伯的工业区位论为代表。韦伯（Weber）1909年创立"工业区位论"，其特点是立足于单一的企业或工厂，着眼于成本、运费最省。这个模型的基本假设是：厂商是二维平面上的一个点，厂商是典型的"经济人"，追求利润最大化，这样，工业区位论的核心问题就成为：厂商应如何选址充分获取区位因素来最大化它的利润。

所谓区位因素，韦伯指出是"作为区位的经济原因运作的力"。也就是说，经济活动发生在空间的某个特定点或若干点上，而没有发生在其他点上，是由于这个或这些特定点上存在着某些因素，使得经济活动在这里进行可以获得更大的利润。也意味着，收入一定时，在这个（些）点上，工业生产的成本最低；在这一地方整个生产过程和分配过程比其他地方更为廉价。而把经济活动拉向这些特定地点的力量就是区位因素。

韦伯将区位因素分为两类：一般区位因素和特殊区位因素。前者是对所有工业企业选址或多或少均产生影响的因素，例如，运输成本、劳动力成本和地租，所有的工业生产都应当考虑；后者是指那些仅对特定工业生产有影响的因素，例如，原材料的易腐性、空气湿度对制造过程的影响、对淡水的依赖等，由于它们只对特定工业有影响，故为特殊区位因素。

依照区位因素所起的作用和影响方式，可以进一步将其区分为地域性区位因素和"集聚"或"分散"的区位因素。前者是指可以将工业导向地球表面上的某些地方，从而形成一个工业空间分布的基本结构；后者则是仅能对由前者造成的工业空间分布结构中特定点的集聚规模产生影响的区位因素，它可以影响到这些特定点的规模，但不能影响这些点的区位。

那么，这些不同类别的区位因素怎样影响工业生产活动呢？韦伯对企业在一定区位上的生产和流通活动后的产品销售价格的构成项目进行了分析，他认为对于确定区位有意义的、可作为区位因素的项目，主要包括土地租金，建筑物、机器、设备等固定资本购置费，原料、燃料购入费，劳动力成本，运费，利率，固定资本折旧费。对于这些区位因素，韦伯认为从中找出地方区位因素非常重要，它们是认识经济区位的直接因素。于是韦伯对其做了具体的分析。首先，土地租金对农产品价格的影响大，故对农业来说是地方区位因素；对工业来说，由于生产用地狭小，土地租金对生产费的影响不大，故不是工业区位的地方因素。其次，固定资本购置费很大，但可通过折旧逐年摊提，以及偿付利息来补偿。折旧费同地理环境大体上无关，故不具备成为地方区位因素的条件。再次，利率作为纯理论的考察，在经济一体化国家无地方差异，形成不了地方区位因素。这样，剩下来的作为地方区位因素，就只有原料、燃料购入费，劳动力成本，运费。其中：原料、燃料购入费的地区差异较大，它们与距离和运输方式的难易有重要关系；劳动力成本是生产成本的重要组成部分，不仅要考虑数量，而且同时要考虑效率；而原料、燃料和产品的运费，由于产地和市场位置的原因，以及运输方式的不同，表现出了强烈的地域差异。为便于计算，他认为原料、燃料的价格地域差异可以合并到运费差异中,即将价格低的原料、燃料产地当作近产地处理,价格高的产地当作远产地处理,从而把原料、燃料价格的差异调整到运费差异中。这样,一般地方区位因素就只剩下了运费和劳动力成本两项。再加上集聚分散因素对工业区位的调整,形成了区位研究的三区位因素说。

为了寻求工业区位形成原因和过程的"纯"理论解释,韦伯首先提出三个基本假设:①给定原料、燃料产地的地理位置。②给定消费地的地理分布和规模。③劳动力分布在区域内若干个固定位置上,不能流动。且每个工业部门的工资是"固定的",在该工资水平上劳动力供给无限。

在上述假设条件基础上,韦伯分三步逐一考察运输成本(运费)、劳动力成本和集聚分散这三种区位因素对工业分布格局形成的作用和影响:

第一步,假设只有运输成本是影响工业区位的因素,其他因素都没有区域差异,此称为运输指向。仅受运输指向影响形成的工业分布格局是韦伯工业区位论中的基本格局。

第二步,同时考察运输成本和劳动力成本两个区位因素共同作用下的影响。取消劳动力成本没有区域差异的假设,那么劳动力成本就成为一个必须与运输成本同时考虑的区位因素,即在运输指向形成的基本工业分布格局上叠加劳动力指向的影响。劳动力指向会使由运输指向形成的基本工业分布格局产生第一次偏移。

第三步,在前两步基础上进一步叠加集聚分散因素的区位影响。集聚分散指向会使由上述两个区位因素指向形成的工业分布格局再次产生偏移。

由于运输指向是韦伯理论的基础,这里主要加以考察。

运输指向即运输成本决定企业的区位选择。运输成本是采购成本和配送成本的总和,采购成本是指将原材料(原料、燃料)从原产地运送到工厂所花费的成本,配送成本是指将企业的产成品从工厂运至消费者所花费的成本。这里,企业的行为目标是通过使运输成本的最小化来实现利润的最大化。企业利润等于总收入减去投入成本和运输成本后的差额。为了集中考察运输成本的影响,运输指向模型有四点假设,即单一产品、单一可转移的投入品、固定技术系数生产函数、固定的价格。于是,总收入、投入成本在各个地方都是相同的。因为企业是以固定价格购买固定数量的各种投入品。而采购成本和配送成本则随着空间的改变发生着变化,因而企业会选择使运输成本最小化的地方作为所在地。较低的采购成本将企业拉向原材料产地,较低的配送成本将企业拉向市场所在地。

设单位产品单位距离的运费为 t_1,而生产单位产品所需要的原材料的单位距离运费为 t_2(注意:这里的运费不是单位距离上运输单位原材料的费用);原材料产地为 A,产品销售地为 B;企业运输成本等于运输原材料的采购成本和运输产品的配送成本之和。这时,可以肯定,企业选址的最优区位一定在 A 和 B 两点连线之间的运输成本最小的地方。

假定企业的初始区位位于 A 和 B 之间的某一点 X,如果 $t_1 > t_2$,即单位距离运输单位产品的成本要大于运输单位产品的原材料的成本,那么企业如果从 X 向产品销售地 B 移动单位距离,则每单位产成品将节约运输产品成本 t_1,增加运输原材料成本 t_2。由于节约的成本大于增加的成本,所以向 B 点移动可以降低企业运输成本。这一过程会一直持续下去,直到企业区位选择在 B 点(见图 1-2-2a)。如果企业区位从 X 移向原材料产地 A,则企业的运输成本会增加,所以企业不会向 A 点移动。如果 $t_1 = t_2$,则企业无论移向 A 或者移向 B,节约的运输成本与增加的运输成本恰好相等，因而企业无论位于 AB 之间的哪一点，运输成本都为最小（见图 1-2-2b）。同理，当 $t_1<t_2$ 时，则企业从 X 向 A 点移动会节约运输成本，所以企业的选址最终会在 A 点（见图 1-2-2c）。

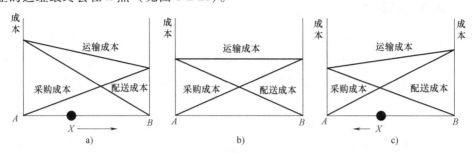

图 1-2-2　不同指向的区位选择
a）市场指向　b）运费率相同时的区位选择　c）原材料指向

上述关系可以由式（1-2-5）表达：

$$T = t_2 AX + t_1 XB = t_2 AX + t_1 (AB - AX) = t_1 AB + (t_2 - t_1) AX \qquad (1\text{-}2\text{-}5)$$

式中，T 为单位产品运输成本；AX 为企业到原材料产地的距离；XB 为企业到销售地的距离；AB 为原材料产地和销售地之间的距离。

给定运费率和原材料产地与销售地位置，$t_1 AB$ 就是常数，则 $(t_2 - t_1) AX$ 最小时运输成本达到最小；如果 $t_1 > t_2$，则 $t_2 - t_1 < 0$，那么 AX 最大时 T 最小，当 X 为 B 时 AX 最大，即为 AB，所以企业位于销售地 B；如果 $t_1 < t_2$，则 X 为 A 时 $(t_2 - t_1) AX$ 为零，T 取最小值，企业就会位于原材料产地 A；如果 $t_1 = t_2$，则 $t_2 - t_1 = 0$，那么企业运输成本等于常数 $t_1 AB$，企业位于 AB 之间哪一点都可。由此可以结论为：如果产品运费率大于原材料运费率，企业应位于销售地，这些市场导向性企业的选址促使了市场中心城市的产生；如果产品运费率小于原材料运费率，企业应位于原材料产地，这些资源导向型企业的选址促使了资源型城市的产生；如果产品运费率等于原材料运费率，则企业可选址于 AB 之间（包括 A 和 B）任意一点，这类企业的选址可能会导致综合类城市的产生。

上述运输指向模型仅考虑了一种原材料的区位因素，现在考虑两种原材料区位性的情形。假设原材料 M 产地为 A，原材料 Z 产地为 B；产品的运费率为 t_1，原材料 M 的运费率为 t_2，原材料 Z 的运费率为 t_3；S_A、S_B、S_C 分别表示企业与产地 A、B 和产品销售地 C 的直线距离；其他条件不变。企业现在要选择的区位就是要以三项运费率决定的成本之和最小。这时企业的选址一定是在这三点围成的三角形内部的某一点，设该点为 K，此时运输成本 $T = t_1 S_C + t_2 S_A + t_3 S_B$，达到最小，如图 1-2-3 所示。

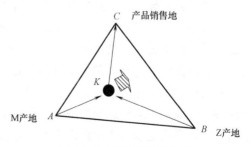

图 1-2-3　韦伯区位三角形

假如原材料 M 的运费率 t_2 降低，企业可以向 B 和 C 靠近（见图 1-2-3 中的阴影箭头方向）。因为企业到 A 的距离增加虽然增加了原材料 M 的运费，但会减少运输 Z 和产品的成本，从而会降低企业的运输成本。因为 M 的运费率降低而节约的运输成本大于增加的运输成本。

工业区位论揭示了企业选址原理，运用这一原理研究城市中各种经济主体的选址并进而依据这种选择研究城市的区位原因及整体布局规划,都是非常方便的分析工具。故工业区位论是城市经济学的基础理论之一。

三、交通运输区位论

交通运输区位是通过分析运输方式、距离、交通线中的场站等运输区位因素和运费之间的关系,来研究如何选择实现总运输费用最小的运输方式(对于运输需求主体)、如何选择建设运输方式的区位,以及在既定的区位上选择何种运输方式(对于运输供给主体)的问题。

运输成本是由运输的货币成本、时间成本和其他成本构成的。其中,运输所花费的时间成本,是高价值或易腐货物运输尤其是客运或信息传递中总成本支出的一个重要部分。所谓运费率是单位货物移动单位距离所支付的运输成本。在上述的区位研究中,为了简便起见,人们通常假定运费率不变,即运输成本是距离的简单正线性函数,它随着距离的增加呈正比例增加。然而,实际的运费率很少遵循这一严格的距离原理。在实际生活中,运费率结构是十分复杂的,除了距离因素之外,它还受到其他诸多因素的综合影响。这一理论以美国经济学家胡佛(Hoover)的区位理论为代表。

胡佛区位理论的特点在于他把运输费用分为与距离变化相关的线路运输费用和与距离变化无关的场站作业费用。其目的在于,告诉人们经济活动要选择尽量靠近各大中转场站的区位,以减少货物的中转次数,从而节约运费。

线路运输费用包括线路维修、管理、运输工具磨损、动力消耗、保险和工人工资等,场站作业费用包括装卸、仓库、码头、管理经营机构和保养等费用。一般来说,线路运输费用是随距离的延长而增加的,与距离接近于正比关系,然而在实际上,当距离较长时,运费率是趋于下降的,从而短途运输的运费率要高于长途运输。这是由于,除了运输距离、方向、运输量和其他运输条件的变化直接影响着运费的变化外,场站作业费用,如场站费、装卸费及时间成本,以及机构费用和服务于用户的相关费用等不由距离的长短决定,而由运输的产品数量以及在运输途中需要停转、包装变化和运输方式改变等因素决定。这些因素不仅造成企业区位的变化,直接影响到经济活动区位的选择,也造成运输区位的变化,直接影响到不同运输方式的选择。

不论何种运输方式,运输作业都是从始发站装运开始,经过途中运输,最后到终点卸货、暂时存仓、交付货物等。由于场站作业费用的存在,运输距离与运输费用之间的变化就不是简单的比例关系。由于需要支付不取决于运输距离的场站作业费用,在场站数目一定的情况下,运输距离越长,单位距离分摊的场站作业费用越少,单位的平均运费即运费率就会随着距离的增加而递减。就是说,平均运费在整个运输过程中随着距离增加会趋于下降。这种现象,一般称为远程运输经济,这也是交通运输区位的第一个规律。随着交通运输技术的迅速发展,平均运输成本随距离增大而降低的趋势将会不断增强。

交通运输区位的第二个规律,是由运输方式不同决定的运费率的不同而形成了不同运输区位的选择。交通运输主要包括铁路、公路、水路、航空和管道五种运输方式。不同的运输方式通常具有不同的成本结构和服务特性,其运费率不同,优缺点也各不相同。表1-2-1列举了五种运输方式的优劣势。一般地说,公路运输的终端或场站作业费用较线路运输费用通常较低，而铁路和水路的终端或场站作业费用往往较高；某种运输方式的线路运输费用高，而一般场站作业费用低，适合于短距离运输；而场站作业费用高、线路运输费用低的运输方式对于长途运输更为有利。因此，公路运输在短途运输中具有较大优势，铁路和水路则在长途运输中具有较大优势。各种运输方式的运费随距离的变化如图1-2-4所示，公路运费随距离的增加上升很快，只有在 OA 较短的运输距离内，公路运费较低，具有相对优势；铁路与水路相比，随着距离的延长铁路运费上升更快，所以在 OA 或 OB 距离之间（即中长途范围内），铁路运费低于水路，具有相对优势；而当运输距离超过 OB 时（即长途运输），水路才真正显现出其运输成本低廉的优势。航空货运无论是短途、中途还是长途，运费都十分昂贵。因而航空运输仅限于价值较高、体积重量较小、要求保鲜而需要尽快到达的少量货物的运输。

表 1-2-1　五种运输方式的比较

运输方式	优势	劣势
铁路	随着运距的增大,效率逐渐增加,线路运输费用处于中等水平	终端成本高,需要较大的初始投资;运输时需要对货物进行分类、编组,时效性差
水路	线路运输费用较低,只有铁路的1/3左右;随着运距增大,其效率增加;适合半成品、散装原料和集装箱运输	终端成本高于线路运输费用数倍,运输速度慢
公路	终端成本小,车辆购置费较大;短途运输费用比铁路低,覆盖范围广;适合易腐、质量轻小货物和旅客的灵活、方便的短途运输	线路运输费用较高,是铁路的4倍多;不适合大批量长途运输
航空	随着距离增加,具有远程运输经济;适合旅客及易腐、轻小、高附加值货物运输;速度快	终端和起降成本高;线路运输费用高,是铁路的16倍多;成本最高的运输方式
管道	线路运输费用最低,甚至比水路更低;适合大批量长距离运输;适合大规模液体的运输	固定成本高,随着距离增大而迅速增加;受商品种类的限制;必须有规律地流动

胡佛（Hoover）详细研究运输费用的目的在于，告诉企业在区位选择时应趋向于避免原料与产品需要多次中转的交通枢纽位置，并且根据运输距离的不同，通过选择适当的运输方式来降低运输费用。

可见，整个运输费用并不是与距离完全成正比，而是在场站作业费用既定的情况下随运输距离的增加运费率递减，这种现象在各种运输方式中都存在。如果原料产地与产品市场之间没有直达运输，必须经过运输方式的改变而在某地中转，并且原料又是失重原料，那么运价递减率的优势将消失，在转运点由于中转而支出的费用将急剧增加。如果企业在转运点布局，将可以避免原料和产品的多次中转，减少装卸倒

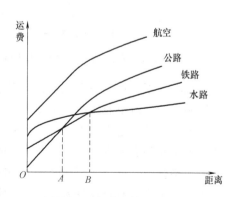

图 1-2-4　各种运输方式的运费随距离的变化

运量，还可以减轻原料重量并增加产品价值，于是转运点就成为运输成本最小的工业区位。事实上，在各国经济发展中，港口和铁路枢纽都是重要的工业集聚地。

运输区位理论运用运费率比较了运输方式和运输线路及场站的经济效果，为研究城市内

部和城市间的交通区位提供了理论依据。

四、商业区位论

商业区位论也称"销售区位论"或"市场区位论"。所依托的销售区原理最先由克利斯塔勒（Christaller）提出，销售区是指一个销售商以最低的"社会价格"提供商品的区域。"社会价格"是对所谓"净价"的定义，是指包含方位效益的商品成本，等于供应商的商品售价和消费者行程成本二者之和。在商品相同的条件下，供应商的销售区是其商品价格低于其竞争对手的区域。

以顾客在某一地区的商店购买巧克力为例，假定这个地区的区位经济特征是：商品价格相同、每位顾客的行程成本（行程费用和时间成本）每公里 0.5 元。如果这个地区中心只有一家商店甲，图 1-2-5 表明了生活在该地区不同位置的顾客购买巧克力的社会价格。假如，甲商店每包巧克力卖 8 元，对住在隔壁的家庭来说，巧克力的社会价格是 8 元；对住在离商店 10km 的家庭，社会价格就是 13（=8+0.5×10）元；离商店 30km 的家庭，社会价格将升为 23 元。

由于只有一个商店，销售商就是一个垄断者。图 1-2-6 显示了垄断者根据边际成本等于边际利润的原则选择的利润最大的销售量，此时垄断提供 q_m 单位的巧克力，市场垄断价格为 p_m，阴影部分是总利润。

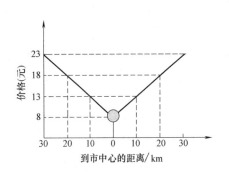

图 1-2-5　垄断条件下的巧克力价格

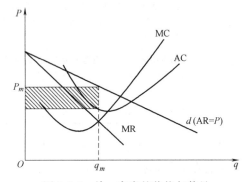

图 1-2-6　单一商店的价格与数量

由于垄断者在经济上获利，会吸引新的商店进入，一些顾客（居住在新商店附近）将光顾新店。这时甲商店的需求曲线将向左移动，每一价格上的顾客将减少；随之边际收益曲线也左移，结果是产出下降、利润减少。换句话说，新企业的进入引起了竞争，导致每个商店的产出和利润减少。当每个新进入的企业都是按照边际收益等于边际成本的利润最大化原则确定销售量，就会使原来企业的利润不断减少。直到产品售价等于其平均成本，经济利润消失，就不会再有企业进入，这时就实现了生产者均衡。

新企业的进入产生了两方面的经济影响：①降低了每个商店的产出，单个商店的平均成本上升。因为许多商店都销售巧克力，规模经济消失，每个商店都以较高的成本销售。②商店数量增多会缩短顾客的购买出行距离，降低其行程成本。这样会通过商店数量的增减权衡商品销售成本和行程成本，实现商品社会价格的均衡，从而形成商品的均衡销售区。图 1-2-7 展示了三个商店处于均衡状态下的销售区。乙和丙各自在离甲的商店 20km 处开了商店，店内巧克力售价同为 8 元。与甲商店相比，乙在西区的社会价格要低些，而丙在东区的社会价格低些。这三个商店把这一地区分成了三个相等的销售区,每一商店拥有半径为 10km 的圆形销售区。

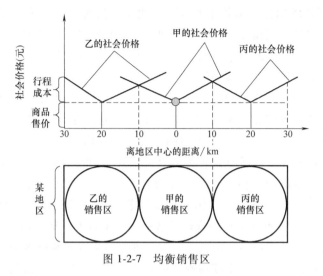

图 1-2-7 均衡销售区

销售区作为每家企业的销售"领地",其面积大小取决于行程成本、人均需求、人口密度和规模经济。假定巧克力需求是完全无弹性的,设 d 为人均需求,e 为人口密度,A 为地区面积,q 为企业的平均销量;而这些变量间的经济关系是:地区总需求量(D)是人均需求量(d)与人口密度(e)和地区面积(A)的乘积;进入企业的数量(N)是总需求量除以企业的平均销量(q);销售区的大小(M)等于地区面积除以企业数量(N)。于是可以得到 M 的计算公式,如式(1-2-6)所示。

$$M = \frac{A}{N} = \frac{D/de}{D/q} = \frac{q}{de} \tag{1-2-6}$$

其中,企业的平均销量受规模经济和行程成本的影响。规模经济增长意味着在更大的销售范围内平均成本处于斜率为负的区段,从而产出增长的收益将超过行程成本增加,使得各个企业的供应量都增加;这种供应量的增加,会加剧企业间的竞争,在人均需求不变的情况下,一些企业会被挤出,企业数量会减少。而行程成本下降会使平均成本曲线的最低点右移,因而会扩大销售区,强化大规模供给的优势,这时销售成本的增加低于收益的增加,故每个企业的供应都增加。同样,这种供应增加,也会加剧企业间的竞争,在人均需求不变的情况下,一些企业会被挤出,企业数量会减少。因此,企业的平均销量与规模经济成正比,与行程成本成反比。

商业区位论的中心思想——商业区位论是解释城市体系机制的基础理论。

五、中心地带理论

中心地带理论的思想萌芽最早出现于美国,美国乡村社会学家加尔平(Galpin)提出了在所有影响农户和贸易中心关系的条件都相同的情况下,农村社区就会呈现出以贸易中心为核心的圆形的假说。但真正为中心地带理论奠定理论基础的是两位德国学者,即经济地理学家克利斯塔勒和经济学家勒施,他们两人通过对一段时间和一定空间上零售者和消费者行为的观察研究分别建立了各自的理论。

（一）克利斯塔勒式的中心地带理论

1933年，克利斯塔勒在《南德中心地》一书中，通过对德国南部城市群的观察，系统阐明了中心地带的数量、规模和分布模式，建立了克利斯塔勒式的中心地带理论，它是来自实际统计研究的一个经验性的科学推断。后来一些学者又加以发展，使其成为可以用来预测一个地区的城市数量、规模和范围的模型。

这一理论建立在销售区分析的扩展基础上，是在市场导向的企业行为假定下，分析销售区规模和数量从而城市规模和数量的变化。假定一个地区有16万人口，消费三种产品Q_1、Q_2、Q_3，不存在购物外在性，人均需求相同，人口密度均匀，供应者没有投入品问题（即假定投入品以相同价格在区内所有位置都可以买到），三种商品的供应商因规模经济的要求不同而对其需求的数量不同。相对于地区人均需求，Q_1（例如工艺品）的规模经济最高是16万人，因而只需1家公司就够了，Q_2（例如服装）的规模经济中等是4万人，地区内需要4家销售公司，Q_3（例如食品）的规模经济最小是1万人，地区内需要16家销售公司。

这里的销售公司都是市场导向型公司，其选址原则是以便利顾客为唯一宗旨，因而最大限度地降低行程成本。由于人口密度均衡，中心位置是行程成本最低的地方，于是规模经济最高的Q_1公司在地区中心定址。一旦该公司坐落在中心位置，公司职员会选在公司附近居住以减少通勤成本，于是公司周围人口密度增加，并形成城市，即图1-2-8中的大城市。

Q_2销售公司面对均匀的人口密度区域，会形成4个同等的销售区（销售区原理）。其中两个会坐落在Q_1公司所在的大城市内，另两个分别坐落在大城市的两边。以这两家大城市外的Q_2销售公司为中心，同Q_1公司的作用一样，会形成两座新的城市，即图1-2-8中的中城市。

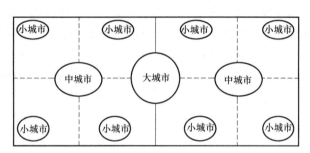

图1-2-8 中心位置决定的等级城市

Q_3销售公司面对均匀的人口密度区域，会形成16个同等的销售区。其中，大城市中可容有4家，每座中城市中分别可容有2家，余下的8家会把其余的销售区域划分为8个销售区，从而又会出现8个城市，即图1-2-8中的小城市。

在这个长方形的地区里，共有11座城市，位于中心地区的大城市销售所有的商品，Q_1商品把这里作为销售中心面向全区销售；大城市有4万人，意味着可以支持4家Q_3公司；而所支持的2家Q_2公司吸引了8万人的购买，除了本市的4万人外，另4万人来自周围的4个小城市，每个小城市约1万人。两座中城市销售Q_2和Q_3商品，它们分别有2万人，意味着每个城市可以支持2家Q_3公司。每个城市的Q_2商品的顾客分别有4万人，其中2万人来自本市，另2万人来自周围的小城市。8个小城市只出售Q_3商品，每个城市有1万人，意味着只能支持1家Q_3公司。

由这一简单的中心位置模型生成的城市等级体系（见图1-2-9）表明，城市越大，出售的商品种类越多。每个城市从高一级的城市输入商品，向低一级的城市输出商品，形成城市由大到小的城市销售或经济网络。这里蕴含着三个规律：

第一，一个地区存在着不同规模和范围的城市，这种多样性是由于各种消费品具有不同的与人均需求相对应的规模经济，因而其销售区不同。如果没有与人均需求相对应的规模经济的差异，地区内的城市将会一模一样。

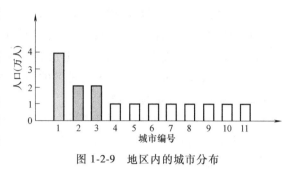

图 1-2-9　地区内的城市分布

第二，城市有大有小，是由于商品的规模经济性有大有小，规模经济大的商品在大城市销售，规模经济小的商品在小城市销售。大城市有容纳多种商品的空间，小城市有容纳较少商品的空间；而大城市较少和小城市较多，是由于规模经济大的商品其销售区较大，而销售公司较少，规模经济小的商品其销售区较小，而销售公司较多。

第三，消费者的购物路线往往是流向大城市，是由于存在着购物时间上的规模经济。

为了明确现实中城市的等级规模和数量，有必要对简单中心位置模型的假定做回归现实的分析。

首先，当与人均需求相关的规模经济增大时，商品的销售区会扩大，销售公司的数量会减少，从而城市的数量会减少，但是城市等级模式依然存在，因为每个城市依然供应大一点的城市所销售商品的一部分。

其次，在非完全替代品的情况下，消费者是通过比较而购物的。因此，某一大类的销售公司会群集在一起为比较购物提供便利。假如 Q_2 是非完全替代品，需要在自己的理想位置（中心位置）上折中，群集在地区中心位置（往往是大城市）方便其利用购物外在性，销售区就会减少。这时这个地区就只有大城市和小城市，从而城市数目减少。但比较购物只是减少城市数量，而不会破坏城市的等级。

再次，在互补商品的情况下，假定 Q_2 和 Q_3 是互补商品，消费者希望在同一购物途中购买两种产品，因此，不同大类的销售公司也会集聚在一起为一次性购物提供便利。如果没有 Q_2，Q_3 就不能生存的话，这一地区就只有两类城市：大城市和中城市，因为 Q_3 是 Q_2 的互补品，为此，它在自己的理想位置（中心位置）上折中，到 Q_2 的销售区从而利用与一次性购物相关的购物外在性。这时，城市均衡数量减少，但也不会破坏城市等级。

最后，人均需求的变化对城市体系的影响是两方面的：①如果某商品的人均需求随着城市规模的扩大而下降，就会打乱城市等级。因为这时小城市的人均需求大，中城市居中，大城市最小甚至为零。这时中小城市因供应大城市里没有的商品而增长，且小城市的数目会增加。②如果某商品的人均需求随着城市规模的扩大而增长，该商品供应商会更集中在中城市和大城市，从而会因销售区减少而减少小城市。于是城市总数目减少，但城市等级不会被破坏。

上述情况都是针对市场导向公司的行为假定，对于资源导向型公司的位置决定来说，它会破坏中心位置等级。因为一个因资源优势而成长的城市，不受中心位置的影响，当它的规模能够和销售公司的规模经济相容时，比如人口发展到 4 万人，就会容纳 1 个 Q_1 商品的销售公司，这个公司如果不是新建，而是原来的大城市搬迁来的，大城市就会衰落，被新型的资源型城市所取代。同样，对于投入品导向型行业，如果其公司位于投入来源附近，那么随着其出现的城市也会拥有一些大城市里没有的商品，如果投入品导向的位置位于地区的中心，则它就会取代原来的大城市成为地区的最大城市。

（二）勒施式的中心地带理论

勒施与克利斯塔勒的经验研究不同，他遵循了微观经济学的研究思路。

假设土地是同质的，要素和人口的区域分布是均匀的；消费者偏好相同，收入无差异，对厂商产品的需求具有一定弹性。

现有一家啤酒厂 A，啤酒出厂价格为 m，消费者采购啤酒的单位距离往返费用为 t，距离用 D 表示，需求函数为 $p=a-bQ$，p 为消费者支付价格，等于厂商价格加上往返费用，即 $p=m+tD$，将其代入需求函数，得到 $m+tD=a-bQ$。可见，离啤酒厂 A 越远，消费者支付价格越高，需求数量就越少。当 $D_1=(a-m)/t$ 时，需求量为零。就是说，如果离厂商的距离超过 D_1 时，消费者就不会购买此啤酒，因而啤酒厂 A 销售的直线最大距离就是 D_1。于是以 πD_1^2 为半径的圆形区域，是啤酒厂 A 的销售区。在这个区域之外，会有其他啤酒生产者来满足消费者的需求，形成相邻的圆形销售区。随着进入的生产厂商数量的增加，厂商之间靠得越来越近，会形成如图 1-2-10a 所示的情形。对于每个圆形销售区之间的空白区域，啤酒生产厂商会继续进入。结果，通过空间价格竞争，同质厂商们占据了所有的土地，整个空间经济将呈现出一个类似"蜂窝状"的六边形集合。在图 1-2-10b 中，7 个有代表性的厂商，分别占据着 7 个六边形市场的中心区位，其中每相邻的 3 个厂商，按照三角形的区位模式开展生产，从而确保

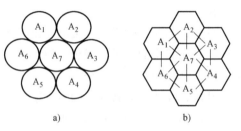

图 1-2-10 六边形市场领地形成过程

生产区位到市场边界的距离最小化。这种空间经济结构使所有厂商的平均社会价格达到最小，使经济中竞争性的厂商数量最大化。

在勒施模型框架中，六边形的空间经济结构对单一产业来说是最优的，但是由于实际经济中许多产业的需求曲线和产品的价格弹性之间存在显著的差异，不同产业特有的六边形市场区位会有一定的区别。一般来说，附加值高的产品的需求曲线往往弹性比较大，其产品运费的微小上涨会引起其需求的大幅度降低，使得这些产品的产业市场区域小于附加值低的产品的产业。在多厂商和多产品的经济中，勒施认为，实现空间的最优利用效率就等同于让每个生产点集中的厂商数量最大，这时会产生集聚经济。勒施的论证说明，一定的空间范围，往往会形成这样的空间结构：一个基本的中心城市、周围的居民区和工业集聚地带。勒施理论第一次向我们展示了城市化本身是能够独立于地方性的特殊情况而普遍存在的。

六、城市引力模型与城市区域理论

（一）城市引力模型

城市引力模型是研究城市经济影响力范围从而城市区域辨识的方便工具。早在 1858 年，卡利（Carey）就参照牛顿万有引力定律（两物体间的引力与其质量的乘积成正比，与其距

离的平方成反比),提出过两地区的互动量公式:$I = P_i P_j / d^2$。式中,I 为互动量,P_i、P_j 为两地的人口,可视为"城市质量",d 为两地之间距离;1931 年,瑞利(Reilly)又将该公式加以发展,提出分析城市之间的某地受二城市商业吸引力作用程度的公式:$S_i / S_j = (P_i / P_j)(D_j / D_i)^2$。式中,$S_i$、$S_j$ 是 i、j 两个城市对其中间某地的居民出售货物的相对数量,由公式可知,S_i / S_j 取决于两城市间的人口(P)对比和与两城市之间的距离比的平方(约为销售区)的共同作用。

空间相互作用表现为两个不同区域之间的商品流动、资金流动、区间贸易、上下班通勤、旅游流动、学生入学、人口迁移、参加会议、信息流动、公共设施和私人设施的利用乃至知识的传播等现象之间的关系,是研究城市经济引力的入手点。这种空间相互作用的经济效果主要和经济作用点的区域规模、考察对象之间的距离和介质的连通性质紧密相关。例如,同样距离为 50km,到上海的某地和到绵阳的某地,在购物便利性、工作机会的易获得性、与博物馆的邻近性、与乡村生活方式的接近程度等方面,分别受上海和绵阳的影响大不相同,因为上海、绵阳的经济规模不同。又如,上海对苏州和扬州的经济作用、文化影响等有明显差异,是由于上海距离苏州和扬州的远近程度。再如,以前,南通、苏州与上海距离都很近,但是每天苏州与上海之间的游客明显地大于上海与南通之间的游客,这是因为上海与南通之间有长江的阻隔,空间介质不同。这些差异说明空间相互作用受多种因素影响,但是主要的因素是空间某区域本身的经济质量和它与能够产生影响的地方的距离。依据这种事实,人们建立了引力模型,如式(1-2-7)所示。

$$F_{ij} = G \frac{P_i P_j}{r_{ij}^2} \tag{1-2-7}$$

式中,G 为常数(通常也称为引力系数);P_i、P_j 为两个城市的人口数量,表示城市规模;r_{ij} 表示两个城市之间的距离;F_{ij} 表示两个城市之间的引力。

可见,城市间的引力与城市规模成正比,与城市间距离的平方成反比。

参照引力模型,饶会林(1999)提出了城市影响力模型来表示一座中心城市所产生的经济影响,如式(1-2-8)所示。

$$R_{ik} = \frac{P_i}{d_{ik}^2} \tag{1-2-8}$$

式中,R_{ik} 表示城市 i 在 k 点的影响力;P_i 表示城市 i 的社会经济综合能量(经济力);d_{ik} 表示城市 i 与 k 点之间的标准距离。

一个城市的社会经济综合能量是城市的质量(mass),可以用多种经济指标来反映,例如,国民生产总值、人口、特殊产品的数量等表明城市的经济力。一个城市与其发生影响力作用点的标准距离是指经济距离,一般是指运费最省的交通距离。因为城市 i 对某地的影响力,不仅取决于地面距离,而且取决于交通方式的方便程度以及交通工具的运行速度。两地之间交通快捷、方便,则相当于缩短了两地的空间距离。举例来说,河北承德市与唐山市之间因交通不方便,相互之间的影响力很小,而承德市与北京市之间实际距离与距唐山市实际距离相仿,但因为交通畅通,因而相互之间的影响力要大得多。标准距离的计算需要引入标准速度 V 作为度量的一个基准,如式(1-2-9)所示。

$$d = d_1 \frac{V}{V_1} \tag{1-2-9}$$

式中，V 为标准速度；V_1 为交通工具的实际运行速度；d_1 为两地间的实际距离；d 为标准距离。

综合城市质量和标准距离两方面的含义，可以理解城市影响力就是城市的经济力对扩散的作用点方圆半径内的影响水平。

那么怎样确定城市经济力到作用扩散点的方圆半径距离呢？由式（1-2-8）导出式（1-2-10）。

$$d_{ik} = \sqrt{\frac{P_i}{R_{ik}}} \tag{1-2-10}$$

由式（1-2-10）能够看出，d_{ik} 是由 P_i 和 R_{ik} 决定的到 k 点的影响区域的半径距离，即由中心城市的质量和到其作用点所发挥的最低经济力（影响力边缘）所确定的中心城市影响力半径值。依据 d_{ik}，就可以圈定城市 i 的影响力区域范围。这一范围就是城市区域。

（二）城市区域理论

根据上述分析，可以明确：城市经济力 P_i 的概念，是指城市对其周围地区的影响力和作用强度，其主要形式和内容有三：①城市吸引力。城市集聚作用使得外部区域的资源、信息等要素向城市流动，城市经济力越大，其吸引力就越大。②城市辐射力。城市发展到一定程度，其生产力和产业结构会向更高层次发展，在一定的空间内，会使较低层次的剩余经济力向四周区域扩散，从而形成在区域中的资源、信息等要素的辐射功能。城市辐射力的大小取决于城市的经济总量和产业结构。③城市中介力。这即城市作为交通运输中心、商业服务中心、金融中心和信息中心，促进城市与区域之间的人流、物流、信息流、商流、资金流的相互流动的作用。城市中介力大小取决于城市第三产业的发展程度和城市经济力总体水平。

考察式（1-2-10），城市对 k 点的影响力，必然随着城市到 k 点的距离 d_{ik} 值的增加呈递减趋势，且对于速度越慢的交通线路方式递减速度越快，那么城市影响力范围在什么阈值上划定为适宜？或者说，d_{ik} 值为多少时为经济区域的合理半径？这里有相对解决和绝对解决两种方法，相应可以得出相对性城市经济区域和绝对性城市经济区域。

1. 相对性城市经济区域

1948 年，康务尔斯（Converse）提出了分流点（breaking point）的概念，即在城市化程度较高的地区，两个城市同对某一区域的引力的平衡点和分界点。这一点可以作为划分相对性城市经济区域的界限。其求法为

令
$$R_{ik} = R_{jk}$$

则有
$$\frac{P_i}{d_{ik}^2} = \frac{P_j}{d_{jk}^2} \tag{1-2-11}$$

解出 d_{ik} 值，得

$$d_{ik} = \frac{d_{ij} - d_{ik}}{\sqrt{P_j/P_i}} = \frac{d_{ij}}{1 + \sqrt{P_j/P_i}}, \quad d_{jk} = \frac{d_{ij}}{1 + \sqrt{P_i/P_j}}$$

式中，d_{ij} 是 i、j 两个城市间的距离，等于 $d_{ik}+d_{jk}$。

式（1-2-11）表明，在城市 i 和 j 之间的 k 点上，该两城市的影响力是均等的。

如果一个城市与周围的 n 个城市相邻，用同样的方法不难分别求出这个居中央位置的城市与周围的 n 个相邻城市的均衡影响力 k_1，k_2，k_3，…，k_n，然后将这些 k 点相连就可以划出中心城市与周围相邻城市接壤的均衡影响力范围了。

这种相对的划分城市影响力范围可以使我们清晰地了解到区域内城市经济影响的相互关系，有利于认识城市在区域中的地位和制定城市发展战略。但是不适宜用于相距较远和空间介质性较强的城市影响力关系的分析，因为相距较远和空间介质性较强会破坏空间匀质性假定。

2. 绝对性城市经济区域

与相对性城市经济区域分析方法主要考虑两个城市对同一地点 k 的影响的分析不同，绝对性城市经济区域的判定方法是通过分析城市的农业人口和非农业人口的影响关系而确定 d_{ik} 值的。设 m 为城市人口密度，n 为农村人口密度，α 为农业人口与城市人口的比例，P_i 为城市 i 的城市人口总数；令城市区域面积 $S =$ 市区面积+郊区面积，即

$$S = \frac{P_i}{m} + \alpha \frac{P_i}{n} \quad (1\text{-}2\text{-}12)$$

从中解出

$$d_{ik} = \sqrt{\left(\frac{1}{m} + \frac{\alpha}{n}\right)\frac{P_i}{\pi}} \quad (1\text{-}2\text{-}13)$$

则城市 i 到 k 点的影响力 R_{ik} 为式（1-2-14）所示。

$$R_{ik} = \frac{\pi}{\frac{1}{m} + \frac{\alpha}{n}} \quad (1\text{-}2\text{-}14)$$

这是从农副产品供应角度考虑的城市的影响力，而以 d_{ik} 为半径的范围就是城市 i 的绝对性经济区域。这种确定方法，对于我国的市管县体制中的区域合理划分、制定充分发挥城市对农村经济影响力的政策有积极的现实意义。

不论采用给定 α 值方法还是事先确定 R_{ik} 值的方法求出的基本城市区域，都不可避免地会发生城市区域重叠现象。这是城市化程度提高的表现，它反映了城市之间的社会经济联系日益紧密。为了认识这种现象，有必要从更大的范围认识城市区域。这可以在基本城市区域划分的基础上，把发生重叠关系的城市区域联系成为一个整体，在更大的范围内进行较大的城市区域的辨识和规范研究，分别认识和确立中型的城市地区、城市化区域、大城市区和大城市化区域。参考美国人口普查的定义，常见的关于城市地区的概念主要有：

1）城镇（town 或 urban place）。这是指在相对小的区域内有最低的人口数量的非农生活区。一般至少有 2500 个非农业人口。

2）城市（city）。这泛指具备最低城市功能的具有一定人口规模的非农业生产和生活区，包括市区和郊区两部分，一般人口规模在 1 万人以上。

3）城区（urban area）。这即城市的市区部分，不含郊区。

4）中心城市或中心地（central city 或 central place）。这是城市化地区中人口最多的设

有建制的城市（镇）。一般人口在 1.5 万人以上（许学强等，1997）。

5）城市化地区（urbanized area）。这是指包括一个大的中心城市（自治市）和具有一定人口密度的周边地区的城市地区，通常人口要在 5 万人以上，相当于我国的城市建成区含义；这样我国大多县级市以上的城市构成了城市化地区。中心城市外围的城市化地区称为城市边缘（urban fringe）。

6）大城市地区（metropolitan area，MA）。这是指一个拥有大量人口的核心城区和在经济意义上与这个核心结为一体的邻近社区的广大区域。通常必须有 10 万人以上，其中核心城区必须有 5 万人以上。核心城区和与其结为一体的邻近社区互相有大量的往返人口。大城市地区中可能有多个中心县区（central county），这与我国市管县体制中的地级以上的城市内容相当。

7）大城市统计区（metropolitan statistical area，MSA）。这是指以一个大城市为中心，包含一个或几个与之经济联系密切的大型城市化县区或一簇县区。中心大城市一般在 100 万人左右。

8）大城市联合统计区（consolidated metropolitan statistical area，CMSA）。这是指包含两个或更多的大城市统计区的复合大城市地区。人口范围往往在几百万到 1000 万以上。

第二节　集聚经济理论

一、集聚经济的含义

集聚经济是城市经济学的一个核心概念，一般是指因企业、居民的空间集中而带来的超额经济利益或成本节约。在某一地理区域范围（城市）内，在生产方式、技术水平、市场价格都不变的情况下，若单个企业的生产成本随着进入该区域的企业数目增多或居住人口的增多而下降、企业获得了额外的收益，或者整个地区（城市）的国民产出随着进入该区域的企业数量或居住人口的增多而上升，城市按人平均的或按总产出平均的各项投入都下降时，就是发生了集聚经济。集聚经济是基于空间向心力的由多种因素导致的一种外在性。当集聚适度时，出现正的外在性，即发生了集聚经济；当集聚不适度时，出现负的外在性，即发生了集聚不经济。集聚经济的度量有多种方法（吕玉印，2000），但就其内涵而言，在理论上可以有两种表现，一是表现为城市边际收益大于零，二是表现为城市规模收益增加。

城市边际收益是指每增加一个城市人口所增加的国民产出。如果城市增加一个人口所增加的国民产出高于当时的城市人均国民产出，就出现了集聚经济。这可以借助城市生产函数来分析。设 Y 为城市总产出，P 为城市总人口，$Y=f(P)$，如果 $dY/dP>0$，这一阶段上的人口规模都会产生集聚经济，当然这种集聚经济有一个从大变小的过程。

城市规模收益是指适当增加城市人口密度，使人均的城市成本下降的现象。这可以借助城市等产量曲线来分析。设 E 为进入城市的企业，P 为城市总人口，二者是城市集聚的主导因素。图 1-2-11 分别反映了企业与人口的城市规模收益的递增、不变和递减的情况。城市 A 的等产量线由 10 单位发展到 30 单位，是通过均匀地在城市增加企业和人口而实现的，即规模收益不变；城市 B 的等产量线由 10 单位发展到 30 单位，是通过增加较少的企业和人口而实现的，因而规模收益是递增的；而城市 C 的等产量线由 10 单位发展到 30 单位，是通过增加更多（超过产出的速度）的企业和人口而实现的，因而规模收益递减。这个过程中都会产生集聚经济，尽管其收益程度不同。收益程度的差异取决于企业和行业规模经济差异、规模经济不同的部分投入替代以及生产的各种区位条件等方面的差异。

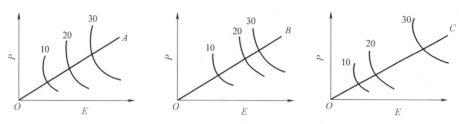

图 1-2-11　企业与人口的城市规模收益情况

德国学者韦伯最早提出要加强对经济集聚作用的研究。他在著作《工业区位论：区位的纯粹理论》中，系统地阐述了集聚经济理论，认为集聚实质上是工业企业在空间集中分布的一种生产力布局形式，集聚使企业获得成本节约形成集聚经济。但集聚经济并不是无条件的，只有把存在着种种内外联系的工业按一定规模集中布局在特定地点，才能获得最大限度的成本节约；而那种无任何联系的、过渡性的偶然性集结，可能不会有集聚利益，一些恶性集结还可能给地区经济发展造成恶果。可见，韦伯的集聚经济与规模经济有关，他强调工业企业在空间上的规模化。根据他的理论，集聚分为两个阶段：低次阶段是单纯由企业经营规模扩大而带来的生产集聚，即"所有具有自足完整组织的大规模经营"；高次阶段是同类或不同类企业的集中构成的总生产规模的扩大，主要是扩充大规模经营的利益。而马歇尔把集聚带来的好处归纳为两种主要表现形式：第一类集聚经济能为产业内部的厂商带来正的外部性；第二类集聚经济则对当地的产业总体产生正的外部性。这种区分的发展形成了两个重要的概念：地方化经济和城市化经济。

二、地方化经济

地方化经济是行业的集聚经济。如果行业内的企业生产成本随着行业总产量的提高而降低，就出现了地方化经济。行业聚集经济取决于行业内多个企业的空间分布状态：行业内的企业，若密集地聚合于某个地区之内，企业间可以就近得到相互交往的便利，就会产生地方化经济；若是零散地分布于广大地区，企业间联系很松散或没有联系，就不会产生地方化经济。可见，同行业的企业在空间上互相靠近，形成企业群就可以降低它们的生产成本。这种地方化经济的出现主要有工厂内的规模经济、中间投入品的规模经济、范围经济和关联经济、买和卖的规模经济与集聚外部性、熟练劳动力市场的共享效率和知识溢出等机制。

（一）工厂内的规模经济

工厂内的规模经济是由于工厂内部生产规模扩大引起的产品成本下降和收益增加的现象。工厂内的规模经济基于以下两个原因：①专业化。劳动的专业化可以提高劳动生产率，一是工人技能的效率随着重复次数的增加会迅速提高，二是由于单一工序工作，大大减少了从一道工序转向另一道工序所需的时间。②生产要素的不可分割性。如果投入具有最小效率规模，那么这个投入对于生产过程来说是不可分割的。如果将不可分割的投入分为两半，则两部分总产出将小于整体投入的产出。

(二) 中间投入品的规模经济

工业企业生产过程中所需投入的中间产品，如果其需求量不值得自己来生产，即自产不存在规模效益，则往往从具有规模经济的供应商那里采购。如果企业所需要的中间产品在设计和制造方面需要常常和供应商进行面对面的协调，或者中间产品本身体积较大、易损坏，需要迅速运送等，则企业会考虑到其选址要靠近中间产品供应商。于是在一个具有规模经济的供货商周围就会集聚许多企业形成企业群落构成地方化经济。

(三) 范围经济和关联经济

范围经济与关联经济是既互相联系又明显区别的两个不同的概念。范围经济是指企业生产两种或两种以上的产品而引起的单位成本的降低，或由此而产生的节约，关联经济是指企业"纵向一体化"引起的单位成本的降低，或由此而产生的节约。

生产中出现的内部范围经济表现为在同一个生产过程中，除了生产出主产品外，不必增加专门投入而生产出副产品。如炼油厂在生产汽油的过程中，可以同时生产出柴油、沥青等附加产品。这种现象使一些企业采取了多样化经营策略，即在同一生产过程中联合生产经营相关的几种产品，以便获得范围经济效益。于是，非农产业最初的单一性产品的生产，逐渐地演变为某一大类的产品生产，这使得行业的内涵丰富了。丰富的大类产品所形成的内涵丰富的行业进一步扩大了生产空间，增进了行业内部的生产要素集聚。随着生产规模和联合生产的扩大，有些企业又发现，在生产达到一定规模后，如果兼并某些上道工序或下道工序产品的生产，则可以使规模经济效益在原来的基础上扩大。因此，把上下关联的多个生产过程集中在一个生产过程中，也可以获得额外收益。这种做法叫作纵向兼并或纵向一体化，它可以在总产出增加的情况下，使产品平均成本下降。这种现象被称为关联经济。关联经济使企业的规模沿着纵向扩大，进一步扩展了生产空间。对于这种过程，美国经济学家艾伦·斯科特（Alan Scott）认为，生产过程中空间纵向分解或纵向一体化中，交易成本起着决定性作用，每单位产出的交易费用越大，厂商或企业越有可能通过空间集聚而减少交易费用。同时可以将这种交易成本赋予"空间"的意义，将其引入城市化的理论研究中（冯云廷，2001）。可见，关联经济的形成，主要不是技术的原因，而是表现为交易成本的社会性、制度性原因，这一点可以用于解释对城市化经济需求的社会经济学因素。

(四) 买和卖的规模经济与集聚外部性

加工型产业出现之后，买卖活动的一个本质变化是为了满足生产需要而进行的大量中间产品交易以及群体生产的劳动者对消费品的集体购买。这就扩大了商业活动的范围和内容，产生了商业的规模经济和集聚外部性。

商业的规模经济除了与加工企业一样，来自专业化分工和先进管理手段的采用外，还有自身的特点：①大批量采购和销售的经济性。商业企业采购活动要花费大量的交易费用或经营费用。大批量采购能够显著降低单位商品分摊的交易费用，享受较大的批量折扣，降低单位商品的购进成本。商业企业在销售商品时，需要借助促销手段来销售商品，大批量的商品销售规模会降低单位商品的促销费用。②大批量运输与储存的经济性。在运输工具额定运载能力一定的前提限制下，商业企业运输批量越大，就越能降低单位商品的运输成本，特别是大批量运输还能取得整车运输和利用先进运输工具、装卸设备的经济性。尽可能减少库存，减少资金占压是商业企业降低经营成本的重要途径之一。大规模商品销售需要大批量储存作为物质保证，而大批量储存能更加合理地利用储存空间，获得大批量商品储存的经济性。

商贸企业集聚的外部性：一是指卖方坐落在企业群落中会得到众多的"购买人气"和营销的空间外部性；二是指买方在商店群落中采购会得到"货比三家""竞争压价"及"一揽子购买"的外部性。例如，一个孤立的音像制品店搬迁到一家食品店旁边，两家的销售额都增长了。一家商店对顾客的吸引给另一家商店带来了利益，就是空间的营销外部性，在群落商店购买非完全替代品可以充分地讨价还价以降低选购成本，在具有规模经济的商店里购买互补商品可以享受一揽子购买的便利，一次性地实现全部购买。这些机制会导致相关联产品的商贸企业形成零售群落，使消费者充分享受购物外在性和商贸企业规模经济的好处，这是市场型城市产生和发展的内在机制。

（五）熟练劳动力市场的共享效率

熟练劳动力市场的共享效率来自两个方面：①当企业群落共用一个劳动力市场时，可以降低用工和就业的信息成本和交易成本；②可以使厂家共享高水平劳动效率并节约劳动力支出和使劳动者实现充分就业。

假如企业生产从而用工有旺季和淡季之分，存在两条需求曲线（D_{good}、D_{bad}）。企业独处时在旺季和淡季都雇用同等数量的工人，但分别支付不同的工资，见图1-2-12a；而企业在群落中时，在旺季和淡季支付相同的工资，但是雇用的工人数在旺季更多，在淡季较少，见图1-2-12b（O'Sullivan，2020）。

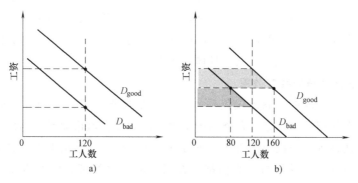

图1-2-12 共享劳动力市场的收益与成本
a）企业独处 b）企业在群落中

由于群落中的单个企业的淡季和旺季不是同时出现的，此消彼长，因而会形成全行业对工人的稳定的需求，群落中的劳务市场的工资就是稳定的，这种稳定水平一般比独处的企业淡季时高，旺季时低。可见，群落中的企业在旺季时可以少支付工资，从而就会得到浅阴影梯形部分的共享收益。其中矩形部分表示在雇用120名工人时所节约的劳动力成本，三角形部分表明在160名工人时，从雇用第121名工人开始获得的额外收益。而在淡季时，群落中的企业就会减少工人，但在岗的工人工资仍然保持原来的水平，这样就会比独处的企业多支付深阴影梯形部分的成本，其中矩形部分是实际多支付的工资，三角形部分是由于少雇用工人所损失的收益。浅阴影梯形部分和深阴影梯形部分相比较，收益大于成本，即企业通过旺季以同样工资雇用更多的工人，创造的收益在弥补淡季的支出以后仍然存在大量剩余，这就是群落给企业带来的好处。而从工人的角度说，在企业群落处工作，可以得到高于在独处企业工作时的工资，即使在淡季，由于集聚的信息是广泛的和充分的，可以在极短的时间内实现在不同企业间的转移。

（六）知识溢出

厂商集聚的另一个明显好处是加快了知识和信息在本产业中的传递。在不同厂商内工作的员工如果能够经常进行正式或非正式的交流，无疑会提高产业中每个厂商的产品创新和管理创新水平。该产业的规模越大，这种交流的机会就越多，从而知识交流带来的外部性就越大。这一点在高新技术产业集群中表现得尤为明显。比如，在美国的硅谷地区就形成了一种崇尚合作交流的创新氛围，许多中小企业的科学家和高级工程师经常在一起交换知识和信息，从而使得这个地区企业成为近20年全球最有活力的电子和计算机的研发中心。不仅如此，由于产业内厂商间实现了知识共享，对其他外部厂商产生了很强的吸引力，因此会有更多的企业进入这个集群，进而影响到城市结构的变化。

三、城市化经济

第一章已经说明了城市化经济的含义，这里是指城市化经济的第一种含义，即单个企业的生产成本随着城市地区总产出的上升而下降的经济现象。也就是说，由城市共享基础设施和经济集聚产生的大量正外部性，使城市产出在不增加城市总投入的情况下随着城市规模的增大而上升。它是集聚经济的另一种类型。

城市化经济与地方化经济的区别体现在两个方面：一是城市化经济源于整个城市经济的规模，而不单是某一个行业的规模。二是城市化经济为整个城市带来利益，而并非只针对某一个行业中的企业。城市化经济出现的原因和地方化经济出现的原因是相同的。它是地方化经济效应从产业扩展到区域的结果，具体表现在：

（一）城市基础设施的共享效率

如果提供中间投入品的厂商不仅仅是为一个产业服务（地方化经济）而是为几个产业的厂商服务，那么我们就应该把这种类型的集聚经济划归在城市化经济的范畴内。比如，类似机场、港口和铁路等交通设施的投入是不可分割的，而且一般情况下都具有外部性，可以为城市的每个产业提供运输服务。它们都存在明显的规模经济，成本的大部分都是固定投入，使用量越大，平均使用成本就越低。所以，随着城市规模的扩大，交通设施服务的种类也更丰富，对城市内厂商的外部性也越大，经济效率就越高。

（二）产业集群的外部性

地方化经济中的范围经济与关联经济，在城市化经济中已经由企业或行业的产品和生产过程集聚（多样化或纵向一体化）发展到企业集群式的集聚，甚至形成了企业网络。在更广阔的空间中，范围经济使拥有多个行业的企业集团出现了，关联经济使企业纵向一体化不只限于工业企业，而是出现了科工贸一体化等更综合性的一体化形式。企业集聚范围的扩大和深度的扩展：使城市中生产经营的成本更低，增强了企业生产经营的灵活性；使企业建立起人与人之间的信任关系和保障这种信任关系的社会制度安排，从而积累社会资本、节省交易费用；使地方特色产业发展起来并保持声誉成为可能；使专业知识和技能特别是经验得以传播和扩散，激发新思想、新方法的产生和应用。这些导致了产业和产业地区的簇起状态，在扩展城市规模的同时，提升了城市质量，增强了城市特色。

(三) 交易集聚的外部性

随着城市规模扩大、人口增加和人口密度提高，讲求规模效益的商贸企业从柜台式零售发展到"超市""自助消费""休闲屋"，从单店经营发展到连锁经营。前者利用了消费者的购物"外在性"（购物的互补性和替代性），后者则充分利用了营销的外部效果。此外，商业企业大规模连锁经营或有众多分支机构的企业集团获得标准化和简单化的经济性：大规模商业企业在众多分支机构中的选择、店铺的空间布置、店面的装修、设备的配置、商品的陈设等方面的标准化、简单化设施，一方面可以使其顾客降低购物过程中的信息搜索费用，并保持相对稳定的顾客群，另一方面，也是更重要的，是通过标准化、简单化来降低企业经营成本，使企业经过长期摸索得出的成功经验能在众多分支机构中以一种标准化模式推广应用，取得更大的经济效益。如现代市场营销中的企业视觉识别系统（CIS）的导入，能通过标准化、简单化识别标记、和谐的色彩搭配、打动人心的口号与企业宗旨来突出企业整体形象，企业的每个分支机构只要按照统一部署行动，都能从中获益。

（四）城市劳动力集聚的外部性

大城市人口众多，密度高，一般具有比较多的劳动力储备。这对于城市内产业经营非常有利。从厂商角度来看，可以非常容易地雇用和解雇员工，企业用工数量富有弹性，劳动力市场的工资可以保持相对稳定；从劳动者角度来看，可以有效降低对工作岗位的搜寻成本，方便地在产业间实现就业转移。城市劳动力市场保证了城市劳动力的总供给和总需求比较稳定，这对于产业的长期稳定发展（因为各个产业每年的景气程度可能是不同的）十分重要。

（五）集聚式人力资本形成的外部性与城市的智能性

城市能够产生人气聚集的"集聚效应"。知识、技术、人力集合起来能够产生更大的能量。人才一般多是一技独长，聚众之长就会形成人才聚集优势，形成"合理结构"，靠"合力"取胜。首先，城市中聚集了各种类型的企业，需要各方面的人才，可以充分利用城市中人力资本集聚的外部性：一群独立自主又彼此依赖、相互关联的成员集合在一起，利用各自的人力资本要素，促进信息与知识的流动和新思想、新技术的创造，发挥出整体系统大于部分之和的效应。其次，在一个环境快速变化的动态竞争环境里，信息共享、资源互补、集聚竞争优势，这种安排相对于刚性化与缺乏弹性的垂直一体化安排更有效率，对环境变化具有更强的适应能力。再次，人力资本集聚可以提高组织的运作效率，保证组织持续不断地产生创新成果，可以不断提高个人的技术知识水平和创新能力，为个人发展提供良好机遇和广阔空间。最后，城市中人们沟通的便捷性有利于知识积累与创新能力的加强。城市提供了人们沟通的便捷性，例如，现场研讨、频繁的面对面交流，特别是各种非正式交流，如工作之余的聊天，使不同的思想在交流中相互碰撞而产生新的火花。这些渠道往往对创新提供具有重大作用的关键信息，克服和弥补了正式渠道的时滞性缺陷。

在社会人力资源的分配过程中存在着"马太效应"，人才越多的城市越容易吸引人才，人才越少的城市越容易流失人才。拥有较多人才的城市，其经济发展水平也较高或者具有迅速提高的可能性，可以为各类人才的生活和工作提供较为优越的综合环境和自我价值实现机会，从而对人才有较大的吸引力；而较高的经济发展水平又进一步产生对人才的大量需求。同时，人力资本集聚产生的品牌与声望效应具有外部效应：①使城市之外的人们产生敬仰与倾慕之情，扩大人力资本集群的影响力，会在社会公众中形成良好的"以人为本"品牌形象，形成良好的口碑为人们传播，从而能吸引更多、更优秀的人才来工作，形成循环累积效应，就会减少雇用专业人才方面的交易成本。②"名人效应"吸引了众多的高素质人才，即在某些领域闻名的企业家、管理者、科研骨干、学术带头人，更能够以他们的知识积累和社会威望形成影响力，包括以非凡品质和魅力形成的感召力，会产生强大的凝聚力，招揽各方面人才，聚贤纳士，进一步扩大人才优势。城市中这种人才聚集的自我实现、自我发展效应，会不断提高城市劳动力层次，提升城市的智能性。

第三节 城市化理论

城市化作为城市人口占总人口比重不断上升的社会现象，是人类历史长河中的一个必然过程。它推动经济发展的中心从乡村转移到城市，促进城市在数量上急剧扩张，在质量上不断提高，从而改变了经济发展的空间方向和基本方式。

一、城市化的动力机制

（一）农业生产率的提高是城市化的基础动力

农业发展对城市化的支持作用表现在以下几个方面：

1. 食物贡献

农业通过所能提供的食物商品数量决定着城市化的人口规模。而农业提供商品性食物的数量，取决于农业的发展水平。

2. 原料贡献

工业作为城市生产的核心，需要有大量充足的原料供应，其中相当大一部分来自农业，这也取决于农业的发展水平。

3. 市场贡献

农村是一个潜力巨大的市场，随着农业发展、农民收入水平的提高，恩格尔系数不断下降，农民对工业投入品和工业消费品的需求将不断提高，从而使城市工业品的销售市场扩大。

4. 人力贡献

农业劳动生产率的提高，不断地产生着农业剩余劳动力，他们会向城市转移。当农业边际产出为负的劳动力向城市转移完毕之后，农业边际产出为零的劳动力也会向城市转移，从而为城市发展贡献了人力资源。

5. 资金贡献

在内生城市化过程中，农民携带资金进城兴办产业，农民付费购买城市户口，农民集资兴建城市基础设施等；在外生城市化的过程中，政府通过"价格剪刀差"等方式从农业积累资金用于城市非农产业发展。

6. 土地贡献

新兴城市和城市规模扩大所需占用的土地，大都来源于农用土地。而农用土地的减少，要以农业劳动生产率的提高为条件。

(二) 工业化是城市化的发动机

工业化是城市化的决定性动因，这是世界城市发展的客观历史和现实。工业化对城市化的推动作用体现在：①工业化发展促进了工业的集中和企业规模的扩大，从而导致城市规模扩大和新的工业城市的形成，这是"集聚经济效益"作用的必然规律。②工业化带来的产业结构升级的变化不断地吸收着从土地中释放出来的农业剩余劳动力，从而促进了城市人口的增加。③工业化由于技术含量和剩余价值较高，使以大工业为基础的城市经济成为国家经济生活的主体，使生产力发展的动力和重心从农村转移到了城市，强化了城市的中心地位。④工业化使城市经济关系和生活方式逐渐渗透到农村，不断瓦解着自给自足的自然经济和小商品经济，使之日益社会化和商品化，其结果必然是农村居民在各个方面同市场、同城市发生越来越紧密的联系，从而改变着他们的生活习惯、文化传统以及物质和文化生活的需要。

(三) 信息化是促进多样城市化的推动力

人类在工业化社会之后，过渡到后工业化社会（信息化社会）的主要特征是服务业在经济中占据主导地位，服务业成为城市空间综合体和带动收入与就业增长的主导产业部门。信息技术对城市经济的渗透和城市经济结构中信息经济比重的提高，使城市通过产业结构调整和整合，推动产业结构高级化，从而优化和强化了城市的现代功能，使城市经济成为融合金融、通信、科技、服务在内的综合经济体系。高新技术产业作为信息经济发展的动力和灵魂，推动了城市信息化、网络化进程，使城市成为信息汇聚的中心、技术创新的中心和新思想（包括新的价值观念、文化理念、消费需求等）的发源地。城市结构中的高新技术园区、科学城的金融、信息咨询等功能逐渐占据主导地位，传统工业居于次要地位，城市发展将主要依赖于智能资源的贡献。

综上所述，城市化经济的产生机制，从历史渊源来看，是农业剩余、非农产业、集聚经济与外溢经济的综合作用，它们是城市化经济产生和发展的四大命题。

二、城市化的一般规律

城市化是人类社会的一种普遍现象，在历史的长河中，它根据其自身的内在规律发展。从一般性上来说，这些规律可以从时间、空间、量的变化和质的变化几个方面去考察。

(一) 时间维度的城市化

时间维度的城市化，表现为以 S 形曲线表达的城乡人口随着工业化进程发展的有序变化和阶段性特征。如果把城市化看作一种自然历史进程，那么城市化进程与生物生长过程有些类似。生物生长过程一般分为延迟期、加速期、对数期、减速期、恒定期和衰亡期六个阶段，其生长因子主要有维生素、氨基酸、嘌呤和嘧啶等。城市化过程类似的可以划分为初期、中前期、中后期和末期阶段（王雅莉，张明斗，2017），其中，中前期是城市化的加速时期，我国大部分城市处于这个时期。这种类似于生物生长过程的城市化可以用 S 形的生长曲线来表现。

对于 S 形的城市化发展轨迹理论首推美国城市地理学家诺瑟姆（Northam）的研究。1975 年，他在《城市地理》一书中通过对各个国家城市人口占总人口比重变化的研究发现，城市化进程具有阶段性规律，即全过程呈一条稍被拉平的 S 形曲线（见图 1-2-13）。后来人们又进一步研究证实，城市化阶段性的一般规律是：第一阶段为城市化的初期阶段，一般城市人口低于总人口的20%左右，城市人口增长缓慢。第二阶段，城市化进程逐渐加快，当城市化率为33%~35%时出现持续递增的加速度，S形曲线呈指数曲线攀升，一般到50%左右出现城市化拐点，城市化加速度开始递减，城市化的边际成本将逐渐增大，但城市化率还是上升的，一直持续到城市人口超过70%以后才进一步趋缓。城市化拐点把中期阶段细分为中前期和中后期，反映了城市化加速度的不同。第三阶段，城市化进程缓慢上升或停滞或略有下降趋势。这种表现为一条光滑的扁S形曲线的发展趋势，当然并不是任何国家都非常显著，但大部分国家的数据基本上支持了这一结论。

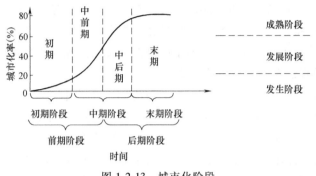

图 1-2-13　城市化阶段

与图1-2-13横轴表现的三个阶段相适应，纵轴相应地表现出城市化进程的发生、发展和成熟三个阶段。城市化犹如一个生物体，有它的成长过程；所以展现出这样有规律的S形曲线，是如同生物体的生长因子一样，城市化也有自己的生长因子。一般来说，城市化生长因子有产品需求及其弹性、产业结构高级化、城市规模经济和集聚经济等，特别是工业化进程。目前理论上已有的多种解释，如英国范登堡（Vandenberg）提出"城市发展阶段说"，美国刘易斯（Lewis）提出"城市周期发展规律说"，以及国内学者提出的"产业结构变动说""人口转变说""城市文明普及率加速定律"等，都可以提炼出城市化生长因子，它们会影响到各国城市化的不同时段。然而，尽管在划分城市化阶段上目前还存在分歧，但城市化的阶段性规律却已被人们普遍认同，它不是人为的，而是一种自然的经济发展规律。

（二）空间维度的城市化

空间维度的城市化表现为由聚集与扩散机制决定的集中型城市化与扩散型城市化交织的区域经济运行规律。

集聚与扩散是城市经济区域形成和发展的内在机制。中心城市的能量集聚和扩散，是一个连续不断发展的过程。城市化的过程首先是集聚的过程，集聚到一定程度，就要向外扩散，扩散扩张了对新的经济活动的吸聚力，新的集聚又为新的扩散创造条件，在这种集聚——扩散——再集聚——再扩散的链齿式发展过程中，城市化由城市范围发展到城市化地区。

从地理空间的表现形式来看，集聚过程导致集中型城市化，使城市人口密度增加，一般是城市化前期的主要地理特征；扩散过程引起扩散型城市化，使城市化范围扩展形成城市化地区，一般是城市化后期的主要地理特征。集中型城市化与扩散型城市化形成城市化区域，如图1-2-14所示。

城市化初期发展阶段，人口向城市集中，城市人口密度升高，城区不断扩大；中前期发展阶段，市中心人口密度达到最高程度，城区继续扩大。这时以集中型城市化为主，开始出现扩散型城市化；到中后期阶段，市中心人口密度下降，而城市人口总量仍在增加，其中原市区内人口增长速度不如新发展的城区快，城区扩展比较迅速，是比较明显的扩散型城市化阶段。这时，较大的城市的边缘很可能与另一个城市的边缘接壤，构成城市化地区。

经过这种集中与扩散的过程，城市与区域形成了一个紧密的经济系统。城市是相应区域的中心，区域又是相应城市中心的腹地，如果城市与区域之间没有严重的

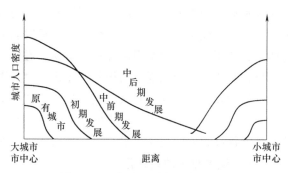

图 1-2-14 集中型城市化与扩散型
城市化形成城市化区域

封闭边境和人为关卡，城市与区域的相互作用必然形成空间经济的效果：相互作用导致城市与区域间的分工；城市与区域中的分工组织不再是孤立、分散的个体，通过相互接近形成了地域社会经济系统而产生系统组合的整体效应；城市群组合效应促进城市（镇）增长序列化，即不同城市有不同的发展速度，在一定外部条件下，城市群内城市增长趋于有序化，大小不同规模的中心城市产生；以中心城市为核心的城市群形成了较大范围的城市化经济区。

这种城市化经济区的范围随着其集聚力和扩散力的大小不同而不同。每个城市在地理空间上都存在着自己的外部效应场，即城市经济影响区。中心城市对周围地区的作用力，一方面因经济场强度不同而不同，另一方面因距离远近而不同。

总之，任何一个国家和地区的城市化进程，在集聚与扩散机制的作用下都要经历一个城市经济系统由小到大、由较简单到较复杂、由若干孤立的城市发展到城市群或大城市到城市延绵区的历史过程，这是城市与区域经济变动的一个基本规律。

（三）质态维度的城市化

质态维度的城市化表现在城市性状和结构（城市职能、城市产业结构和规模结构的相互联系和相互区别）演变的动态趋势上。

从城市产生到城市化现象，反映了人类社会生活方式的一种本质改进：城市是同乡村形成鲜明对照的人类社会组织形态，而城市化则是由乡村的生活方式不断地转向城市生活方式，使人类的生活形态发生根本的变革。从经济角度来看，城市化的质态充分地表现在：伴随着社会化大生产和商品经济转向市场经济，伴随着产业革命和人们转向非农业，伴随着人口集聚和高人口密度社区的形成，伴随着城市公共经济的日益突出，和伴随着城市日益成为区域的经济中心。这种城市性状的改变就是城市化的过程。而这个过程，是与城市的职能结构、产业结构和规模结构的变化紧密地结合在一起的：①城市职能往往是由单一到多项，由简单到复杂，并倾向于由地理、资源等地方性优势所决定的。例如，有的城市是从原来的政治军事性职能发展到增加了经济性职能，有的城市是从工商业中心逐渐发展到文化中心、社会活动中心或政治中心等职能，虽然变化顺序不同，但都依存于地方优势，而且最终都是使城市职能越来越丰富、越来越结构化，并沿着单一性——综合性——专业性——新的综合性的职能变化规律发展。②结构转换是城市发展的本质原因，而导致城市经济结构转换的，主要是产业结构和规模结构的变化。产业结构的调整与比较利益的转移有因果关系，故城市动

态比较利益推动着城市产业结构从而职能结构的转换。规模结构的调整与城市功能具有正相关性：城市规模越大，城市功能越多，其辐射能量越大。大城市具有较多的功能和较强的辐射能量，从而形成较大范围的经济、贸易、通信、科技等综合性功能中心。

城市职能、产业和规模结构是城市化规律的质的规定性，它要求城市系统中各个因素之间要保持相互的适应性。在城市化过程中，城市系统诸因素的质的相互适应状况处于不断的矛盾变化之中，可能出现不适应的情况，因此必须按照城市化的质态协同规律，采取相应措施，不断提高它们的适应水平，以实现质态协同的优化。

（四）量态维度的城市化

量态维度的城市化表现为城市人口规模与城市经济发展的正相关性和人口迁移与流动的规律。城市化是伴随着工业化发生的农村剩余劳动力向非农产业从而人口向城市集中的过程。这种过程在数量的变化上，突出地表现在如下两个方面：①城市化水平与经济发展水平的正相关性。首先，城市化水平随着经济发展水平的提高而提高。经济发展背景下，产业结构不断发生新的突破，劳动生产率持续提升，农业劳动者向工业和服务业转变，农村人口向城市迁移，城市化水平逐步提高。其次，城市化水平较高的国家或地区，在一定的条件下，也会促进经济发展水平的提高。就是说，城市化水平与经济发展水平之间的关系，不是一种单向的决定关系，而是一种相辅相成、互促互进的双向因果关系。②城市人口增长与城市规模和城市数目变化的关系。城市人口增长主要包括自然增长、机械增长（农村人口迁入城市导致的城市人口增长）和外延增长（原来属于乡村范围的人口聚集点变为独立的城市，和城市扩张使邻近的农村地区变为城市）三种机制。这三种机制中，原有城市人口自然增长可以使城市人口绝对数增加，但只有在城市人口自然增长率高于农村时，才能提高城市化率。因而城市化主要是由后两种机制推动的：机械增长使城市人口密度增高，外延增长使城区范围扩大。两种机制相对作用的大小对城市规模和城市数目的变化有重大影响，从而与城市化质态规律相联系。一般情况下，在城市化发展的中前期，城市人口规模的变动具有大城市超先增长的客观必然性，在大城市规模不断扩大的同时，中小城市升级不断变为大城市，大城市数目增加。大城市外延增长的结果，就是出现了巨型城市系统，即大城市带。这是以一个或几个规模较大的城市为中心，不断向外延伸所形成的广大的城市区域。可见，大城市超先增长规律，从世界城市化整体运动趋势看是存在的，具有客观性和普遍性。

三、世界城市化道路与发展模式

（一）世界城市化道路

1. 以大城市集聚为主的集中道路

在发达国家中，这种道路的代表是美国、英国、日本。这些国家由工业化引起了本国产业结构和社会经济结构的变化，第一产业比重逐渐下降，二、三产业在国民经济比重上升，并占据主导地位；加上农业技术革命使得农业生产率提高，产生了过剩的农村劳动力，而这些剩余劳动力刚好满足工业化对劳动力的需求。例如，美国农业人口向城市转移大约经历了150年（19世纪20年代至20世纪60年代）。这一历史过程不仅与工业化同步，而且与农业现代化同步。大量农村人口向大城市转移，使得美国成为高度城市化国家。又如，英国是城市化发展最早的国家，也是城市化水平最高的国家之一。英国工业化起步早，大量的资本、技术、劳动力等资源向大城市集中，大城市由此得到了迅速发展，大城市人口也迅速膨胀。而小城市的人口增长率较为缓慢。在日本，实行的是高度集中的城市化战略，城市化与工业化同时发展。工业化首先在大城市地区发展，然后向外扩散，波及周围的城市和地区，总体上说是高度集中的。

发展中国家中有相当多的国家走的是集中型大城市化道路。其特征是片面发展一座或几座大城市，使城市人口主要集中在这些经济活动集中的大城市当中，因此城市首位度非常高。如墨西哥的墨西哥城、巴西的圣保罗。这些发展中国家之所以走集中型的城市化发展道路，主要是由城乡二元经济结构所导致。农村生活和城市生活的鲜明对比，使得大量农村人口盲目涌入大城市，于是大城市畸形发展局面逐步形成。不但造成大城市同周边地区的发展脱节，使城市本身发展失去依托，而且更加强化了城乡差距，于是有更多的农村人口向大城市迁移，超过城市负荷，形成严重的"城市病"。

2. 以中小城市（镇）为主的分散道路

德国和法国是发达国家中分散道路的代表。在德国，中小城市是城市化的主体。伴随工业化和城市化的推进，德国农村劳动力人口的流动，近距离的占主导地位，大多数人向农村附近的小城市流动。法国的城市化发展从19世纪30年代一直持续到20世纪70年代—80年代，历时时间相对较长。法国的城市结构体系，虽然有像巴黎大区这样超过1000万人口的超级城市，但是占主体地位的仍是中小城市。法国农村劳动力的转移方向也分散于各中小城市和小城市。德国、法国等发达国家之所以走上以中小城市为主的分散型城市化道路，既符合本国实际情况，又是本国政府政策引导和农村居民自主选择的结果。例如，德国人有着强烈的传统文化观念，农村居民亲近感很重，即使为了寻求工作岗位也不轻易远离故土，绝大部分是在家乡或者省州附近的城市就业。德国农村人口的流动绝大部分是个人单独行动，总体上是分散性流动，所以德国人口过度集中的大城市较少。在法国，随着农村人口向城市集中之后，巴黎在全国的经济、社会生活中的主导地位发展到不正常的程度，带来了严重的城市病。为了控制大城市盲目发展，法国政府采取了一系列措施，例如，在巴黎附近建立卫星城，均衡分布工业和人口，同时鼓励工业分散、发展落后地区，使许多位于农村地区的小城市得到快速发展，吸收了大量农村人口。

发展中国家也有很多国家走分散型的城市化道路。例如，罗马尼亚，建国以来，共兴建了300多座城市，其中，3万人口以下的小城市占总数的70%。这些小城市作为城乡之间、工农之间的结合点，成为方圆15~20km范围的经济中心。这种分散型城市有利于加强同农村地区的联系，小城市功能得以发挥。但是，由于小城市（镇）过于分散，会造成整个国家城市布局的不合理，难以形成整个国家的凝聚力。

（二）城市化发展模式

城市化发展模式是指城市化发展的主导力量以及在主导力量影响下的城市化特征及发展方式。由于各国的经济发展道路和历史背景不同，推动城市化的力量各不相同。根据世界经济发展的市场作用和政府作用，城市化模式可以分为市场主导型、政府主导型和混合型的城市化模式。

1. 市场主导型城市化模式

市场主导型城市化模式反映了内生城市化的过程，在我国也叫作自下而上的城市化

（张明斗，2016）。这一模式的基本特点在于，城市化的主体是企业和居民个人，它要求充分发挥市场机制在人口向城市迁移、要素向城市集聚、城市内部功能调整和外部扩张、产业结构的调整升级、城市之间的发展协调，以及城乡关系调整等方面的基础性和主导性作用。遵循市场的一般规则，依靠各个城市化主体的自主决策、创新和协调，尊重市场规律和市场的选择来推进城市化进程。市场主导下的城市化发展是依赖市场机制对各种要素和资源进行合理配置而进行的，因而城市化发展的协调性较好。这一历史进程，源于非农产业（高度节约空间性生产）与农业（依存自然状态劳动生产率较低）的比较优势，人们为了寻求这种比较优势，发展非农产业、集聚性的生产和生活，经济性的城市就会形成和发展。这一过程，市场机制对各种生产要素和资源进行配置，城市化主体和各种生产要素、资源从欠佳区位向最佳区位集聚，即从农村地域向城市地域集聚，城市对各种生产要素和资源的集聚效应得到发挥，使城市的比较优势更为显著，这会吸引人们继续进入城市，城市规模扩大，城市人口比重提高，与之相伴随的是城市第三产业得到发展并进一步产生规模效应。这样，城市的各种功能相继逐步得到完善，城市在量和质上都得到了发展，城市化整体水平得到提高。当然，这一过程是一个长期缓慢的过程，而且，由于市场机制具有自发性和盲目性的特点，市场主导型城市化模式中也存在着市场失灵问题，如造成"城市病""空心化"等城市化失衡问题。

2. 政府主导型城市化模式

政府主导型城市化模式反映了外生城市化的过程，在我国也叫作自上而下的城市化。这一模式的基本特点在于，城市化的主体是政府，用行政手段调节城市化进程，通过制度性安排来确定城市化的方向和形式，决定城市发展规模，包括在特殊情况下增减城市数量和城市人口规模，进行行政区划调整；通过政府的经济计划安排投资项目进行城市基础设施的建设和城市其他公共产品的建设。这种模式大部分发生在第二次世界大战以后的发展中国家。战后，一些原来的殖民地、半封建半殖民地国家和地区获得独立，纷纷要求经济建设和发展。而延续发达国家的市场型城市化过程要经过一个漫长的时间。于是，随着政府主导型的经济发展模式的兴起，政府主导型的城市化模式也相继出现。一般来说，这种模式是在中央政府的城市化战略下，由地方（城市）政府具体推进城市化。这种推进，一般是首先制定城市土地利用政策，然后发展非农产业和吸引农业剩余劳动力进入非农产业就业和城市居住，并根据城市发展的目标规模实施相应的城市基础设施建设，同时确定城市第三产业发展政策，推动第三产业发展。单纯的政府主导型城市化，往往是城市化规模和布局服从于整个国民经济发展的需要，在发展中国家，由于经济基础十分薄弱，首先全方位地进行工业化。为了从农村积累城市化发展资金，政府一般采取严格限制城市消费人口的办法，使对城市配给的商品粮主要是支持工业生产的人口需要。因而有必要采取城市户籍制度。当城市工业发展到一定程度时，再反哺农业，并逐渐放开城市制度门槛。虽然政府主导型城市化模式更多的是发展中国家为了服从于国民经济发展的大目标控制城市发展的过程，但是单纯地认为只有政府主导才能不出现城市病、才能保证城市化正常发展的观点是错误的。政府全面排斥市场机制，通过指令性计划、政策法规、制度安排等行政手段取代市场，对各种生产要素和资源流向实行高度集中的计划配置，取消市场的作用，会造成经济效率低下，损失规模经济效益、降低人们普遍的福利水平。

3. 混合型城市化模式

受新古典综合派经济学思想的影响，多数人们认为，当今的经济发展是混合体制的世界，城市化进程中的市场因素和政府因素是同时存在的，应当使二者同时发挥作用。一种因素的存在并占主导地位并不应也不能完全排除另一种因素的存在和发挥作用。在不同的经济体制下，某种模式相对于另一种模式在推进城市化时更有主导地位的意义，就可以成为主导；当条件转换时，城市化的主导机制就应当转换。更多的情况是二者要结合起来，同时发挥作用。在政府主导型模式下不应排除市场机制的自发作用，在市场主导型模式下也不应排斥政府的作用。在我国，目前大多数城市是在城市政府的主导下，充分利用市场机制，根据城市资源的供给条件和城市非农产业发展的需要，通过有弹性的户籍制度和适度的城市福利水平制度，释放有限度的城市空间，来调节城市人口规模，尽可能使城市化在城供给与城需求、市供给与市需求以及城与市之间的平衡中进行。

四、我国城市化现状与趋势

我国城市化从总体上看，同其他国家一样是随着工业化的进程而发展的。当然由于很多特殊原因，有时候与工业化和国民经济的发展不太相关。但是，当调整了由制度引起的一些特殊现象后，城市化仍然会是工业化和经济发展的函数，会随着市场经济的发展而发展。

（一）我国城市化发展历程

我国城市化经历了一个曲折历程。新中国成立70多年来，城市化进程大致分为五个阶段：

1. 城市化的过渡阶段（1949年—1957年）

1949年新中国成立前后，全国共有城市132个，城市居住人口5765万，仅占全国总人口的10.6%。随着我国20世纪50年代中期开始的大规模的工业化建设，在"重点建设、稳步前进"方针的指导下，新建了6个城市，大规模扩建了20个城市，一般性地扩建74个城市。8年间城市人口增加了4184万人，年均递增523万人，递增率9.07%，城市化率提高至15.4%，年均递增0.6个百分点。到1957年我国非农就业比重达到了18.1%，城市总量达到177个，城市化水平处于起步性的缓慢发展阶段。

2. 城市化的"大跃进"阶段（1958年—1960年）

1958年，在"用城市建设的大跃进来适应工业建设的大跃进"的号召下，城市工业大发展，城市数量与城市人口有较大幅度增加。这一阶段，我国城市人口增加2352万人，年均增加784万人，年递增率达到7.31%；城市数量增加19个，平均每年有6个新城市出现，城市化水平由1958年的16.2%上升至1960年的19.7%，年均增加1.17个百分点。这一阶段的城市化水平增速达到历史最高点。

3. 反城市化与城市发展停滞阶段（1961年—1977年）

这一时期，由于粮食供应不足和城市基础设施紧张，城市各单位纷纷精减在岗职工；并以"不在城市里吃闲饭"的口号开展"上山下乡"活动，同时以"备战备荒"战略支援三线建设，沿海工厂大量内迁，大多布局在农村。这些使得大量城市人口转到农村。这一阶段，我国城市人口绝对数虽然以年均1.95%的低速增加，年递增247.6万人，但是城市化水平总体下降，由1961年的19.3%降至1977年的17.6%，城市数量也由208个减少至188个，平均每年消失1.25个城市。

4. 城市化稳步推进阶段（1978年—1996年）

1978年党的十一届三中全会以后，全国改革开放给城市发展带来了蓬勃发展的机遇。国务院分别于1984年10月和1986年4月颁布了新的设镇规定和设市标准，小城市迅速增加。此期间，我国城市数量由1978年的193个增加到1996年的666个，新增城市数量是前28年的8倍多；城市人口以年均6.46%的速度较快增长，平均每年增加1114.39万人；城市化率由1978年的17.92%增至1996年的30.48%，年均增长约0.7个百分点。1996年城市化率首次超过30%，使我国城市化步入中期发展阶段。这一阶段，我国中小城市发展迅速，大城市和超大城市18年间总共增加了28个，而中小城市新增436个，占新增城市总数的92.18%，表现出明显的城市化特色。

5. 城市化推进加速阶段（1997年至今）

由于前一阶段城市建制数量的急剧增长带来了虚假城市化与大量优质耕地流失的负面效应，我国就对城市数量实行了较严格的控制，城市化进入以开发区为主要标志的产业空间拓展、人居环境改善带来的城市质量提高和城市形态区域化扩张为显著特征的现有大中城市规模扩张的新阶段。这一阶段，我国城市人口绝对数年均增加2063.36万人，城市化率大幅提高，由1997年的31.91%上升到2019年的60.60%，城市化步入中期快速发展阶段。

（二）我国城市化的发展现状和趋势

1. 城市化水平持续提高，稳步上升趋势明显

改革开放以来，我国城市化呈现稳中求进、增长迅速的态势。城市人口由1978年的17 245万人增加到2019年的84 843万人，绝对数额增加67598万人，年均增加约1649万人；城市化水平由1978年的17.92%增长到2019年的60.60%，年均增长1.04个百分点，且在2019年突破了60%的城市化门槛。农村转移劳动力越来越多地进入城市，城市不断增长的就业和投资对城市规模不断地提出挑战，助推着城市空间的持续扩张。面对我国近3亿农业剩余劳动者需要向非农业转移的现状，可以预期，我国城市化将会继续保持快速发展的趋势，沿着世界各国城市化进程S形曲线发展。

2. 人口流动加速，出现双向转移现象

双向转移是指农村和小城镇的人口不断地向特大城市转移，而北上广深等一线大城市中已转移人口和大中专新毕业生却向中小城镇转移。大中城市集聚着良好的社会资源和市场条件，信息量大、流动量大，具有强大的就业吸引能力，吸引着农村人口和劳动力不断地进入，使其谋求更好的教育和职业，实现自身价值。然而与此同时的新情况是：一些已经转移到北上广深等一线城市的劳动者和一些大中专院校毕业生构成的城市新劳动者，却在向中小城市移动。随着特大城市中生活成本越来越高、工作压力持续增长、房价居高不下的持续，人们向生活成本较为低廉、工作相对稳定的中小城镇转移。于是，中国城市化在未来一段时期将展现出双向转移的趋势特征。

3. 半城市化问题突出，城市化发展将更加注重内涵和质量

所谓半城市化，是指这样一种发展状态：农村人口向城市迁移的过程中，只是发生了简单的空间转移，社会身份、职业特征不发生转移。虽然住进了城市，却没有城市户籍；虽然身在工商业工作，却仍然被称为农民工；虽然已经在城里有了房产和公司，却仍然是两栖劳动者。这些转移人口没有获得城市公共服务，没有真正融入城市生活中，是半城市化的承载

者。2019年我国城市化率已突破60%，扣除半城市化人口，实际城市化率只有44%左右。城市化水平虚增，损害了半城市化人口的利益，并且城市化质量因此而降低，出现城市化质量与数量的失衡。从发展趋势看，我国城市化会更加注重质量。随着高质量发展理念的落实，中国城市化将由数量规模扩张型为主，向数量规模扩张与城市功能内涵提升并重的发展转变，并将走向城市现代化。

4. 城乡失衡、区域失衡中走向城乡一体化和区域协调发展

城市化的最终目标是要达到城乡一体化，为此要不断地调整城乡失衡现象，实现城乡协调发展。我国目前的城市化，由于行政管理体制约束，城乡发展具有明显的不协调性。重城轻乡投资模式盛行，农村财力和物力等资源被城市吸走，城乡收入差距时有拉大。与此同时，城乡公共服务尚未实现均等化，城乡居民在医疗、教育和社会保障等方面存在明显的差异。对此，城市化以缩小城乡差距为宗旨，不断改变城乡失衡最终走向城乡一体化，将是城市化一般趋势。同时，虽然由于资源禀赋、历史条件、经济发展水平、政策指向等原因，未来我国各区域的城市化发展不平衡状况仍将持续，但是会在城市化水平提高的某个时期，城市化的区域差距开始逐步缩小，并最终走向区域协调发展。

5. 城市群和城市化区域将成为城市化的主体形态

从城市化的地域发展形态来看，我国城市化将形成以城市群为核心的空间组织结构。随着城市化进程的不断推进，城市化的空间组织结构不断发生着变化。城市群的形成与发展，是现代城市化进程的重要特征，也是21世纪我国区域经济和城市化发展的重要趋势之一。城市群的形成和发展是由区域经济和城市化发展的内在规律决定的。城市化的集聚与扩散机制使城市会沿着单中心城市——多中心城市空间结构——城市群——城市化区域发展，这一趋势不可阻挡。城市化的集聚规模将不断扩大，城市群的集聚规模也进一步扩大，全国以城市群为核心的区域发展格局将基本形成。东部沿海地带的六大城市群，随着沿海大通道的建设，将连为一体，形成我国沿海巨大城市密集带和城市化区域；内陆的城市也会随着国家"一带一路"倡议不断形成小城市群，城市群在全国及东中西部经济发展中的核心地位将更加突出。

6. "城市病"频现，急需提高城市治理水平

我国快速城市化进程中出现了多种"城市病"，主要原因是城市治理水平较低。所谓"城市病"，是指人口向大城市集中而引起的一系列社会问题，表现在人口膨胀、交通拥堵、环境恶化、住房紧张、就业困难、城市摊大饼式扩延、人地矛盾尖锐等，可能会引发市民身心疾病。"城市病"几乎是所有国家曾经或正在面临的问题，但"城市病"的轻重可以因政府重视程度和管理方法差异而有所不同。我国城市化进程中，城市空间规模扩张与要素集约水平不匹配、基础设施增长速度与城市需求不均衡，都急需城市治理水平的提高。我国城市治理时间较短，管理体制不够清晰，规范管理和长效管理相对薄弱，需要参考发达国家的城市化和城市治理经验，形成合理的城市治理结构，从有效率的城市管理中扩展城市的资源配置，缓解城市化的矛盾。这将是我国城市化发展中的一个长期趋势。

复习思考题

1. 工业区位论的主要内容是什么？举例分析现实中工业布局与韦伯工业区位论的差距和原因。

2. 考察某一城市的农业种植分布,与杜能农业圈理论的结论是否吻合;产生差距的原因是什么?
3. 请举例说明交通运输、商业活动对企业区位选择的影响。
4. 考察你所在城市的商业中心,它们在城市中是如何分布的?各自功能有何异同?
5. 运用所学知识说明为什么城市中大的零售商经常集聚在一起。
6. 虽然大城市的生活成本很高,毕业生为什么总是选择到大城市去工作?你毕业后打算到什么样的城市去工作?为什么?
7. 查阅相关文献,了解我国城市化发展中存在哪些问题、有何对策,专家们在什么问题上争论较多。
8. 未来我国城市化将呈现怎样的发展趋势?城市发展又有哪些趋势呢?

第三章 城市经济增长与发展

【学习目标】

通过本章学习,要求学生在理解城市经济增长和发展概念的基础上,初步了解城市经济增长模型和内在机制,理解城市经济发展的内涵与目标,明确城市经济高质量发展的基本内容,掌握城市经济发展的相关政策。

第一节 城市经济增长的含义与测度

一、城市经济增长的含义

城市经济增长是指城市经济的动态演化过程,是城市经济作为一个整体的规模扩张与水平和质量的提高。一个城市的经济增长,包括社会产品和生产能力增长两种内涵。社会产品增长内涵习惯上认为是城市 GDP 的增加,这与国民经济的衡量类同。而生产能力增长内涵则比较复杂。因为决定城市生产能力的诸要素与整个国民经济比较来看,不仅包括人力资源、自然资源、资本积累的数量与质量以及技术水平的高低,还包括空间状态的土地经济和自然资源利用上的规模经济、集聚经济、地方化经济、城市化经济等内容。故城市经济增长既包括直接决定生产能力的生产要素的规模扩大和质量改进,也包括间接影响生产能力的生产要素的程度与水平。这比研究整个国民经济增长的内涵要丰富得多。

首先,城市经济增长的特殊属性之一可以归因于规模报酬递增,而研究国民经济范围内经济增长的新古典模型往往限制递增规模经济,对于由规模经济引起的经济增长研究甚少。第二章已经指出,城市经济能够增长、城市能够长大的一个本质原因是集聚经济,它是由地方化经济(行业规模经济)和城市化经济(城市规模经济)两个方面的外部经济现象所决定的。因此,探讨城市规模报酬递增的发展机制和过程,是研究城市经济增长理论的一个研究特色，这是研究国民经济增长理论所忽略的。

其次，国民经济增长理论往往是抽掉空间因素后的动态分析，而对城市经济增长的讨论必须考虑空间因素，即考虑作为"城"的城市土地资源的利用和基础设施的建设（主要是公共产品），与作为"市"的城市一般产品（主要是竞争性的私人产品）的生产规模和人口规模要相适应。具体来说，研究城市经济增长考虑空间因素，一要考虑城市土地资源的有效利用，这是个空间经济分析问题；二要考虑城市在国民经济体系中，作为经济增长极的空间、区位因素和其增长的扩散及对整个城市体系的影响中的多种空间经济问题。

再次，城市层面上的经济增长分析与国民经济增长分析相比，更重视制度和政府政策的作用。后者在经济增长分析中，往往把制度性、政治性因素作为既定前提，同时在市场经济条件下，往往忽略作为供给政策的经济增长方面的政府干预、公共政策的研究，因而经济增长理论分析更多的是一种技术经济分析，这在城市层面是很不够的。在城市经济增长的分析中，制度、政治、政府、政策是无法回避的重要决定因素，其中最重要的是国家的城市政策和城市政府的公共政策的影响。

最后，城市经济增长的动态规律与国民经济范畴的经济增长规律不同，后者遵循经济周期的一般规律，而城市经济增长虽然受国民经济一般运行周期的影响，但是其增长状态不完全取决于此，城市往往有自己的增长动态和规律，这是由城市的基础部门以及起支撑作用的地理位置、资源条件、历史传统、居民精神等因素决定的。这样就会出现，即使在国民经济高涨时期，也会有衰退城市；即使在国民经济衰退时期，也会有居于"发展极"地位的繁荣城市。

二、城市经济增长的测度

（一）国民收入指标

衡量城市经济增长的国民收入指标包括国民收入总额和人均国民收入两个指标。

1. 运用国民收入总额测度城市经济增长

国民收入总额（Y）代表城市经济的总量，实际测算中往往用城市的国内生产总值（UGDP）。根据研究问题的需要，分析城市经济增长状态可以分别采用定基速度、环比速度和平均速度。三者又分别分为发展速度和增长速度。

（1）定基速度 它是依据基期（一般用数字 0 表示）水平，研究此后一段时期内（可以到 t 时期）城市经济的增长状态，包括定基发展速度和定基增长速度两个指标。定基发展速度是某一时期内城市经济总量水平（Y_t）与基期水平（Y_0）之比，如式（1-3-1）所示。

$$G_f = \frac{Y_t}{Y_0} \times 100\% = \frac{\text{UGDP}_t}{\text{UGDP}_0} \times 100\% \tag{1-3-1}$$

定基增长速度是某一时期内城市经济总量水平（Y_t）比基期增加的增长率，如式（1-3-2）所示。

$$G_z = \frac{Y_t - Y_0}{Y_0} \times 100\% = \frac{\Delta Y_t}{Y_0} \times 100\% \tag{1-3-2}$$

（2）环比速度 它是一个长时期内城市经济分期的逐期发展和增长速度，包括环比发展速度和环比增长速度两个指标。环比发展速度是城市经济各个时期（t）的产出水平与其上一时期（$t\text{-}1$）水平之比（指数或倍数），如式（1-3-3）所示。

$$g_\text{f} = \frac{Y_t}{Y_{t-1}} \times 100\% = \frac{\text{UGDP}_t}{\text{UGDP}_{t-1}} \times 100\% \tag{1-3-3}$$

环比增长速度是各个时期的城市经济产出水平相对上一时期水平的增加率，如式（1-3-4）所示。

$$g_\text{z} = \frac{Y_t - Y_{t-1}}{Y_{t-1}} \times 100\% = \frac{\Delta Y_t}{Y_{t-1}} \times 100\% \tag{1-3-4}$$

环比发展速度和定基发展速度之间存在着换算关系，如式（1-3-5）所示。

$$G_\text{f} = g_\text{f1} g_\text{f2} g_\text{f3} \cdots g_\text{fn} \tag{1-3-5}$$

（3）平均速度　它是某一长时期内城市经济发展和增长每一年度的平均状态，包括发展速度和增长速度两个指标。平均发展速度（$\overline{G}$）是某一长时期内城市经济增长定基发展速度的平均值，反映每年平均发展的递增水平，如式（1-3-6）所示。

$$\overline{G_\text{f}} = \sqrt[n]{G_\text{f}} = \sqrt[n]{g_\text{f1} g_\text{f2} \cdots g_\text{fn}} \tag{1-3-6}$$

平均增长速度是平均发展速度的增量部分，其关系如式（1-3-7）所示。

$$\overline{G_\text{z}} = \overline{G_\text{f}} - 1 \tag{1-3-7}$$

2. 运用人均国民收入测度城市经济增长

以人均指标计算的城市经济增长速度更能反映人们生活水平或市民福利的提高幅度，如式（1-3-8）所示。

$$g_\text{p} = \frac{Y_t/P_t}{Y_0/P_0} \times 100\% \tag{1-3-8}$$

可见，人均国民收入增长率依存于两个因素：国民收入增长率（g）和人口的增长率（p），国民收入增长率会提高人均收入增长率，而人口增长率会降低人均收入增长率，如式（1-3-9）所示

$$g_\text{p} = g - p^{\ominus} \tag{1-3-9}$$

运用上述指标应当注意：①国民收入指标本质上是以货币度量的物质财富，而考察经济增长，不应只度量物质财富的增加，还要度量社会福利的增长。因此要注意国民收入指标相对于市民福利的内涵的全面性，例如，国民收入指标没有包括环境污染的副作用。②测度经济增长使用的是实际城市经济产出，而不是名义产出，即在应用国民收入指标时要以价格指数对名义指标进行修正，从而使其能够正确反映发展或增长的动态。

（二）就业量指标

就业量对城市经济来说是一个重要的测度指标，它甚至比国民收入指标更常用，也更有用。城市的总就业量是各部门就业量的总和，一般被分解为两个部分：向城市域外提供产品和劳务的部门，即"输出部门"的就业量；向城市内部提供产品和劳务的部门，即"本地部门"的就业量。

运用就业量测度城市经济增长，一是就业量与人口之间存在着稳定的对应关系，而人口

$\ominus$ 令国民收入为 Y，人口为 P，人均收入 $R = Y/P$，进行微分，得：$dR = d(Y/P) = (PdY - YdP)/P^2$，两端除以 R，并整理，得：$dR/R = dY/Y - dP/P$，令 $g_\text{p} = dR/R$，$g = dY/Y$，$p = dP/P$，则 $g_\text{p} = g - p$。

规模是测度城市化水平最适宜的工具,在城市增长与城市经济增长大部分相通的情况下,就业量自然被用来作为一种测度工具。二是就业量在外部条件不变的前提下,与城市的经济规模存在着稳定的对应关系。考察如下的生产函数,如式(1-3-10)所示。

$$Y=f(L,K,T) \quad (1\text{-}3\text{-}10)$$

式中,Y 为城市总产出;L 为就业量(劳动力);K 为资本;T 为技术。

在外部条件,特别是技术水平不变时,T 为常数,而资本有机构成不变,K 就成为 L 的函数,设 $K=g(L)$,代入式(1-3-10),$Y=f(L,g(L))$,可见,城市总产出实质是就业量的函数。

就业量指标提出的一个重要背景是城市基础部门模型(urban basic sector model)(见第二节)。这一模型把城市经济分成向域外提供产品和劳务的基础部门与只向城市内部提供产品和劳务的非基础部门,城市经济增长与否取决于二者之比,特别是在这样的两部门模型中的就业量的对比,故就业量成为城市经济增长的最主要测度指标。

运用就业量指标测度城市经济增长,要注意就业量与总产出的有效关系区域。根据等产量曲线,劳动力 L 投入量的增加(就业量的上升),必须在生产的经济区内才能对总产出有效果,如果在生产的经济区外,就业量上升只能表现为劳动力资源的浪费,如图1-3-1所示。

图中,Y_1、Y_2、Y_3 为等产量线,OA、OB 为各等产量线上的拐点与原点之间连线的轨迹,称为脊线。如果生产不在两条脊线所围成的经济区内进行,则劳动力和资本的投入是不可替代的,就业量的增加并不能使总收入提高。在我国的转轨经济中,由于劳动力市场不完全等原因,这种情况有可能存在。故运用就业量指标时,要注意到其有效区间。

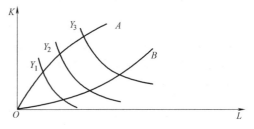

图1-3-1 城市生产的经济区

第二节 城市经济增长模型

一、需求指向的城市经济增长模型

需求指向模型(the demand-orientated model)是研究来自城市域外的市场需求作为城市经济增长动力的模型。它根据来自城市域外的市场需求,分析城市经济发生增长现象和过程的内在机制,主要包括城市基础部门模型和凯恩斯乘数增长模型。

(一)城市基础部门模型

城市基础部门模型是最早最广泛被用于分析城市经济增长的经济模型。它把一个城市的经济划分为两类大部门:基础部门(basic sector)和非基础部门(non-basic sector)。基础部门是城市以外部市场为导向的产出部门,可以理解为是以出口为基础的城市产业集合(export-base industries);另外,还有很多城市产业主要是为当地居民提供服务,比如零售业、餐饮业等,这些服务部门构成了城市的非基础部门。这一模型的核心思想是,城市外部(本国市场或国际市场)向本市的基础部门提出需求,本市基础部门又向本市非基础部门提出需求,城市经济增长取决于基础部门和非基础部门的比例,这一比例越高,城市经济增长率就越高。

上述增长机制可以用对城市劳动力的需求来表现。对城市劳动力的总需求来自两类活动：①以城市之外的需求为对象的城市基础部门，生产输出商品（export）；②为满足城市自身多种需求的地方（local）产业，即非基础部门。"如果只从什么带来城市成长这种观点来看，这个单纯的二分法只能成为一个为分析城市成长机制的工具"（山田浩之，1991）。就是说，在输出产业和地方产业之间的关系上，作为城市成长的动因并使其持续成长成为可能的是前者，支持前者并对前者起被动反应的是后者。在这个意义上，前者称为基础的经济活动（城市的基础经济或支柱产业），后者则称为非基础的经济活动（非支柱产业）。不过，某些产业算是输出产业还是地方产业，因每个城市的特点而有所不同。渔业城市的水产品和水产加工品是输出商品，旅游城市出售的土特产品及其服务也是输出商品，但它们的输出部分必须大于城市自身消费的部分；而输出大于自销的商品在一个城市内可能有多个，反映了城市产业空间的容量；同一个城市，各个不同时期的输出商品不同，反映了城市产业结构的变化。这种二分法是我们认识城市经济增长机制的方便工具。

设 L 为城市就业人员总数，B 为城市输出产业就业人员总数，N 为城市非输出产业就业人员总数，$L=B+N$，而 $N/B=\alpha$ 为非输出产业就业人员与输出产业就业人员的比例，这种二分法的分析工具如式（1-3-11）所示。

$$L=(1+\alpha)B \qquad (1-3-11)$$

上式反映了城市就业人口规模是由城市输出产业的就业规模和非输出产业就业与输出产业就业的人数比例来决定的。根据这一规律，也可以探讨城市化的经济增长机制，如式（1-3-12）所示。

$$P=(1+\alpha)(1+\gamma)B \qquad (1-3-12)$$

式中，P 为城市人口总量；$\gamma=e/L$ 为城市非就业人口与就业人口的比例，e 为城市非就业人口。

式（1-3-12）表明，城市化增长从产业的增长角度看，取决于三个因素：输出产业的就业人数 B，非输出产业就业与输出产业就业的人数比例 α，以及城市全部就业人员的广义抚养系数 γ。这里，B 是根本的决定性因素，α、γ 是引起联动关系的比例，隐含了内在的乘数关系，从而使模型由静态走向动态（饶会林，1999），如式（1-3-13）所示。

$$P_t=(1+\alpha_t)(1+\gamma_t)B_t \qquad (1-3-13)$$

如果根据统计资料，能够算出某一城市历史上各个年份的 α、γ 值，就能够据其对该城市的城市化发展前景进行预测，当然必须注意未来进程中由于产业结构变化而导致的 α、γ 值的变化。

把城市就业结构与城市输出产业的关系再做细分，例如，设市输出产业的配套产业的就业人数为 N_1，城市共同服务业的就业人数为 N_2，城市非就业人数为 e，而 $N_1/B=\alpha$ 为配套产业与输出产业的就业人数的比例，$N_2/(B+N_1+N_2+e)=\beta$，为服务业的就业人数占城市人口的比例，并令乘数 $\lambda=(1+\alpha)/(1-\beta-\beta\gamma)$，则上述模型可以进一步扩大为式（1-3-14）。

$$\begin{aligned}P_t &= B_t+N_{1t}+N_{2t}+e \\ &= B_t+\alpha_t B_t+\beta_t(B_t+N_{1t}+N_{2t}+e)+\gamma_t(B_t+N_{1t}+N_{2t}) \\ &= \{[(1+\alpha_t)(1+\gamma_t)]/(1-\beta_t-\beta_t\gamma_t)\}B_t \\ &= \lambda(1+\gamma_t)B_t \end{aligned} \qquad (1-3-14)$$

式中，根据城市输出产业的就业人数 B，城市非输出就业系数 α 决定了为城市输出产业配套的产业就业人数 $N_1=\alpha B$；而城市增长的就业乘数 λ，决定了城市的全部就业人数：$B+N_1+N_2=\lambda B$；城市消费（非就业）人口数则由城市输出产业就业人数的就业乘数 λ 和广义抚养系数 γ 共同决定：$e=\lambda\gamma B$；而城市服务业的就业系数 β 在广义抚养系数 γ 的基础上决定了为全城提供共同服务的产业就业人数：$N_2=\lambda(1+\gamma)\beta B$；最后，城市总人口 $P=\lambda(1+\gamma)B$，是依存于城市输出产业就业容量的城市生产人口与消费人口的总和。

如果考虑流动人口，设流动人口为 P'，它占总人口的比例为 μ，$P'=\mu P$。在有流动人口的情况下，假定流动人口流向城市服务业，于是城市服务业劳动者人数会增加：$\Delta N_2=[\beta\mu/(1-\beta-\beta\lambda)]B$，从而引起城市消费人口的相应增加：$\Delta e=[(\beta\gamma B)/(1-\beta-\beta\gamma)]B$，于是，流动人口在该城市的常住人口的计算公式如式（1-3-15）所示。

$$\Delta P=\Delta N_2+\Delta e=[(1+\gamma)\beta\mu/(1-\beta-\beta\gamma)]B^{\ominus} \quad (1\text{-}3\text{-}15)$$

上述方法在实际中应用，可能会遇到同一产业区分输出和非输出就业人数以及统计数字的困难，为此，也可以用区位商（LQ）表明城市某一行业产出中用于输出部分的比例。计算公式如式（1-3-16）所示。

$$LQ=\frac{城市中某一行业就业量/城市总就业量}{全国该行业就业量/全国总就业量} \quad (1\text{-}3\text{-}16)$$

根据区位商$^{\ominus}$，如果某城市某一行业就业比重超过全国，则意味着该城市的这种产业是输出产业；其超过的部分，就是该城市从事该产业输出产出的就业人数比重。此时，城市依存于输出产业的增长乘数可以表达为式（1-3-17）。

$$\lambda'=\frac{B}{B'}=\frac{LQ}{LQ-1} \quad (1\text{-}3\text{-}17)$$

式中，B' 是城市基础部门中输出产业的就业人数。

上述原理的增长机制基础源于地方收入的乘数效应。城市基础部门的职工收入花在对地方产品（非基础部门产品）的购买上，增加了地方产品的销售。假如这些职工将收入的60%用于这种购买，即对地方消费的边际倾向（m）为0.6，这使地方部门会增加销售收入进而转化为个人收入，其中又有60%用于对地方产品的购买，又会增加第二轮的地方收入，等等。最终在地方消费边际倾向的作用下，使城市总收入增加若干倍。假设城市基础部门输出销售的初始值为 ΔX，城市总收入最终可以达到式（1-3-18）。

$$\Delta\text{总收入}=\Delta X\frac{1}{1-m} \quad (1\text{-}3\text{-}18)$$

这种依存于输出产业的城市增长（乘数就业乘数、收入乘数）受到需求指向批评者的指责，他们认为现代城市，城市政府通过政策降低生产成本刺激城域内产业间的联系获得增长，或者刺激技术进步导致劳动生产率提高增加收入，都不必依赖于输出产业。但是对于发展之初和发展中的城市来说，二分法的分析是有重要意义的。实际上，根据二分法，可以建立城市经济增长的系统分析模型，如鲍莫尔（Baumol）的非均衡增长模型、奥特斯（Oates）

$\ominus$ 以上数学公式的详细推导可参见饶会林著：《城市经济学》，东北财经大学出版社1999年版，第129-137页。

$\ominus$ 区位商体现的是全国对某一产业的产品的全部消费量，多大比重是在某一个城市地区产出，它是从全国角度来看的产业分布；而从一个城市来看，如果某产业在全国占的比重较大，就称该城市地区对该产业的集中度较大，因而区位商又可以称为产业集中度。

的城市增长与恶化关系模型、卡尔多（Kaldor）的中心-边缘模型等都建立在这种二部门的分析基础之上（孟晓晨，1992）。当然，当城市发展到一定的阶段，形成区域内的产业链时，城市基础部门的作用可能会减弱，然而"外溢效应"仍然会使城市产生乘数，这时城市所基于的不是单纯的物质产品的输出，而是智能产品的输出。因此，在内生城市化的经济运行中，需求是重要的决定因素。

美国学者吉诃布斯（Jacobs）说："假如它是城市，那个城市就有输出产业"。但是同时她又说："只有输出产品是不够的——从城市的最早输出产业和面向输出产业的供给产业（地方产业）出发，使城市经济多样化，并使其派生的过程，城市才得以成长。"底特律从19世纪20年代—30年代最早输出产品面粉开始，通过制粉机零件——制粉机——船舶发动机零件——船舶发动机——船舶，形成了船舶输出产业。其后的专业化推动了底特律成为船舶发动机的输出基地；再其后的产业关联是机器部件加工——冶炼业——铜。后来矿石枯竭，但在已形成一定规模的涂料、蒸汽发动机、水泵、药品、家具产品的基础上，又形成了许多输出产品，从而在弥补了铜冶炼业衰退的同时，还有剩余的资金积累。最终，汽车成为底特律最大的输出产业。吉诃布斯把这一过程称为是城市化经济的"反复体系"（reciprocating system）。这一体系中导致城市化经济不断增长的内在基础性机制，是城市的输出乘数，包括收入乘数和就业乘数。内生城市化的发展都经历了这样的增长过程，因此，要借助市场机制使城市不断长大，就要经历这种城市经济增长机制和其相适应的经济增长体系的形成过程。为了使乘数分析更一般化，需要进一步了解凯恩斯乘数增长模型。

（二）凯恩斯乘数增长模型

乘数概念最早由英国经济学家卡恩（Kahn）在1931年提出，经凯恩斯（Keynes）在《货币、利息与就业通论》中进一步发挥而形成乘数原理。把凯恩斯乘数运用于城市经济增长的分析，可以规定一些相应的经济增长变量。如果用 Y_u 表示城市的总收入，C_u 表示城市的消费量，I_u 表示该城市的总投资水平，G_u 表示城市政府的支出，X_u 表示城市向其他地区输出的商品，M_u 表示城市从其他地区输入的商品，t 表示税率，则城市总需求方程及其总需求各构成部分的决定式形式如下：

总需求方程为式（1-3-19）。

$$Y_u = C_u + I_u + G_u + X_u - M_u \tag{1-3-19}$$

消费方程为式（1-3-20）。

$$C_u = a + bY_u(1-t) \tag{1-3-20}$$

输入方程为式（1-3-21）。

$$M_u = c + dY_u(1-t) \tag{1-3-21}$$

投资方程为式（1-3-22）。

$$I_u = I_0 + eY_u(1-t) \tag{1-3-22}$$

政府支出方程为式（1-3-23）。

$$G_u = G_0 - fY_u(1-t) \tag{1-3-23}$$

式（1-3-19）~式（1-3-23）中，$Y_u t$ 为税收，即

$$T_u = Y_u t \tag{1-3-24}$$

上述方程中的参数都是根据城市经济的特点定义的。消费方程式（1-3-20）中，a 是城

市基本消费水平，外生决定，b 是城市居民边际消费倾向，与全国增长模型一样。输入方程式（1-3-21）中，c 是城市必须从外地输入的商品量，d 是城市边际输入倾向。这里的城市输入除了供应本地作为消费品外，主要是用作中间产品，满足本地输出产品的生产需要。经济增长中的城市与外部的关系就以其输出水平的提高为着眼点。故假定输出水平 X_u 外生给定，这是城市经济不同于全国经济的区别之一。投资方程式（1-3-22）中的 e 是城市总投资相对于当地经济总收入规模的边际倾向，即城市总收入的边际投资倾向。城市投资行为模拟与全国增长模型完全不同，它不是把投资完全作为外生变量，除了考虑受全国经济影响而外生决定的投资部分外，城市相当大一部分投资是由本地的收入情况决定的。这是由于，城市内的投资者和银行往往要根据本地经济水平来发放贷款，同时由于企业和居民在城市内的集聚会提高当地劳动力市场的效率，从而借助集聚的外部性来增加当地的收入水平，这是城市经济不同于全国经济的突出区别。政府支出方程式（1-3-23）中的 G_0 是城市政府根据实际需要计划支出的水平，f 是城市政府依存于本市收入规模而需要变动或调整的边际倾向。国家范围的模型往往把政府支出 G 看作与总收入无关的外生变量，但在城市中，政府在做出有关财政支出的决定时必须考虑到当地居民的收入水平。政府财政支出计划具有逆向于当地收入水平的特点，为了弥补市民的需求缺口，当市民收入水平比较高时，政府支出（公共投资与补贴）就少（从 G_0 中减掉较大的一部分调整量使 G_u 变得更少），而收入水平比较低时，政府支出就高一些（从 G_0 中减掉较小的一部分调整量使 G_u 不太低），于是 G_u 在一定程度上与当地居民的收入呈反方向变动关系，故 f 的符号为负。这是城市经济的增长模型与国家经济的增长模型之间的第三类区别。

假定城市政府有固定支出 G_u，按照固定税率 t 在本地征税，这样居民的税后可支配收入就是 $Y_u(1-t)$。把式（1-3-20）~式（1-3-24）都代入到式（1-3-19）中，可以得到式（1-3-25）。

$$Y_u = a + bY_u(1-t) + I_0 + eY_u(1-t) + G_0 - fY_u(1-t) + X_u - [c + dY_u(1-t)] \quad (1\text{-}3\text{-}25)$$

整理后得到式（1-3-26）。

$$Y_u = \frac{a - c + I_0 + G_0 + X_u}{1 - [(b-d) + (e-f)](1-t)} \quad (1\text{-}3\text{-}26)$$

这就是凯恩斯乘数增长模型，式中的 $1/\{1-[(b-d)+(e-f)](1-t)\}$ 部分是城市经济增长乘数。它表明，当地方投资、政府支出或输出增加一个单位的时候，城市地区的总需求就会按照这个乘数的数量来增长。在城市地方税率 t 不发生变化的情况下，这个乘数的取值就完全依赖于 $(b-d)$ 和 $(e-f)$ 的大小。$(b-d)$ 的内涵是城市居民消费本地商品的边际倾向与消费外地商品边际倾向的差异，这种差异越明显，乘数值就会越大，因为相对较高的本地商品边际消费倾向意味着更多的城市居民收入将进入本地区厂商生产的本地消费品的经济循环，这样乘数效应就会更加明显；而 $(e-f)$ 的内涵是本地投资的边际倾向，反映了和本地收入水平相联系的本地投资规模。e 描述了市民的私人投资行为，f 描述了城市政府进行公共投资和补贴根据市民收入的调整行为，如果假定 $e>f$，表明由于收入的增长，市民私人投资超过了城市政府依据收入的调整量，这时本地的收入增长速度和私人与公共部门的投资差距，已经由布莱克（Black）证明呈现正相关关系。就是说，私人能够替代城市政府投资的调整量差距越大，城市地区总收入的增长速度就越快。这种包含了城市居民-厂商之间的商品流动（$b-d$）传导机制和地方投资（$e-f$）传导机制的乘数，就是"城市经济增长的复合乘数"。根据这一乘数，可以进行城市经济增长的需求因素分析。

凯恩斯乘数增长模型与城市基础部门模型有着密切的关系。式（1-3-26）可以进一步分解为两项内容，即式（1-3-27）。

$$Y_u = \frac{a-c+I_0+G_0+X_u}{1-[(b-d)+(e-f)](1-t)}$$

$$= \frac{X_u}{1-[(b-d)+(e-f)](1-t)} + \frac{a-c+I_0+G_0}{1-[(b-d)+(e-f)](1-t)} \quad (1\text{-}3\text{-}27)$$

构成城市经济增长有两部分内容（等式的右端）：第一项是出口乘数，它的内涵是收入意义上的而不是就业意义上的城市基础乘数；第二项是城市总需求中其他部分对城市总收入的影响乘数。对于第一项内容，如果城市输出产业有一个增加的输出量 ΔX_u，就会使城市总收入有一个增加量 ΔY_u，即式（1-3-28）。

$$\Delta Y_u = \frac{\Delta X_u}{1-[(b-d)+(e-f)](1-t)} \quad (1\text{-}3\text{-}28)$$

将式（1-3-28）与前面的城市基础部门模型式（1-3-11）的 $L=(1+\alpha)B$ 相比，能够发现，二者的本质内涵是一样的。不过城市基础部门模型中的 α 是城市基础部门（输出部门）的就业人数引起整个城市就业人数变化的一个乘数，而在凯恩斯乘数增长模型中，是城市产品输出引起城市总产出（总收入）相应变化的乘数关系。因此，也可以用凯恩斯乘数增长模型来分析城市基础部门（输出部门）和非基础部门（非输出部门或本地部门）的相互关系。即城市基础部门模型中的就业乘数也可以看成是城市输出产品对当地中间消费品和投入要素使用的一个衡量，因为城市基础和非基础部门就业变动的联系是由于这两个部门的生产交易所带来的，它的强度由两个方面来决定：对该城市的本地化产出的边际消费倾向（$b-d$）和当地投资带来的引致支出即城市内的边际公共投资与私人投资的边际倾向（$e-f$）。这些分析使我们能够明确认识到城市经济的增长机制在城市经济总量上是如何运作的，那么，不断进入城市的经济个量，例如，新进入城市的一个企业，对城市经济增长有什么影响呢？

一个厂商迁入某一城市，由于它的市场范围比该城市规模大，所以迁入厂商将会增大城市的商品输出；但是，新迁入的厂商和当地部门的产业联系在初期往往比较弱，即厂商对当地产出的消费低于当地的平均水平。因此，一个新进入城市的企业对城市经济增长乘数的影响有两方面的内容：一是新迁入厂商对当地产品和服务的初始消费量，设 ΔX_f 来表示；二是新迁入厂商的初始消费行为引起的对本地经济的多层次的连锁影响所形成的总影响量，可以用 $\Delta X_f(b_s-d_s)(1-t_s)$ 来表示，其中 b_s 是新迁入厂商的边际消费倾向，d_s 是新迁入厂商的边际输入倾向，t_s 是新迁入厂商要承担的税收。这样，新迁入厂商在本市每一轮的产出循环的总影响可以表示为如下的式（1-3-29）。

$$\Delta Y_f = \Delta X_f + \frac{\Delta X_f(b_s-d_s)(1-t_s)}{1-[(b-d)+(e-f)](1-t)}$$

$$= \Delta X_f \left\{ \frac{1+(b_s-d_s)(1-t_s)-[(b-d)+(e-f)](1-t)}{1-[(b-d)+(e-f)](1-t)} \right\} \quad (1\text{-}3\text{-}29)$$

式（1-3-29）通过把一些特殊的收入乘数变动从一般的增长乘数中提取出来，实现了对城市经济增长乘数更为精确的描述，可以运用它对城市经济增长进行更细致的分析。这种分析可以帮助我们更加清楚地认识城市产业结构变化特别是厂商迁徙或新厂商出现对城市经济增长的影响。当然，式（1-3-29）没有告诉我们乘数效应要通过多长时间才会发挥作用，这需要从时间与空间两个纬度进一步展开收入变动的乘数分析。目前一些经济学家的研究已经实现用离散时间的方法重新刻画每一轮的城市收入支出的变动，从本质上说是将经济基础模型与乘数加速模型结合起来。在这种研究中，式（1-3-29）中的系数决定了对现实城市经济的模拟效果。

式（1-3-29）中的系数，$(b_s-d_s)(1-t_s)$ 是新迁入厂商的地方化供给条件，而 $[(b-d)+(e-f)](1-t)$ 是该地区厂商商务行为的平均水平，也是新迁入厂商要逐渐实现的目标。新迁入的厂商进入本地后，可能会遇到与以前完全不同的供给条件，不过随着时间的推移，该厂商可能通过不断搜寻新的要素供给者来努力实现地方化供给条件。但是，也存在着一种可能，即新厂商无法得到足够多的地方要素供应者的支持，这样厂商的边际支出系数会和当地其他厂商非常不同。从长期来看，这类迁徙厂商的逐渐增多可能会改变本部门乃至整个城市的输出系数模式。而且如果这个新转移厂商的规模相对于当地经济来说非常大的话，则可以预计城市的输出乘数会变化得非常快。有趣的是，不同厂商的迁入会在不同的方面改变城市的经济增长乘数，因为不同类型的厂商会表现出多种对中间投入品和生产要素的需求模式。若要深入讨论这些问题，必须通过城市投入产出模型，分析城市内每个部门的支出联系，以便能够比较精确地研究城市产业结构变化所带来的整个城市增长乘数的变化。本节第三部分将进行这种分析。

二、供给基础的城市经济增长模型

供给基础模型（the supply-base model）认为：城市经济增长取决于城市内部的供给情况。城市区位资源和生产能力条件好，就能获得城市经济增长的动力。供给基础的城市经济增长模型，是根据城市资源和要素的生产能力，分析城市经济发生增长现象和过程的内在机制，主要包括新古典城市经济增长模型、累积因果效应城市经济增长模型。

（一）新古典城市经济增长模型

新古典城市经济增长模型是从供给角度，即生产要素对经济增长的贡献角度来分析经济增长机制的经典模型。它最初由经济学家索罗（Solow）于1957年在柯布-道格拉斯生产函数的基础上建立。1978年，盖里（Chali）、秋山（Akiyama）和藤原（Fujiwara）根据城市经济的特点，建立了一个简单的柯布-道格拉斯式的城市经济的生产函数，如式（1-3-30）所示。

$$Y_{ut} = Ae^{rt}K_{ut}^{\alpha}L_{ut}^{1-\alpha} \tag{1-3-30}$$

式中，Y 表示城市产出；u 和 t 分别代表某个城市和某个时期；A 是技术水平；e 是自然常数；r 是一个反映技术进步速度的数值；K 和 L 是投入的资本和劳动力；α 和 $1-\alpha$ 分别代表了产出对资本及劳动力的弹性。

对式（1-3-30）全微分，可以得到式（1-3-31）：

$$\frac{\Delta Y_{ut}}{Y_{ut}} = \frac{\Delta A_t}{A_t} + \alpha \frac{\Delta K_{ut}}{K_{ut}} + (1-\alpha)\frac{\Delta L_{ut}}{L_{ut}} \tag{1-3-31}$$

式（1-3-31）中的 α（资本产出弹性）和 $1-\alpha$（劳动力产出弹性），二者之和等于1，表示假定城市生产的规模收益不变。运用这一公式，可以对城市经济增长做如下政策分析：

1. 测算各生产要素对城市经济增长的贡献

各种要素对城市经济增长的贡献分为绝对贡献和相对贡献两种。绝对贡献由 $\Delta A/A$、$\Delta K/K$、$\Delta L/L$ 的数值给出，相对贡献由 $\dfrac{\Delta A/A}{\Delta Y/Y}$、$\dfrac{\Delta K/K}{\Delta Y/Y}$ 和 $\dfrac{\Delta L/L}{\Delta Y/Y}$ 的数值给出。

2. 测算技术进步的成效

在新古典经济增长模型中，$\Delta K/K$、$\Delta L/L$、$\Delta Y/Y$ 的数值可以通过统计数字的搜集计算得出，但 $\Delta A/A$ 无法由统计数字得出，因而采取剩余法计算，即由式（1-3-32）计算得出。

$$\frac{\Delta A_t}{A_t}=\frac{\Delta Y_{ut}}{Y_{ut}}-\alpha\frac{\Delta K_{ut}}{K_{ut}}-(1-\alpha)\frac{\Delta L_{ut}}{L_{ut}} \tag{1-3-32}$$

3. 制定城市生产要素组合的调控政策

根据新古典城市经济增长模型，可以分析资本与劳动力两种要素的内在依存性，从而分析采取何种更有效的要素投入政策。如果暂不考虑技术进步，假定城市经济增长只由资本和劳动力使然，则城市经济增长的新古典模型可以变为式（1-3-33）。

$$\frac{\Delta Y_{ut}}{Y_{ut}}=\alpha\frac{\Delta K_{ut}}{K_{ut}}+(1-\alpha)\frac{\Delta L_{ut}}{L_{ut}} \tag{1-3-33}$$

两端分别减去 $\Delta L/L$，可得式（1-3-34）：

$$\frac{\Delta Y_{ut}}{Y_{ut}}-\frac{\Delta L_{ut}}{L_{ut}}=\alpha\left(\frac{\Delta K_{ut}}{K_{ut}}-\frac{\Delta L_{ut}}{L_{ut}}\right) \tag{1-3-34}$$

式（1-3-34）左端是城市劳动者创造的人均收入的增长率，右端是城市劳动者人均技术装备的增长率，二者之间的关系由 α 系数权衡；而劳动者人均创造的收入是否有增长，取决于城市的资本增长率与城市劳动增长率之间的关系。资本增长率大于劳动增长率时，城市人均收入会增长，二者相等时，城市人均收入就没有增长，资本增长率小于劳动增长率时，城市人均收入就会有负增长。可见人均收入增长依存于劳动者每人平均的技术装备，这是现代城市生产的突出特点。因此，适当使资本略高于劳动的要素配合方案是促进城市现代经济增长的基本经济政策。

不同城市投入要素的不同比率，是影响城市经济不同增长水平的一个原因。为了分析城市间要素流动对城市经济增长的影响，盖里等人假定每个城市的产出弹性和技术进步的速度是完全相同的，但是城市间的资本和劳动力的边际产出存在着差异，并且这些边际产出是由城市的资本和劳动力的比率所决定的。这样，盖里等人采用美国城市的数据，估计了上述模型。他们从城市要素市场的完全竞争性假定出发，说明了在均衡状态，城市工资水平将会等于劳动力的边际产出，如式（1-3-35）所示。而资本的租金即利率水平将等于资本的边际产出的模型，如式（1-3-36）所示。

$$W_{ut}=P_t\left(\frac{\partial Y}{\partial L}\right)_{ut} \tag{1-3-35}$$

$$R_{ut}=P_t\left(\frac{\partial Y}{\partial K}\right)_{ut} \tag{1-3-36}$$

式（1-3-35）和式（1-3-36）分别是城市劳动力要素和资本要素的报酬表达式，其中，P 是产品的价格。可见，如果假定产品价格 P 在每个城市都是相同的数值，那么，资本和劳动力的比率将会决定城市间要素报酬的差异。这样，城市各不相同的资本和劳动力的比率，就会影响劳动者和资本投资者在不同城市工作或者投资的选择，从而导致要素在城市间的流动。这意味着每个城市劳动力的增长应该包括本地劳动力的自然增长量和由于要素价格差异而从外部地区吸引过来的劳动力数量。城市资本的积累也存在着类似的情况。

城市间的要素流动，是以劳动力和资本对于要素价格差异的调整不是"瞬间"假定为前提的，即要素市场的调整机制具有一定的时间滞后性。但是从长期看，生产要素的流动肯定能够消除城市间要素报酬的差异。那些劳动力资本比率比较高的城市一般来说工资水平比较低而资本利息比较高。所以，这些地区会出现劳动力外流与资本流入并存的现象。同样，一些城市会有相反的情况，是因为它们的劳动力资本比率比较低，所以相应的工资水平比较高而使用资本的费用比较低。如果假定资本对要素市场的价格变动是敏感的，那么低工资的城市将会因为具有较慢的劳动力流出速度和较快的资本流入速度而获得更多的生产投入要素，从而其经济增长速度也会高于那些高工资水平的城市。最终所有地区的工资水平会趋向一个稳定的均值[⊖]。不过也有一些证据表明现实情况更为复杂，例如，有些城市的工资率一直高于其他城市，而且增长速度更快。这种现象不能由假定要素是替代关系的新古典经济增长模型解释，而必须开辟新的途径。

（二）累积因果效应城市经济增长模型

在城市经济中，供给基础包括城市产业的物质与技术基础、专业化协作程度和投资环境。这三方面相互影响，会使城市在不增加要素投入的情况下获得经济增长。这里的原因除了技术进步外，最主要的是城市集聚经济的影响。城市集聚经济会使城市经济产生一种极其奇特的现象——规模报酬递增现象。这种规模报酬递增的客观存在意味着城市间经济增长的差距可能会长期存在，甚至可能不断扩大。这是一种"累积因果效应"。这一思想的系统阐述最早是由发展经济学家缪尔达尔（Myrdal）完成的。他认为，不发达国家经济中存在着一种地理上的"两元经济"，即经济发达地区和不发达地区并存的现象。这种状况的根本原因是地区间人均收入水平和工资水平存在着差距，它使得经济系统中比较发达的地区获得更快的发展速度，而落后地区发展会更慢。因为，如果规模经济的假设条件能够在城市范围内成立，那么资本和劳动力就不一定存在着替代关系，它们可以同时流入城市，而不像前面所描述的这两类要素呈现反方向的流动趋势。就是这种规模报酬递增现象，将会使发达地区的快速增长长期持续存在。为了明确这一理论中所阐述的城市经济增长机制，我们以城市间劳动力要素的转移为例，用与新古典均衡理论比较的方法说明城市经济增长的累积因果效应。

假设有两个城市 A 和 B，它们的初始经济状态完全相同。在图 1-3-2 中，城市 A 的初始劳动力供给和需求曲线是 S_a 和 D_a，相应的均衡工资水平是 W_{a0}；而城市 B 的初始劳动力供给和需求曲线是 S_b 和 D_b，这个地区的工资水平和城市 A 是相等的，为 W_{b0}。现在，假如城市 A 由于某种外生的原因，经济得到快速增长，对劳动力需求增大，使劳动力需求曲线向右上方向移动，达到 D_{a1}，均衡劳动力数量由 L_{a0} 增加到 L_{a1}。而在短期内由于地区劳动力供

⊖ 有关城市间工资和人均收入趋同的假说一直是城市经济学实证研究中的经典命题之一，这方面的大量研究支持了城市和区域间的人均收入长期收敛的情况；但也有证据表明实际经济中存在着收入梯度。

给的变化比较小,从而造成了城市 A 的工资水平高于城市 B 的工资水平,达到了 W_{a1}。所以,城市 B 的工人有动力向城市 A 迁移。随着这种迁移,城市 B 的劳动力供给下降,劳动力供给曲线向左移动,从 S_b 降低到 S_{b1},均衡劳动力数量由 L_{b0} 降低到 L_{b1},均衡工资水平由 W_{b0} 上升到 W_{b1};而城市 A 的劳动力供给,由于吸收了来自城市 B 的迁移劳动力,劳动力供给曲线向右移动,由 S_a 增加到 S_{a1},均衡劳动力数量由 L_{a1} 继续增加到 L_{a2},均衡工资水平则下降到 W_{a2}。这样一直到城市 A 的工资水平与城市 B 的工资水平相等,即当 $W_{a2} = W_{b1}$ 时,城市间的劳动力转移才会停止。这就是新古典理论解释经济增长中城市间劳动力移动的基本原理。

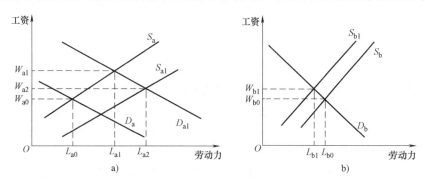

图 1-3-2 新古典理论的城市经济增长中的劳动力转移
a) 城市 A b) 城市 B

但是,在现实经济中,至少在发展中国家,城市的经济增长并不完全像新古典模型所描述的那样进行。缪尔达尔强调,在快速经济增长过程中,发展速度比较快的城市和地区(城市 A)的确会因为具有比较高的工资水平而对落后地区(城市 B)的劳动力产生吸引力,但是城市 A 由于具有比较多的资本和技术积累,因此在生产领域很可能具备规模报酬递增的特点,这样它就会倾向于从城市 B 吸收高技术水平的劳动力,从而获得更快的发展速度。因此,可以认为城市 A 的工资水平不会稳定在 W_{a2},高技术劳动力的大量流入所带来的快速经济增长,会使城市 A 对劳动力的需求进一步增大(即需求曲线从 D_{a1} 右移至 D_{a2},如图 1-3-3 所示),从而再次提高工资水平,达到 W_{a3},并进而继续对地区 B 的劳动力产生吸引力;而人力资本的持续外流将会使城市 B 的经济增长速度降低,从而进一步减少对劳动力和其他要素的需求,这样新的需求曲线 D_{b1} 和供给曲线 S_{b1} 的交点决定了新的工资水平 W_{b2},这个值仍低于城市 A 的新均衡工资水平,从而继续推动该地区的劳动力流向城市 A。所以,他认为,这两方面的作用会产生"累积因果循环",发达城市借助规模报酬递增的优势可以从落后地区持续地获得劳动力供给,从而实现持续的增长并越来越发达,而落后城市则越来越落后。这样,地区间的工资差别、人均收入差别和经济发展水平差距将会越来越大。

缪尔达尔的累积因果模型发表以后,得到了很多学者的应用。普里德(Pred)利用累积因果模型分析了美国制造业在 1860 年—1900 年间的发展过程。他认为,拥有开发某种新产品技术的企业家,一般都会把企业设立在那些能够为该产业提供各类服务的城市中。而新的企业又会为本行业的发展创造出更多的需求,并为其他相关企业带来产业城市化经济的好处。另外,从供给的角度分析,产业内具有创新能力的企业不断增加,也会反过来进一步推动这个行业的技术进步能力。而这两方面的合力将会推动制造业在大城市带不断集聚。很明

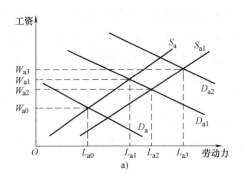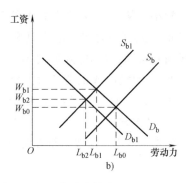

图 1-3-3 累积因果模型的城市经济增长中的劳动力转移
a) 城市 A b) 城市 B

显,这个过程具有很强的积累因果的特性,其内在机制或其重要原因就是制造业本身存在着广泛的规模报酬递增现象,特别是在产业成长时期,这种状态更加明显。布拉德福德(Bradford)和凯莱基安(Kelejian)也对城市经济增长的累积因果模型进行了深入的实证研究,发现累积因果模型的确可以用来解释很多城市中心的衰退过程。他们发现,一旦城市政府出台一些不利于中等收入家庭的公共税收政策或低收入家庭在城市中心过度集聚的话,中等收入家庭就会从城市中心迁向郊区。而这样的结果,会使城市中心的税收进一步下降,低收入家庭占城市中心比例继续增大,就更不利于中等收入家庭在城市中心的生活条件和生活环境,从而进一步推动中等收入家庭加速迁离市中心。这项研究对众多城市管理者的启示是:在制定城市经济政策时,需要研究该计划(特别是一些管制措施)是否在长期具有累积因果的特性,是否会给城市经济的持续增长带来不利影响。从这些成果的分析中可以深刻体会到,累积因果模型和一般新古典城市经济增长模型的最大区别,是它强调城市经济中普遍存在着的规模报酬递增现象。这一理论的提出,对新古典理论的线性增长模式与思想提出了巨大的挑战,如何运用这一理论深入研究和解释现代经济增长中的区域差距和城市经济增长的集聚机制,是经济理论界的重要任务。

三、城市经济增长的投入产出模型

将分别从需求和供给分析城市经济增长的两种角度结合起来,可以采用投入产出(input-output)模型。投入产出模型运用于城市经济,可以方便地研究城市经济增长中的部门作用和要素作用。

假设城市中有三个生产部门:制造业部门、生产服务部门和生活服务部门。其中,制造业是城市基础部门,例如,计算机、机器装备、纺织品、钢材等,其大部分产品输出,少量供应本地的消费和投资需要;生产服务部门是为城市生产提供上游产品的部门,例如,煤、机械产品、化工材料、零配件等,主要用于满足中间需求,但也有少量用于投资需求和输出需求;生活服务部门是一个非常多样化的部门,包括商业服务、医疗服务和其他各项私人服务,如餐馆、杂货店、干洗店等。它是为地方生活服务进行生产的部门,只由城市居民购买,不用于中间需求和投资需求。城市各生产部门的生产活动除了消耗本市的中间产品外,还要消耗域外的输入产品,同时需要大量的初始要素投入,包括资本、劳动力和土地要素。这些要素都是由当地居民来提供的,具体到某一个具体部门,其要素投入的内在结构存在着差异,有的劳动力多些,有的资本多些,这里为了简化,没有进行细分。生活服务部门与前两个部门比起来,所需要的初始投入中的劳动力要素比重更大一些。这些投入品经过生产后会有一个增值的过程,假设劳动力、资本和土地完全被该市居民控制,于是城市生产要素的收入将会完全地计入当地的经济中。

由表 1-3-1 表达的城市投入产出表,行表示产出品和要素的供应去向,列表示城市生产部门对于中间投入的需求结构和各种经济主体对城市最终产品需求的部门结构,反映了城市各生产部门经济活动的来龙去脉。例如,城市的制造业部门,从纵列来看,在年度生产中,需要 18 亿元本部门的产品投入,价值 18 亿元的地方生产服务、27 亿元的劳动力资本等初始投入和 27 亿元的输入品投入,从而生产出 90 亿元的产品价值。这里包括了两类需求:对中间产品的投入需求和对初始要素的投入需求。城市每一部门都有这样的生产过程。从横行来看,制造业部门生产出的 90 亿元产品,分别分配给本部门 18 亿元、生产服务部门 6 亿元和生活服务部门 10 亿元作为中间产品使用,分配给居民消费 4 亿元、投资 11 亿元用于最终产品使用,还有 41 亿元的产品输出本市,这是城市经济增长的关键性力量。

表 1-3-1 城市投入产出表 (单位:亿元)

投入		产出品						总产出
		中间需求			最终需求			
		制造业	生产服务	生活服务	消费	投资	输出	
中间投入	制造业	18	6	10	4	11	41	90
	生产服务	18	10	3	0	10	9	50
	生活服务	0	0	0	60	0	0	60
初始要素投入		27	29	44	0	0	0	100
输入品		27	5	3	12	3		50
总投入品		90	50	60	76	24	50	

本市居民共需要购买 76 亿元的消费品和 24 亿元的投资品,正好用完他们提供的初始投入的要素报酬 100 亿元。城市在本年度的输出产品共有 50 亿元,与各部门的总输入价值相等。表的最后一列被称为"总产出",它代表了每个部门的总产出价值,对于一个生产周期(年度)来说,各部门的总投入价值等于其总产出价值,整个城市是 200 亿元,制造业是 90 亿元。可见,表 1-3-1 中存在着中间产品与中间消耗、总投入与总产出、居民要素报酬与消费和投资的支付以及城市输出输入等方面的静态平衡。若要从动态角度分析城市投入产出比例,还必须掌握城市各生产部门的投入产出系数,包括直接投入系数和完全投入系数等。

直接投入系数被定义为每个部门所使用的某个投入品量与该投入品总价值的比例,设 a_{ij} 为直接投入系数,x_{ij} 为中间产品量,X_j 为城市生产部门的总产出,其表达式为式 (1-3-37)。

$$a_{ij} = \frac{x_{ij}}{X_j}, \quad 0 \leq a_{ij} \leq 1 \tag{1-3-37}$$

表 1-3-1 中的生产服务业生产 50 亿元产出,需要 6 亿元的制造业产品投入,相应的直接投入系数就是 6/50 = 0.12,类似,还可以计算出生产服务业对本部门投入品的直接投入系数为 10/50 = 0.2,对劳动力、资本和土地的直接投入系数 29/50 = 0.58 以及输入品的直接投入系数 5/50 = 0.1。居民行为分别由消费和投资行为构成对各种最终产品的使用过程,例如,

居民每消费和投资 1 元产品，需要制造业产品 0.15((4+11)/(76+24)) 元、生产服务业产品 0.1 ((0+10)/(76+24)) 元、生活服务业产品 0.6 ((60+0)/(76+24)) 元和输入产品 0.15 ((12+3)/(76+24)) 元。这些直接投入系数的总和恒等于 1[⊖]。根据表 1-3-1 计算的直接投入系数列于表 1-3-2 中。

表 1-3-2　直接投入系数表

	制造业	生产服务	生活服务	居民			输出
				消费	投资	小计	
制造业	0.2	0.12	0.1667	0.0526	0.4583	0.15	0.8
生产服务	0.2	0.2	0.05	0	0.4167	0.1	0.2
生活服务	0	0	0	0.7895	0	0.6	0
初始要素投入	0.3	0.58	0.7333	0	0	0	0
输入品	0.3	0.1	0.05	0.1579	0.125	0.15	
总投入品	1	1	1	1	1	1	1

根据表 1-3-1 和表 1-3-2 的信息，可以得到每个部门的产出方程。设 M 表示制造业的总产出水平，SP 表示生产服务部门的总产出水平，SL 表示生活服务部门的总产出水平，E_m 和 E_s 分别表示城市制造业和生产服务部门的输出产品数量，I 表示城市居民的总收入。于是，城市各个部门的总产出如式（1-3-38）~式（1-3-41）所示。

$$M = 0.2M + 0.12SP + 0.1667SL + 0.15I + E_m \qquad (1\text{-}3\text{-}38)$$

$$SP = 0.2M + 0.2SP + 0.05SL + 0.1I + E_s \qquad (1\text{-}3\text{-}39)$$

$$SL = 0.6I \qquad (1\text{-}3\text{-}40)$$

$$I = 0.3M + 0.58SP + 0.7333SL \qquad (1\text{-}3\text{-}41)$$

在城市经济中，城市输出 E_m 和 E_s 一般作为外生变量，不由计算而是由城市政府决策确定，所以不能用原来的系数分析，而是应根据城市发展的现状和外来情况进行决策。进行这一假定是由于在城市中，输出产品能够在多大程度上支持城市经济增长，既是客观基础，又是战略基础，是人们十分关注的问题，城市政府可以依据战略需要调整城市当前输出产业的实际比例来确定城市产业战略发展规模。故可以把上述式子表达为依存于城市战略输出产品的总产出变化的表达式，通过矩阵代数的方法达到这一目的。把上述式（1-3-38）~式（1-3-41）用矩阵表示为式（1-3-42）。

$$\begin{pmatrix} 0.8 & -0.12 & -0.1667 & -0.15 \\ -0.2 & 0.8 & -0.05 & -0.1 \\ 0 & 0 & 1 & -0.6 \\ -0.3 & -0.58 & -0.7333 & 1 \end{pmatrix} \begin{pmatrix} M \\ SP \\ SL \\ I \end{pmatrix} = \begin{pmatrix} E_m \\ E_s \\ 0 \\ 0 \end{pmatrix} \qquad (1\text{-}3\text{-}42)$$

解上述矩阵，得到式（1-3-43）~式（1-3-46）。

$$M = 1.9512E_m + 1.1113E_s \qquad (1\text{-}3\text{-}43)$$

⊖ 直接投入系数的总和恒等于 1 意味着总投入的价值等于总产出，生产系统是稳定的。它依存于几个关键性的假定：城市内所有的商品与服务的价格不变；所有的商品和服务都是在规模报酬不变的前提下生产；直接投入系数不会因为产业生产规模的扩大而发生改变。

$$SP = 0.7907E_m + 1.9533E_s \quad (1\text{-}3\text{-}44)$$

$$SL = 1.1185E_m + 1.5709E_s = 0.6I \quad (1\text{-}3\text{-}45)$$

$$I = 1.8642E_m + 2.6183E_s \quad (1\text{-}3\text{-}46)$$

可以看到，城市内厂商对外贸易量的变化对该城市内不同产业的影响存在着明显差异。例如，在式（1-3-43）中，当城市制造业产出的输出产品增加 1 元时，会使制造业总产出增加 1.9512 元；而同样是制造业产出增加 1 元，却只能让生产服务业的总产出增加 0.7907 元，让生活服务业增加 1.1185 元。这使人们注意到，制造业的输出使总产出增加较多的是生活服务业，而不是生产服务业。制造业的输出增加一单位，还会使地区总收入增加 1.8642 单位，进而会牵动城市生活服务部门总产出增加 1.8642×0.6=1.1185 元。与此类似，城市生产服务业的输出产品增加 1 元，也会对所有的部门产生不同的乘数效应。另外，投入产出模型还展示了城市内每个部门经济扩张所相应需要输出变动的数量。比如，要增加 1 元的生产服务业输出产品的增加值，城市内的制造业必须能够有 0.7907 元的增加产出，同时生产服务业本部门的总产出也要增加 1.9533 元。从这个意义上说，投入产出模型可以用来衡量一个城市经济的规模是否足以支持大量的输出扩张。

这些分析中所得出的不能被人们直接看到的产业间关系的信息，实际上是由人们不注意的产业间大量的间接关系所决定的。例如，人们可能关注制造业输出一单位产品，对本市生产服务业的影响，很少关注对城市生活服务业的影响。可是上例中，制造业输出一单位产品，影响较大的却是生活服务业。就是由于产业间存在着大量的间接消耗关系。这种关系不能由直接投入系数反映，需要由完全投入系数反映。它的内涵是直接投入和间接投入的总和，其表达式如式（1-3-47）所示。

$$b_{ij} = a_{ij} + \sum_{l=1}^{n} b_{il}a_{lj} \quad (i,j = 1,2,\cdots,n) \quad (1\text{-}3\text{-}47)$$

根据式（1-3-47），可以得到投入产出分析的基本公式：$X = (I-A)^{-1}Y$，其中 $(I-A)^{-1}$ 被称为列昂节夫逆矩阵（托达路，1979），通过它可以分析城市产业间的各种复杂联系。城市投入产出系数表可以告诉城市地方政府官员，输出产业需要本地多少中间投入品，如果地方供给相对不足，那么应该如何解决这个问题；还可以帮助地方官员认识生产技术进步使投入产出系数发生改变后对城市经济增长的影响；在公共项目的决策上，可以使城市项目管理者很方便地评估某个外生的投资项目对城市总需求的影响。比如要新建一个大型游乐场，那么投入产出模型可以告诉决策者这个项目将会为这个城市的每个部门带来多少新增就业人口与产出。

第三节　城市经济发展

一、城市经济发展的内涵与目标

（一）城市经济发展的内涵

城市经济发展与城市经济增长概念的最大区别，是它不仅包括更多的产出，还包括导致城市经济质量提高的城市产业结构、经济结构甚至社会制度（体制）结构的转换。这种结构转换的实质是：越来越多的人口进入城市，不但参与利益的生产，同时参与利益的分配，共享城市经济增长的成果。因此，城市经济发展是包括数量和质量以及效率与公平同时改进的经济增长过程。作为数量增长的表现主要是城市 GDP 的增加，作为质量增长的表现主要是城市生活质量的改善，包括医药卫生条件改善和平均寿命提高、更好的住房和文化教育水平等。

（二）城市经济发展的目标

城市经济学家在制定城市经济增长和发展政策时一般追求两个目标：资源配置的帕累托最优与社会福利的公平化。

1. 帕累托最优的资源配置

主流城市经济学家普遍认为，帕累托最优是用来衡量城市范围内的资源是否实现了优化配置的重要标准，大多数城市经济发展政策都是要努力让现有的城市资源配置趋向于帕累托最优的水平。假设在一个只有一个城市的社会里，城市政府要对有限的城市资源做两种性质不同的分配：用于当前扩建城市的投资和用于研究城市环境保护以实现城市的可持续发展。前者是当期的生产行为，后者是长期的投资行为。现在假设城市政府每年研制的环境保护措施能够使未来每一年都能持续获得 Δx 的城市产出流。而这样做的机会成本是，如果用环保费用去扩建城市，可以获得 ΔX 的当期产出。所以，城市报酬率是 $\Delta x/\Delta X$，图 1-3-4 中的 XX 线表明了这个跨期替代的过程。

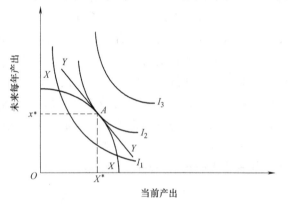

图 1-3-4　城市生产的帕累托最优分析

定义城市效用函数为式（1-3-48）。

$$U = U(X, x) \tag{1-3-48}$$

式中，X 是当期产出；x 是未来的产出。

在图 1-3-4 中，XX 线表明城市的资源潜力。I_1、I_2、I_3 曲线从城市的生产主体看，是一组效用曲线或福利函数，根据生产者行为理论，城市必然选择 A 点来确定其生产行为，以使资源利用达到最大效率；而从消费主体看，则是一组无差异曲线簇，根据消费者行为理论，城市将会选择 A 点来确定其消费行为，因为这个决策可以使得城市的投资报酬率（生产的边际替代率）$\Delta x/\Delta X$ 和无差异曲线 I_2 相切（如图 1-3-4 中的 YY 线），从而实现有效率的城市投资活动。

如果把这个单个城市经济拓展到整个城市体系的市场经济的情况，那么，城市现在不再是自给自足的独立经济单位，城市把自己的生产品拿到市场上去出售以获得收入，并进一步用所获收入去购买其他产品。这时，城市最优行为将遵循 $\Delta z/\Delta Z = \mathrm{MRS}$ 的原则，z 是放弃当期收入 Z 后所获得的持续性未来收入，MRS 是城市效用函数的边际替代率。对于市场中众多的生产者而言，他们都要面临同样的选择，即如何将资源或时间合理配置在投资将来或者生产当期就能被消费掉的产品。在此基础上，他们还要决定需要使用多少当期收入来消费，进而可以把多余的钱借给那些愿意牺牲当期消费并投资未来的人。所以，就需要在借贷市场上融通资金。在这个市场上，拥有良好投资机会的生产者愿意为得到投资所需的资金而支付利息。利率越高，他们对借贷资金的需求 D 就越小；相反，借贷资金的供给 S 是利率的增函数，两者相交，从而决定了均衡利率水平和货币借贷量 m^*。这样，城市可以把部分收入用于投资并获得持续回报 $\Delta z/\Delta Z$，或者把它借出去以获得利息 r^*，这意味着：$\Delta z/\Delta Z = r^* =$ MRS。换句话说，城市投资的未来回报必须等于其在借贷市场所能得到的利息。在这个均衡条件下，经济中每个人具有相同的收入边际替代率，它们在数值上等于市场利率。可见，完全竞争市场经济使得每个人投资未来的收益和当期收入的边际替代率完全相同，这样就实现了资源配置的帕累托最优。可是，这种完全市场经济配置资源的结果往往会因为垄断、公共产品、外部性和信息不对称的影响而出现低效率。所以将帕累托最优效率设立为城市经济增长的目标模式，就是要努力改善这些市场失灵导致的低效率情况。

2. 社会福利的公平化

经济增长必须实现社会公平才具有社会意义，如果增长的收益只为部分人所得，不能为全体城市居民造福，就没有达到城市经济增长的目的。因此，城市经济学家在强调经济增长的同时，也提出了衡量社会福利水平的各种方法。

假设城市社会由 n 个人组成，U 是每个人的效用，社会福利函数可以被定义为式（1-3-49）。

$$S = S(U_1, U_2, U_3, \cdots, U_n) \tag{1-3-49}$$

社会福利函数的具体表达式有多种，根据福利经济学的分析，帕累托最优只是社会福利最大化的必要条件，社会福利最大化的充分条件依托于不同社会福利的价值标准。例如，庇古标准、卡尔多-希克斯的补偿检验法则标准、西托夫斯基的补偿检验标准、李特尔标准等。一种考虑权重的社会福利函数反映了对各个社会层次人们的社会福利的不同要求，即式（1-3-50）所示。

$$S = b_1 U_1 + b_2 U_2 + b_3 U_3 + \cdots + b_n U_n \tag{1-3-50}$$

但是，城市经济学家认为，合理的社会福利函数必须依赖于那些福利最低的人的处境得到改善，例如，罗尔斯（Rawls）认为：

$$T(U_1, U_2, \cdots, U_k) = \min\{U_1, U_2, \cdots, U_k\} \tag{1-3-51}$$

罗尔斯设想社会中的每个成员都会对某个状态产生一致的意见。这个状态指的是社会中的每个人不需要特殊的知识就一同达成的共识，而社会中的理性人不会预先赞同一个将会使得其利益受损从而提升他人利益的社会福利函数。相反，他们会根据最坏情况排列的最大化来进行选择，当然这种行为主要适合于那些风险规避型的人。这里，需要注意的是，在罗尔斯主义的模型框架下，社会契约并没有要求每个人的最终福利完全相同，而是强调要在最大原理的基础上实现每个人权利和机会的等同化。米尔（Mier）把罗尔斯的思想引入了对城市经济发展的研究中，同时，作为城市发展的规划者，他努力把城市发展政策的核心思想定位为"帮助那些福利最低下的人"，并取得了成功。

综上所述，城市经济增长的目标既要在当前消费和未来投资的权衡中体现资源配置的效率，又要在满足最大多数人的需要上体现社会福利。这一目标的实现，不能依赖自由市场机制，需要城市政府制定经济增长政策。

二、城市经济高质量发展

城市经济高质量发展就是从五大发展理念出发，在创新、协调、绿色、开放、共享的思想上努力提升人民群众的整体生活水平与生活质量，从多方面协同推进城市经济的可持续运行，力求在更短的时间内实现生产要素的最大成本效益比，进而实现城市经济质量的稳步提升。换句话说，高质量发展已经逐渐转变过去传统的发展观念，不再单纯集中于探究城市经济的发展速度与发展水平，更多的是强调城市经济发展质量的内涵，重视我国经济发展增速的平稳化发展与演进，有效发挥协调并进的内在特点，实现绿色化、开放化的经济发展之路，属于追求质量效率与美好生活的新型路径。高质量发展将会是未来我国城市经济发展的主流方向，是实现社会经济系统协调的基本着力点，必须深入剖析城市经济高质量发展的理论内涵与现实属性，从社会经济发展的现实规律出发，进一步探究城市经济高质量发展的构成因素与基本特征，基于我国发展的基本现状归纳正确经验与发展路径。

城市经济高质量发展是更高水平、层次、形态的发展，首先表现为产业的发展，未来的城市产业构成应向更高层次的发展状态迈进，通过高新生产技术带动产品种类的丰富化与多样化，同时更要注重品牌的力量，通过产品的质量提升引发品牌效应，形成系统的产业体系，推进产品与技术的交互融合。其次是产品带动服务质量稳步提升。现如今城市经济的发展早已不仅是城市内在物质总量的上升，更是城市软服务水平的丰富与完善，人们生存以及生活所必需的物质产品以及精神服务也应逐渐得到高水平的满足，尽可能地提升人们生活的福利效应。再次是经济的本身内涵不断深化，也即在新科技的发展水平下，各类型产业以及业态模式也应融合于科技水平的提升，多渠道地促进经济新动力的演化，强势推进城市经济质量的提升。最后是人们生活的基本构成逐渐丰富，层次逐渐提升，消费动力以及消费结构有了根本性的改变，逐渐趋于优化，教育、医疗、卫生、就业、居住、社保等公共服务体系更加健全，基本公共服务均等化水平显著提高。

总之，城市经济高质量发展要求必须实现全面协调可持续的最终效果，在经济增长的前提下保证经济结构的日益完善，构建科学的空间布局、优质的产业分工，推进城市经济系统中各产业部门之间合作的有序性、联动性，保证各产业之间的协调式发展，进而推进工业化、信息化、城市化等多元化的同步进展，有效促进发展的全面性；同时，对城市经济来讲，高质量的发展必须以均衡为前提，通过各系统之间的对立统一加快均衡形成，从而降低城市经济发展的不稳定性，规避经济运行中的风险，为经济发展提供更成熟的发展模式，增强城市发展韧性，不断提升城市经济发展质量，实现高质量经济发展。

三、城市经济发展政策

城市经济发展政策是使城市经济围绕其目标而实现城市经济发展的管理手段，它对城市经济的发展效果有重要影响。推动城市经济发展的政策很多，这里从产业政策、要素投入和收益政策以及公共环境政策三个方面介绍城市经济发展的推动政策。

（一）城市经济发展的产业政策

城市基础部门是城市经济发展的重要源泉，因此，城市发展政策的决策者应该努力寻找到那些具有发展潜力的城市基础部门，并为这些部门的发展制定产业政策（王雅莉，2007）。

1. 确定城市基础部门

城市基础部门的经济特征一般表现在：输出产品的产值占本市总产出的很大比重；较多

采用本地投入品，增长乘数和产业关联度高；较高的边际输入倾向转化为输出产品；在全国具有较高收入弹性。城市增长政策制定者要搜集足够的资料研究哪些产业具有这样的特征。

2. 制定扶持城市基础部门的产业政策

城市基础部门是城市发展的支柱，它要带动城市经济高速增长和全面发展。城市政府要在国家总体产业政策的指导下，研究采用哪些政策措施能够有效扶持和使用城市基础部门，确定本市产业政策重点，同时通过地方财政税收政策、信贷政策、资源政策及收益政策等扶持城市基础部门的发展。

3. 发展城市地方化部门的政策

地方化部门是城市经济增长的重要依托性力量，它的作用主要在于：为城市基础部门提供中间产品，为城市的各种生产活动提供配套产品和生产性服务，为城市居民提供各种生活性、发展性和享受性的服务。使本地的一般需求尽可能实现地方化，是现代经济发展的特点之一。城市政府要努力扶持产品本地化，可以在税收、信贷、资源和收益等方面采取有针对性的政策措施，发展本地产业。

4. 培育产业集群

城市产业集群往往由城市基础部门吸引它的上游和下游的产品，以及因集聚经济形成的本行业规模扩大而导致，它是现代区域性发展的主要原因。城市政府应当根据本地条件，积极培育产业集群。主要做法是：①积极促进本地主导产业的中间产品本地化，实现其与上游产品的产业链锁。主导产业不是支柱产业，发展主导产业和其中间投入品，是产业集聚的基本途径。②以优惠措施吸引城市域外与本城市基础部门类同的产业进入本市，以壮大本地基础产业规模，形成产业集群。③支持本地各种技术进步和新产品开发，以核心性产品的开发牵出系列产品群，实现创新性产业集群。

（二）城市经济发展的要素投入和收益政策

城市经济发展依存于要素投入和投入的积极性。这种积极性与要素报酬政策密切相关。

1. 城市劳动力投入及其报酬政策

在劳动生产率一定的情况下，劳动力持续稳定的增长是城市经济发展的重要动力。而城市劳动力供给的基本来源之一是外部劳动力的流入。现在很多研究表明，更大的劳动力转移将会促使城市对劳动力需求进一步提升，故城市政府应制定促使劳动力合理流动和充分利用的政策。例如，防止劳动力歧视政策、同工同酬保证政策、最低工资政策，使城市经常性地保持着吸收就业的经济增长活力。同时，政府要提供劳动力的公共培训，提高劳动者的人力资本，使劳动者素质不断提高，促进城市经济增长。

2. 城市资本投入及其报酬政策

持续的资本投入是支撑城市经济长期发展的重要条件。我国城市政府一般应考虑如下一些资本利用和开发政策：①积极促进私人投资的政策。我国城市私人资本总体投资不足，很多城市私人资本往往没有实现充分利用。为此，城市政府应采取引导私人资本流向的政策。例如，实行税收减免、投资补助及对中小企业的扶助计划都会对地方经济增长与发展产生显著影响。②稳定中央政府和地方政府的公共投资政策。公共投资是政府责无旁贷的社会责任，在实际工作中，政府应兼顾城市大型机场、高速公路和运输管道等高投资项目与对现有投资存量维护、保证城市居民基本生活需要项目之间的关系。城市政府应寻找社会公益性强烈和回报率高的项目。③完善城市资金市场，广泛利用社会闲散资金从事城市建设。最主要的是疏通城市融资渠道，保证社会资金的市场流通，使投资人安全地获得市场收益，并能吸引更多资金，提高资金使用效率。

3. 城市经济发展的技术进步政策

技术进步是促进城市经济发展的根本性机制，城市政府应积极实施促进城市技术进步的经济政策：①知识创新政策。很多发达国家在快速城市化过程中，城市政府往往制定大量政策鼓励技术进步。它们对高校和研究机构的基础性和应用性研究提供各类资金支持。②中小企业技术进步政策。城市中小企业技术开发能力薄弱，但在城市经济增长中具有重要作用。为此城市政府应尽可能鼓励和帮助它们采用先进技术，提供政策扶持，如优惠技术贷款、提供公共实验室、一般技术的公共供给等。③技术开发和生产关联政策。技术开发往往和本地区重要产业有紧密联系，一些美国的实证研究表明，高校研发中心的发展和美国六个部门的地方化增长呈现显著的正相关关系。因此，城市地方政府订立重要的技术开发和生产关联政策对支持本地经济增长有很大作用。

4. 城市发展创新和企业家精神政策

城市内部有活力的新兴产业发展需要富有创新精神的企业家及其风险投资行为。因此，城市政府应采用一些降低和分散投资风险的政策措施来鼓励企业创业。

（三）城市经济发展的公共环境政策

城市经济发展的公共环境政策是指城市的自然环境、文化和公共品（或者统称为"社会适宜度"）供给的状态，它是决定一个城市经济发展的重要因素。随着技术的进步，生产摆脱了以往的资源、地理、气候、运输等约束条件，很多工业企业选址都逐步摆脱了传统意义上的资源、中间投入品或市场导向的束缚，转而关注企业发展的社会环境。因此，拥有比较理想的"社会适宜程度"的城市可以让该地区企业更容易雇用到有能力的劳动力。但是，到目前为止，很少有实证研究确切地估计了不同社会适宜程度对当地经济发展的影响。我国目前完善城市经济发展的公共服务环境是城市发展的重要方面，对此，城市政府可采取以下一些政策：

1. 城市投资环境的建设

城市投资环境的建设主要是指投资的硬环境和软环境。硬环境是城市资源、自然环境及其基础设施和服务的功能状态。每一个城市都有其区位特点，城市政府应充分发挥本地硬环境的潜力，结合本地环境状况进行基础设施建设和提供优质的基础设施服务；软环境主要是指城市市场发育水平和政府公共服务水平。城市市场发育水平将直接影响商务活动的效率，特别是要素市场的水平，直接影响投资者的决策。城市政府应通过完善市场建设，保证要素市场的功能。城市政府公共服务的水平也是影响投资者决策的重要因素，为此，提高政府自身建设将对城市经济发展有重要的促进作用。

2. 商业孵化环境的建设

商业孵化环境是指适宜创新发展的社会环境。目前世界各地很多城市政府都在营造一种催生有能力企业家的商业孵化气氛。商业孵化氛围有多种形式。多数情况下，是一些高校通过直接兴办技术和商业开发区来促使新技术或商务活动的发展。其目的是借助学校研究人员的力量更快地把技术和科学发现转化为市场化产品。现在，有关技术和商业开发区的案例研究非常多，但一个成功的商业孵化基地背后究竟是哪些因素起决定作用，还是需要深入探讨的问题。城市政府应在这方面不断总结经验。

3. 城市经济发展的公共服务政策

城市经济发展需要大量公共服务，如供水、供电、通信等公共企业服务和办理各种手续的政府服务。这些服务过去在我国一直是由政府直接提供，随着市场机制的完善，这些功能可以逐步过渡到民间公共企业和各种中介咨询机构。政府则主要以法律为依据对这些活动实行监督管理。为此，要实施一些旨在提高效率的、促进城市经济发展的民间的公共供给政策。

复习思考题

1. 什么是城市经济增长？怎样测度城市经济增长？
2. 试比较国民收入指标和就业量指标表示城市经济增长的特点和各自优缺点。
3. 解释如下概念：城市基础部门，凯恩斯城市经济增长乘数，新古典城市经济增长模型，城市增长的累积因果效应，城市经济增长的投入产出模型，帕累托最优。
4. 城市经济增长模型中所揭示的城市经济增长机制，哪些属于需求拉动的？哪些属于供给基础的？
5. 城市基础部门的经济特征使它在城市经济增长中有什么地位？举例说明其作用。
6. 解释凯恩斯城市经济增长乘数 $1/\{1-[(b-d)+(e-f)](1-t)\}$ 中各项符号的经济内容。你能解释凯恩斯城市经济增长乘数的现实基础吗？试以我国为例加以说明。
7. 请尝试在城市劳动力市场框架下将需求指向的城市经济增长模型与供给基础的城市经济增长模型综合起来，描绘出一个更符合现实的城市经济增长模型。
8. 累积因果效应城市经济增长模型能够解释我国东西部城市之间存在的巨大收入差异吗？如果答案肯定，请你收集并分析过去20年里我国制造业某部门的工资水平、相关产品市场需求状况和劳动力迁徙数据，回答：该部门快速发展是否得益于落后地区高技术人才的流入？
9. 如何理解城市经济发展的目标？它对城市经济增长有什么影响作用？
10. 如何理解城市经济发展政策？它包括哪些内容？
11. 以具体事例比较城市基础部门和非基础部门产业政策的不同，分析促进二者经济增长的不同目标。
12. 你认为促进城市经济发展，是否有必要和应当制定要素投入和收益政策？如果回答是肯定的，谈谈你在这些政策制定上的意见。
13. 从促进城市经济发展的目的出发，城市政府应当如何建设公共环境？它包括哪些内容？我国目前应侧重于哪些方面的政策？

第四章 城市规模经济

【学习目标】

通过本章学习，要求学生了解城市化进程所形成的大大小小的城市，如何构成城市体系和城市区域。理解单个城市应当形成多大规模，能够获得规模经济；多少大城市、中城市和小城市所构成的城市体系，能够获得整个区域的规模经济。明确哪些因素影响和决定了城市规模，城市规模的分布有没有规律性，政府应当制定怎样的城市规模政策。深刻理解这些问题与城市化效益之间的关系。

第一节 城市规模经济与适度规模

一、城市规模的形成

城市规模表现在人口和用地两个方面，两者之比可用城市人口密度或人均占地面积来反映。一般来说，城市的用地规模与人口规模成正相关关系，但是，不同地区的城市，同样的人口规模，用地规模差异很大。由于城市社会经济问题主要是在人口规模上表现出来，因此这里用城市人口规模来表明城市规模。

最初的城市人口数量比较少，大城市也较少。公元1世纪的罗马城，人口达到了35万，人口密度为2.5万人/km²，就是世界性的巨大城市了。产业革命之后，社会生产力迅速发展，交通运输更加发达，经济型城市逐渐形成，原有的政治、宗教和军事型城市逐渐融入经济因素形成综合型城市，使得城市规模逐渐扩大，全世界进入了一个城市化的时代。这个时代中，出现了大大小小规模不等的城市：它们或者是沿江沿海的新兴商贸城市；或者是铁路、公路、港口的交通枢纽城市；或者是劳动者密集的工业加工城市；或者是濒临矿区、油田、森林等资源地的某种资源型城市；等等。在这些城市的形成中，有的城市逐渐演变成巨大的综合型城市，有的成为规模差距巨大的工商业的专业化城市，还有一些宜人居住的风景旅游文化城市和政治经济文化中心城市，所容纳的人数不等。

这种城市化过程在第二次世界大战后的发展中国家，问题表现得十分突出。由于发展中国家存在大量的农村人口，随着经济的发展，出现了一个城市化快速发展的时期，诸如墨西哥城的特大城市，已经并且在继续出现，由于发展过度，产生了严重的"城市病"，于是在理论界出现了要不要对城市化速度进行控制的争论。这种争论实际上是发展中国家要走什么样的城市化道路的问题。于是，对于形成什么样的城市规模比较合适，各个不同区域的城市究竟以多大为宜，就成为发展中国家政府发展政策的研究对象，也是城市经济学的一个重要理论问题。

对于城市的适度规模问题，早在古希腊，柏拉图（Plato）就曾经提出，一个城市的人口规模不应超过广场中心的容量，大约为 5040 人。后人继续在这个问题上提出看法。英国经济学家舒马赫（Schumacher）认为："可以相当有把握地说：城市合适规模的上限大约为 50 万居民，十分明显，超出这个规模对城市的价值毫无增进。"另一些人虽不像他那样肯定，但也对城市的合适规模提出了大概范围。美国发展经济学家金德尔伯格（Kindleberger）认为，城市规模以不超过 300 万人为宜。可见，人们心目中的城市合适规模差异非常之大。事实上，人们在提出他们的观点时，并没有进行相应的理论论证，这些观点只不过是他们价值观的一种反映。柏拉图的城市规模标准在性质上是政治性的。因为他认为如果城市人口超过广场容量，就会妨碍公民之间的思想交流，因而不利于民主制的实行。从经济学角度看，柏拉图的思想是要求用民主制的制度成本决定城市规模。由此我们发现，上述人们对城市规模的标准讨论，是基于某种成本的分析，例如，人们从行政管理角度探讨最优城市规模，认为城市规模应该由城市行政管理组织的效率最高，即市政服务的人均费用最低来决定。这些反映了人们对组织城市的某种愿望。

实际上，产业革命后的经济性城市，形成什么样的规模，不是人们主观臆定的结果，而是社会经济发展和城市区位因素选择决定的结果。一个城市为什么能够长大，为什么有的城市长不大？其根本原因，是城市经济的特性使然。这一特性主要在于城市的集聚经济。集聚经济的内涵和作用在第二章已经介绍过，这里就构成集聚经济效应的内在本质现象——规模经济进行阐述，正是基于不同区位条件的规模经济作用，城市形成了大、中、小的不同规模。

二、城市规模经济

城市的规模决定于城市规模经济。规模经济的含义本书第二章已经述及，城市规模经济是指城市非农生产单位和人口恰好适应城市土地承载力和基础设施的容量，使得生产成本和生活成本都达到最低水平，城市发展处于规模经济区间。规模经济效应是通过不断获得规模经济效益而实现的。规模经济效益是指由于城市规模的变化，获得了递增的报酬，而这种规模报酬递增往往体现为城市规模与城市资本数量与效率的同方向变化。那么，城市规模效益是怎样产生的呢？

假定把城市作为一个生产单位，它把投入（如土地、资本、劳动力）转化为产出。投入要素具有流动性，一个城市可得到的投入量是变化的，其数量多少取决于其边际产出是否高于其他城市。图 1-4-1 给出了大小两种城市的总产出和资本与劳动力投入的关系，假设资本与劳动力的投入比例在同一规模的城市里都一样，而不同的城市不一样（用 L、S 分别表示规模较大的城市和规模较小的城市的投入比例系数），那么，两种不同规模城市的投入产出状况可能有三种不同的情况。

其一，当大小城市的产出均在同一生产函数 Q 上时，由于大城市资本多，人均资本占有量高于小城市，或是因为劳动力的质量高，而使其资本-劳动力投入比例系数（K/L）高于小城市（L>S）。这样在线性函数 Q 上，大城市产出位于 a 点，而小城市产出位于 b 点，则对应的产出量为 A、B。

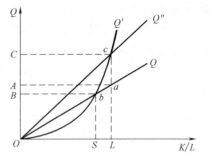

图 1-4-1　不同规模城市的投入产出

其二，当生产函数由曲线 Q' 表示时，城市收益将随着资本-劳动力投入比例系数（K/L）的增加而增加，大小城市收益和产出分别位于 c、b 点和 C、B 点，其收益展现出规模报酬递增的差异。

其三，当大小城市有着相同的资本-劳动力投入比例系数（K/L），但是有着不同的投入-产出比例，即相同的投入会带来不同的产出时，二者的生产函数分别表现为 Q'' 与 Q。其收益和产出点分别是 c、a 点和 C、A 点。这里明显的内在机制是规模经济。

可见，资本效率、规模报酬递增和规模收益是城市规模效益的基本机制。然而，资本效率和规模报酬递增都是建立在规模经济基础之上的。在总投入不变的情况下，更高的资本-劳动力投入比例的产出效果要高于较低的资本-劳动力投入比例的产出效果，是由于城市的生产结构更适于技术进步下的资本最小规模，当城市的区位条件或技术水平适宜于更多的资本量时，这个城市将会迅速长大；而规模报酬递增紧密地依存于规模经济，在实现了最小规模之后，才会出现规模报酬递增。因此，城市规模经济是城市发展的基础。

城市规模经济的具体表现可以从居民个人、企业和城市三个层面分析。

首先，从个人的角度考察，城市规模效益主要表现在居民货币收入和公共设施的便利两个方面。

居民货币收入可以用工资水平来表示。戈尔德法布（Goldfarb）和耶齐（Jezzi）以美国的有关数据为基础的研究表明，不同规模城市的工资水平之间的差异，似乎不能用其他因素来解释，而只能是城市规模的一种函数，工资大体上是随着城市规模的扩大而以递减率上升的。假设城市生产函数是柯布-道格拉斯函数，如式（1-4-1）所示。

$$Q_i = AS^\gamma C_i^\delta K_i^\alpha L_i^{\sum_k \beta_k q_{ik}} \tag{1-4-1}$$

式中，Q_i 为产出增加值；K_i 为城市资本存量；L_i 为城市就业人数；α 与 β 分别为资本和劳动力的产出弹性；q_{ik} 是劳动力质量；C_i 是城市的区位特征；δ 是城市区位特征的产出弹性；A 是参数；S 是城市规模的虚构变量；γ 是它的产出弹性。

对式（1-4-1）求偏微分，可以得出城市工资的估计量。

$$W_i = \frac{\partial Q_i}{\partial L_i} = \left(\sum_k \beta_k q_{ik} \right) AS^\gamma C_i^\delta K_i^\alpha L_i^{\sum_k \beta_k q_{ik} - 1} \tag{1-4-2}$$

戴维·塞哥尔（David Segal）曾经用美国 58 个大都市 1967 年的统计资料对上述方程做

了检验，结果证明，规模变量确实造成了产出的差异，200万人口以上的大城市生产率要比规模较小的城市高出8%，即式（1-4-1）中的γ是显著的，约为0.08。如果规模较小的城市追求规模效益，他们的工人工资将是现状的$(1+\gamma)$倍。据推测，这些收益都是纯规模经济，如果小城市的S值为1的话，大城市的S值将为e。

城市在一定规模上能够具有的公共设施给城市居民提供了广泛的便利，例如，公共交通、商店、剧院、俱乐部、体育设施和文化活动等。这些便利是随着城市规模的扩大而增长的。邓肯（Duncan）曾经指出："在城市人口有25000人以上时，出现了擦鞋、女子理发、洗帽子、修皮货商店，而在人口超过50000时，才会出现婴儿服务。"因此，较大规模的城市相对更多地使居民从广泛的便利中得益。

其次，从企业的角度考察，相应的城市规模效益的主要内容来自生产效率和市场容量两方面。有大量证据证实，生产效率随城市规模的扩大而增加，对私人企业和公共事业都是如此。例如，城市人口增加一倍，与之相联系的是劳动生产率增长6%（伊文思，1992）；而市场容量无疑是与城市规模正相关的。市场容量越大，企业的生产就可以有足够的需求来支撑，并且市场容量越大，劳动力队伍以及这种队伍所擅长的技能范围越广泛，可以迅速获得的服务与物资等的范围也越广阔。所有这些因素，都趋向于增加企业的利益。

实际上，生产效率和市场容量是互为促进的。与规模经济相联系的生产效率和市场容量主要表现为地方化经济，它是一种行业的规模经济，即表现为居于城市中的某行业的单个企业的成本，随着整个行业总产量的提高而下降。行业规模经济的出现主要基于中间投入品的规模经济、生产中的内部范围经济与关联经济、商品交易中的规模经济与集聚外在性、熟练劳动力市场共享的效率以及信息传递的规模经济和外部经济。这些因素使生产效率提高，并促进了交易效率的提高，进而扩大了市场容量，后者又促进了城市规模的提高。

最后，从整个城市的角度来看，城市规模的效益表现为城市化经济。城市化经济也称都市经济，是指整个城市范围内的规模经济，即在整个城市区域内，当单个企业的生产成本随着城市总规模的上升而出现了下降的情况。城市化经济出现的原因与地方化经济的原因基本相同，只是在内容上有扩大，从中间投入品的规模经济来看，城市公共投入的非排他性和非竞争性使企业能够共享城市基础设施和公共服务的好处。从范围经济与关联经济来看，单一企业变成企业集团、企业集群和企业网络，这使范围经济和关联经济在更广阔的空间中实现。从商品交易的规模经济看，单店经营发展到超市和连锁经营，使消费者节省购物时间的同时享受到商店的规模经济。从共享熟练劳动力市场的效率来看，大城市所提供的劳动力市场的共享服务更完善。从信息外部经济来看，信息和知识的交流由行业内部扩展到行业之间，一方面加深了社会化，使人力资本形成获得正外部性；另一方面交流作用于生产活动，提高了人们的生产力和工资水平。

三、城市适度规模

城市规模经济的确是一种客观存在。那么是否可以说，为了追求和得到规模经济效益，城市规模就可以无限地扩大下去呢？大城市比小城市的工资高，劳动力是不是就会不断地流向大城市，使大城市人满为患形成"城市病"？不是的。

城市规模经济超过一定限度会转向它的反面，即出现规模不经济。就是说，一定的城市规模，能够带来效益，但是也要付出成本。前面提到的柏拉图实际上是研究了城市规模的政治成本。而城市规模的经济成本主要表现在城市租金上。城市租金是个广义的概念，它既表现为一般的房（地）租房（地）价（居住或场地成本），也表现为一般的空间移动费用（交通通信、运输和迁移通勤成本），又表现为一般的共享城市基础设施及其公共服务的成本（社会成本），还表现为拥挤和环境污染的成本（集聚成本）。前两种成本的性质一般应是城市规模的私人成本，后两种一般应是城市规模的公共社会成本。在规模经济下，这些成本将随着城市规模的扩大而下降，表现为同样的城市产出量每单位产出的成本下降；当城市规模小于规模经济点时，城市每单位产出中无论由私人还是由社会承担的公共社会成本都会较大，而高于规模经济点时，上述成本又都会急速上升，形成城市规模不经济。从城市经济的角度看，这些城市规模的经济成本现实地表现为门槛成本和外部性成本两种。

城市门槛成本突出地反映了规模经济的特性。城市规模经济要求在提供某些公共服务事业之前，需要有一个最低限度的人口规模。以交通运输业为例，只有几十个人行走的地方，肯定不需开设公共汽车路线，甚至不宜铺设道路。英国政府在规划汽车公路建设时就曾经规定："凡是人口超过 25 万的城市，应直接同对全局具有重要意义的公路网联系起来，所有超过 8 万人的城市，则应该处于该公路网 10mile⊖ 以内。"这些与规模经济要求相适应的投资往往具有一次性巨额投资的特点，这既是城市基础设施建设的技术性要求，也是需求和供给不可分性决定的投资要求，这就是所谓的"门槛"成本。当然，一旦这些投资形成资本发挥效益，就可以通过所获得的规模效益来偿还这些投资成本，然而这是一个较长的时期，城市能否在较短的时期内，筹集大量的资金用于可以使用几十年、上百年甚至几百年的城市设施的建设，这确实是城市发展的一种"门槛"。

城市外部性成本是指一些企业或家庭的生产和生活活动，对其他企业或家庭的生产或生活造成了负面影响，为克服这些负面影响所需承担的费用或福利损失。例如，城市人口增加带来的小区噪声会使某些家庭失去宁静安逸的生活环境，这些家庭也许需要购买一些高质量的隔声材料，把门窗封闭好从而支付相应的费用；或者直接要求其邻居付费，请他们不要制造噪声。又如，当商业区扩展到住宅区时，引起地价上涨，附近居民不得不承担更高的房租（价）。这种外部性成本说到底仍然是由于城市规模引起的，因而是规模成本的一部分。

那么，城市在多大规模上可以保持具有规模经济？这需要通过城市规模的成本效益分析来回答。人口和经济活动在城市中的集聚，一方面可以从中获取多方面的利益，但另一方面又得为此付出一定的代价（成本）。如果集聚的利益大于集聚的成本，聚集过程就会继续，城市规模不断扩张，直到两者相等为止；一旦集聚的成本大于集聚的利益，那么，满足理性假设的各种行为主体就会从城市迁出，从而出现城市人口分散的过程，城市规模随之收缩，直至在聚集的利益与聚集的成本相等时为止。当聚集的利益等于聚集的成本时，就会形成一个均衡点，这就是城市适度规模。在图 1-4-2 中，由成本曲线 C 与收益曲线 R 相交的 E 点所对应的城市规模 A，就是一个城市适度规模（optimum city size）。

在图 1-4-2 中，横轴为由人口表现的城市规模，纵轴为城市收益和成本，B 为城市基础设施投入，C 是城市总投入成本，R 是城市总产出收益。整个坐标系反映了一种理论上的综合，意在说明理论上存在的城市适度规模。图中的 A 点，从直观上看，表明达到此点城市规

⊖ 1mile＝1.609km。

模的成本和收益相等,即一定的投入数量价值等于它的产出数量价值;而实际上的经济内涵的意义是指:由一定的城市投入要素比例限定的城市人口规模所体现的成本,与城市的总产出价值或收益相等,这时意味着城市的规模收益不变;在 A 点之左,由于投入的价值小于它的产出价值,这时会出现规模收益持续上升的现象,而在 A 点之右,由于投入的价值大于它的产出价值,这时规模收益下降,如果城市产出不能通过技术进步等因素使城市产出函数上升,城市规模就会停止发展。

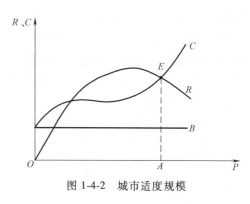

图 1-4-2　城市适度规模

在现实中,人们对城市适度规模的考察,存在着千差万别的认识,例如,巴顿(1984)列举的几种研究文献对城市最佳行政人口的估算,反映了人们从行政管理角度对城市规模的不同认识,见表 1-4-1。

表 1-4-1　城市最佳行政人口的估算

研究文献	适度人口规模(万人)
贝克(Baker,1910)	9
巴尼特住房调查委员会(Barnett,1938)	10~25
洛马克斯(Lomax,1943)	10~15
克拉克(Clark,1945)	10~20
邓肯(Duncan,1956)	50~100
赫希(Hirsch,1959)	5~10
大伦敦地方政府皇家委员会(1960)	10~25
斯韦美兹(Svimez,1967)	3~25
英国地方政府皇家委员会(1969)	25~100

表 1-4-1 是从行政管理角度探讨的城市适度规模,由于所考察的城市政府类型不同,其政府支出范围和数量都不同,其见解有很大差异。这些差异反映了城市管理者考察城市适度规模的角度和对象的差异,也反映了人们对城市规模成本和收益所涵盖的范围的认识差异。

而从经济角度来考察城市规模的适度性,也有许多不同认识。假定城市所需的各种投入都按照相同比例进行,并且是以人口为核心而构成的投入束,它既代表城市的经济投入规模,也表明这种投入规模与城市规模经济的内在关系,我们就可以对城市各种均衡收益决定的规模效益点进行考察。进行这种考察,要注意的是,把城市规模和城市规模经济的概念区分开来。城市规模是指城市容量的大小,通常以人口数量来衡量;而城市规模经济是指在一定城市人口规模下,由于外部性等原因所出现的在既定产出规模时的单位产出的成本下降情况,它只在一定范围内的城市规模水平上出现。强调这一点,是为了能够把边际效益分析和规模经济分析统一起来。人口表现的城市规模是建立在城市人口与土地资本等其他生产要素的一定投入比例的假定前提下的,也就是说,城市人口的一定规模是与一定的土地资本等其他生产要素的投入比例为条件的。这样,城市规模是否会产生规模经济,反映的就是城市人口和城市土地资本等各种要素的集合力量与产出之间的关系。把以与城市土地资本等要素一定比例关系为条件的城市人口作为城市投入的集中表现,就可以通过以这一投入为解释变量的城市产出函数的变化,来分析城市各种规模的产出效益。图 1-4-3 中,横轴表示城市人口规模,纵轴表示城市收益与成本,根据城市经济各种收益和成本之间的关系,可以考察各种城市规模的适宜情况。

这里把城市看作一个集聚的生产单位,总产出曲线形状呈 S 形,并存在拐点,在拐点以前,城市总产出随着城市人口的增加呈加速增长(指数增长),在拐点以后,城市总产出随城市人口的增加呈减速增长(对数增长),并最终到达最高点,然后开始下降;而城市总投入曲线与总产出曲线正好相反,在拐点以前,随着城市规模扩大呈减速增长,在拐点以后,呈加速增长,并最终超过城市总产出。城市总投入分为城市基础设施投入和一般生

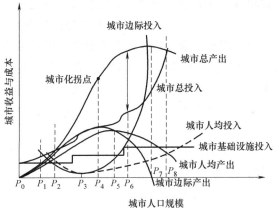

图 1-4-3 城市规模的收益与成本

产活动投入,它们有不同的特征。城市基础设施投入是一种相对固定的城市成本,是在一定时间段有一个较大的提高,而一般生产活动投入与企业投入曲线相似。城市总产出与总投入两者之差是一种规模效益,最初为负值,随着城市规模扩大迅速增加为正值,在城市边际收益等于边际产出时达到最大,然后城市规模效益持续下降,最终下降到零并变为负值。

此外,城市平均(人均)投入曲线,先随城市规模扩大而下降,超过某一点后转为上升。这是城市经济的一般规律,例如城市交通,交通流等于速度乘以密度,当交通系统中的交通流很小时,增加密度并不影响速度,而且可以使道路网得到更有效的利用,因而曲线下降;但是当城市规模扩大到某一程度并且使交通密度过大影响到速度时,就会产生拥挤与堵塞,就需要新的道路网投资,因而曲线上升。即使不新建道路,旧路网拥挤损失也会使曲线上升。而边际成本是每增加一个或减少一个城市人口而使总成本变动的数值,它也给我们提供了大量有用信息。下面利用这些投入和产出情况对城市适度规模的影响做综合分析:

以图 1-4-3 中的 P_0 点为城市发展起点。

P_1 是城市功能基本形成点。这时城市总产出等于基础设施投入存量价值,城市功能开始运行,依托于城市的最初功能,形成城市经济活动的最初规模。

P_2 是城市的最小门槛规模,这点是城市总产出和总投入、城市人均产出和人均投入的左交点,是成本等于效益的城市最小规模。此点之前,城市成本不能得到补充;此点之后,收益超过成本,城市功能开始产生正收益。

P_3 是城市的最低成本规模。在这一点城市边际投入曲线通过城市人均投入曲线的最低点,意味着城市收支正好相等,城市平均成本最小,是城市能够以规模效益吸引企业的最低城市规模。

P_4 是城市边际收益最高点,即城市化发展的拐点规模。从这一点开始城市进入适度规模发展期。虽然这时的城市边际收益由递增变为递减,但城市总产出增长率呈持续上升趋

势,因而城市规模将继续发展。中央政府往往从可持续发展的目标出发,希望城市规模以此为核心实行调整。

P_5 是城市人均效益最高规模。这时城市企业的平均效益或城市居民的人均收入最大。在此点之左,人口规模随着城市呈上升趋势的总产出增长率而上升;在此点之右,虽然总产出增长率呈下降趋势,但绝对额仍然增加,因而人口规模仍然增加。可见,此点无论城市总产出还是人均产出,收益都很大,所以是城市居民收入最高的城市适度规模。

P_6 是城市最大经济效益的规模,因为在此规模点上,城市边际产出等于边际投入,即城市总产出减掉城市总投入的收益最大。这是城市生产单位希望的稳定经济环境,这时一般根据城市性质与职能需要扩大城市基础设施供给,以便使城市规模能够进一步扩大。因而它是企业意愿的城市规模。

P_7 是城市最大总产出规模。此点城市总产出规模最高,边际产出为零,超过这一点,城市总产出绝对数量下降,边际产出为负数,因而应当是城市人口的控制规模。但是由于这时的城市总收益仍然为正数,城市规模仍然可以在控制中少量扩大。

P_8 是城市的最大人口规模。它是城市人均产出与人均投入的右交点,这时城市产出等于总投入,城市总收益为零。超过这一点,无论总产出、人均产出其绝对额全部下降,城市总投入、人均投入都不能由相应的产出弥补,因而应当是城市总规模停止增长时期。

以上 $P_3 \sim P_8$ 的人口规模,都可以在某种程度上称其为适度规模。社会的各个不同经济主体,从各自的目标出发,对于成本最低、期望收益最大,还是城市人口容量最大,会有各种不同的选择。一般来说,中央政府往往希望城市能够实现可持续发展,因而希望城市规模保持在 P_4 点,在城市化拐点上寻求最大的城市边际收益;城市居民则希望人均收益最大,故要求把城市规模保持在 P_5 点,获得最大的城市平均收入;而进入城市的企业都是按市场规律的要求,期望获得可以得到的全部利润,因而希望城市保持 P_6 点的社会最大经济效益规模;而城市政府总是希望总产出最大,愿意把城市规模发展到 P_7 点,获得城市最大产出;最后进入城市的农村剩余劳动者为了向城市转移,得到城市社会的共享利益,因而希望发展到 P_8 点的城市最大规模。

可见,城市适度规模是一个相对的概念,从不同的目标出发会得到不同的结论。如果我们仅仅从迁移者的角度分析城市规模,就可以得到一个城市均衡规模的表达式(1-4-3)。

$$\frac{\overline{M}}{P} = M\left(\left(\frac{W}{P^*}\right), \frac{M}{P}, A, S\right) \tag{1-4-3}$$

式中,$\overline{M}/P$ 是净迁入率;M 是净迁入量;$\overline{M}$ 是它的偏微分 $\partial M/\partial t$;P 为城市总人口;W/P^* 是城市的真实工资率;P^* 是消费者价格的消长指数,用以消除价格变化的影响;M/P 是移民存量,即一个城市中移民占人口的百分比;A 是描述城市环境舒适与否的向量;S 是城市规模变量。

假设 $\partial(\overline{M}/P)/\partial(W/P^*) > 0$,以保证劳动力供给曲线并不是完全无弹性的,同时 $\partial(\overline{M}/P)/\partial(W/P)$ 据推测也是正值。这样,A 的各种不同成分的变化会引起 $\overline{M}/P$ 的变化,变化方向取决于 A 中各成分的性质,其中的城市便利性会是同向的发展,污染会是反向的发展。最后，$\partial(\overline{M}/P)/\partial S$ 会告诉我们城市规模系统是否处于均衡。$\partial(\overline{M}/P)/\partial S>0$ 说明城市规模经济效益仍然存在，城市规模可以继续扩大，$\partial(\overline{M}/P)/\partial S=0$ 说明城市处于均衡规模，人口流动会停止；而$\partial(\overline{M}/P)/\partial S<0$ 说明城市规模过大，规模不经济已经超过了规模效益，应向外移民。

上面只是从理论上以抽象的或泛指的城市为对象讨论了城市适度规模问题。由于考察的角度不同，我们对成本和收益的确认，从而对城市适度规模有不同的认识。如果引入一些现实因素，即城市赖以生存和发展的基础或条件，它们决定着成本与收益曲线的位置和形状，这样就能够使城市适度规模理论用于城市发展的实际决策。这些现实的因素主要有：

1）城市区位。城市区位即城市地理位置，城市地理位置是对城市规模有决定作用的一个因素，地理位置有着丰富的内涵。首先，地理位置意味着城市规模扩张的资源可获得性，主要是土地资源和水资源。其次，地理位置还意味着城市的通达性和开放性，这主要是指交通条件，位于江河入海口、铁路公路交会处的城市规模都在持续增大。

2）城市基础设施。城市基础设施构成城市规模容量的支撑基础。实际的城市规模超过规模容量时，会导致一系列的"城市病"，从而降低城市聚集经济效益。而要克服这些"城市病"，则必然要跨越门槛成本。基础设施对城市规模的制约作用，不仅表现在总量方面，还表现在结构方面。城市基础设施是由多个小系统组成的大系统，里面存在着性质不同的各类基础设施，不同性质和类型的基础设施之间，必须相互配套、协调发展，否则"短边规则"将起作用。如城市交通系统，如果交通车辆增加了，而道路没有相应拓宽延长，则交通堵塞状况就会加剧。

3）城市内部布局。这主要是指城市内部土地利用结构，即不同的功能用地在城市内部的配置情况，这个问题在第五章将专门论述，这里要指出的是，城市的内部布局对成本与收益曲线的形状有很大影响：①直接影响城市外在成本。良好的城市布局会减少不同用地单元之间的负面影响。美国在20世纪70年代后兴起的"绩效分区"（performance zoning）区划法，在允许功能混杂的同时，要求不同功能的用地单元之间留有起隔离作用的缓冲地带，从而减少由不同功能的用地单元之间相互影响所带来的外在成本。②影响通勤成本。过于分散的内部布局，会延长通勤距离，增加通勤成本；而过于集中的内部布局，又会造成交通拥挤和道路堵塞，从而也使通勤成本上升。

在实践中，规划城市的合理规模，必须从兼顾城市经济效益、社会效益和生态环境效益的目标出发，确定城市合理的经济结构、人口结构和用地结构。为此，需要注意的问题是：

1）进行合理正确的城市定位。调查分析城市发展条件和在全国或区域的地位和作用，正确评价其地理位置、建设条件、历史发展特点、现有基础和存在问题等。

2）确立合理正确的发展目标。根据国家或地区经济发展规划及其自身发展条件，确定其经济社会发展目标，特别是确定城市的性质和发展方向，建立具有自身特色的经济结构。

3）正确测算城市容量。在上述分析基础上，运用科学方法测算和正确认定城市的环境容量和用地容量。

4）选择最佳规模方案。最后通过综合平衡，对不同发展规模方案进行比较，均衡得失，确定合理的城市人口规模。

第二节 城市规模分布

一、城市密度与城市规模

从经济本质上讲，城市人口规模可以看作一个人或企业在这个城市中可得机会的反映，机会越多，吸引力越大，规模也就越大。这种状态是建立与其他城市比较的城市机会上和城市间的距离上。阿隆索（Alonso）教授利用美国 211 个城市 1959 年的资料做了一个检验。他定义了一个收入潜能的概念 V_i，表示 i 城市的人或企业接近其他城市的机会。设 i 城市到 j 城市的距离为 D_{ij}，收入潜能如式（1-4-4）所示。

$$V_i = \sum_{j=1}^{n} \frac{M_j P_j}{D_{ij}} \tag{1-4-4}$$

式中，P_j 为 j 城市总人口；M_j 为 j 城市平均收入。V_i 与城市总人口和平均收入成正比，与距离成反比。

又设 Y 为城市产出，对 211 个城市的回归得出了一个方程，如式（1-4-5）所示。

$$Y = e^{5.07} P^{0.0661} V^{0.0866} (R^2 = 0.26) \tag{1-4-5}$$

虽然由于上式忽略了资源、地理、气候等区位优势和社会、经济、政治等因素，城市人口和收入潜能这两个独立变量只能解释城市产出的 1/4，但是上式却清楚地表明了，城市产出可以是规模和收入潜能的函数（董利民，2011）。如果大城市规模的不经济性很强，即规模超过了规模经济点，城市要素就会向外移动，大城市周围的小城市就有了发展的机会；而平均收入较高和距离大城市较近的小城市有较高的收入潜能，会先一步得到迅速发展。这一规律的结果就是使 19 世纪的特大单中心城市转变为 20 世纪的多中心大都市区，并形成了星座式的城市群。人们发现，在一个经济区域里，每个城市有着各种不同的经济分工和规模，它们几乎都有十分规律的地理分布。一个国家的主要生产活动，一般都由几个比较大的城市承担了大部分，而这些城市一般都坐落在人口稠密的地方，同时大中小城市呈现出非常规律的降次排列，如图 1-4-4 所示。

可见，城市规模是与城市密度密切联系的，在一定的区域内，城市密度高的地区城市规模会小些，城市密度低的地区城市规模会大些。不同的分布状况会影响区域的经济效率。这就提出了一个城市规模分布理论问题。

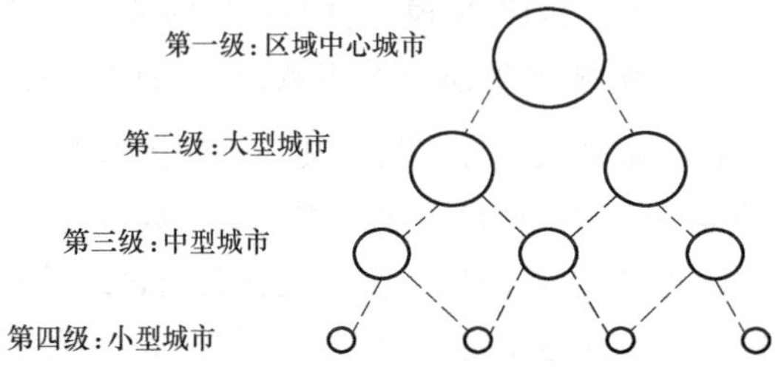

图 1-4-4 一定区域中的城市规模分布

第一级：区域中心城市
第二级：大型城市
第三级：中型城市
第四级：小型城市

二、城市规模分布理论

（一）"位序-规模"分布理论

城市非常规律的分布现象早就引起了人们的广泛关注。20 世纪初，人们就对城市的规模与它在国家所有城市中按人口规模排列所处位置之间的关系进行了研究。1913 年，奥尔巴克（Ohrbach）通过对五个欧洲国家和美国的城市人口数据的实证检验，提出了"位序-规模"分布规律,其表达式为式(1-4-6)所示。

$$P_i R_i = K \quad (1-4-6)$$

式中,P_i 是城市 i 的人口规模;R_i 是所有按人口规模排列的城市中的 i 城的位序,就是属于第几级,处于第一级的城市通常叫作首位城市;K 是一个常数。

该式表明,任何一个城市的人口规模与它所处的位序的乘积恒等于某个常数。1925 年,洛特卡(Lotka)实证了式(1-4-6)的关系,得出了 $P_i R_i^{0.93} = 500000$ 的估计式,他用美国 1920 年排在前 100 位的城市规模进行拟合效果很好。到了 1936 年,辛格(Singer)给出了关于"位序-规模"分布的一般性关系式,如式(1-4-7)所示。

$$\lg P_i = \lg K - \alpha \lg R_i \quad \text{或} \quad P_i R_i^\alpha = K = P_1 \quad (1-4-7)$$

式中,P_1 是首位城市的人口规模;α 是位序变量的指数。该式的相关系数 R 越大,说明该体系越符合"位序-规模"分布;如果相关系数不够大,则有可能是首位分布(见后面分析)或者有多个大城市中心并存或别的特殊类型。$\lg K$ 值是回归线的截距项,它反映了首位城市的规模,α 值是回归线的斜率,当 $|\alpha|=1$ 时,是标准的"位序-规模"分布;当 $|\alpha|>1$ 时,说明城市规模分布比较集中,高位城市比较突出,而低位城市发育不够,首位度较高;当 $|\alpha|<1$ 时,说明城市规模分布比较分散,位次较低的中小城市发育适中,高位次城市规模不很突出。在极端情况下,当 $|\alpha|=+\infty$ 时,表示该国只有一个城市,而 $|\alpha|=0$ 时,则表明该国所有城市的规模都相等。对于 $|\alpha|$ 取值有不同的原因,贝里(Berry)认为,一个国家的经济发展水平、城市发展的历史、人口规模和土地面积等因素都会影响该国的城市规模分布形式。在城市发展的早期,只有一些高位次的大城市,这时的 $|\alpha|$ 值非常大;随着国家经济、政治和社会生活的日益复杂化,低位次的城市不断成长,$|\alpha|$ 值也不断下降,直到成熟的城市体系形成时,该国的城市规模结构将趋向于"位序-规模"分布,走向城市体系的稳定状态。

这种描述后来被人们总结为帕累托分布,其表达式为式(1-4-8)。

$$y = Ax^{-\alpha} \quad \text{或} \quad \log y = \log A - \alpha \log x \quad (1-4-8)$$

式中,x 为特定人口规模;y 为人口规模超过 x 的城市的数量;A 和 α 为常数。

α 正如"位序-规模"分布描述的那样,是分布模式的有效测度,一般是大城市化指数;而 A 是表明城市规模与城市数量关系的参数,在 $\alpha=1$ 时,是标准的"位序-规模"分布。帕累托分布是从顶部开始至某一个门槛规模 $\overline{P}$ 为止的累计频率分布,它与对数正态分布一样都描述了城市规模等级与相应城市数量之间的关系。

这种"位序-规模"分布定律是通过经验观察得出来的,人们自然也会怀着极大的兴趣去探究隐藏在这个定律背后的支配力量,有意思的是,在过去的几十年中,经济学者几乎都是借助同样的一个理论框架来分析这种由城市规模引起的城市结构的特征,这就是非常有名的中心地带理论。并且更有趣的是,迄今为止的研究者已经通过许多不同的路径来推导这个重要的结论。

(二)城市规模等级分布理论

"位序-规模"分布是从统计分析中得出、侧重于描述城市规模与它所处的位序之间的关系来说明城市规模分布;城市规模等级分布则是建立在由克利斯塔勒(Christaller)提出,并经勒施(Losch)和胡佛(Hoover)发展完成的中心地带理论的基础之上、侧重于描述城市规模等级与处于某等级的城市数量之间关系的城市规模分布理论。二者之间可以互相转化。

1. 克利斯塔勒中心地带等级分布理论

第二章已经介绍了克利斯塔勒式的中心地带理论的基本内容（胡佛，1990；勒施，1995），这里主要阐述克利斯塔勒的城市体系思想。

在具有 N 种不同的产出品、N 类不同的市场区域和 N 种不同的城市中心的经济中，如果根据每种商品的门槛范围和最大销售范围不同，把门槛较低、最大销售范围较小的商品称为低级货物（low-order goods），把门槛较高、最大销售范围较大的货物称为高级货物（high-order goods），那么提供不同等级货物的中心地带也就有了等级之分。高级货物由于门槛较高，只有少数地方才能提供；同理，较低等级的中心地带数量就会较多。因此，克利斯塔勒认为，所有的中心地带都能按其提供货物等级的高低有序地排列成一个等级体系。在这个等级体系中，一定等级的中心地带只向同等级别和低层次级别的地方供应货物，较低等级的中心地带不能向高等级的中心地带供应货物。

根据这种中心地带等级体系中的商品流向假定，一定等级的中心地带会对数个下一等级的中心地带产生影响，这个影响量用 K 值描述。克利斯塔勒认为，由于建立中心地带等级体系的原则不同，K 值也不相同。按市场原则组建的中心地带等级体系的 K 值为 3，而按交通原则组建的 K 值为 4，按行政原则组建的 K 值为 7。这样，中心地带等级分布的关系可以由图 1-4-5 给出。

2. 贝克曼中心地带模型

贝克曼（Beckmann）于 1958 年建立了中心地带模型，试图把中心地带、市场区的等级体系与城市规模分布联系起来。他认为，城市为周围的人口服务，由于等级不同，商品的门槛范围和最大销售范围把城市组织成不同的等级体系，并决定了每一等级城市的规模和数量。

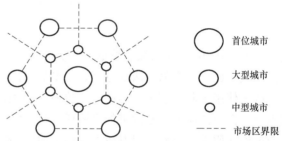

图 1-4-5　中心地带等级分布的关系

他首先假设，城市的规模与它所服务的人口数量成正比，即

$$P_m = kT_m \tag{1-4-9}$$

式中，P_m 为第 m 级城市的人口规模；T_m 则是该城市所服务的总人口；k 是比例因子，是 0 与 1 之间的小数。

接着他又假设，每一级城市都辖有固定数量（S）的下一级城市。这样，由该城市服务的总人口如式（1-4-10）所示。

$$T_m = P_m + SP_{m-1} \tag{1-4-10}$$

将式（1-4-9）代入式（1-4-10），经整理可得式（1-4-11）。

$$T_m = \frac{SP_{m-1}}{1-k} \tag{1-4-11}$$

由于最低一级的城镇的服务总人口包括它自身人口和基本农村人口（r_1），因此：

$$T_1 = \frac{r_1}{1-k} \tag{1-4-12}$$

经过递推置换和整理可得出第 m 级城市的人口规模，如式（1-4-13）所示。

$$P_m = \frac{KS^{m-1} r_1}{(1-k)^m} \tag{1-4-13}$$

从式（1-4-13）可以看出，$P_m/P_{m-1} = S/(1-k)$，所以，城市规模将按它在等级体系中的级别以指数形式增加。因此，贝克曼的模型虽然是从中心地带理论出发，但经过演绎推理得出的结论却和"位序-规模"分布定律具有一致性。

3. 丁伯根的输出等级模型

这一模型同样也是以中心地带理论作为建模的基础的。在模型中，丁伯根假定最小的中心地制造Ⅰ型商品，供应当地居民和农村消费，其他商品则全部从外地输入；稍大的中心地带制造Ⅰ型和Ⅱ型的商品，供本地居民需求，并将Ⅱ型商品向较小的中心地带输出；更大的中心地带则生产Ⅰ、Ⅱ和Ⅲ型商品，并输出Ⅲ型商品；如此等等。他假设每个中心地带都输出其最高等级的商品并从中获得收入；所获收入全部花掉，没有储蓄，这样他得出了不同等级的城市数量与其相应的等级序位之间的关系，如式（1-4-14）所示。

$$n^m = n_h \frac{a_0}{1 - \sum_h a_h} \tag{1-4-14}$$

式中，n^m 是序位为 m 的城市数量；n_h 是生产第 h 级产品的厂商数量；a_h 是用于消费第 h 级产品的收入比例。产品的级别越高，需要的厂商越少，城市的数量也越少。

因为使用了收入变量，因此，丁伯根的模型既适用于城市的中心地带职能（向本地和周围地区供应商品的中心地带的经济任务），也适用于非中心地带（制造业）职能。但是该模型的隐含假设，仍然是只有较大城市中的厂商向较小的城市地区输出产品，而较小城市则不向较大城市输出，这显然不符合实际情况。

（三）首位分布理论

首位分布是指由少数几个大城市占据主导地位的城市规模分布，在这种城市规模体系中，第一大的城市的作用十分突出。首位分布实际上是"位序-规模"分布的一个特例，在"位序-规模"分布模型中，如果 α 值足够大，则表明城市规模分布的集中趋势明显，就是这里所讲的"首位分布"。反映首位分布水平的指标是"首位度"，即首位城市与第二位城市之间人口规模的比率，表达式如式（1-4-15）所示。

$$P_c = \frac{P_1}{P_2} \tag{1-4-15}$$

式中，P_1 表示首位城市人口数；P_2 表示第二位城市人口数。

首位度的内涵是表明最大的城市人口数是次一级的城市人口数的几倍。一般来说，首位度越接近 2，城市规模分布越接近"位序-规模"分布规律。只有在 P_c 足够大时，首位分布才会存在。但是 P_c 应在多大值以上，目前没有定论。这种首位分布的分析更能突出中心地带或者城市的结构特点，有较高的应用分析价值。因此，首位分布一经提出，人们便想了解，是什么原因导致了首位城市的形成？常见的原因和解释如下：

1. 经济因素

一些研究认为首位度的高水平直接与经济结构相关，可以用二元经济模型或"核心-边缘"理论来解释首位分布的形成。他们认为，在二元经济条件下或核心-边缘结构中，乡村（边缘地区）居民取得的人均收入较低，而他们花费在市场上的收入又只占他们收入的很小比例，导致乡村市场得不到发展，从而使市场发育表现出空间上的差异。这种差异越显著，倾向于首位分布的力量就越大。

2. 政治因素

一些研究则认为国家的政治导向促进着人口和其他一些活动的集中。弗里德曼曾经宣称："在工业化早期，受到经营欲望强烈影响的区位选择倾向于直接接近相关的政治权力中心。"一般认为，对城市规模分布的集中程度起影响作用的政治变量主要有三个：①国家集权的程度，高度集权会使首位度提高；②城市政府的类型，"强市长制"往往会使首位度处于较高水平；③政策力度，国家政策对某些决策或过程的控制、筛选的程度越高，私人企业紧靠国家行政中心布局的刺激就越强。

3. 文化因素

杰斐逊（Jefferson）在发现首位分布的同时，第一个提出用文化因素来解释首位分布。他认为首位分布与民族主义精神的强度相关。而弗里德曼则从另一个角度强调了文化因素的作用，他的分析指出，那些拥有非标准的商业活动的国家将增加面对面交易的需要，这种力量是有利于首位分布的。

4. 国际关系

也有学者运用世界体系模型的观点从国际关系和世界体系的动态性，即从国家的开放性角度解释首位分布的形成。这方面最早的研究着眼于殖民主义的行政和政治功能以及输出经济的影响。最近的世界体系模型则强调国际的相互依赖在决定国家城市规模分布中的作用。例如，麦格里维（McGreevy）把人均出口量与首位度的变化相联系，而蔡斯-邓恩（Chase-Dunn）则区分了国际经济依赖的三种类型，即援助依赖、贸易依赖和投资依赖，他指出每一种依赖都与首位分布的形成有关，但并未说明三种不同的国际经济依赖对首位分布形成的不同作用机制和过程。

尽管人们在首位分布形成的原因方面有很大的分歧，但这些观点并不是相互对立的；目前有意义的争论是如何看待首位分布所引发的后果。一些研究认为，首位度反映了社会经济方面的区域不平等。因为首位城市代表着一种超国家的力量，它使人口和资源过度集中，阻挠着全国资源的有效利用，因而对国家的经济发展不利。而相反的研究结论却认为，首位分布具有积极效应：首位城市对资本和人才的更大积累，可以使知识专门化和进行更广泛的思想交流，从而促进技术进步；首位城市的规模效益通常要比一般城市高，规模成本要低，而劳动生产率往往最高。应该指出，从短期看，首位城市需要集中较多的人口和资源，形成对周边地区的"掠夺"，可能会造成周边地区的相对衰退，产生区域的不平等。但从一个较长时期来看，首位城市能够通过产品和技术的扩散以及收入回流等方式对周边地区实行"反哺"，带动周边地区的发展，最终对整个国家经济有利。因此，首位分布作为一种自然经济历程，对经济发展具有牵头作用。

第三节 城市群与城市化区域

一、城市群和城市化区域的形成

（一）基本内涵

1. 城市群

城市群是城市发展到成熟阶段的最高空间组织形式，是指在特定地域范围内，一般以一个以上特大城市为核心，由至少三个大城市为构成单元，依托发达的交通通信等基础设施网络所形成的空间组织紧凑、经济联系紧密并最终实现高度同城化和高度一体化的城市群体。城市群是在地域上集中分布的若干特大城市和大城市集聚而成的庞大的、多核心、多层次城市集团，是大都市区的联合体。目前全球范围内普遍认同的世界级城市群有六个：美国东北部大西洋沿岸城市群、北美五大湖城市群、日本太平洋沿岸城市群、英伦城市群、欧洲西北部城市群、中国长江三角洲城市群。

2. 城市化区域

城市化区域是城市群发展的高级形态，属于城市与城市化研究中的一个基础性概念，但是国内学术界对城市化区域方面的研究却非常少，它基本上可以说是一个全新的概念。1950年，美国国情普查局在划分城乡界线和统计城乡人口时，首次使用了 "urbanized area" 一词，是指至少包括一个大的中心城市（自治市）和人口密度超过 1000 人/英亩[⊖]的周边地区，总人口至少要达到 5 万人。

城市化区域是指由一到两个大城市为核心辐射，由多个中小城市的腹地形成的遍布城市生活方式的人类生活区域。它的内涵表现是：①城市化区域中的城市个数不断增加；②城市化区域中实现规模经济的城市个数不断增加；③城市化区域中城市人口密度不断增加；④城市地区、城郊地区和部分农村紧密地连在一起，形成城市化的生活区域（王雅莉，2014）。

（二）动力机制

1. 产业集聚效应的驱动

在集聚效应的作用下，不同等级规模的同类和相异配套的生产企业在某一区域大量集聚，这种产业集聚推动着城镇密集区的形成。区内城镇之间通过产业关联或其他方式逐渐建立了密切的联系并形成了合理的劳动地域分工体系，涌现了一大批大、中、小城镇，它们之间分工明确、联系紧密，从而形成了城镇高度密集的城市区域。

2. 产业扩散效应的驱动

随着技术和社会经济的不断发展，集聚效应使城市规模不断膨胀，产业迅速集中，并进一步促发了人口的大量集中，不可避免地产生了许多城市负载问题。当城市生产成本高于一定限度时，城市产业开始向周边扩散，产业扩散的结果是在大城市周围形成了若干个新兴生产基地进而形成新兴的中小城镇。同时，城市由于工业产生环境问题，会使人们逃离市中心选择空气清新的郊区居住，形成郊区化。于是，城镇之间的产业密切关联，郊区化把乡村和市中心联结起来，最终以特大（大）城市为核心形成了城市化区域（或都市圈）。

⊖ 1 英亩 = 4046.856m²。

3. 区域网络化组织发展的驱动

区域内的网络化组织包括由交通运输、通信电力等物质性线路组成的物质性网络和由市场中各种要素资源流动形成的非物质性网络两种。物质性网络组织对城市区域形成的促进作用可以分为两种情形：①工业化发展的初中期，一些交通运输业发达的港口城市，凭借其发达的交通运输网络发展石油、化工、钢铁工业等相应的传统产业，大量不同规模的产业、配套产业，前后相关联产业和服务产业在区域集聚，导致区域大批城镇的迅速发展。如美国大西洋沿岸或五大湖区重要港口城市波士顿、费城、纽约、巴尔的摩等城市，就是凭借方便的交通运输条件形成，并最终借助方便的交通运输网络形成了波士顿-华盛顿大都市连绵带。②相互邻近的城镇之间，通过空间相互作用而逐渐形成由铁路、公路、管道、通信线路、电力等各种线路形成的物质性网络组织，借助这些现代化网络组织，各城市之间既可以沿相应的轴线进行产业布局，又可以开展分工合作，增加区域城镇之间的相互联系，形成各具特色的劳动地域分工体系。例如，我国长江三角洲众多的中小城镇，都是依水而建、依水而兴，区内一些大中城市包括上海、南京等都是凭借优越的交通运输区位而迅速发展起来的。各种要素资源流动形成的非物质性网络主要表现为由初始的集市贸易发展为以商贸城市为核心的集加工城镇、交易城镇等为一体的城市区域的大商务圈，例如，我国以广州为核心的商务城市圈，吸引了国内大部分的劳动力要素、原材料要素。

4. 企业区位选择行为的驱动

企业共同的区位指向会直接影响城镇的兴起和发展，并会进一步影响城镇之间的相互联系程度和城市化区域的发展。如果大量的企业向某一区域集聚，在集聚效应和扩散效应的作用下，区域经济快速发展、区域城市化进程加快，大批的城镇将在这一区域形成、发展、集聚，最终将导致城市区域的形成。例如韩国的首尔大城市圈和我国的珠江三角洲城市区域。

5. 政府宏观调控行为的驱动

政府对全国生产力的布局，是综合考虑各大区域性的元素、使区域经济协调发展的宏观调控行为，分为引导性行为和强化性行为两种。政府的引导性行为是指政府通过对区位环境和政策环境的建设，如政策制定、基础设施建设、人才培养等投资软硬环境的改革和完善而对城市发展施加影响；强化性行为是指政府运用区域资源规划和区域环境保护的若干法律而对城市主体行为的强制要求。这些宏观调控措施形成了一定的区域性的行为规范，产生了一些特殊行为区域，如沙漠绿化区、耕地保护区等。

6. 城市功能集聚与扩散的驱动

城市的集聚与扩散发展了城市功能。城市发展之初往往以少数几个功能为主，如政治或军事功能。随着城市中的要素和产业集聚，要求集聚性共享城市功能不断增多，从而要求城市空间不断扩大。当城市空间容量达到极限时，城市一些功能会向城市近远郊区和临近的城市扩散，形成城市的功能扩散。这些集聚与扩散的城市功能，使城市本身和其郊区及邻近的小城镇都得到快速发展，形成了新城镇乃至城镇密集区，最终形成规模巨大的城市化区域。

二、城乡接合部——半城市化区域

"半城市化"（desakota）来源于地理学的概念。加拿大地理学家麦吉（McGee）将半城市化区域表述为：一般是在巨型城市的周边形成的，有时是在连接相邻城市的主要公路或者铁路走廊呈现的，城乡之间强烈相互作用的原乡村地区。

半城市化是一种普遍存在的客观现象，半城市化区域是一种介于城市与乡村之间的地域类型，城市用地与农村用地交错混杂其中。在许多国家，半城市化地区是发展最快的区域，其显著的过渡性、动态性和不稳定等较复杂的特征已经得到地理学、城市规划、经济学、生态学等领域学者的广泛关注。半城市化研究可划分成以下三个阶段：第一阶段为20世纪60年代末至90年代初，即萌芽期，侧重于半城市化现象及半城市化地区的内涵、特征、形成动力机制以及空间演进规律等的辨析。第二阶段为20世纪90年代中后期，即发展期，尽管这一时期时间跨度较短，但研究成果颇为丰富，并逐渐从半城市化的理论探讨转向不同地区半城市化现象的实证研究。第三阶段为21世纪初期至今，即成熟期，研究成果日益多样化，涉及半城市化地区产业结构升级与竞争优势的重组、土地利用变化与空间重构、基础设施建设以及生态环境问题等方面。特别是针对半城市化地区生态环境问题方面的研究，成果不断丰富，涉猎领域包括区域环境污染及治理、生态空间格局的演变规律及机制以及半城市化与生态环境演变的互动研究等。

根据《中国农村发展报告2020》，到2025年我国城市化率将达65.5%，新增农村转移人口8000万人以上，这意味着在未来几年内，我国每年将有2000万农村人口转入非农产业和城市地区，在全球化和信息化的新形势下，必将导致城乡结构及社会经济格局发生重大变化，催生大量的半城市化地区，这些地区将吸纳大部分的国外直接投资、中心城区的工业扩散和农村地区的工业集聚，成为我国最重要的加工制造业基地和经济增长活跃区。

三、城市化区域的空间布局

随着人口上升、经济集聚和生产资源越来越多地被挖掘利用，现代社会经济已由以前的只注重时间方面的动态增长，转向更加重视空间结构演化和空间关系优化递进的发展进程。第二次世界大战结束以来，发展的区域空间结构在一系列的演化中逐渐形成了两大类模式：一类是以美国为代表的经济集聚点和非集聚点的"全国一盘棋"模式；另一类是以日本为代表的同构"大城市圈"模式。

（一）宏观空间结构的一般模式要素

形成区域空间模式的一般要素包括社会经济集聚点及其经济力、该集聚点与周边一定范围内的规模较低的集聚点联系的总量和结构关系。社会经济集聚点是一定区域空间中不同规模的城镇，其中规模最大的一两个城市是这一区域的发展核心，核心城市对区域的社会经济发展起着领军作用。"联系的总量和结构关系"体现在规模较大的集聚点和其他集聚点之间的距离关系，及其与核心城市的地租地价水平形成的替代关系。

（二）美国"全国一盘棋"的区域经济模式

美国是世界第四领土大国，人口3.33亿，平均每平方公里30多人。幅员辽阔，资源丰富，气候适中，平原占国土面积的70%以上，适宜耕作面积高达90%。这种地理特征使美国的产业分布可以不受地理条件制约，"全国一盘棋"的区域经济模式得以形成。然而，美国的工业和经济的地理分布极不均匀。美国东北部地区的14个州，国土面积只占全国11.5%，人口却占到50%以上，集中了全国制造业从业人数的2/3，产值的3/4以上，是美国最发达的地区。而农业和采掘业主要集中在中部、南部和西部山区。这是由于其自然资源分布不均衡造成的。于是就形成了中部、南部和西部向东北地区长距离运送原料产品，而东北地区向全国地区长距离运送加工工业品的空间结构格局。这种格局使美国具有世界上最长的路网长度和完善、高水平的长途运输条件，这使众多中小城市形成了大城市群，聚合成全国大分工的区域经济结构。

（三）日本"大城市圈"的区域经济模式

日本全境由四个大岛和几千个小岛组成，总面积 37.8 万 km^2，是美国的 4%；人口总数 1.2 亿人，相当于美国的 36%，人口密度比美国高出 8 倍以上；平原面积仅占国土面积的 24%，大多分布在河流下游和沿海。最大的平原是东京附近的关东平原，其次是名古屋附近的浓尾平原和京都、大阪附近的畿内平原。日本的人均平原面积只有美国的 1/35。这样的地理环境使日本的社会经济高度集中在几个大城市区域，全国人口和经济高度集中在三大平原地带。东京、名古屋和阪神三大城市圈，占国土面积的 31.7%，却集中了全国 63.3% 的人口和 68.5% 的国民生产总值。各大城市圈之间的运输量很小，而城市圈内的运输量很大，从而形成了世界上最大的集聚同构的"大城市圈"分工格局。

复习思考题

1. 城市规模是如何形成的？它依托于哪些主要因素？
2. 什么是城市规模经济？分析城市规模经济的大小主要应考虑哪些因素？
3. 城市规模经济和城市规模是一回事吗？举例说明二者的区别和联系。
4. 什么是城市适度规模？在这个问题上有哪些不同认识？
5. 如何理解城市经济规模的各种效益点？所谓最佳城市规模存在吗？如何根据实际因素对城市规模进行决策？
6. 理论上的城市适度规模是如何决定的？现实中影响城市规模的因素主要有哪些？
7. 城市规模与城市密度是什么关系？
8. 位序-规模分布定律的含义是什么？试用式（1-4-7）对我国城市规模分布进行回归分析。
9. 举例解释克利斯塔勒中心地带等级分布理论，这一理论对现实城市发展有什么意义？
10. 首位分布理论与"位序-规模"分布定律是什么关系？首位分布是如何形成的？
11. 首位度高低说明了什么问题？运用这一理论有什么实际意义？
12. 根据城市规模和位序的关系，对我国未来的城市发展趋势进行预测。
13. 什么是城市化区域？什么是半城市化区域？城市化区域的空间布局有哪些？

第二篇 城 经 济

第五章 城市土地经济

【学习目标】

通过本章学习,要求学生明确城市土地既是城市的生产要素,又是城市功能分区的空间载体;了解土地供应状况将直接影响城市空间和发展潜力、发展方向。要从城市土地概况和城市土地地租概念的理解入手,掌握城市土地市场的运行机制和城市土地制度;进而理解土地竞租与城市土地利用问题,包括土地租金与土地区位、不同产业的投标租金模型和城市土地利用的一般均衡;最后要初步形成对城市内部空间结构与功能分区以及城市内部空间结构规划的系统认识。

第一节 城市土地概述

一、地租和地价

土地是固定性的社会生产要素之一,它是自然资源,没有劳动价值;但是土地资源的稀缺性和用途的广泛性,导致了土地所有权和使用权垄断的产生,从而取得了纯粹的经济形态,表现为资源性价值。在经济活动中,土地价值根据效用由地租、地价范畴表现出来,地租、地价的水平则取决于土地在一定用途上所产生的产品(商品)的价值。如果土地上的产品(商品)的市场需求上升了,地租、地价就会上涨。

市场经济中的地租(land rent),全称为土地租金,是土地所有者出让一定时期的土地使用权所收取的土地价值,或者是土地使用者向土地所有者交纳的使用土地的价值。其实质是土地所有权在经济上的实现。马克思指出:"不论地租有什么独特的形式,它的一切类型有一个共同点:地租的占有是土地所有权借以实现的经济形式。"由于地租是通过土地使用权的一定时间让渡来反映土地所有权价值的,故地租是土地所有权在经济上实现的间接形式。

市场经济中的地价（land price），全称为土地价格，是土地所有权的完整价格——土地资产所有者出售土地所有权时取得的全部土地价值，故地价是土地所有权在经济上实现的直接形式。其经济本质与地租具有同一性。

在土地所有权与使用权分离的条件下，土地的租赁关系可以产生地租（土地纯收益），土地的出让会产生地价（总地租）。土地所有者获得地租（在出让土地使用权情况下）、地价（在出让土地所有权情况下）都是其土地所有权在经济上的实现。可见，地价不是直接表现为土地的货币价值，而是"土地所提供的地租的购买价格"，是地租资本化的结果。土地的所有权如果出售，就是要出让土地的全部使用权；故地价应当等于土地在能够使用的所有时间内产生的全部地租。而土地被使用时每年产生的地租，可以理解为土地每年的"利得"，相当于资本的利息，这样，用土地每年的地租除以年利率，就是土地产生的全部收益，其经济性质就是地租资本化价格，也可以称为土地的资源价格。所以，地价的一般理论公式是：地价＝地租÷利率。

在我国社会主义市场经济条件下，土地仍具有商品化、资本化性质，土地资源价值仍然可由地租、地价来表现，因为土地的市场经济属性都存在。但是，与一般市场经济所不同的是，我国土地没有私人所有权，农村土地归集体所有，城市土地归国家所有，故不存在土地所有权的转让，出让的都是土地使用权。然而在一个较长时期中，土地使用权出让的收益近似于价格，故实际经济活动中，人们习惯性地把土地长期使用权出让的收益称为"地价"。

二、城市地租的内涵与特点

（一）城市地租的内涵

我国城市地租是城市土地国家所有权在经济上的实现形式，也是城市土地收益分配的重要形式。城市地租的产生，与农村土地的使用主要着眼于土地"肥力"不同，它的使用主要着眼于土地的"方位"。故城市土地利用和经营所产生的超额利润，往往与土地的位置和其空间形式有关，往往是无形资产的增值和额外所得。

城市地租通常有绝对地租和级差地租两种基本形式。

绝对地租是单纯由土地所有权引起的。由于我国城市土地属于国有，任何单位和个人，即使使用最差地段的城市土地也都要向国家缴纳地租。目前我国城市收取的土地使用费，就是地租的性质。

级差地租是城市地租的主要形式，与农业级差地租由土地肥沃程度、位置不同和投资差别所形成的优劣等级不同，城市级差地租主要是由土地位置和投资所决定的。城市中的地块，位于市中心还是市郊，其地租水平有极大差异；而任何地块又都可以通过基础设施建设来增加收益，形成级差地租；如果原来的土地区位优势差距消失了，新的更大范围的区位优势差距又会出现。因此，级差地租永远是城市级差地租的主要形式。根据区位和投资的不同，城市级差地租分为两种：级差地租Ⅰ是由城市土地位置的差异引起的超额利润，在我国应当完全归于国家；级差地租Ⅱ是由于国家或企业在地块上进行投资使土地增值而形成的。其中由国家投资的部分应当归于国家。级差地租一般都产生于土地经营的垄断特点。

城市级差地租可以分为宏观和微观两个层次。宏观层次的级差地租是从城市在全国分布中的比较而论的，包括以位置差异为基础形成的城市区位级差地租、由产业投资与公共设施投资因素综合形成的城市功能级差地租和依赖城市规模经济集聚的"自然力"形成的城市规模级差地租；微观层次的级差地租主要是指一个城市内部的级差地租，一般按形成要素分为区位、产业和公共投入部分，与经济高位区（市中心、副中心、商业繁华街等）的距离是城市内部综合级差地租形成的重要因素。

在完善的市场经济条件下，城市级差地租的存在会使各类选址形成自由竞争，从而导致效益最高的单位占据市中心位置，效益比较高的单位占据市中心周围的位置，而效益较差的产业和居民区则处于接近市郊的地带。

城市土地投资的地租扩散效应强，积累性大，向某一土地投资的土地或附属物建设，都会增加该土地的级差地租，并且会由于该土地建设所产生的外部效益扩散到相邻土地而提高其级差地租水平。因此，通过级差地租可以合理利用城市土地，促进城市产业的合理布局，大幅度增加城市的财政收入，促进城市建设。

在社会主义市场经济条件下，城市地租、地价完全可以转换为国家调节经济的手段。中央政府可以通过在全国范围内实行城市宏观级差地租征收制度，调节城市间土地的使用和产业分布；城市政府可以通过城市级差地租和地价自市中心至市郊区逐渐下降的规律性来调整城市产业结构和布局。

（二）城市地租的特点

要想认识城市地租的特点，有必要先来认识城市土地的特性。城市土地相对于农村土地，其经济特性主要包括：①稀缺性。城市土地随着经济发展越来越相对缺乏。②报酬递减性。城市土地上的建设楼层超过一定限度，投资利润将持续下降。③储蓄性。城市土地能起到一种储蓄银行的作用，一般不会贬值。④区位性。城市土地的"地段"极其重要，位置常常是决定其租金和价格的关键性因素。⑤交通依赖性。城市土地的交通条件极为重要。

城市地租和农业地租比较，其特殊性主要表现在：

1. 城市地租的形成依赖于社会条件

农村土地的利用，虽然也要投入劳动力进行开发，但农作物生长更多地依赖于土地的自然条件，因而农业地租的形成与自然条件的差异关系密切。而城市土地是作为具有城市功能的土地发挥作用的。城市土地需要人们经过长时间的开发，投入大量土地资本改良原有状态，也就是由社会条件形成的。例如，要使荒地或农业用地转变为具有城市功能的土地，必须进行平整土地、兴建道路、桥梁、供电供水等管道，建立排污、排渍、交通、通信等基础设施等多方面的土地开发活动。通过对土地的投资，使土地资本与土地物质相结合融为一体，成为适合建设需要的城市土地。城市基础设施越健全、交通运输越发达的城市地段，其土地资本含量就越高，土地价值和地租、地价也越高。可见，城市地租主要是由社会条件形成的。

2. 城市地租来源于平均利润形成之前的扣除

无论是农业地租，还是城市地租，其实体都是剩余价值，但作为农业地租和城市地租的剩余价值有不同的来源渠道。在农业生产中，土地所有权的存在，阻碍着非农业资本向农业转移，使农产品能按照高于生产价格的价值出售，由这种农产品价值高于生产价格部分而形成的超额利润，转化为农业绝对地租。而城市各产业部门，由于资本的转移和利润的平均化，使那些有机构成低的部门的超额利润，不可能转化为城市地租，因而只能在剩余产品的价值中先扣掉地租部分，然后再参加利润率的平均化，最后形成平均利润。

3. 城市地租往往与建筑物租金难以分割

由于城市土地的主要用途是"给劳动者提供立足之地，给劳动过程提供活动场所"，因而城市土地的开发利用，必然离不开地面建筑物的建设。地产与房产不可分割的特点，决定了地租与房租、地价与房价的密切联系。商品房产权的买卖、租赁，包含着土地产权的买卖和租赁，地租、地价往往隐藏于房租、房价之中，地租、地价的变动又为房租、房价的变动所掩盖。正是由于地租与房租难以分割，在土地产权和房屋产权不清晰的场合，往往造成城市地租被土地使用者所占有，也给城市土地投机提供了可能。

三、城市土地市场

（一）城市土地市场的内涵

城市土地市场的经济实质是城市地产市场，在我国它是城市政府征用农地变为城市用地、并出让城市土地使用权和城市土地使用权再转让的交易场所和经济关系。城市土地产权构成城市土地市场的客体，所交易的可以是土地所有权，也可以是土地使用权；参与城市土地产权交易的当事人构成城市土地市场的主体；而城市地价是城市土地的交易参数，由于城市土地是土地物质与土地资本的有机统一体，城市地价就一方面反映城市土地的内在价值量，另一方面反映土地收益资本化决定的城市地租水平。城市地价不仅是一般的交易参数，还是引导城市土地资源配置、调节人地关系和促进城市土地合理利用的重要经济杠杆。

（二）城市土地市场的特征

城市土地市场具有一般市场体系的共性，也有不同于一般市场的特性，从我国城市土地市场来看，主要体现在以下几个方面：

1. 垄断与竞争相耦合

城市土地作为一种有限的自然资源，其所有权和经营权具有垄断性，城市土地市场是垄断性市场。在城市土地国家所有的条件下，为了保证城市土地的合理利用，实现非农建设用地的总量控制，我国城市土地一级市场（出让市场）掌握在国家（城市政府）手中，国家授权给土地管理部门对城市土地使用权出让实行垄断性经营。进入土地出让市场的土地数量、用途、出让方式、使用年限等均由政府控制。但是这并不等于排除竞争，其竞争表现为土地使用者为取得土地使用权而展开的土地用途和价格的竞争。在城市土地二级市场（转让市场）上，转让价格主要由市场竞争形成。

2. 很强的地域性

普通商品能够通过完全的空间流通在不同市场之间调剂余缺，可能形成全国统一竞争性市场和市场价格。而土地商品则不同，由于土地位置具有固定性，且不同城市的土地有差异极大的区位特色和功能差异，使得不同城市的土地除了共同性的城市功能不必流动外，其供求差异不可能相互调剂。即使在同一个城市内，不同地段的城市土地也具有各自不同的特点，这些特点不可能通过市场流通而相互替代。这就不大可能形成全国统一的城市土地市场和竞争性价格，而只能形成地方性市场和不完全竞争的市场，土地市场价格和地租也就具有较大的差异性。

3. 交易方式的多样性和市场构成的多层次性

城市土地市场可采取灵活多变的经营方式。从交易方式看，有一次性买卖也有分期租赁，具体形式有协议、招标、拍卖、折价入股、租赁等方式。租赁又可以分为长期租赁、短期租赁、转租等方式。随着城市土地制度改革和国企改革的深化，还会不断出现新的经营方式。城市土地市场构成的多层次性表现在，既有国家征购农村集体土地而形成的土地征购市场，也有国家向土地使用者（或经营者）出让土地使用权而形成的土地使用权出让市场，还有土地使用者之间转让土地使用权而形成的土地使用权转让市场。各种不同层次的城市土地市场的竞争程度与范围存在较大的差异，国家宏观调控的方式和难度也不同。

4. 收益分配的复杂性

在我国城市土地实行国有制的条件下，城市土地的收益分配比较复杂。一是国家和地方政府之间的分配关系。国家作为城市土地所有者，要获得土地收益，而地方政府受国家委托具体行使土地管理权，也应取得一部分收益。为了保护和调动地方政府的积极性，增加城市基础设施建设投入，促进城市经济社会全面发展，要求在城市土地收益分配中，协调好中央和地方政府的利益关系。二是各级地方政府之间的利益关系。省、市、县各级政府根据土地管理审批权限，承担着不同的土地管理任务，从而产生了如何合理分配和处理各级地方政府之间的分配关系问题。三是国家土地管理部门和国有土地开发公司之间的土地收益分配关系。这属于国家与企业间的分配。四是土地收入用途上较复杂的分配关系。城市土地收益既要用于城市建设的土地资本折旧费补偿和利息支付，也要用于重新投入城市开发和旧城改造。这些城市土地收益的多元性利益主体和多样性用途需要，要求在土地收益分配中必须兼顾各方面的利益，充分调动各方面的积极性，合理分配土地收益，并促进国有土地资产的保值和增值。

5. 价格的多样性

城市地价的形成要比一般商品复杂。由于土地是一种特殊商品，影响城市土地市场价格的因素众多，既有经济因素、物理因素和环境因素，也有政策因素、心理因素等。因而城市土地有特殊的价格形成机制，市场价格也呈现出多样性，构成多层次、多形式的城市地价体系。例如，城市土地出让市场就有协议价、招标价、拍卖价、租赁价、抵押价等形式；转让市场也有转让价、转租价等多种形式。城市地价的多样性，决定了政府对城市土地市场的管理和监督要比一般商品市场复杂得多。

6. 地产交易与房产交易相交叉

城市土地的使用往往与建筑物的构建相结合，城市开发与房屋建设必须以城市土地开发为前提。因此，地产往往与房产结合在一起，地产交易常常和房产交易互相渗透，融为一体。然而，由于房屋所有权与土地所有权分属于不同的产权主体，在产权关系没有理顺的场合，往往不是房产服从于地产，而是地产服从于房产，导致土地所有者利益的损失。房地产市场的隐形交易也造成大量国有土地收益的流失，成为中国城市土地市场的突出问题。可见，理顺城市地产与房产的产权关系，建立合理的收益分配机制，以促进城市房地产市场健康发展，是需要认真研究和解决的重要课题。

（三）城市土地市场结构体系

城市土地市场是一个多层次的、开放的、运动着的市场体系：其内部各子市场既相对独立，按照各自的特征、功能和运行方式，形成自我循环运动系统；又相互联系、相互依存，构成整个城市土地市场的大循环系统。研究城市土地市场结构，就是要揭示和说明城市土地市场体系内部结构组成状况及相互关系，以促进对城市土地的有效利用。

我国城市土地市场只是土地使用权市场，不存在土地所有权市场。因为城市土地归国家所有，土地所有权不得买卖，市场上允许流通的是土地使用权，因而土地的商品化实质上是土地使用权的商品化。但是，我国城市因建设的需要，要运用国家行政权力向农村集体经济组织征用土地，这里就遇到了土地所有权的改变问题。一般来说，国家征地除了用于国计民生的公共需要而通过行政性征地外，对于一般性的公益性用地，也要遵循经济规律的要求，运用经济杠杆调节征地者与被征地者的关系。因而事实上我国也存在着土地所有权的交易关系。可见，城市土地市场是一个包括农地征购市场和土地使用权市场在内的完整的市场体系。我国城市土地市场结构见表 2-5-1。

表 2-5-1　我国城市土地市场结构

市场类型	交易主体	交易客体	交易方式	市场特征
土地所有权市场（农地征购市场）	政府、农村集体经济组织	土地所有权	征购	政府单向购买
城市土地使用权一级市场	政府（土地所有者）、土地经营者或使用者	土地使用权	出让、出租等	政府垄断、纵向流转
城市土地使用权二级市场	土地经营者、土地使用者	土地使用权	转让、转租等	政府调控、横向流转

1. 农地征购市场

土地征用是指国家为公共目的而强制取得原土地权利人的土地权利并给予合理补偿的行为，土地征用制度已构成我国土地制度的重要组成部分。征地行为是否属于市场行为，征地补偿费是否属于地价？这是我国目前对城市土地利用问题争论的焦点。有的认为，土地从集体所有转为全民所有的过程，不是市场行为，其征地补偿费不属于地价。其论据是，我国土地分为集体所有制和全民所有制，均属公有，国家需要时，就可以依法征用集体所有制的土地。征用不是买卖，而是表现为国家的强制力。征用时双方不需纳税，仅需经济补偿和劳动力安排。但是，国家将农民集体所有的土地变为国有土地的前提条件，是依法对农民进行经济补偿，尽管征地行为带有强制性，但不是超经济的强制，而是建立在有偿基础上的强制。就像国家向农民征购商品粮一样，也要符合经济规律，即对农地的征用也要遵循等价交换原则，通过相适应的补偿，切实保护农村集体经济和农民的利益。因此，我国对农地的征购，既表现为国家的强制力，也表现为土地所有权的转让，农地征购市场的存在，征地补偿标准的市场化，已是不容否认的事实。近年来我国城市政府在征地实践中所表现出来的成交征地补偿费随城市土地使用权价格浮动，并与之保持一定的价格比例关系的事实，已经明显表现出农地征购市场与城市土地出让市场之间存在紧密联系和联动关系。

2. 城市土地使用权一级市场（城市土地使用权出让市场）

我国《宪法》和《土地管理法》都明文规定，城市土地属于全民所有即国家所有，国有土地使用权可以依法转让。就是说，城市土地进入流通的只是城市土地使用权，从而奠定了城市土地使用权市场的法律基础。按照我国现行的城市土地使用权交易方式，可将城市土地使用权市场划分为两个层次：城市土地使用权出让市场和转让市场。城市土地使用权出让市场，是城市土地使用权流通的一级市场。在这里，国家通过城市政府把城市土地使用权有偿、有期限地出让给土地经营者或使用者，是城市土地使用权进入流通的第一个环节，故称为城市土地使用权一级市场（简称为城市土地一级市场）。在一级市场上，国家通过城市政府土地管理部门在服从城市规划、用途管理的前提下，采取协议、招标、拍卖等方式，将一定期限的土地使用权有偿出让给土地需求者，这里体现的是城市土地使用权的纵向流转关系。

3. 城市土地使用权二级市场（城市土地使用权转让市场）

城市土地使用权二级市场是获得城市土地使用权的经济主体，把城市土地使用权又让渡出去所形成的市场关系。由于这里是城市土地使用权的再次流通，故称为二级市场。在二级市场上，不同的城市土地使用者就城市土地使用权进行交易活动包括对土地使用权的转让、转租、交换、抵押等。这里交易者众多、交易频率高，交易形式多种多样。城市土地使用权二级市场以土地使用权交易为基本内容，但随着土地产权的分解和细化，还可以派生出其他形式的地权交易，进而形成城市土地使用权二级市场内部的多重结构。与一级市场相比，二级市场所显现的经济关系要复杂得多。尤其是土地投机和隐形交易的大量存在，可能会妨碍土地市场的公平竞争，造成国有土地收益的大量流失，也可能降低土地资源的宏观配置效率。在我国城市土地市场体系不完善的情况下，政府必须加强对土地转让市场的管理力度，逐步完善市场交易规则，规范市场主体的交易行为，引导土地转让市场的健康发展。

第二节 城市土地利用

一、城市土地边际生产力、级差地租与土地利用

由于土地区位的差异，土地的肥沃程度、交通条件、市场影响等方面会有很大的差距，从而导致单位土地上提供等量产品或服务的成本不同。因此，由于土地区位不同，从等量土地获得的收益也会不同。在市场竞争条件下，追求利润最大化的行为最终会使所有厂商获得正常利润，从而土地使用权价格——地租的支付就会因土地区位不同而不同。根据土地肥沃程度、距离市场区位远近和气候条件等方面所决定的土地生产力的不同，可以将土地分为不同的等级。一般而言，对土地的利用会根据社会产品需求的大小，由优至劣依次进行。生产产品的价格必须不小于最劣土地的平均成本是土地开发的基本前提。如果最劣土地的平均成本等于市场价格，就不会产生级差地租，这种不会产生级差地租的土地在经济学上一般被称为边际土地。处于边际土地以上的土地的产品平均成本较低，故可以得到平均成本以外的剩余报酬。这种市场价格与边际土地以上土地产品平均成本之间的差额，就是级差地租。

城市土地的利用从总体上说，是规模逐渐扩大的趋势。那么城市经济活动需要把城市土地扩大到什么程度最为合理呢？这个经济界点就是"边际土地"。边际土地之所以不会产生级差地租，是由于对这类土地的利用，其投入的资金恰好等于土地利用后的收益。土地不能产生剩余的收入，也就不能有高于正常租金的额外收益，即没有级差地租。城市边际土地通常处于与农地接壤的地方，这里用于城市的土地边际生产力通常为零，就应当是城市土地利

用的边界。在这个边界之内,土地的边际生产力为正,是城市产业应充分利用的土地范围。

二、城市土地投标租金模型

城市土地投标租金模型是描述城市经济主体依据到市中心的距离及其便利度与区位地租水平而进行选址决策的模型,包括企业选址、居民购房、机构选择办公地点等行为。

通常,企业在市内的选址决策依据利润最大化原则进行。假定企业之间无差异,影响企业选址的因素可以抽象为区位、地租和企业间的竞争。在不同的区位上,企业获得的便利程度不同,在充分竞争的条件下,不同区位上的企业其支付地租的能力有所差异。所以,企业的区位选择决策本质上可以通过其竞租函数表现出来。竞租曲线则反映了该部门在城市内的土地利用状况。

(一) 制造业的投标租金模型

在完全竞争条件下,企业产品的价格、非土地要素的价格都是既定的,不因区位不同而改变。假定技术不变,市内不同区位的成本不变。在这种情况下,企业的区位选择是市场指向的,每单位产品单位距离的运输成本为一常数 t,均衡产量为 B,产品价格为 P_b,生产成本为 C,地租为 R,土地使用量为 T,则企业的经济利润如式(2-5-1)所示。

$$\pi = P_b B - C - tBu - RT \tag{2-5-1}$$

式中,u 为与城市中央商务区(CBD)的距离。

在完全竞争市场下,企业经济利润为零,从而有投标租金模型,如式(2-5-2)所示。

$$R = \frac{P_b B - C - tBu}{T} \tag{2-5-2}$$

对 u 求偏微分可得式(2-5-3)。

$$\frac{\partial R}{\partial u} = -\frac{tB}{T} < 0 \tag{2-5-3}$$

随着离 CBD 距离 u 的增加,制造型企业对地租的出价逐渐降低;而随着 u 的缩短,即逐渐靠近 CBD,地租会上升,土地要素会相对变得昂贵。这时企业将更多地投入相对便宜的非土地要素,即通过采用非土地要素对土地的替代,在 R 逐渐增加时减少对 T 的使用(踪家峰,2016)。

(二) 服务业的投标租金模型

服务业是位于市中心地区的重要产业部门,具有高速、快捷的信息传递和交流功能,更多地获得市中心的聚集利益。这类企业多以写字间为主,非土地要素与土地的比率较高,就是说,对土地的替代性很强。服务型企业的经营成本主要包括非土地成本、地租和交通成本。与制造业不同之处在于,服务业的交通成本是指写字间所在区位与中心区顾客之间通行的机会成本,除了包括交通费外,更重要的还包括时间成本。所以服务业的交通成本多以时间计量。假定单位距离的通行时间为 t,单位时间的机会成本为 W,业务量为 A 次,则总的交通成本如式(2-5-4)所示。

$$TC = tWAu \tag{2-5-4}$$

于是,企业的经济利润如式(2-5-5)所示。

$$\pi = P_a A - C - RT - tWAu \tag{2-5-5}$$

式中，P_a 为服务的价格；C 为非土地要素成本。

在完全竞争条件下，企业的经济利润为零，从而其投标租金模型如式（2-5-6）所示。

$$R = \frac{P_a A - C - tWAu}{T} \quad （2-5-6）$$

这一模型表明服务型企业在市内不同区位上所愿意支付的土地费用，也存在要素替代。与制造业相比，服务业中非土地要素对土地的替代性更强。

三、城市土地利用的一般均衡

城市土地利用的一般均衡是指，根据城市不同区位的地租水平和期望到市中心的便利性综合考虑，城市中各种经济主体分别选择了自己进行生产或生活的适度地址或位置。这些选择使得各经济主体都能获得理想的选址收益和支付适宜的出行费用。这种均衡状态一般要同时满足以下几个条件：

1. 企业选址均衡

在充分竞争的市场机制下，企业选址要在地租水平和运输（出行）费用之间进行权衡。地租高的地方，运输费用会少；反之，地租低的地方，运输费用会高。优越的区位可能节省了生产成本，但租金上升又起到了平衡作用，从而各个区位上各企业的总成本支付均是无差异的。当所有区位上的企业均达到零经济利润状态，企业都没有改变区位的动机时，企业选址就实现了均衡。

2. 家庭选址均衡

居民竞争优越的居住区位就要支付较高的租金，经过不间断地选择调整，最终各个家庭在各个区位上的住房总支出是无差异的。当所有的家庭（无差异的典型家庭）在市内各区位上都获得了同水平的效用，任何家庭都没有再改变居住区位的动机时，就实现了家庭选址均衡。这一状态的实现是由城市地租来调节的。

3. 区位竞价的均衡

在充分竞争条件下，土地总是被出价最高的使用者获得。在同一区位上，不同的企业或家庭的竞租水平不同，只有出价最高者才能获得该区位上的土地。企业的最高租金出价取决于其土地要素的边际生产力、交通费用和产品价格，否则企业将难以达到生产均衡，而家庭的最高地租出价则是由其效用最大化下的消费均衡所决定的。所以，某一区位上具体配置哪种类型的经济部门，是通过土地市场上的竞价均衡来实现的。

4. 劳动力市场均衡

开放的城市模型还必须满足这一条件，即市内工商业的劳动力需求必须与居住区的劳动力供给相适应，否则就会有城市人口的迁入或迁出，从而影响地租乃至土地利用的变动。

5. 土地利用边界的均衡

在两类土地利用的边界，两类土地的地租必须一致，否则边界将会移动。在城市土地利用边界上，城市地租等于农业地租。若前者大于后者，则城市用地必然侵占农用土地而向外扩张；反之，则不能形成城市用地。

满足上述几个条件后，城市用地结构就达到了均衡状态，从而城市内部空间结构就形成了（见图2-5-1）。

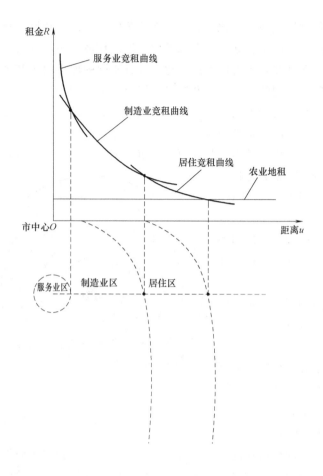

图 2-5-1　土地利用的均衡与城市内部空间结构的形成

一般来说,服务业中非土地要素对土地的替代性较强,在市中心地区土地的边际生产价值较高,从而地租出价较高,故服务业占据了市中心地区的土地。制造业、居住次之,故分别居于中间和边缘地带。所以,从理论上,在市场机制下均衡的土地利用形成了同心圆形的分层结构模式。

第三节　城市内部空间结构

图 2-5-1 所反映的城市内部空间,是"事物存在的一种形式和一种重要的资源",其结构可以按性质划分为三种类型:①实体结构,这是指一个城市的建筑形式、土地配置、土地使用类别以及所有的基础设施。②结构系统,这是指各种土地使用类别或分区在经济与社会观点上的功能性关系。③结构过程,强调结构处在一种变化过程中。综合而论,城市内部空间结构既是城市经济运行的结果,又是城市功能发挥的基础。

城市内部空间是由城市内部功能分化和各种活动所连成的土地利用的内在差异而形成的

一种地域结构。随着世界经济一体化、我国经济改革的不断深入和城市化的迅猛发展,影响城市内部空间形成的各种因素,如自然资源条件、地理环境、城市规模和发展水平、城市职能和城市管理等诸方面都在发生着巨大的变化,并且不同的城市由于其制度创新、城市管理等方式的不同而呈现出不同的演化现象和结果。城市内部空间是其行政空间和经济空间基本一致的结果,故城市经济运行方式的选择对一个城市建成区内的土地功能及分区结构的形成和演化,具有某种意义上的决定性影响。

我国城市内部空间结构,基本上是在原有城市模式的基础上,经过新中国大规模的工业建设和城市改造而形成和发展起来的,基本上形成了工业区、居住区、商业区、行政、文化区和旅游区等多功能分区组合配置的空间结构布局,形成了一定的圈层分异特征:在市中心区外,其他功能分区环绕分布。这种仍未脱离同心圆的构造模式,构成了城市的主体部分,如图 2-5-2 所示。

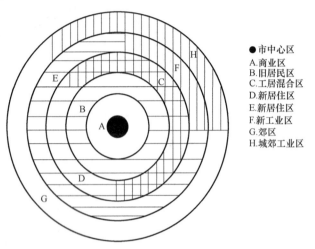

图 2-5-2 我国城市内部空间结构的基本模式

在传统的单一中心城市中,大部分经济活动集中在市中心区,形成以同心圆为基本模式的中心城市。其功能分区表现为 CBD、工业园区和居民区等。随着世界范围内城市化的高速发展,城市内部空间由聚集走向扩散,现代多中心城市的兴起和城郊次中心地带得到发展已成为城市内部空间结构演变的趋势。

一、城市内部空间结构演进理论的基本类型

在市场经济中,微观经济的行为主体——居民、厂商和政府等选址行为,形成了城市中主要用地的不同分布。不同类型用地者,如政府决策者、家族和种族、企业投资者、交通技术人员、决策精英等,在城市内部空间结构形成过程中发挥着重要作用,从而决定了城市内部空间结构。因此,城市内部空间结构是城市中各种力量根据自然经济和社会条件为了效用最大化相互博弈的结果。对城市内部空间结构演化实践的研究,出现了多种理论。

(一) 同心圆布局形态

伯吉斯(Burgess)于 1952 年总结了芝加哥城市土地利用结构后提出这一理论。他基于社会生态学的入侵和承继概念来解释土地利用在空间上的排列形态和扩展过程。高收入家庭会居住在离城市中心较远的最新住房中,原来的住房由收入较低的家庭居住,最贫困的家庭就住在靠近市中心最老的旧房中,直至市中心的旧房被拆除成为 CBD,此即所谓"过滤"机制。由此形成城市各功能用地以中心区为核心,自内向外做环状扩展的同心圆用地结构。其中,第 1 圈层为 CBD;第 2 圈层为 CBD 与住宅区的过渡地带:轻工业、批发商业、老式住宅和货舱区;第 3 圈层为工人住宅区(低收入);第 4 圈层为中产阶级住宅区;第 5 圈层为高级及通勤人士住宅区。

该理论的缺陷是忽略了交通、自然障碍物、社会文化和区位偏好的影响。1932年，巴布科克（Babcock）考虑了交通轴线的辐射作用，将同心圆布局形态修正为星状环形布局形态，这一理论更接近单中心中小规模城市的真实状况。

（二）扇形布局形态

霍伊特（Hoyt）于1936年对美国64个中小城市及纽约、芝加哥、底特律等城市的住宅区分析后得出这一理论。该理论的核心是各类城市用地趋向于沿主要交通线路和沿自然障碍物最少的方向，由市中心向市郊呈扇形发展。他认为，由于特定运输线路可达性和定性惯性的影响，各功能用地往往在道路两侧形成。第1层为CBD；第2层为轻工业和批发商业区，对运输线路最为敏感，沿交通干线扩展；第3层工人住宅区（低收入），环绕工商业布置；第4、第5层为中高收入住宅区，沿交通主干道或湖泊、公园向外发展。当城市人口增加用地扩大时，高收入富人从原住区搬到新的声望更高的地方，原高收入住宅区则供低收入者使用，由此出现土地利用的演替。

（三）多核心布局形态

多核心布局形态由麦肯其（Makenzie）于1933年提出，然后被哈里斯（Harris）和乌尔曼（Ullman）于1954年发展而成。该理论强调城市土地利用过程中并非只形成一个商业中心，除此之外还会有多个次中心。城市中心数目的多少及其功能与城市规模大小有关。CBD为最主要的核心，其次还有工业中心、批发中心、外围地区的零售中心、大学聚集中心及近郊社区中心等。多核心布局形态没有假设土地均质，土地功能分区没有一定的顺序，规模大小也不同，空间布局具有较大的弹性，很多大城市都属于这一类型。

二、不同内部空间结构下的土地利用模式

依据上述各种不同的城市土地空间结构和形态形成的理论，人们在利用城市土地时，分别有不同的考虑和设想。

持有同心圆布局形态设想的人认为，城市内部空间结构是以不同用途的土地围绕单一核心，有规则地从内到外扩展的，形成圈层式结构，如图2-5-3所示。第1圈是CBD，是最核心部分，包括商场、办公楼、旅馆等，是城市社交、文化活动的中心。第2圈为过渡地带，靠近市中心，交通也比较方便，这里绝大部分是公用或服务事业，包括学校、博物馆、图书馆、政府机构等，此外，还包括轻工业、批发商业、货仓等一些占地面积不大的部门。第3圈是低收入居民区住宅带，这里租金低，便于乘车往返于市中心，接近工作地，工厂的工人大多在此居住。第4圈是良好住宅带，居住密度低，生活环境好，是中产阶层的住宅区。第5圈已经进入城市郊区，拥有一些独家住宅，此圈以外分布着一些大型的重工业企业。

在宏观效果上，同心圆布局形态基本符合单中心城市模式。但由于它忽视了道路交通、自然障碍物、土地利用的社会和区位偏好等方面的影响，与实际仍有一定的偏差。

在同心圆布局形态的基础上，产生了扇形布局形态，它考虑了城市对外联系的主要交通干线多是由市中心向四周辐射的，而且各功能区之间存在着不同程度的吸引与排斥关系，因此，各类城市居住用地趋向于沿着主要交通路线和自然障碍物最少的方向由市中心向市郊呈扇形发展。高收入住宅区受景观和其他社会或物质条件的吸引，沿着城市交通主干道或河岸、湖滨、公园、高地向外发展，独立成区，不与低收入住宅区混杂；中等收入的住宅区为

利用高收入阶层的名望，在高收入住宅区的一侧或两侧发展；而低收入的住房被限制在最不利的区域发展。

与上两种模式不同，多核心布局形态强调城市并不是只有一个核心。随着城市的发展，城市会出现多个商业中心，其中一个主要商业区为城市的主要核心，其余为次中心。这些中心不断地发挥成长中心的作用，直到城市的中间地带完全被扩充为止。而在城市化进程中，随着城市规模的扩大，新的集聚中心又会产生。对这种

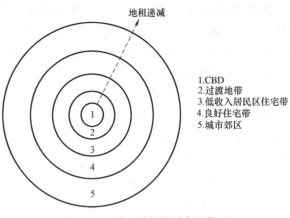

图 2-5-3 同心圆的圈层布局模型

城市进行规划指导时，不能强求各功能按圈层或扇形布局，而只能适应其具体情况，因势利导地使其在原有基础上发展。

上述各种模式对于城市空间结构的描述具有典型性。然而现代城市类型众多，城市空间结构复杂，变动迅速，要想通过一个简单的模式来描绘出千姿百态的城市空间特征是十分困难的。任何规划结构形态模式都不是先验论的，只有对规划范围的各项历史、现状的认真分析，以及对其发展预测和各种发展空间方案选择比较后，进行具体安排、反复调整，才能得出更趋合理的结论。从土地利用角度来考虑，城市布局结构形态要有利于土地的合理组织和安排，尤其要有利于珍惜和节约每一寸土地。

三、影响城市内部空间结构的因素

（一）自然条件的影响

1. 地形条件

地形是构成土地的重要基础，不同的地形具有不同的地势起伏和地面坡度、坡向特征，并通过对热量、水文的地表再分布影响着城市土地的空间布局状况；不同的地表起伏即相对高差，对土地利用方式和土地利用措施有着显著的影响；不同地形部位的土地质量、水分状况和水土流失程度不同，造成土地利用方式不同；地面坡度、坡向等地形条件对城市土地利用的影响是多方面的。城址选择、用地选择、功能分区、绿地布局无一不受地形的影响。不同的建筑对坡有不同的要求，不同的坡度可以适宜不同的建设，从而形成不同的土地利用结构，造成城市内部土地利用程度的空间差异格局。

不同的坡度对城市土地利用的影响或限制见表 2-5-2。一般来说，对于大型工业项目，坡度越小越有利于其基本建设，当地面坡度超过 5% 时，就不利于布置横越等高线的建筑物。城乡居民点布局也要考虑地面坡度，一般居民点地势应该高一些，不受洪水威胁，并且最好处于阳坡。不同的坡度、坡向条件从根本上决定了城市土地利用的程度。

2. 水分条件

水分条件主要包括天然降水、地表水和地下水三部分，它是人类改造利用土地的重要条件，它对土地利用类型的形成、利用方式、作物结构和生产水平均有着重要影响。在城市建

设方面，水资源状况的优劣显得尤为重要，充分的水资源条件为城市人们的生活及城市生产建设提供了有力保障，推动了城市土地的集约利用和城市的发展，水资源短缺则会制约诸多城市发展。

表 2-5-2 不同的坡度对城市土地利用的影响或限制

坡度种类	5%	5%~10%	10%~15%	15%~45%	45%以上
土地使用	适宜各种土地利用	只适宜住宅小规模建设	不适宜大规模建设	不适宜大规模建设	不适宜大规模建设
建筑形态	适宜各种建筑形态	适宜各种建筑和高级住宅	高级住宅	只适宜阶梯式住宅和高级住宅	不适宜建筑
活动类型	适宜各种大活动	只适宜非正式活动	只适宜自由活动或不适宜活动	不适宜活动	不适宜活动
道路设施	适宜建各种道路	适宜建主要和次要道路	小段坡道	不适宜	不适宜

3. *地基承载力*

城市土地的地基承载力主要由地基土堆积年代、地基土成因、地基土性质、地下水情况等诸多因素决定，城市土地资源的开发利用在很大程度上受相应区域的地基承载力的影响和制约。地基承载力大，则比较适宜建造高层建筑物，进行高密度、高强度的土地开发利用。

4. *植被绿化条件*

绿色植被作为城市生态系统不可缺少的一部分，起着保护环境、改善环境的重要作用，如净化空气、减弱噪声、调节和改善小气候等，在很大程度上决定了城市生态环境质量的好坏。城市土地利用的提高必须在维持城市生态环境优美的前提下，保证城市土地利用与生态环境条件的相互协调发展。

（二）社会、经济及技术条件的影响

1. *政府的城市发展战略、规划和政策导向*

城市空间结构的优化调控主要通过城市的规划和管理来实现。规划指向主要是离心化的规划，特别是在城市，要求强化区域整体发展水平，城市的规划在国家规划体系中占据重要地位。城市内部区域之间的结构性、战略性的规划，包括城市各级中心、次中心的规划布局，产业在城市内部地域空间上的合理配置。基础设施网络，包括交通、通信、供排水等的空间布局以及环境整治和规划等成为规划重点。

2. *产业结构和经济发展水平*

产业结构变化引起城市土地资源在产业上的重新分配，导致城市土地利用结构的变化。由于各产业部门的土地生产率和利用率不同，在一定的产业结构下形成一定的土地利用结构。我国城市产业结构不断调整，土地资源不断地从第一产业转移到第二、三产业，城市土地利用的集约化程度在逐步提高。这为城市土地的深度和广度开发利用提供了有力的支撑，促进了各类荒地的开发；同时，带动了社会消费水平的提高，如人们对食物结构和质量有了新的要求，优质高产作物的种植面积扩大并加快了畜牧、水产养殖业和经济林果业的发展。另外，人们为了满足较大居所、更便利交通的要求等，促使更多的居住、工矿、水利、交通用地增加了，建设用地不断扩大，城市土地利用空间范围也不断扩大，并实现了结构调整。

可见，产业结构升级和主导产业部门的置换，推动了城市用地结构的变化，使土地要素的时空配置向高福利目标发展。

3. 交通运输条件

交通运输通过路网密度、运输方式及其运输量等来影响城市土地的开发利用。一方面，交通路线的兴建刺激了沿路两侧土地的开发利用，改善了土地利用的条件和结构；另一方面，运输条件的变化影响到相应区域土地的区位价值，随着交通沿线两侧土地区位价值的提高，土地利用效益明显提升，促进了周边地区土地资源的高效利用，从而改变土地利用的空间结构。

4. 集聚效应因素

集聚经济通过同类工业的相互吸引、信息交换迅速、交易成本降低进而生产成本降低以及确定公共区位等过程，使城市空间布局由单峰集聚发展到多峰集聚，形成城市产业和建筑物的簇起状态。这要求城市规划研究城市经济自然经济联系和集聚扩散的走向，使城市空间结构适应集聚经济的要求。

5. 工程技术因素

土地利用工程技术主要是指开发和整治土地的工程技术，如农田水利工程、水土保持工程、土地改造与保护工程等。各项土地利用工程技术措施的推广和应用，在促进农田建设的田园化和水利化、改善土地的生产条件、使农用地土地资源高效集约利用的同时，也为城市土地空间资源的开发利用提供了有利条件，大大开拓了城市土地资源的利用空间。例如城市建设中钢材、水泥、电力等的投入，高级建筑技术的应用，使高层建筑成为可能，大大提高了城市建筑容积率和土地利用强度。

（三）生态环境质量因素

城市空间结构的状态依托于一定的生态环境的质量状态。区域生态环境质量状况好，则可考虑进行深度开发，可能会使城市开发密度增大，空间拓展范围广，结构趋于比较复杂的状态；反之，区域生态环境质量状况较差，土地资源开发利用的方式受限，城市空间结构可能就比较简单。可见，生态环境的质量因素将会直接和间接地影响到人们对土地资源的开发利用程度。这里需要注意的是：土地资源的不合理利用是造成环境恶化的最根本原因，因而进行城市空间结构的布局，应当局限在生态环境质量所给予的限度内，不能再通过城市土地的利用加重城市生态环境的负担；不仅如此，还应该采取一定的防护措施，避免因不合理的开发行为活动造成对城市生态环境的破坏。

四、城市内部空间结构的规划

城市内部空间结构是城市各种结构关系的空间载体理性抽象的表现。根据城市内部的多样结构关系，如经济结构、产业结构、社会结构、劳动结构、人口结构等，对城市内部空间结构的规划方法分类如下：

（一）经济优化规划

经济优化规划是工业化社会中的主流规划思想，认为城市空间结构的形成与发展是利益集团和个人追求最大经济效益和效用的结果，是城市各种经济要素在城市空间不断地集聚、扩张和变迁的物质表现。其中，城市空间集聚效应是城市规划学科一直给予高度重视的主要内容，并且直接影响了相应的规划方法。一种表现方式是将同心圆等三大古典模型的归纳性城市空间经济模型直接运用到空间结构规划中；另一种表现方式是自觉不自觉地将城市规划的基本出发点和最终评价标准放在经济效率或"最小代价原理"上，并运用到城市空间结构的组织上。在城市地价日益昂贵的情况下，房地产投机商对利润的追求也刺激了城市空间结构向追求经济效益的方向转变。

（二）视觉优化规划

以建筑艺术美为主要目的的早期建筑学思想渊源深刻地影响了城市规划，从而也对城市空间结构的规划产生深远影响。这种规划方法以形式美为原则，认为建筑空间形态是影响社会变化的工具。这种规划思想可以追溯到古代，古代君主视城市为其炫耀统治权力的表演场，崇尚凸现君权威严，这种政治社会背景，使规划是纯美学的、不考虑城市的社会经济功能。在这种规划观指引下，城市内部空间结构常常体现的是一种对抽象的形式美的追求、对几何形体的追求等。

（三）社会优化规划

源自人本主义的思想变革促进了对城市内部空间结构规划的方法演进。该思想把人作为研究的出发点，对人的本质进行反思，认为在城市中起主导地位的人不仅仅是"经济人"，更重要的是"社会人"，所以，城市空间结构规划应重视所谓的"城市味""人情味"。美国曾旗帜鲜明地提出："保障家家户户拥有体面的住宅和适宜的生活居住环境始终是规划界所奉行的准则和所追求的最高目标"。社会优化规划方法对城市空间结构的影响主要体现在对原有规划结构的批判、反思以及加强群众参与两个方面，但至今始终没有产生和形成较成体系的技术手段。

（四）环境优化规划

其源起是针对城市环境恶化状况而改良的城市空间结构的种种设想，其中，"田园城市"是杰出代表，相应的规划方法往往以疏散城市内部空间结构为主，促使城市与自然环境融合，从而达到环境优化的目的。

第四节　我国城市土地利用制度与政策

一、我国城市土地利用制度及其演变

我国土地利用制度包括土地征用制度，城市土地使用权划拨、出让和转让制度，城市国有土地租、税、费管理制度，城市土地再开发利用制度等。鉴于土地征用制度在土地利用中的重要性，这里仅从土地征用制度考察我国城市土地利用制度及其演变。

（一）改革开放前后土地征用制度的演变

中国实行土地的社会主义公有制，即全民所有制和劳动群众集体所有制。城市土地属于国家所有，农村及城市郊区的土地除法律规定属国家所有的以外，属于集体所有。国家为公共利益的需要，可以依法对集体土地实行征用。所谓征用，是政府为了公共目的而强制取得非国有土地并给予补偿的一种行为，是政府的强制购买。土地征用具有三个要件：政府特有的权力；只用于公共目的；行使这个权力时必须给予合理补偿。征用土地大部分用以发展社

会公用或公益事业，如道路、公园、基础设施建设等，小部分用于改善低收入者的住宅建设以及城市再开发。

国家建设征用土地制度在20世纪50年代已基本确立，我国1975年、1978年、1982年的《宪法》都规定了土地征用制度，确立了土地征用的《宪法》规范。1980年国务院发布《关于中外合营企业建设用地的暂行规定》，是当时出台的第一部土地利用法律。随后，《村镇建房用地管理条例》于1982年2月13日颁布施行，表明国家对各种建设用地关系开始进行法律调整。但随着经济建设的不断发展，原来的征用土地办法与新形势已不相适应，一些新情况和新问题亟待有新的法令出台予以规范和解决。

十一届三中全会后，大规模建设的兴起，暴露了原来国家建设征用土地办法的不足。1982年5月14日国务院公布施行了《国家建设征用土地条例》。该条例公布施行以后，各省、自治区、直辖市也都相应地制定了自己的建设征用土地实施实例，开始把国家建设征用土地纳入法制轨道。这些法规对于在国家建设征用土地过程中发生的社会关系发挥了积极的调整作用，抑制了乱占、滥用耕地、浪费土地等各种不正之风，保证了国家建设用地。

从1986年国家制定并于1987年1月1日起施行《土地管理法》开始，废止了一些过时的法律法规，如《国家建设征用土地条例》，又连续出台了一系列关于土地利用的法律法规，基本上构架了我国现行的土地征用制度。

（二）现存土地征用制度中的问题

1. 混淆征地概念

我国征地制度的本质是使农用地转为非农公益性建设用地，要得到政府批准。从这一本质出发，不是用于公益目的的土地"农转非"不应通过征地途径。但是，一些地方政府为了促进本地经济发展，新上各种项目（其中很多不是公益性目的）都通过征地环节取得土地，这就改变了国家征地的性质，使农地大量减少。如果不澄清征地的概念，不严格使用征地的概念，就会产生更多的问题。例如，征地补偿费用与市场价格的区别、不同征地目的的征地补偿费用的差别等，在没有区分征地与集体土地市场流转的前提下，是无法解释清楚的。事实上在征地类型上，客观存在着公益性和非公益性两类不同的征用目的，征用后土地增值相差少则几倍，多则几十倍。这个差价到底归谁，法律没有规定。如果对所有项目一律采取征用取得土地，显然与土地管理法律不符。所以澄清不同用地目的的征地界限，是完善我国土地征用制度的一大利器。

2. 乱用征地手段

我国土地征用自改革以来，其权力的行使存在着"软约束"，地方政府可以做出征地的决策。这使得有些地方（城市）政府，在城市化和经济发展的竞赛中，盲目批地现象严重。虽然单一国家投资的建设项目越来越少，但是地方政府项目（很多是"合资""合作"等）越来越多，这些建设项目在实际操作中，动用政府征地权，将经济建设也归为公共项目，广义化了公共利益的含义，导致了土地征用权的滥用。这种沿国家建设征用土地的做法，形成了非国家建设项目享用国家征地待遇，造成大量土地闲置浪费，不利于控制建设用地规模和保护耕地以及损害农民利益的现象。土地征用权是属于政府的特权，征地应严格限定在公共利益范畴，不允许滥用征地权。

3. 征地补偿不合理

征用农地要给予补偿，即使是为了公益，如果政府无偿征用土地，实际上是少数特定的个人或群体负担了全民利益，这是不公平的；而若支付补偿就是由公众和被征用者一起来承担这一负担，这样才既承认和保护了个人权利，同时又体现了个人的社会义务，体现了公平合理。因此征用土地应给予补偿。然而补偿多少、如何补偿却是颇费周折的问题。对土地征用进行补偿的标准通常是依据土地的市场价格，这无论在理论上抑或实践中都是较为合理的。然而，有些地方政府部门并没有按照国家规定的相关条文对所占用的土地给予补偿，特别是部分财政吃紧的城市，干脆把征地当作公益性活动不予补偿，或者是即使补偿也会按照低于国家规定的标准适当补偿，严重损害了农民的合法权益。

4. 土地征用没有健全的法律法规作保障

土地征用需要一系列完善可行的土地征用法律法规作为保障。新中国成立以来虽然先后制定了土地征用法规，但都不是具体而完整的《土地征用法》，没有专门法律来规范土地征用各权利主体的权利和义务。我国现在土地征用的法律法规仅以《土地管理法》内所规定的为主，其他散见于各部门法或各行政法规之中，且对征地的目的、程序、补偿以及征地纠纷的解决等问题缺乏具体的规范，导致征地的随意性大，补偿安置存在后遗症，征地中引发的责任承担主体模糊，农村集体和农民利益没有得到完全补偿和法律保护。

5. 征地安置不到位

我国土地征用中，"农转非和用地单位招工"安置模式曾经发挥重要作用。但在市场经济的今天，这种安置模式的弊端已经充分暴露出来。根据《土地管理法》，我国土地征用补偿项目设置主要包括土地补偿费、安置补助费，农村村民住宅、其他地上附着物和青苗等的补偿费用，被征地农民的社会保障费用。其中，土地补偿费是对土地所有人的投资以及土地所有权转移的一种补偿和购买；农村村民住宅、其他地上附着物和青苗等的补偿费用是对土地投资的一种补偿；而安置补助费是对农民由于征地失去土地保障后的社会安置问题进行的补偿，其实质是变相的农民社会保障基金。随着现代企业制度的建立，企业有了较大的用工自由，土地征用安置的劳动力容易面临下岗失业威胁。另外，劳动力安置成功与否，主要取决于企业经济效益，如果企业在竞争中被淘汰，劳动力的生活则将面临困难。据调查，征地过程中，80%以上的阻拦施工、拒绝让地等都与劳动力安置有关。在现实操作中，通过发放自谋职业费来代替劳动力安置也面临着费用低、劳动力市场发育迟缓等问题。

6. 征地后对单位用地情况缺乏强有力的监督措施

土地征用程序并不是在将土地交给使用者后就结束了，而是交付使用后政府还要对土地使用情况进行监督，以促使使用者按规定用途使用土地。而很多被征用土地在地方政府通过划拨、有偿出让等方式交给用地单位后，征地程序即告结束，相关部门没有对用地单位使用土地情况进行有效监督，也没有对违反土地使用计划的单位采取相应惩罚措施。因而，土地征而不用、多征少用现象在许多地方存在，有些单位甚至通过转让多余土地并且改变土地经营方式来获取土地增值收益。

（三）完善我国土地征用制度的对策

1. 明确征用概念，严格限定公益性用地范围

正确理解土地征用的概念，关键是"公共目的"的确定。我国《宪法》和《土地管理法》均明确规定："国家为了公共利益的需要"，可以征用农村集体所有的土地。依据国外经验和我国实际，"公共利益"应严格限定在以下几类：①军事用地；②国家政府机关及公

益性事业研究单位用地；③能源、交通用地，如煤矿、道路、机场等；④公共设施用地，如水、电、气等管道、站场用地；⑤国家重点工程用地，如三峡工程、储备粮库等；⑥公益及福利事业用地，如学校、医院、敬老院等；⑦水利、环境保护用地，如水库、防护林等；⑧其他公认或法院裁定的公共利益用地。在合理界定"公共利益用地"的前提下，要确保土地征用权只能为公共利益需要而行使。与此同时，非公益性用地不能依靠征用农地，而应当主要依靠调整城市土地存量市场以及开放农村集体非农业建设用地市场来解决。

2. 建立市场流转机制

尽快制定非农业建设用地流转的法律法规。现行法律法规对集体非农业建设用地的流转未做明确规定，而客观上流转已成普遍现象，并有不断加剧的趋势。如果严格禁止对非公益性项目实施征地，那么对于集体土地的取得唯有通过土地市场购买，因此，必须加快建立集体非农业建设用地的市场流转机制并加以严格规范，从而保证征地改革顺利实施。建立市场流转的前提就是加强集体土地产权制度建设。相对于城镇国有土地的产权制度，集体土地产权制度的建设是目前的薄弱环节。集体土地产权主体是否明确，权利如何设置，是科学合理地确定征地补偿费用标准的关键。目前不少地区，集体土地所有权模糊，乡（镇）、村民委员会、村民小组三级主体不明，甚至在征地实施中，乡（镇）替代集体其他经济组织，"越位"行使所有人权利，在补偿实施中暗箱操作，严重侵害农民的土地所有权利益。

3. 以市场价格作为确定土地征用费的基本依据

现行《土地管理法》尽管提高了根据土地产值补偿的倍数，但还远未消除低成本征地的不合理状况。为了切实保护农民利益，也为了建立我国完善的土地市场，征地补偿必须以土地的市场价格为依据，实行公平补偿。在公平补偿原则下，征用补偿金包括两部分：土地的市场价格和相关补助金。土地的市场价格是指某一宗特定土地在公开市场中所有权形态所具有的无限年期的正常市场价格，即无限年期可预见现金流的折现价值，当然还受到供求关系的影响。相关补助金是指因征地而导致的搬迁费用、新工作的前期费用以及农地中一些尚未折旧完的投资，对农村建设用地（如宅基地）则还包括建筑物的补偿费。目前，在我国农村土地市场发育不充分的情况下，应在完成土地定级估价的基础之上，根据农用地基准地价，并考虑到土地发展权的部分收益来科学确定土地利用补偿标准。

4. 实行多样化安置，建立农村社会保障体系

在我国土地征用过程中，传统的"农转非和用地单位招工"安置模式在计划经济条件下对于土地征用的顺利进行发挥了重要作用，但在市场经济逐渐发育成熟的今天，这种安置模式的弊端已经充分暴露出来。因此，适应市场经济发展要求，必须建立起农地征用的"多样化安置"模式，建立农村社会保障体系。具体来说，对有稳定收益的项目，农民可以经依法批准的建设用地使用权入股。在城市规划区内，当地政府应将因征地而导致无地的农民纳入城镇就业体系，并建立社会保障制度；在城市规划区外，征收农民集体所有土地时，当地政府要在本行政区域内为被征地农民留有必要的耕作土地或安排相应的工作岗位；对不具备基本生产生活条件的无地农民，应当异地移民安置。同时，劳动与社会保障部门要会同有关部门尽快提出建立被征地农民的就业培训和社会保障制度的指导性意见。

5. 设置土地发展权，系统化征地相关制度

土地用途管制制度（以农用地转为非农用地为主）、土地收购储备制度、规划制度、土

地使用权出让制度等与土地征用制度密切相关,共同组成城市土地供给制度体系。而这些制度之间并不是统一的,各个制度之间不论在制定,还是在执行中都存在脱节甚至相互矛盾的地方。基于相关学者的理论研究,可尝试设立土地发展权,有效整合诸多制度,减少从征地到出让过程中政府、农民集体、开发商三方博弈的制度成本,确保土地管理体系顺利一体化运行。

二、我国城市土地开发利用的历史演变及其面临的挑战

(一) 我国城市土地开发和城市建设的历史演变

新中国成立以来,我国经历了几次大规模的城市土地开发和城市建设运动。

1. 1949年—1978年:大规模的城市改造热潮

新中国成立之初到改革开放之前的30年间,伴随着由消费城市向生产城市理念的转变,城市人口不断增加,城市建设也发生了根本性的变化,20世纪50年代兴起了大规模的城市改造热潮,特别是50年代上半期,大城市成为当时工业劳动力的主要聚集地,城市受到相当一致的好评,控制大城市和分散布局逐渐演化成中国城市建设的基本政策。此时,建成区面积也不断扩大,在城市扩展最快的1955年—1965年,165个重点工业项目开展的同时,55座新城市设置起来,诸多重要的工业城市和节点城市的建成区面积扩张力度大增。而这一时期的城市土地的空间扩张主要沿交通线呈带状发展,土地利用的密度相对较低,这为后来城市土地利用提供了经验借鉴。20世纪60年代中期以后,反城市化观点占据主导地位,大规模的三线建设和上山下乡运动体现了中国逆城市化的现象,城市建设投资锐减,城市化水平不断下降,城市数量增长的速度也不断放缓,城市空间扩张力度相对于50年代没有明显的进展,城市土地利用基本上维持在已有的状态,呈现工业区、居住区及文化区的圈层式城市土地利用模式。

这一时期,由于以生产建设为中心和重工业化政策的实施和开展,工业用地占据主导优势地位,并总优先于其他用地,城市土地的国有制及国有土地数量占比的不断提升为工业化生产用地提供了保障。例如:苏州、无锡、常州三市在20世纪50—80年代工业扩展用地占城市建设扩展总用地的比例达到52.1%;天津市的城市土地征用中,工业仓储和交通用地占到83%(朱振国等,1998)。这都表明了当时工业用地的重要性,并呈现市中心的旧工业区、城乡接合部的混合工业区和城市外围的卫星城工业化并存的场景。本时期,虽然城市以工业用地为主,但是土地利用效率依旧不高,土地闲置浪费明显,这成为以后各时期城市土地利用状况合理化的前车之鉴。

2. 1978年—1992年:大规模的城镇建设高潮

改革开放以来,我国扭转了以生产建设为中心的指导思想,以经济建设为中心的政策重心走上轨道,我国经济领域的重大改革带来了城市经济社会的空前发展,土地利用状况在维持已有的基本状态下,不断趋于优化。进入20世纪80年代,我国的城市化水平首次超过20%,到1993年已达27.99%,城市和建制镇相继经过大规模的数量增加和逐渐稳定,城市数量也由1978年的193个增加到1993年的570个,建制镇数量由1982年的2664个增加到1990年的9322个。随着市场经济的深化和对外开放程度的加强,城乡二元户籍制度相对前一时期,稍微有些松动,这为大量的农村人口迁移到城市提供了突破口,导致城市建成区面

积不断扩张，从 1981 年的 0.672 万 km² 上升到 1990 年的 1.1608 万 km²，十年间增长了近一倍。这一时期城市土地空间开始相对分散发展，空间扩张主要是继续沿原有建成区边缘向外继续扩张，或沿规划中的居住或工业走廊向外扩张，同心圆混合用地带状结构仍然是这一时期我国城市土地利用结构的典型模式。虽然城市土地有偿使用已逐步开始实行，但还没有成为城市内部土地空间结构性变化的重要影响因素。

这一时期，由于改革开放所带来的优惠政策和良好的制度环境，我国的工业化水平得到大幅度的提升，工业经济总量也不断增加，用地规模也呈现扩大的趋势。20 世纪 80 年代，工业用地及仓储用地占到整个城市用地的 26%~27%，工业布局也趋于优化，工业用地由城市内部向城市边缘区迁移，特别是高新技术开发区的建设成为这一时期工业建设用地的主要来源。同时，这一阶段以新城市建设为主，居住用地占城市建设用地面积由 80 年代初的 38% 上升到 1990 年的 42%，其用地的扩展以城市外围新建大型成片居住区为主，形成城市中心居住区和城市边缘居住区结合的城乡演化居住地带。

3. 1992 年至今：以开发区和大城市建设为主的城市化和民间资本介入城市建设阶段

这一时期，我国改革开放的步伐加快，市场化程度逐步加深，以开发区和大城市建设为主的城市化快速发展，经济社会进入全面转型时期，土地有偿使用制度和各种转让、出让的操作性条例相继出台，然而，土地财政成为各地政府弥补地方财政、增强经济权限的重要手段。20 世纪 90 年代中期以来，我国城市土地利用状况在数量和空间上均发生了重大的变化。1995 年我国城市化率为 29.04%，城市数量为 640 个，建成区面积为 19264km²，到 2019 年城市化水平上升到 60.60%，城市数量达 684 个，建成区面积为 60312.5km²，城市土地的年均增长率为 4.87%，远远高于人口城市化的增长率。土地成交价自 21 世纪以来增长迅速，2018 年，全国 300 城市土地成交金额为 41644 亿元，同比增长 2.51%。本阶段内，城市土地利用结构表现为城市土地的外部扩张与内部结构重组并存的发展局面。在城市边缘区，开发区建设相对于上一时期而言开发建设力度增强，用地变化较为明显，部分大城市由单一中心结构逐步向多中心结构转变。在城市内部，随着旧城改造的加速，付租能力较强的商业用地等向市中区迁移，而工业用地则迁往城市边缘区域，用地结构更加清晰化。

这一时期，由于受到历史的原因及工业化本身对城市化的推动力，工业用地在城市建设用地中依旧保持较高的份额。伴随着城市化进程的加速，居住用地的面积不断增加，20 世纪 90 年代中期，维持在 39%~40% 的水平，整个增长率和城市建成区面积的增长率基本保持持平，而且居住用地不再是单核心的发展趋势，而是受到旧城改造和城市多核心发展及城市外围交通道路发展的影响，空间扩展带有圈层式和跳跃式的双重特性。

(二) 我国城市土地开发利用的新挑战

1. 城市规划的挑战

城市规划是实现城市土地合理开发利用的重要手段，其面临的挑战直接关系到城市土地利用开发的效率。就目前而言，尚面临着许多新的挑战，如：具体规划缺乏科学性，主要体现在规划工作过于碎片化，对城市现状及未来发展缺乏客观的认识；决策者在规划中发挥着决定性作用，但其专业知识和综合素质往往存在缺陷，以至于评判标准太过随意和主观化；

新的城市规划更为复杂，涉及诸多方面，需要有相关理论加以指导，但目前还未建立起一套较为适宜的系统化理论；规划手段更加先进，需要熟练掌握计算绘图、仿真模型等现代化手段；规划流程太过烦琐，且重点不突出，针对性不强，应变不够灵活，以至于整体规划效率较低；新时期对规划者提出了更高的要求，但实际中缺少高素质的规划队伍，其决策者难以接受新思想，思考方式老化，需要及时转变观念；制定的目标与实际稍有偏离，而实现过程中对各方面又不能很好地控制，致使最终的规划效果出现异化，与目标不符；城市规划是一项政府行为，需要有专门的法律法规约束保护，但目前规划管理法规不够完善，难以具体落实。

2. 人口密度提高要求的集约利用挑战

可持续发展是我国需要坚持的一个发展原则，通过可持续发展不但能够满足当代人们的需求，还能对后代人的需求进行满足。城市用地和未利用土地属于宝贵的资源，人们应该合理地对其进行使用，不能过分开发和浪费。在对土地进行开发和利用的过程中应该根据实际情况，遵循集约利用的基本原则，提高城市土地的利用效率。然而，在具体的开发利用过程中，伴随着城市化水平的提高，大量的农村人口涌向城市，大幅度提高了城市的人口密度，这就对城市土地的集约利用程度提出了更高的要求：如何集约利用和可持续使用，以更好地满足转移人口的生存空间需要与生活空间需要。因此，人口密度提高要求的城市土地集约利用也构成城市土地开发利用中的重要挑战。

3. 城市化区域形成要求基础设施城乡一体化的分配挑战

城市连绵体的一体化作用依赖连接各城市的网络系统（包括硬件和软件）的健全和完善程度。城市化区域的基础设施形成整体力量，会使规模经济、集聚经济在更大范围内发挥作用。故，加快城市间在交通网络、信息网络、商流系统和金融系统等方面的一体化建设，是提高区域综合实力的重要物质条件。为此，积极发展城市化区域的统一空间规划和公共基础设施一体化，是国家区域规划和城市政府间合作的重要任务。在城市化区域形成之后，势必要求基础设施城乡一体化的分配，然而这种分配的比例如何，怎样才能更有效地实现分配的效果，进而保质保量地推动城乡一体化进程的实现，成为我们面临的重要问题。因此，从这方面来说，城市化区域形成要求基础设施城乡一体化的分配也构成城市土地开发利用中面临的关键性挑战。

4. 旧城改造和城市边际土地外移的农田保护挑战

城市土地由农村土地发展而来，但增加城市土地供给，不只有把农村土地转化为城市土地这个唯一途径。在我国土地资源稀缺特征显著的情况下，我们无法忽视城市面积的绝对扩张与保护土地资源根本原则之间的客观矛盾。水资源短缺、土地沙漠化等环境因素的恶化对经济增长与社会发展造成的负面影响已清晰地显示出来，警告我们不能以损害人类未来发展权为代价来片面追求现期的经济增长，而应当以审慎态度来确定城市化的步伐，合理控制城市用地规模及其扩张速度。就目前发展现实来看，很多城市面临着旧城改造和城市边际土地外移的现象，城市圈蔓延侵占了周边大量的农用地，致使农田受到危机。所以，正确处理好旧城改造和城市边际土地外移与农田保护之间的矛盾，成为城市土地开发利用的重要挑战。

复习思考题

1. 我国城市土地的制度特色是什么？
2. 城市地租通常有哪两种基本形式？城市地租的特点是什么？为什么说级差地租是城市地租的主要形式？分析我国城市土地使用权出让价格的确定。
3. 城市土地市场的特征是什么？分析我国城市两级土地市场的内在联系与各自特点。
4. 市场经济条件下，城市土地位置与其价格有什么关系？为什么商业集中在市中心？
5. 什么是城市土地投标租金模型？当发生环境污染或交通堵塞时，不同收入的人群的投标租金函数会发生什么变化？
6. 请查阅资料，了解国际上的公认 CBD 有哪些共性？例如，服务业占比、跨国公司总部、金融业的发达程度等。
7. 城市内部空间结构主要受哪些因素影响？分析同心圆布局形态、扇形布局形态和多核心布局形态，举例分析我国城市内部空间结构的演变趋势和面临的课题。
8. 完整的城市土地利用制度包括哪些内容？我国目前的土地征用制度主要问题是什么？怎样改善？举例说明我国城市土地征用制度的现状和存在的问题。
9. 城市土地利用开发中面临着哪些新问题和新挑战？在未来城市发展中如何化解？

第六章 城市基础设施经济

【学习目标】

通过本章学习,要求学生首先掌握城市基础设施的含义和分类标准,熟悉城市基础设施的基本特性和作用,继而要明确决定城市基础设施的供求因素,了解城市基础设施的发展模式,初步掌握城市基础设施建设经济效益的评价方法。在此基础上,了解我国城市基础设施的历史沿革以及发展现状和突出问题,认识到我国城市基础设施建设所面临的挑战。同时根据国内外经验,了解城市基础设施的产业化趋势,掌握城市基础设施政府管制的原理和方法。

第一节 城市基础设施概述

一、城市基础设施的含义及分类

(一)城市基础设施的含义

"基础设施"一词的英语为 infrastructure,它由源于拉丁文的 infra(意为下部、底层)和 structure(意为结构、构筑物)组成。在经济学中,基础设施一般是指那些为社会生产提供共享条件和服务的公共性行业。"城市基础设施"是限定了空间适用范围的"基础设施"。它既是城市生产、生活的物质基础,也是城市经济体系中的重要产业部门。我国关于城市基础设施的研究始于 20 世纪 80 年代。目前基本认同的概念为"城市基础设施是既为生产又为人们生活提供一般条件的公共设施,是城市赖以生存和发展的基础"。

在西方国家,一般把城市基础设施分为社会性(福利性)基础设施和技术性基础设施两类,前者包括居民住宅、医疗卫生、文化教育、幼儿保健等设施,后者包括市政工程、公用事业、环境卫生、园林绿化和电力、通信等。在我国,按照提供服务范围的宽窄,把城市基础设施分为广义城市基础设施和狭义城市基础设施。其中，狭义城市基础设施是指向城市提供给水排水、能源、交通运输、邮电通信、环境清洁保护等服务的设施和产业部门。它们构成了城市的主要物质支撑体系，是确保城市经济和社会活动得以正常进行的基本要素。而广义的城市基础设施除了上述内容以外，还包括文化、教育、科学、卫生等部门的设施。

从一般意义上来讲，城市基础设施包含设施、产品（服务）和产业三种形态（王雅莉，2002）。其中，设施是指城市基础设施自身的物质形态，是城市地区中在地上或地下提供通道等载体和便利服务的实体结构，如道路、给水排水管道、电话与电力线路等，有时也泛指物质及社会性的基础结构；产品是指借助于城市基础设施而开展的经济活动所生产和提供的产品或服务；产业是指把基础设施实体或产品（服务）作为经营对象的产业和行业。通信产业、自来水经营企业、公共交通企业等类企业，一般称为公用事业。

在狭义的城市基础设施概念中，主要由城市地方政府负责组织实施和运营管理的部分又称为市政公用设施，可分为公用事业与市政建设两部分。前者包括市内公交、供水、供气、供暖等部门；后者则包括市政工程（公共照明、道路、排水、防灾、文体等设施）、园林绿化、清洁卫生、环境保护等部门。

（二）城市基础设施的分类

1. 基于承担功能和技术不同的划分

按照承担功能和技术的不同，从系统论角度可将城市基础设施分为能源动力、供排水、交通运输、通信信息、生态环境和防灾六大系统。

（1）城市能源动力系统　　该系统主要包括：城市电力生产、供应子系统；城市燃气（天然气、人工煤气、液化石油气等）生产供应子系统；城市供热生产与供应子系统；城市燃煤等其他城市生活用能源生产供应子系统。

（2）城市供排水系统　　该系统主要包括：城市取水子系统，有地表水、地下水、城市专供水库和输水管线等；城市净水生产子系统，有城市自来水厂、清水库、输送净水的管网等；城市排水子系统，有雨水排放系统、污水处理与排放系统等。

（3）城市交通运输系统　　该系统主要包括：城市航空交通子系统，含城市航空港、市内直升机场以及军用机场等设施；城市水运交通子系统，有海上及内河港口、码头；城市轨道交通子系统，含城际铁路系统和市内轨道交通系统两部分，往往是大城市公共交通的主体系统；城市道路交通子系统，含长途汽车站、高速公路、公交站场、市内加油站、停车场、城区道路以及桥涵、隧道等，它们承担着城区陆上日常客货交通运输的主体功能。

（4）城市通信信息系统　　该系统主要包括：邮政子系统，如邮政局所、邮政通信枢纽、报刊销售厅等；电信子系统，含有线和无线通信两部分；广播子系统，含无线电和有线广播两部分；电视子系统，含无线电视和有线电视台等；网络信息子系统，包括服务器、光纤、云计算中心、智能电网、智慧管线等互联网智慧系统及其运用于整个通信信息系统的软件建设。

（5）城市生态环境系统　　该系统主要包括：城市园林子系统，通常由公园、动物园、植物园以及体育设施等构成；城市绿地子系统，有草坪、林带、行道树等；城市大气子系统，含废气整治、烟尘处理等设施；城市环卫子系统，如城市垃圾收集处理场站、公共厕所、公共场所保洁等设施。

（6）城市防灾系统　该系统主要包括：城市消防子系统，如消防队，消防给水管网、消火栓等；防洪排涝子系统，即各类防洪设施；抗震、防震子系统；城市人防（战备）子系统等。

这六大系统及其分系统既各成一体、相对独立，又紧密配合、协调运转，共同构成城市经济、社会发展的物质支撑体系。发展滞后或配置不合理的城市基础设施将严重阻碍城市的发展，而适应发展需要、配置合理的城市基础设施不仅能满足城市各项活动的要求，而且还有利于带动城市建设和城市经济发展，保障城市健康持续发展。因此，建设完备健全的城市基础设施工程系统是城市建设最重要的任务。

2. 基于经济特性不同的划分

按照经济特性，从经营管理的角度，还可以对城市基础设施分别按三种标准进行分类。

（1）按城市基础设施的公共性程度进行分类　可将城市基础设施分为纯公共产品、准公共产品和准私人产品。纯公共产品的非排他性和非竞争性极其明显，消费者消费该产品完全不能排斥其他消费者的同时消费，因为实现其排斥的成本极高。消费该产品的支付很低，没有价格竞争性。如生态环境、城市防灾以及城市绿化等。准公共产品介于公共产品和私人产品之间，基本特征是单独消费，具有外部利益，非排他性和非竞争性不完全，供应易于排除。当供给给定时，会出现拥挤而产生产品竞争性，如公交、污水处理、垃圾处理等。准私人产品是终端产品只为单个主体服务的产品，基本特征是单独消费，效用可以分割，存在消费的竞争性和排他性，没有外部利益，供应易于排除，如电力、自来水、电信等。

（2）按照产品是否能够进入市场，是否可以赢利或获得投资回报进行分类　可将城市基础设施分为非经营性的和经营性的。非经营性城市基础设施是指无收费机制、无资金流入的项目，如清洁空气、敞开式城市道路等。经营性城市基础设施是指有收费机制、有资金流入的项目。根据其能否全部收回成本和有无收益（利润），经营性城市基础设施又可分为纯经营性和准经营性两类。纯经营性城市基础设施（营利性城市基础设施）可通过市场进行有效配置，允许获取利润，其投资形成是价值增值过程，如收费高速公路、收费桥梁、废弃物的高收益资源利用等。准经营性城市基础设施也有收费机制和资金流入，具有潜在利润，但因福利的政策目标等因素，不能收回全部成本，如煤气、地铁、轻轨、收费不足的公路等。经营性和非经营性分类是公共产品特性分类的延伸。

（3）按城市基础设施行业的市场结构进行分类　可将城市基础设施分为自然垄断类城市基础设施和竞争性城市基础设施。前者主要是指由于经济技术原因而只能由一家或很少几家企业提供产品和服务，呈现出垄断或者寡头垄断特点的城市基础设施，比如电力输送、供排水、集中供热等。而竞争性城市基础设施则是市场集中度相对较低，产品或服务可以由彼此竞争的不同企业提供，比如燃煤制作、出租汽车、公共汽车等。电力系统的某些环节，比如电厂传统上和输配线一起被认为是自然垄断行业，但现在一般认为，电厂和自来水厂是竞争性行业。

二、城市基础设施的特性和作用

城市内涵中的"城"最初是指一定地域上用作防卫而围起来的墙垣，而它的现代意义就是城市基础设施（王雅莉，2004）。"城"与"市"（社会经济活动）是互为因果的。

"市"的快速发展呼唤着城市基础设施的系统化、社会化和专门化,而"城"的快速发展成为城市社会经济发展的载体和支撑体系,这种特定意义的城市基础设施在现代化发展中表现出了一系列的城市特性和功能,即城市基础设施在同城市其他构成要素相互作用过程中输出了发展效能。

(一) 城市基础设施是城市发展的先行基础条件

现代城市作为承载生产和生活的人造空间环境,必须有完备的基础设施建设。不可想象,一个缺乏水源、电力、交通等基础设施,缺乏垃圾处理等公共服务的城市能够保证生产和生活的正常进行。因而,城市必须从道路通、给水通、电通、排水通、热力通、电信通、燃气通及土地平整等"七通一平"建设开始,形成强大的城市基础设施管网。城市基础设施布局决定着城市上部建筑的基本方位,其空间地域规模决定了城市规模和发展潜力;其数量质量及功能效率是制约城市经济运行的直接因素。这种无可替代的"硬件"是城市发展的先决条件,生活水平越高,市民对基础设施的依赖性越强。因此,城市基础设施的先进和完善,是决定城市现代化水平的条件和标志,也是城市竞争力的表现和竞争手段。

(二) 城市基础设施为生产集聚和生活集聚提供共享条件

现代化大生产,要求生产力和劳动力高度集中,要求有高度专业化协作的生产方式。众多社会经济单位集聚于城市这个空间内实现了高度专业化分工,又形成经济实体、社会实体和物质实体三者的有机结构,从而提高劳动生产率,产生整体性高效益的结果。这种社会化恰是建立在完善而良好的城市基础设施之上的,后者可以使城市各社会经济单位更好地分工协作加强联系,把城市地域内各社会经济要素紧密地聚合在一起,大大提高了城市所有部门的经济效益、社会效益和生态环境效益,形成有机整体的城市聚集效益。与此同时,城市居民一方面作为生产者,需要适应城市非农产业的空间特征,也要集聚式地居住在高密度空间内,另一方面作为社会主体,要求一定的城市公交、绿地、园林、游憩等设施,直接为其上下班、休息、出游等服务。由此,城市住房、供水、供电、供热、供气、健身、教育、文化等公共服务设施的空间匹配和质量保证程度,会直接影响居民的生活水平。随着现代化水平的不断提高,城市居民对城市各项基础设施的要求标准将会越来越高。

(三) 城市基础设施体现了系统整体性和建设的超前性及阶段性

城市基础设施是作为一个整体系统来提供其特殊服务的,它涉及两大产业(第二、三产业)的几十个细分行业,是一个综合性极强的大系统。一方面,城市基础设施的服务能力由各子系统综合形成,缺一不可,因而其开发、建设、运营、管理要全盘考虑、统筹安排;二是城市基础设施的功能发挥,不仅要与城市社会经济发展保持同步,也要其自身内部各子系统之间保持合理的协调比例关系。这是因为城市基础设施均以网络状管线系统存在,其运转具有强烈的系统协调性和自然垄断性。这种特点对城市基础设施运营提出两方面要求:一是必须具备足够的产品和服务规模,以实现必要的行业规模经济效益;二是需要在一个统一的管理调度体系下运行,以实现系统的协调和高效运转。

(四) 城市基础设施的公共产品具有地方性

城市基础设施绝大多数具有公共产品特征,具有相当巨大的外在效益。然而这种公共产品特性,在城市中不是全国性的,而是地方性的,即有地域限制,在城市地域范围内才具有消费的共同性和非排他性。例如城市自来水,必须进入到城市房屋内才能使用;城市公交,本市居民可以有优惠乘车待遇等。这正是城市福利差别的一个现实基础。居民和经济主体可以通过对城市基础设施的比较，"用脚投票"，选择适宜于自己发展的城市地区。

第二节　城市基础设施供求与发展模式

一、城市基础设施的供求

（一）城市基础设施的需求

城市基础设施的需求主要来自城市化率的不断提高，来自城市规模扩大和水平的提高，是城市物质生产发展和居民生活需要不断提高的结果。城市化发展引起的城市规模扩大所带来的对基础设施新增需求，在投资上表现为城市新增项目和原有设施的规模不断扩大；城市发展水平和城市居民生活水平提高引起的对基础设施服务质量的提升需求，表现为对既定城市基础设施规模的技术进步投资，即更新改造；而临时性、一次性的城市发展重大事件，如举办大型体育运动会、大型博览会，或遭遇重大灾害性事件等情况，会在较短时间内对城市基础设施产生集中性、专门性和高品质需求，这往往需要通过专项建设来满足。

在城市稳定发展的前提下，对城市基础设施综合系统需求的决定因素主要有以下内容：

1. 城市人口规模

城市人口规模是决定城市基础设施需求水平的基础性因素。人口增加有三个方面的影响：一是对城市基础设施直接服务的需求增加，如自来水、医疗服务设施等；二是对由城市基础设施直接、间接提供的服务的需求增加，如能源、通信邮政服务等；三是由人口增多导致的城市空间扩张引起的对城市新区配套基础设施需求的增长。

2. 城市性质

城市性质决定着城市基础设施的需求水平和城市基础设施内部的组成比例。一个商业、旅游性质的城市，必然需要更多的直接为人服务的社会性基础设施，而一个工业城市则对能源供应、交通运输设施有更高的需求。

3. 城市功能水平

城市功能水平是指城市非农产业的发展水平，可以用 GDP 来代表。城市 GDP 高，对城市基础设施的数量需求越大，功能需求越全，质量需求越高。例如，对高效率的信息、通信服务、高质量的生活环境和齐全的公用服务等的需求。

4. 城市基础设施存量

城市基础设施的更新是建立在一定存量基础上的，现有城市基础设施存量的负荷能力决定了新增设施的数量和结构。城市基础设施发展的阶段式、台阶状和跳跃式，使其存量设施对新增需求的影响更为明显。

5. 科技进步水平

科技进步能引起城市经济结构、布局、功能、体系及城市间关系等发生变革，引起城市对基础设施服务需求的变化。同时，科技进步也使基础设施本身发生变化和飞跃。一个明显的例子是通信技术的变革，使经济活动对信息交换和传输的需求骤增，从而对城市通信设施的需求骤增。

6. 城市人均收入水平

城市人均收入水平对城市基础设施的需求影响，不同于前几种因素主要影响生产性设施，它主要影响对城市社会性基础设施（环保、文化、教育等设施）的需求。随着人均收入水平的提高，一方面，人们需求的层次上升，需要更高雅舒适的生活，对文化、教育、绿化、公园等设施的需求会增长；另一方面，生命的经济价值增大，人们会更加注意自身健康，对医疗卫生、环境保护类设施的需求增大。

综合以上因素，城市基础设施的需求函数可以表述为式（2-6-1）。

$$D = f(P, U, GDP, S, T, I) \tag{2-6-1}$$

式中，D 为城市基础设施水平；P 为人口规模；U 为城市性质；GDP 代表城市功能水平；S 为基础设施存量；T 为科技进步水平；I 为人均收入水平。

具体到构成城市基础设施综合系统内部的各组成部分，由于各类基础设施的性质不同，它们的供给和供求机制有很大差别，不可能用统一的模式来分析。例如，在交通运输子系统中，道路、桥梁由城市政府提供，公共交通由公交企业提供，小公共汽车和出租汽车则可由私人经营者提供。

（二）城市基础设施的供给

新中国成立后，我国城市基础设施的供给主要依赖政府，投资资金来自财政，运营管理由政府主管的公营部门（公用事业单位）承担，结果给财政造成较大压力，城市基础设施建设步伐缓慢。从 20 世纪 70 年代末开始，随着供给冲击的出现，城市基础设施供给短缺，促使人们的理论认识深化。世界各国开始在城市基础设施领域进行改革，逐步出现了政府和企业分别独自、合作进行城市基础设施产品供给的多元化体系。我国从 20 世纪 90 年代末开始，也逐步进行城市基础设施供给多元化的市场化改革，投资主体日益多元性。

1. 政府投资主体

政府仍是当前城市基础设施最主要的投资主体。中央政府从实现政治、经济、文化的管理职能出发，其投资更多考虑维护政治和社会秩序，促进经济增长，实现社会公平，体现国家长远发展利益，主要依据国民经济和社会发展规划由国家财力安排投资，追求较好的社会效益、宏观效益和长期效益。地方政府则更多考虑维护本地区经济和社会利益，促进本地区经济增长和社会发展，根据地方国民经济和社会发展规划依靠地方财力安排投资。政府投资主体可以承担大型非营利基础设施项目建设。

2. 公有企业投资主体

其投资动机兼顾国家目标和企业目标，追求项目的公益性和资金可回收性。为保障城市基础设施适应城市建设和发展的需要，世界各国都设立了一定数量的公有企业从事城市基础设施的建设和运营。它们以财政资金为资本，在特定领域和行业按照企业原则从事投资经营活动。我国公有（国有）企业，包括国有独资、国有控股或参股企业。目前，我国城市基础设施建设领域，国有独资企业占有很大比例，处于主导地位，能够满足城市基础设施大型、关键工程的建设需要。但有些公有企业仍然受地方政府影响，投资不是从实际需要出发，而是表现为与"政绩"相联的投资冲动，因而难以获得好的投资效益。

3. 混合所有制投资主体

混合所有制投资主体是指由国家授权的投资机构或部门与私营部门共同投资设立的企

业。在我国，混合所有制企业的实力已经比较壮大，它兼有国有独资企业的资金优势和私人企业经营灵活优势的特点，在城市中一些重要的基础设施建设上，发挥着项目攻关和系统化建设的任务。这类公司需要与国家处理好城市基础设施建设的利益和责任关系。

4. 私营企业投资主体

私营企业投资主体是指由私人独资或私人集资而投资设立的企业，一般很少主动进入非经营性城市基础设施领域。但是，随着我国私营企业数量和规模的壮大，其经济地位日渐提高，积累起来的资本也已十分可观。它们对进入非经营性城市基础设施的愿望不断增强。于是，吸引私营企业进入城市基础设施建设，成为我国城市经济发展的新趋势。这里的关键问题是：要明确规定私营企业进行城市基础设施建设的成本与收益、责任与义务。

5. 个人投资主体

个人投资主体往往通过间接投资方式参与城市基础设施建设。例如，市政府发行市政债券、城市基础设施公司上市、社会机构建立城市基础设施建设基金等，市民通过购买债券、股票或基金等，成为城市基础设施建设的个人投资主体。个人资金在我国已经逐渐成为庞大的力量，但是如何使其进入城市基础设施建设领域，却是一直未能很好解决的问题。个人不可能直接投资城市基础设施，只能通过中介机构或投资于城市基础设施相关的金融产品，如何利用好这种资金进行城市基础设施建设，是当前我国城市政府的一个发展任务。

6. 专业投资机构

专业投资机构是指专门通过投资金融产品或进行产业投资获取收益的机构。专业投资机构将社会各部门的资金集合在一起，并依照一定的投资策略由专业人员进行投资。由于城市基础设施建设具有收益的长期性和稳定性，故在国内外都是专业投资机构的重点投资方向。我国专业投资机构目前主要包括商业银行、各类型投资基金和专业投资公司。专业投资机构的资金较为雄厚，如果能够充分利用到城市基础设施的建设，将会对城市基础设施长期稳定发展提供很大保证。但是，专业投资机构追求的是资本利润最大化，其经营对象是资本而不是资产。因此，专业投资机构对城市基础设施的投资，所提供的只能是资本，而很少有经营。

二、城市基础设施的发展模式

城市基础设施的发展模式是现代城市共同探讨的问题。其主要内容包括规模形成时间点模式和建设运营模式。

（一）城市基础设施的规模形成时间点模式

世界经济发展史上，城市基础设施从其规模形成的时间点来看，其建设发展模式主要有如下类型：

1. 超前型发展模式

其典型特点是基础设施的发展超前于工业高速发展阶段。英国等西欧发达国家大体属于基础设施超前发展一类的国家。一般来说，超前型发展模式能够有力地促进经济发展。虽然在城市基础设施规模高于城市经济规模的前期阶段，基础设施由于利用效率低而投资效果差，但是由于优良的城市基础设施会引发城市直接生产部门的布局扩大而导致城市经济迅速发展，因而公共资本充足的城市政府，可以采用这一模式。发展中国家相对来说资金能力不足，要慎重采用这一模式。

2. 同步型发展模式

其内涵是基础设施的发展大致上与直接生产部门的发展同步。美国是这种发展模式的典型代表。由于同步型发展模式使城市基础设施基本上不存在大量的设施闲置和能力多余问题，因而基础设施投资效果比超前型要好；特别是由于它在结构上也能及时保证城市各部门、各环节的协调运转，因而其综合经济效果较好。

3. 滞后型发展模式

这即城市基础设施的发展落后于直接生产部门的需要。这是苏联、东欧及大多数发展中国家表现的类型。这种模式，由于城市基础设施滞后于城市经济发展的需要，故会在一定时期内阻碍经济的发展，不利于整体经济效率的提高。这种模式往往是由于资金缺乏，经济发展首先着眼于经济效益较高的直接生产部门，待有了一定的资金积累，再发展基础设施。但是，实践证明，基础设施滞后会导致国民经济的严重比例失调，并终将变为阻碍经济发展的"隘路"。所以，在资金十分缺乏时采用这一模式，一旦资金允许就要立即转换。

表 2-6-1 对三种基础设施发展模式进行了比较（刘景林，1983）。

表 2-6-1 规模形成时间点三种不同发展模式的比较

发展模式类型	国家代表	基本特点	对经济发展的影响	基础设施投资效果	国民经济效果	综合分析
超前型	英国等西欧发达国家	基础设施的发展超过直接生产活动一个时期的需要	促进经济发展	较差	较好	一般
同步型	美国	基础设施与直接生产活动同步发展	与经济协调发展	较好	较好	较好
滞后型	苏联、东欧	基础设施发展落后于直接生产活动一个时期的需要	阻碍经济发展	较好	较差	一般

4. 随后-同步型发展模式

一个城市采取哪种基础设施规模形成时间点模式，首先受客观条件制约。基础设施发展模式能够让基础设施与生产部门同步发展无疑是最佳选择。但考虑到基础设施建设周期较长的特点，基础设施项目建设最好超前一段时间以便与生产发展同步。当然，基础设施的个别系统、个别部门的建设，由于其本身建设周期较短或紧缺程度较低等特殊原因，在不影响整个基础设施与直接生产部门形成"同步"的总体步调之下，可以采取随后-同步型发展模式。

所谓随后-同步型发展模式，即直接生产部门投资先行，基础设施投资随后紧跟，形成经济高速增长与基础设施迅速发展的亦步亦趋态势。对直接生产部门的投资来说，基础设施发展格局虽迟但不过晚，虽阻而不过滞，既保持"最低限度的必要量（节约型）"，又对经济的发展"不形成阻力"，基本上达到能满足经济发展和国民经济对它的旺盛需求。第二次世界大战后的日本，就取得了这种基础设施发展的经验，较好地解决了经济高速增长与基础设施不足的矛盾。日本的随后-同步型发展模式有两个特征：①基础设施紧跟直接生产部门的发展而发展，力求同步。战后日本紧随经济高速增长来建设基础设施，在国民经济与基础设施发展失调和均衡的矛盾运动中自发形成同步。②先生产性基础设施后生活性基础设施。为了有效利用仅有的资源，避免或尽量减少基础设施能力不足给经济增长形成的阻力，日本采取了优先发展生产性基础设施的战略。政府将集中起来的有限资金和资源，优先发展交通运输、电力能源等生产性基础设施，为经济调整与发展扫清道路。而待经济发展、政府财源扩大之后，再拿出较多资金和资源发展生活性基础设施。

显然，在经济增长速度以资金资源的供给程度和基础设施的满足程度为函数的情况下，将有限资金投入到对经济增长影响较大的领域，采取分阶段集约型投资方式，无疑有助于解决资金短缺和基础设施不足的矛盾。

我国是一个发展中大国，各地情况差异很大。因此，城市基础设施作为国家基础设施中的一个重要组成部分，其发展模式应因地制宜，要根据本地资源条件、地方经济实力和周边基础设施状况选择不同的基础设施发展模式。对于东部地区的城市来说，由于其经济实力强，但资源不很充足，因而采用超前型发展模式发展高技术含量的基础设施，以吸引域外资金和资源，是优化选择。"超前"的标准应是国际高标准。例如，上海市从建成远东金融经济中心甚至世界经济中心的目标出发，加速基础设施高标准一体化建设，实现更大范围内资源的流动和优化配置，从而加速了经济增长。对于中部地区城市来说，由于其经济实力比东部差，但资源条件较好，因而应实行同步型发展模式，或者借鉴日本的随后-同步型发展模式。集中力量大力发展生产性基础设施，以提高经济实力为目标；然后再建设生活性基础设施，改善生活条件。对于西部地区来说，虽然其资源丰富，但基础设施建设薄弱，经济实力也相对弱小。根据广袤的西部是中国未来经济开发重点、城市是其"发展极"的状况，城市政府应充分利用中央政府的优惠政策，借鉴东、中部经验，加大引资力度，努力实施基础设施的随后-同步型发展模式。

（二）城市基础设施的建设运营模式

城市基础设施的建设运营模式是随着人们对其产业性质的认同而发生变化的。最初的城市化曾经把基础设施认为应是城市政府提供的社会福利。随着市场经济的发展，人们认识到城市基础设施也是一种产业，可以采用市场化模式运作。于是就出现了在政府指导下的多种市场化运营模式。

1. 特许经营模式

特许经营模式一般是指由政府授予企业特许经营权，即在一定时间和范围内对某项基础设施公用产品或服务进行经营的独家权利。政府通过特许权协议或其他法律规定来明确政府与特许权人之间的特许经营权利和义务。特许经营权的授予，一是通过协商直接授予，二是通过招标选择，招标是通行的运作方式。对暂不具备公开招标条件的，政府可酌情考虑邀请招标、竞争性谈判等其他方式。实施特许经营的目的，在于建立城市基础设施市场体系有效的运行机制，促进城市可持续发展。具体来说，特许经营的好处表现在：①吸收社会资金（包括外商投资），解决财政资金投入不足问题；②改革政府或国有企业单一经营模式，通过引入竞争机制和加强政府监管，提高城市基础设施投资和运营效率；③完善价格形成机制，为城市基础设施融资和可持续发展创造条件；④保护社会公众利益；⑤防止国有资产流失和侵害社会公共利益。

根据特许权取得人所承担的责任和风险的不同，特许经营的运作模式可分为以下两类：

1）投资型特许经营模式。其主要特征是：承担项目投资和经营责任与风险；自主筹集资金；根据政策从政府或最终用户处取得经营收入；依赖政策。

2）经营型特许经营模式。其主要特征是：政府主要负责投资与相应的资金筹集，并享有资产所有权；特许权人在一定时间内根据委托特许权进行经营，从政府收取管理费和从最终用户处收取使用费。

在实践中，根据具体情况，还可以采取上述两种模式的变形和混合形式。

2. BOT 类模式

BOT 即建设（build）-经营（operate）-移交（transfer），是特许经营的一种典型模式。其基本思路是：国家政府或所属机构对城市基础设施项目建设和经营提供一种特许权协议作为融资的基础，由项目公司安排融资、负责开发建设并承担风险；项目建成后，由项目公司在规定期限内经营该项目以收回其对该项目的投资，以及其他合理的服务费用等，经营期限一般为 15~20 年，在规定的经营期限届满时，项目设施无偿转让给东道国政府。以 BOT 为核心，在实践中演化出了一系列政府与私人资本合作的模式，统称之为 BOT 类模式，BOT 类模式被国际社会称为"暂时私有化过程"。近年来发展中国家普遍重视并采用这类新的国际技术合作模式。

世界银行在《1994 年世界发展报告：为发展提供基础设施》中指出了 BOT 类的三种具体形式：BOT、BOOT、BOO。但在运行实践中，又产生了很多衍生形式，主要有 BTO、DBFO、TOT、FBOOT、DBOM、DBOT 等。

（1）BOOT 即建设（build）-拥有（own）-经营（operate）-移交（transfer） 这即在规定期限内特许权取得者既有经营权也有所有权，而且拥有时间比 BOT 模式长。

（2）BOO 即建设（build）-拥有（own）-经营（operate） 项目完成后，特许权人对项目进行经营，不再把项目交还政府。

一般只有一些动力生产项目（如电厂）可能采用 BOOT 或 BOO 模式，而关乎国计民生的项目都不采用。

（3）BTO 即建设（build）-移交（transfer）-经营（operate） 项目建成后并不交给私人部门经营，而是立即将所有权转让给政府，由政府垄断经营或与项目开发商共同经营。

（4）DBFO 即设计（design）-建设（build）-融资（finance）-经营（operate） 从项目设计阶段开始就把特许权授予私人部门，直到项目经营期收回投资，取得投资收益，但项目公司只有经营权而没有所有权。

（5）TOT 即移交（transfer）-经营（operate）-移交（transfer） 政府把已经投产的基础设施项目一定期限的产权和经营权有偿转让给私人部门，一次性融得一笔资金，特许经营期满后该设施被无偿移交给政府。

TOT 方式与 BOT 的根本区别在于不需直接由私人部门建设基础设施，因而避开了在"B"段过程中产生的风险和矛盾。

（6）FBOOT 即融资（finance）-建设（build）-拥有（own）-经营（operate）-移交（transfer） FBOOT 比 BOOT 多了一个融资环节，即私人部门必须先融得资金，政府才考虑授予它特许权。

（7）DBOM 即设计（design）-建设（build）-经营（operate）-维护（maintain） 强调项目公司对项目进行规定的维护。

（8）DBOT 即设计（design）-建设（build）-经营（operate）-移交（transfer） 强调特许期终了时，项目要完好地移交给政府。

3. PPP 模式

PPP（public-private partnership）模式，即政府和社会资本合作模式，是指政府、私人营利性企业、私人非营利性组织和非营利性企业基于某个建设项目而形成的相互合作关系的形式。PPP 模式在城市基础设施建设中应用的显著特点在于通过引入私人资本，将市场竞争机制引入城市基础设施建设领域，以提高其建设效率。它与 BOT 类模式的主要区别在于：PPP 模式中私人投资者从项目论证阶段就开始参与项目，而 BOT 类模式中私人投资者在项目招标阶段才开始参与项目。因此，BOT 类模式可以作为 PPP 模式的一种操作方式。

虽然现代意义的 PPP 模式至今只有十几年历史，但已普遍应用于世界各国。从 20 世纪 90 年代英国推出 PFI 模式宣告现代 PPP 模式诞生开始，它已经不同程度地被应用在交通、教育、监狱和医疗等领域，甚至是国防建设领域。

PPP 模式的优势在于：①有利于减轻政府的财政压力，通过公私合作形式，吸引了社会资本参与城市基础社会的建设，拓宽了项目融资渠道，有效弥补了政府财政投入与实际需求之间的巨大差距，并且有可能增加项目的资本金数量，进而降低较高的资产负债率。②提高资金使用效率。政府部门和私营企业在初始阶段共同参与项目可行性研究、融资等过程，保证了项目在技术上与经济上的可行性，有效地节约建设成本，提高资金的使用效率。③有效分担风险。在项目的每一个阶段，公共部门和私营企业之间权利义务的划分并非固定，而是随着基础设施项目的具体情况及公私部门的不同特点及优势进行分配。参与合作的各方共同承担责任和风险，更加强调项目资金价值和风险分担机制，使合作各方均可提高责任而达到比单独行动更为有利的结果。④有利于提高基础设施工程建设运营效率。政府垄断投资建设项目，由于缺乏市场机制监督，往往会产生一些弊端。私人资本的参与，将市场机制引进基础设施领域，有利于利用先进技术和私营企业的管理效率。⑤降低成本，提高项目收益率。私营企业在引进低费用、高效技术方面具有丰富的经验，在处理微观事务方面更具有优势，并利用规模效应进一步降低成本，提高项目收益率。同时，由于摆脱了政治干扰和官僚主义式的管理，可以更加灵活高效地降低建设、运营和维护成本。

4. 企业家化治理模式

企业家化治理模式是城市政府进行城市基础设施建设的新模式。其主要特征是：政府官员尤其是市长以企业家姿态管理城市，勇于创新，注重实效；以发展地方经济为目标；公共决策的形成和实施是通过"公-私合作伙伴体"来完成的。

城市基础设施的建设在时间流程上可以划分为规划、基本建设和日常运行三个环节。其中，规划是灵魂，基本建设是主体，日常运行是关键。这是企业家管理项目的通常做法，城市政府也可以从这三方面入手，进行城市基础设施建设。

（1）科学规划是城市基础设施建设的起点　城市规划作为城市发展战略的重要组成部分，要求从市场需求角度出发，科学确定城市的性质、功能、定位，并为城市建设提供"蓝本"。城市建设的规模、重点及所需资金、技术作为城市经济发展需求的反映，共同形成了城市建设市场空间的大小。这里的城市规划内容与传统城市规划的最大区别在于把城市基础设施建设产品视为商品，并以发展地方经济为目标。在"分灶吃饭"的分权体制下，城市政府官员尤其是市长以企业家姿态管理城市就十分必要。城市基础设施建设产品本身不能移动，然而在城市人流、物流、资金流、信息流的运动坐标下，它们是处于"相对运动"

状态，服务可以竞争、价值可以分割。在这种相对运动的坐标下，城市规划就是一种未雨绸缪的"管理"，它直接影响、决定城市基础设施建设的规模和性质，其实质是对城市基础设施建设市场的"事前"调控，这完全不同于事后的"宏观调控"。这更需要城市政府以企业家的魄力，高瞻远瞩，使城市基础设施建设能够在科学规划下发挥长久的社会经济效益。

（2）城市基础设施建设的主体阶段，要研究建设的主体模式。按照"企业家化治理模式"，建设过程的公共决策和实施要通过"公-私合作伙伴体"来完成。这种"公-私合作伙伴体"通过充分发挥城建、国土、规划、城管、交通、水电等城市政府职能部门的服务作用和放松管制的同时，实施"谁投资，谁受益"的投资回报机制，鼓励国有资本与其他经济成分资本相互渗透，全面引进竞争机制，形成政府财政、银行信贷、企业和社会投入以及城市基础设施经营收益二次投入的多渠道建设格局，盘活城市资产存量，使城市基础设施实现产业化发展，以达到以城建城、以城养城的城市经营目的。这里，"公-私合作伙伴体"要发挥企业作为市场经济主体的作用，最大限度地开拓城市建设的运作空间。可以根据基础设施的规模经济性等经济特征，分别采取国有国营形式、国有民营和私营等形式，既保证基础设施的公益性目标，又保证其市场运作效率。

（3）与高起点规划、高标准建设相匹配的是高效能的管理。日常运行作为城市基础设施运行管理的最后环节，是使城市规划目标得以实现、城市基础设施产品功能得以发挥和建设效益得以提高的最终保证。过去，我国城市建设领域长期存在着重建设轻管理的倾向，城市基础设施建设产品的日常运行效率较低。政府要以"企业家化治理模式"管理城市基础设施，就要从城市经济效益、环境效益和社会效益一体化出发，从小从细入手制定城市基础设施运行的一整套法规。要以法律为依据，实行对城市基础设施服务产业的进入退出、价格收费、投资收益、环境生态等各方面的政府管制。要根据各个城市的具体情况和各个基础设施部门的不同特点，制定各不相同的使用或消费政策，使得城市基础设施的服务在实现其公益效果和人工环境功能的同时，实现其投资资金的良性循环。

三、城市基础设施经济效益评价

经济效益是某项基础设施经营活动所获得的经济收入与各种资源的消耗之比，即经营活动的投入与产出之比。城市基础设施经济效益评价方法主要有以下几种：

（一）静态评价方法

静态评价方法是指不考虑资金的时间价值，以投资收益率法和投资回收期评价的方法。

1. 投资收益率

投资收益率又称投资利润率，主要用来评价项目的获利水平。计算公式如式（2-6-2）所示。

$$投资收益率 = \frac{收益额}{项目投资额} \times 100\% \qquad (2\text{-}6\text{-}2)$$

式中，项目投资额是包括贷款利息的总投资；收益额是基础设施经营的收入，如燃气销售收入、设施使用权转让收入等。

将计算出来的投资收益率与一个事先确定的可以接受的投资收益率标准（基准投资收益率）相比较，便可判定该项目的投资经济效益。如果预期的投资收益率高于或等于基准投资收益率，则说明该项目投资经济收益高于或相当于本行业的平均水平，可以考虑接受；若预期的投资收益率小于基准投资收益率，则该项目经济效益尚未达到平均水平，一般不予接受，或要对该项目的投资计划与开发方案重新制订。

2. 投资回收期

投资回收期是用项目的净收益来补偿全部投资所需要的时间，即项目开发建设投放资金的回收时间。基础设施一般是一次性巨额投入，收益逐期获得，因此，投资回收期对于评价项目投资的经济效益有实用价值。

（1）按平均收益额计算投资回收期　当项目投入经营后，每年的收益额大致持平，比较均匀时，可用项目的年平均收益额作为计算投资回收期的依据。投资回收期的计算公式如式（2-6-3）所示。

$$投资回收期 = \frac{项目总投资}{项目年平均收益额} \quad (2\text{-}6\text{-}3)$$

式中，项目总投资一般应包括投资贷款利息；项目年平均收益额是由项目的年平均营业收入（租金收入）扣除年平均经营成本（不含折旧）及各种税费后的余额。

之所以要从年平均经营成本中扣除固定资产折旧费，是因为折旧费的提取，本身就是用于回收投资的，当计算投资回收期时，为避免重复计算，应将折旧费从中扣除。

（2）按累计收益额计算投资回收期　对于年收益额不太均衡、相差较大的项目，可用累计收益额来计算项目的投资回收期，即以项目净现金收入累计值等于项目总投资所需要的时间为投资回收期。计算公式如式（2-6-4）所示。

$$项目投资总额 = \sum_{t=1}^{n} F_t \quad (2\text{-}6\text{-}4)$$

式中，F_t 是第 t 年的项目经营净收入，F_t = 年经营收入 − 年经营成本 − 年经营税金；n 为项目投资回收期。

（二）动态评价方法

动态评价方法是考虑资金时间价值的分析方法，即不仅要考虑投资、收入、成本等现金流量绝对值的大小，还要综合考虑它们的发生时间。动态评价方法更客观、更科学地反映了项目投资效益的真实情况，有广泛的应用价值。常用的有净现值法和内部收益率法。

1. 净现值法

将项目每年的净现金流量按统一的、事先选定的基准贴现率折算为项目实施初期（一般规定为项目开始投资的当年年初）的现值，此现值的代数和就是项目的净现值（NPV），计算公式如式（2-6-5）所示。

$$NPV = \sum_{t=1}^{n} (CI_t - CO_t)(1 + i_0)^{-t} \quad (2\text{-}6\text{-}5)$$

式中，NPV 是净现值；n 是计算周期；CI_t 是第 t 年现金流入；$t=0$ 表示第 1 年年初；CO_t 是第 t 年现金流出（已不含固定资产折旧）；$(CI_t - CO_t)$ 是第 t 年净现金流量；i_0 是贴现率。

因为投资者关心的是投资带来的纯收益，因此，在计算每年的净现金流量时，应综合考虑所有的税费和成本费用；i_0 是期望（或基准）收益率（即贴现率），它是部门或行业的平均利润率，由国家、部门、行业确定。净现值评价标准的临界值是 0。当 NPV ≥ 0 时，说明项目可按事先规定的贴现率获利,在所研究的经济寿命期内发生投资净收益,项目或项目开发方案可取。

2. 内部收益率法

内部收益率（IRR）法是综合反映项目获利的常用动态评价指标。内部收益率本身就是一个贴现率,它是指项目在经济寿命期内,各年净现金流量的现值累计等于 0 时的贴现率,即项目净现值为 0 时的贴现率。由于资金时间价值的影响,一笔未来资金现值的大小,不仅取决于未来资金本身金额的大小,还取决于贴现时间的长短,以及所取贴现率的高低。在项目投资方案已定的条件下,其净现值计算对贴现率的值是很敏感的。因而,求取一个净现值为 0 的贴现率（内部收益率）便有着特殊意义。若按内部收益率贴现,则 NPV = 0,即收入现值与支出现值正好相抵,项目盈亏平衡；若按超出内部收益率的贴现率贴现,则 NPV < 0,支出现值大于收益现值,项目亏损；若按低于内部收益率的贴现率贴现,则 NPV > 0,收益现值大于支出现值,项目盈利。因此,内部收益率实际上是一种同时反映净现金流量及其发生时间的综合指标。内部收益率计算公式如式（2-6-6）所示。

$$NPV = \sum_{t=1}^{n} (CI_t - CO_t)(1 + IRR)^{-t} = 0 \tag{2-6-6}$$

式中,IRR 为内部收益率；其他符号意义同前。

以上是城市基础设施效益评价的一些常规方法。值得指出的是,在实际工作中,城市基础设施的评价往往不仅要考虑经济效益,也要考虑社会效益、环境效益；既要站在经营者的立场研究项目带来的利益,也要关注项目建设对周围其他地区经济发展的影响；既要分析项目的直接经济利益,也要研究项目的间接经济利益；既要考虑短期效益,也要重视长期效益。这是由城市基础设施的公益性所决定的。

第三节 我国城市基础设施的建设

一、我国城市基础设施的历史沿革

我国城市基础设施建设与整个城市发展一样,以改革开放为界,经历了两个不同的发展阶段。改革开放以前,城市建设和发展程序是"先生产、后生活",即先建设工厂,后建设生活设施,最后才进行基础设施建设。因此,城市基础设施滞后,特别是环境保护等城市基础设施建设非常落后,不能适应生产和生活发展的需要。改革开放后的前 10 年,城市中的直接生产发展很快,城市基础设施落后的矛盾越来越突出。特别是经济特区和沿海开放城市,相对于高速发展的直接生产,城市基础设施成为发展瓶颈。于是这些地区开始十分重视城市基础设施建设,作为营造投资环境的重要举措而逐渐趋于完善；20 世纪 90 年代以后,由于城市生产和生活迅速发展,基础设施落后状况成为城市发展的主要障碍,各城市政府越来越重视基础设施的建设,使城市的能源、交通及环境设施的建设都提高到一个新水平。

按照城市基础设施投资渠道和资金筹集划分,我国城市基础设施建设经历了以下四个阶段。

（一）单纯依靠财政投资阶段

我国改革开放前的计划经济时期,地方财政实行统收统支,城市基础设施投资作为城市固定资产投资的一部分,要通过城市建设和城市财政预算计划投资。基础设施建设项目列入基本建设项目,投资列入财政支出预算。建设部门完全按照计划进行建设。在当时的"先生产、后生活""把消费城市变为生产城市"的思想指导下,认为基础设施是非生产性建设,总得不到足够的投资,造成城市基础设施欠账越来越多,滞后现象日益突出。以上海为例,从 1950 年到 1980 年的 30 年中,固定资产投资占 GDP 的比例为 8.83%,城市基础设施和市政公用事业建设投资仅占 GDP 的 2.35%。而根据国际经验,城市基础设施投资占国民收入的比例一般应安排在 8%~10%。

(二) 财政投资与行政收费并行的阶段

改革开放后,城市生产得到很大发展,居民生活水平日益上升,对基础设施的要求不断提高。这时,国家一方面通过设立城市维护建设税、开征车船使用税等,增加城市财政收入,实行专款专用,增加对城市基础设施建设资金的投入;另一方面对一些基础设施采取使用收费的形式,如收取过桥费、过路费、增容费、排水费、排污费等,以筹集用于桥梁、道路、能源等建设的资金。根据"取之于基础设施,用之于基础设施"和"自愿使用、受益付费、合理负担"的原则,使得用贷款建设的大桥、高速公路等基础设施,多数通过收取过桥费、过路费等方式偿还了建设资金及利息。同时,为了维持运行费用,对公用事业收费,如公交票价、水费、电费、煤气费等相应地做了调整,但这一切还不足于补偿全部公用事业的投资。

(三) 以财政投资为主、实物投资为辅的阶段

20 世纪 80 年代末以后,中国城市土地使用制度改革迅速推开,掀起了城市房地产的开发热潮,要求相应配套的基础设施建设。由于城市政府没有财力进行基础设施的配套建设,就把有关基础设施项目交给开发商承担,其建设投资费用经过折算,用土地来支付,以地价来抵补,一般称之为实物地价;或者政府出让土地的地价中包含一部分城市基础设施建设费用。其中:小配套是指同开发商建设的物业直接相关的基础设施,如小区内的道路、停车场、垃圾场等;大配套是指同开发商的物业并无直接关系的基础设施建设,如自来水厂、城市道路、配变电站的建设等。尽管如此,城市政府仍然承担大部分基础设施和公用事业的建设责任。

(四) 开辟多元化的资金筹集渠道阶段

20 世纪 90 年代末以来,一些城市鉴于基础设施建设资金严重不足的情况,开始尝试建立市场经济条件下的城市基础设施建设资金的多元化、多层次的筹集渠道,并由此引发了席卷全国的"城市经营"热潮。城市经营是指以城市政府为主导的多元经营主体,根据城市功能对城市环境的要求,运用市场经济手段,对以公共资源为主体的各种可经营资源进行资本化的市场运作,以实现这些资源资本在容量、结构、秩序和功能上的最大化与最优化,从而实现城市建设投入和产出的良性循环、城市功能的提升及促进城市社会、经济、环境的和谐可持续发展。

二、我国城市基础设施发展现状

(一) 电力和能源供应发生了根本性变化

新中国成立初期,绝大多数城市能源主要是煤炭,有的城市还依靠薪柴和木炭;即使在

改革开放之初，全国许多城市缺电，不少工厂不得不停产，生产遭到严重损失；缺电也给城市居民生活带来诸多不便。目前我国电力和各种能源供应充足，能源结构日趋合理，洁净能源越来越成为城市的主要能源，煤炭及煤球已在不少城市绝迹。2019年，全国燃气普及率达到97.30%；燃气供应结构出现新变化，人工煤气供气总量比2018年减少7.05%，供气管道长度减少9.36%；天然气供气总量增长11.40%，供气管道长度增长10.01%。集中供热有所发展，供热面积达92.50亿 m^2。

（二）城市道路、公共交通突飞猛进

改革开放以来，城市道路、公共交通飞速发展。1980年全国实有铺装道路长度3万km，按当时220个城市计算，每个城市平均实有136km；到了2019年，城市实有铺装道路长度为45.90万km，总长度增加14.30倍；全国有35个城市建成轨道交通，线路长度5761.40km，其中地铁4354.30km，占75.60%，轻轨255.40km，占4.40%，车站数3394个，其中换乘站305个。城市交通迅猛发展，其紧张状况得到根本性缓解。

（三）城市供水节水能力和排水及污水处理质量持续提高

2019年，城市全年供水总量达到628.30亿 m^3，比2018年增长2.23%，其中生活用水340.1亿 m^3，按照用水人口51 778万人计算，人均生活用水65.70t。供水管道长度达92.01万km，城市自来水普及率达98.80%。全国城市共有污水处理厂2471座，排水管道长度达74.40万km，城市污水日处理总量达1.92亿 m^3，污水处理率达93.55%。

（四）城市通信事业和网络设施飞速发展

1997年，中国电信网络规模跃居世界第二位。按国际惯例至少要100~200年才能达到的发展水平，广州仅用了20年。2019年，全国电话用户总数达17.90亿户，其中移动电话用户总数达16亿户，移动电话用户普及率达114.4部/百人，比2018年年末提高2.2部/百人。全国已有26个省市区的移动电话普及率超过100部/百人。

（五）城市市容环境卫生不断优化

2019年，全国城市道路清扫保洁（覆盖）面积达92.21亿 m^2。全国城市共有生活垃圾无害化处理场（厂）1183座，城市生活垃圾无害化处理率达到96.19%。城市绿化日新月异。城市建成区绿化覆盖率达到41.50%，城市绿地面积为315.3万 hm^2，公园面积为50.24万 hm^2。

三、城市基础设施建设的突出问题

（一）城市基础设施与城市经济社会发展要求不适应

与城市经济社会的快速发展比较，城市基础设施还有很多相对落后和不足。交通拥堵、环境污染、供水紧张已成为城市经济社会发展面临的三大障碍，也是城市管理者与广大市民最为头疼的三大难题。并且，随着我国经济快速发展，城市规模不断扩张，城市集聚人口也快速膨胀，一些特大城市的常规公共交通方式难以满足客运需求，市内交通日趋紧张，加之私家车迅速增加，城区车流不畅、交通堵塞问题越来越严重，缓解大城市尤其是千万人口的特大城市的交通紧张状况，已成为迫切需要解决的问题。这与城市市容市貌的巨大变化形成了鲜明的对比。

（二）城市基础设施设计、布局、质量不合理，规划水平较低

目前，城市基础设施的规划水平较低，在城市功能分区和定位等方面缺乏统筹安排和控

制。这主要表现在：城市供水、排水和热力、燃气以及电力和电信等基础设施专项发展规划参差不齐，缺乏统一规划和相互衔接；许多项目不能按规划要求如期施工、建设和投入使用，一些项目未纳入规划和计划，有一定的盲目性；项目之间缺少协调和配套，特别是一些居民小区，配套的邮政网络、电信设施、区内道路、商业街区、环境绿化、垃圾处理滞后于住宅建设，不仅给居民生活带来不便，而且造成一定的浪费；布局上也存在不合理现象，路网层次不分明，负荷分布不均衡，造成人为的道路堵塞。此外，工程质量问题，甚至"豆腐渣"工程给国家建设、城市发展甚至人民的生命财产造成了损失。

（三）城市基础设施发展不平衡

我国不同城市间城市基础设施差异明显。大城市基础设施较完善，东部城市好于中西部，沿海城市好于内陆城市。造成这种差别现象，有自然条件、地理环境和城市特点方面的原因，但更主要的是城市经济发展实力，特别是基础设施投资力度和管理水平方面的原因。而根本的是受改革开放力度和市场经济发展程度的影响。改革力度较大、市场经济发展成熟的城市，基础设施投资力度就较大，基础设施就较完善；反之则差。

（四）城市基础设施管理制度不明确，产业化程度较低

城市基础设施管理同其他经济管理一样，采取混合管理模式。在实际管理运行中，一些城市政府重视建设过程管理、轻视运营和养护，激励和考核制度不健全，并且管理部门之间缺乏必要整合，各个部门各自为政，难以协调，工作效率较低。目前虽然建立和实施了许多市场管理模式，然而相当大一部分的城市基础设施管理还在延续旧的管理方法。具体问题的表现有：①基础设施管理制度不统一，缺少明确的法律规定；②管理机构和部门不统一，政出多门，政策不一致，甚至相互扯皮；③基础设施产业化程度较低，效率不高；④在引进市场化原则和经营方式时，没有和当地政府机制协调好，责权利关系模糊不清，导致出现事故和损失浪费现象。

（五）建设资金不足，投资渠道有待拓宽

建设资金短缺是制约城市基础设施发展的重要问题。城市基础设施项目投资额巨大，单靠政府无力承担，使用国外政府贷款和引进外资也有限，即使引进外资也需要大量国内配套资金。很多急需发展的项目，就是因为资金不足，不能列入计划，无法开发。有的正在开发的项目，由于资金不足或不到位，不得不停止施工，或者延长施工期限，成为半拉子工程。这不仅给工程自身造成极大浪费，而且对城市经济社会发展造成影响，给居民生活带来不便。

四、城市基础设施现代化建设所面临的挑战

（一）人口城市化挑战

我国城市人口将随着城市化进程继续大量增加，同时居民生活水平和生活质量也将明显提高，对城市基础设施的要求越来越高。如果每增加一个城市人口，基础设施至少增加 1 万元投资，则这种巨大的资金和建设压力，将成为国家政府和各种城市机构的难题。如何适应这种城市常住和流动人口对基础设施的需要，是未来我国城市发展的巨大挑战。

（二）经济市场化挑战

市场经济是企业和个人相互之间紧密联系的经济形式，它与人的频繁流动相伴和互为条

件,故需要大量交通工具、通信设施和其他便民服务。一座城市只有为企业和居民的经济活动和日常生活提供了良好的经济、社会、生态环境,才能吸引投资者,才能吸引技术人才和居民进入,城市才能兴旺发达,城市经济才能发展。21世纪,国与国之间、企业与企业之间、城市与城市之间的竞争将更趋激烈,因而良好的、优越的基础设施将是城市吸引技术、资金和人才的最重要手段。从这一意义上说,城市之间的竞争是基础设施的竞争,城市面临的挑战,是如何利用市场机制建设城市基础设施优势的挑战。

(三) 城市现代化和国际化挑战

城市现代化、国际化的重要内容是基础设施的现代化和国际化。这需要城市建设先进的基础设施和公用事业,特别是先进的通信事业。目前城市基础设施建设将进入高成本时代,诸如土地成本、拆迁成本、劳动力成本、能源资源成本、环保成本、融资成本、人民币升值或贬值双重成本、税赋成本、安全成本、交易成本,成为影响基础设施建设的重要因素。这些可以由科学技术进步进行补偿。城市基础设施的建设技术、手段和材料日新月异,可以为城市现代化和国际化提供越来越好的发展条件。为此,能否把握科学技术进步的动力,高质量低成本地建设城市基础设施,以推进城市现代化和国际化,成为我国现代化进程中城市发展的一大挑战。

(四) 环境生态化挑战

城市的自然环境和人工环境都需要日益生态化。生态化是指按照生态规律进行"末端治理",包括尊重"相生相克"的生态规律,遵循城市建设的生态方法和基础设施形态的生态化。城市自然环境的生态化是要保护城市的自然环境,叫停破坏环境的生产和生活方法;城市人工环境的生态化是要在建设基础设施时,按生态规律要求进行规划、布局和建设。我国在20世纪的经济建设中,城市环境遭到破坏,生态建设有很多欠账,因而21世纪的城市环境保护任务非常艰巨,由此,生态环境对城市基础设施建设的挑战也十分重大。

(五) 设施智慧化、信息化挑战

随着智慧城市建设的升温,我国已有600多个城市开展了智慧城市建设,均提出加快光纤网络、无线网络建设,建设云计算中心、智能电网、智慧管线等智慧基础设施项目。我国城镇化的现状、国家政策和市场趋势导向也都表明,在以后的一段时间内,智慧基础设施是我国智慧城市建设的重点。然而,我国城市发展时间短,存在着很多问题:宽带网络、通信基站布局不均,城市整体网速较低,测速标准不统一;城市基础硬件(包括城市公共设施、地下管线、电力布线等)老化,智能水平差,融合度低,安全系数差;城市基础软件(平台、支撑硬件的软件)落后,升级难度高,对硬件支撑能力差,信息泄露严重等。可见,建设智慧城市,实际上是科技进步与知识经济要求的挑战。科学技术发展一方面为基础设施建设提供技术基础和先进手段,另一方面自身发展也需要良好的城市基础设施条件。因此,如何考虑日益强烈的科学技术进步要求,成为城市基础设施建设中保证基础设施品质和质量的挑战。

(六) 城市建设安全化挑战

城市化快速发展打破了传统城市的"超稳定结构";全球化带来城市要素快速流动,城市结构变得脆弱以至风险不断增加。城市安全呈现四种隐患:危机事件呈高频次、多领域发生;非传统安全问题,尤其是天灾人祸组合而成的新的灾害链成为城市主要威胁;突发性灾害事件极易放大为社会危机；危机事件的国际化程度加大。为此，城市政府要面对基础设施巨大的投资吸引力和脆弱的承载力之间日益加剧的矛盾，针对城市公共安全基础薄弱、地下管网设备老化、投资分散、功能单一、安全欠账多、防灾能力滞后等问题，树立高度的以人为本的城市安全理念，建设起能够形成高效应急联动机制的城市基础设施，以应对城市安全化服务的挑战。

五、完善城市基础设施建设的政策取向

实现城市基础设施供给能力略大于生产和生活的实际需求，使城市基础设施促进各行业均衡发展，是城市发展努力追求的目标。然而，我国最大的经济特点是不均衡，城市发展也是这样，为此，城市基础设施建设现实可以采取的政策取向是：依据各地区城镇发展的不同阶段和发展水平进行分类指导，结合社会经济政策，推进城市基础设施的系统性整体建设（严盛虎等，2015）。

（一）高级水平基础设施配置的城市政策取向

高级水平基础设施配置是指对一些社会经济发展高水平的城市，为了满足城市信息化、智慧化、生态化、集约化和高质量的生产和生活要求，要使配置的城市基础设施也实现信息化、智慧化、生态化、集约化和高质量。这种配置在我国适合于现代化水平较高的大中型城市，无论是技术力量、资金力量还是管理水平都可以达到。其配置引导政策主要包括：高效集约的空间布局和高技术利用引导政策；多元化、社会化融资引导政策；生态化、低碳化运行管理引导政策。

1. 高效集约的空间布局和高技术利用引导政策

发达地区的城市都已经建设了规模较大的基础设施，未来城市基础设施配置主要是积极利用高技术，对旧有基础设施实施改造和在扩建中新增技术密集的设施配置，形成集约合理高效的现代化城市空间。目前，发达城市基础设施建设的一个重要任务，是要完成城市地下综合管廊的系统建设。

2. 多元化、社会化融资引导政策

未来高水平基础设施配置将会需要大量的建设费用，在政府资金的主导和引导下，需要动员民间资本参与市政基础设施建设，可采用第二节阐述的多元化建设运营模式，可以依据城市特点和发展实际来选择适合的模式。

3. 生态化、低碳化运行管理引导政策

城市基础设施不仅要满足城市发展需求，更要实现人与自然、城市与资源环境之间的和谐融合，重点体现在人居环境和交通基础设施建设体系上，使城市向着生态化、低碳化方向发展。为此，应逐渐形成以常规公交为主体，以快速公共交通、清洁型电动汽车和轨道交通为助力，以出租车为补充的无污染、高效节能、快速便捷的城市绿色公共交通体系。这一体系中，要实现公交与自行车"双零换乘"，真正实现网络化和网格式的城市快速顺畅交通体系。在道路施工管理过程中，积极提倡使用先进的严格执行绿色标准的工程技术，实现节能节材、低碳、环保、高效的交通基础设施体系。生态人居环境建设上，运用生态技术，减少能耗，利用太阳能等可再生能源，广泛布局中水和雨水回收利用设施，缓解城市普遍缺水的重大环境压力。

(二) 中等水平基础设施配置的城市政策取向

中等水平基础设施配置的含义是，对一些正处于成长中的大中型城市，为了满足其适应地域特点的城市产业和居民生活发展的需要，未来重点实施"适度超前"网络型的城市基础设施配置模式。一方面强调城市基础设施的实用化、适度超前建设，使之符合城市整体发展趋势；另一方面强调建设与环保相结合，突出地域特色、促进环境友好。这种配置对于我国一些资源型专业化和有特殊地域特色的大中型城市，有实效意义。其配置引导政策主要包括适度超前的网络化空间布局、经营城市的市场化运行两方面取向。

1. 适度超前的网络化区域空间布局

适度超前的网络化区域空间布局，是指以城市化地区快速发展的基础设施配置理念，一方面通过略有富余的基础设施建设规模和服务吸引资金和物资，促进城市社会经济集聚发展，另一方面通过超前性跨区域的基础设施建设，实现同区域各相邻城市的紧密联系，形成区域基础设施网络化空间布局，促进区域协同发展。这种政策引导会使大中型城市的地域特色和发展优势，借助相互连通、互为补充的基础设施服务形成与周边地区广泛联系而得到强势发挥，并促进城市之间的交流与合作，弥补城市过渡地带的公共服务水平，推动区域经济一体化发展。

2. 经营城市的市场化运行

由于大中型城市往往具有较大的发展空间，城市政府应具有整体性的经营城市理念。经营城市是指城市政府把城市看成是最大的国有资产，以企业家模式依据城市发展战略，将城区土地、基础设施、公用服务设施等资源及资本推向市场，低成本和高效率运营，使城市资本资源更好地为城市发展服务，实现城市职能分工合理、功能互补、经济产业布局恰当，城乡人口共治和有序、快速流动，促进城市化进程和推动城市化区域整体高效发展。实现这种发展过程，需要以市场为主的融资政策。城市政府以城市资产吸引投资提高资源利用，采用股权、产权转让等激励方法，吸引外来资本投资于城市基础设施建设。这种做法能够迅速地建设城市基础设施能力，迅速地实现城市战略目标。

(三) 初级水平基础设施配置的城市政策取向

初级水平基础设施配置的含义是，对一些正处于起步发展阶段的中小型城市，为了满足其城市基本功能建设的需要，未来重点是实施城市规划空间和建设实用性的基础设施。其政策导向包括：突出"点-轴"扩展式的空间布局；多渠道、政企结合的融资建设；实用化、清洁化的运行管理模式。

1. 突出"点-轴"扩展式的空间布局

我国中小城市城市基础设施系统构建处于初级阶段，应遵从"点-轴"扩展式的空间布局模式，选择区域内经济发展水平相对较高的核心城镇，推进公共服务设施和交通基础设施建设，形成区域公共设施体系的重要核心节点。在此基础上，推动区域间经济要素流动，带动交通沿线经过的低级节点城镇的市政基础设施建设，使公共设施系统沿交通沿线辐射扩展。

2. 多渠道、政企结合的融资建设

这即充分发挥国家或地方政府部门与企业或其他投资者的合作动能，合资建设和经营城镇公用事业项目。这种合营模式中，公有资本为股东，便于政府调控项目服务收费价格，还

可以提高投资者信心，做好建设和经营服务。

3. 实用化、清洁化的运行管理模式

初级水平基础设施配置的城镇，不能盲目追求大而全地建设基础设施，应注重实用性，市政基础设施首先应以满足人们日常生活需求为切入点，同时做好区域间交通设施、城市道路、上下水系统、供气供热系统、公交系统、照明系统、公共休闲健身系统等与生产、生活息息相关的服务性设施建设。

第四节　城市基础设施产业化趋势与政府规制

一、城市基础设施的产业化趋势

（一）城市基础设施产业化的理论依据与现实需要

城市基础设施产业化是在市场经济条件下，把城市基础设施建设作为一项产业引入市场机制，通过竞争发展城市基础设施。这一趋势源于人们对基础设施自然垄断性的重新认识。

20世纪80年代以来，西方经济学家用部分可加性（subadditivity，又译为次可加性、劣可加性）重新定义了自然垄断之后，人们对自然垄断的性质有了重新认识。简单地说，即把自然垄断分成了强自然垄断和弱自然垄断两种情况。当自然垄断性较弱时，基础设施兼有公共消费和个人消费的特性，处于纯公共产品与纯个人产品之间，即具有很强的"混合产品"性质，可理解为"准公共产品"。城市的地域性又决定了城市基础设施的"地方公共产品"特性，使其"准公共产品"特色更加突出。故一些发达国家对自然垄断行业，特别是对城市基础设施的管制，已经由传统的单一法制管理，转变为需要因时制宜。根据其平均成本的升降、企业承受力的有无，分别采取不同管制政策。

城市基础设施作为"准公共产品"兼有公益性、垄断性、收费性、竞争性的特点。公益性与垄断性，决定了公众对基础设施消费不具有排斥性；但收费性（私人性）与竞争性，决定了基础设施的建设可以融入市场性，可以采取收费形式来弥补其成本并取得利润。例如电信、电力、自来水等。它们的活动应当按市场规律，采用市场手段进行，引入竞争就可以变为现实。

在实践中，最近20年来，随着社会经济科技水平的迅速提高和市场规模的不断扩大，自然垄断行业的垄断性开始逐渐降低；替代技术（能源）的出现使行业细分并出现了相互之间的竞争，如电信业等。因此，过去长期被视为公共产品的城市设施已成为准公共产品或准私人产品。在调查、总结了许多国家特别是发展中国家的经验之后，世界银行《1994年世界发展报告：为发展提供基础设施》中指出，凡是具有如下三个特点的城市基础设施即可进行有效的商业运营：①对提供服务有明确的、连贯的目的性；②拥有经营自主权，管理者和雇员都对经营效果承担责任；③享有财务上的独立性。这样，城市基础设施中的准公共产品和服务，就可以分别由公有公营、公有私营、私有经营和社区及使用者提供等四种不同体制的实体来经营。城市建设本身就已经具备了产业化经营的基础，这已经成为世界一些国家的成功经验。所以，加快我国城市基础设施建设的产业化是促进城市经济功能发挥的重要途径。

改革开放以来，我国城市化进程加快，城市基础设施短缺问题出现，国家财政资金增长速度跟不上基础设施资金增长要求的速度，城市建设资金存在巨大缺口。国家实施了征收城市维护建设税、城镇土地使用税等制度。同时，各级城市政府采取了多种多样的市场化手段来为城市基础设施筹措资金，并按照市场机制进行运作，比较常见的有：城市国有土地使用权出让；提供城市基础设施配套资金；调整城市产业布局收取城市土地级差地租；提高基础设施服务价格；承包、租赁、拍卖经营权和使用管理权；授予特许权；对大型基础设施项目进行股份制改造，发行股票，利用股权融资；发行债券；利用外资。市场化措施和国家近年的一些专项投资，缓解了城市基础设施建设资金短缺的燃眉之急。然而，更为重要的是，在这些探索过程中，城市建设产品产业化经营的观点已经被城市建设管理者接受，城市基础设施建设已形成产业化趋势。

（二）基础设施产业化是城市经济发展的趋势

城市基础设施作为独立的产业或行业，如能源产业、交通产业、运输产业、通信产业、环保产业等，带动了其他一系列产业的发展，如基础材料产业、房地产业、汽车产业、装备工业等。因此，城市基础设施产业是城市经济乃至国民经济的支柱产业，是新的经济增长点。其产业化是城市经济发展的趋势所在。

1. 产业化适应了基础设施建设量和投资量不断扩大的需要

社会生产力的发展，经济社会化程度的提高，使得基础设施内容越来越广泛，城市经济对基础设施的需求日趋扩大，从而对基础设施的依存性也越来越大。城市现代化在很大程度上取决于基础设施现代化。在城市现代化过程中，基础设施建设量迅速增加。只有不断实现产业化，才能适应城市基础设施投资和建设增长的需要；反之，投资和建设的增加，又要求基础设施实现产业化。

2. 产业化有利于提高城市基础设施的使用效率

目前，许多企业效益不高，不能说同城市基础设施落后没有关系。通过市场交换，推行产业化经营，可以使城市基础设施得到快速提高。近几十年来，许多国家把城市基础设施的建设、管理和经营，同其他生产经营领域一样交给企业，实行产业化经营，获取了良好发展效果。事实证明，不少城市基础设施项目由企业家投资、建设和管理后效率明显提高。因而产业化经营是城市基础设施发展的趋势。

3. 产业化是城市政府职能转变和有限财力的需要

随着城市急剧发展，城市公共管理任务越来越繁重，但是城市政府机构又受到财力限制，不可能无限制扩大职能。把一部分基础设施建设和管理交给企业（如城市建设投资公司）去办，变成企业经营活动，一方面会减少政府财力支出，另一方面可使市政府集中精力办好必须办的事。这样，通过更有力、更灵活的筹集资金方式，动员更多社会资金投入城市基础设施建设，将会更好地解决城市基础设施现存问题，推动城市化发展。

4. 科学技术进步为产业化提供了技术条件

一方面，城市基础设施建设已成为科学技术的重要应用领域。据美国新兴预测委员会和日本科技厅专家预测：未来30年间，全球在能源、环境、农业、食品、信息技术、制造业、生物医学等领域将出现十大新兴技术，其中有关"垃圾处理"的新兴技术被排在第二位。垃圾资源化等新兴技术有力地促进了城市基础设施发展；另外，计量技术的发展，为不易分割的城市基础设施消费提供了计量方法，这也为城市基础设施服务的产业化经营创造了技术条件。

随着我国市场经济越来越成熟，我国城市基础设施建设资金已从单一的国家和城市财政拨款变为多元化和多层次筹集渠道，为城市基础设施产业化提供了条件。但是，近些年来的实践，由于城市基础设施的公益性要求和政府监管的不完善，也出现了地方政府债务高企、存在偿债危机等地方金融风险问题，这需要进一步加强政府公共规制来加以解决。

二、城市基础设施建设的政府规制

(一) 城市基础设施建设的政府规制概述

政府对城市基础设施运营的公共规制（public regulation），是指政府依据法律，对城市基础设施建设主体的项目定价、投资收益、质量、环保等行为的行政管理，以确保资源配置最优和服务供给的公平性（丁向阳，2005）。项目定价和投资收益规制是经济性规制，是在自然垄断和信息不对称的领域，为了防止资源配置低效和不公平利用，政府机关运用法律，通过许可和认可等行政手段，对建设主体进入和退出市场、项目价格、投资收益和财务会计等的管理，是针对收益不公平和共享需要的产业纵向制约；而项目质量和环保规制是社会性规制，是针对劳动者和消费者安全保障、健康、卫生以及保护环境、防止灾害等目的，对项目的建设和服务质量及与之相关的各种活动制定一定的标准实施管理，是针对所有可能造成外部不经济或内部不经济企业行为的横向制约。城市基础设施建设的政府规制的目的和原则有：

1. 保护竞争，防止垄断

垄断是市场经济发展的悖论，垄断一旦形成，企业会追求超额利润，而损害消费者利益，因而成为城市政府管制的主要对象之一。

2. 分类监管，保障效率

城市基础设施的同一行业往往会同时存在竞争性业务和非竞争性业务（自然垄断业务），对此政府应采取不同的市场准入政策和定价方式。对竞争性业务，监管的重点是防止无序竞争，维护良性竞争环境；对自然垄断业务，实行政府管制下的特许权投标经营制度，形成有限竞争。

3. 完善法律，依法规制

政府规制应该根据各基础设施产业的技术经济特征、行业发展要求及城市发展的需要，通过制定相应法规进行管制。要根据政企分开、政事分开和管办分开的原则，明确界定政府管制的内容和范围，通过合理监管组织方式，依法履行监管职能。

4. 独立监管，防止行政垄断

政府作为特定市场监管者，如果不能有效地监管自身，则可能形成行政垄断，从而出现政府失灵的严重后果。因此，监管机构最好是独立于政府的公共机构，它应当是法定的、专职专业化的、依法行事的监管组织。

(二) 城市基础设施政府规制的主要内容

1. 价格规制

价格规制也称为收费规制，是指市政府对城市基础设施规定一定时期的价格水平。其目的有三：①约束垄断价格，以促进社会分配效率和公平竞争；②刺激企业优化生产要素组合，不断进行技术革新和管理创新；③维护企业发展潜力，使企业具有一定自我积累、扩大投资的能力。

政府直接确定城市基础设施服务价格，相应于企业产品的市场组织结构，一般有三种确定方式：①按边际成本定价（P_p），使产品价格等于其边际成本（MC），即 $P_p = MC$，这是竞争性产品的定价方式；②按平均成本定价（P_r），使产品价格等于其平均成本，它与边际成本定价的关系是 $P_r = MC/(1 - R/\varepsilon)$，这是规制价格的主要确定方式；③按垄断成本定价（$P_m$），使产品价格包含其垄断利润，它与边际成本定价的关系是 $P_m = MC/(1 - 1/\varepsilon)$，这是自然垄断产品的定价方式。在三个公式中，$\varepsilon$ 是价格的需求弹性，R 是拉姆齐指数，它是以发明者命名的能够使自然垄断产品价格高于按边际成本定价（幅度为 R/ε）、趋向于按平均成本定价的水平，因为它是以"收支平衡为前提"对边际成本定价所做的一个调整。它既可以使城市基础设施产品不至于以边际成本定价而出现亏损，也不至于以垄断定价而出现超额利润。于是正确确定拉姆齐指数就成为城市政府实施基础设施价格规制的重要工作。

除了直接定价，还可以采用一些价格政策来实施规制。例如，对传统的"成本加成"规制方法，可引入激励性规制手段，促进企业通过提高效率而不是提高价格或减少成本来实现企业盈利。例如，英国电力行业采用以零售价格指数（RPI）和企业生产效率增长率（X）挂钩的最高限价方法，非常值得参考。该方法根据各地资源、基础设施和企业的技术进步等因素，为每个企业确定了一个合理的生产效率增长率（X）。同时，还要确定一个适当的规制价格调整时期，这是与城市基础设施的投资回收期相适应的。这使企业不能随意涨价。

此外，城市政府还可以不断调整城市基础设施的价格结构，按照不同标准对总需求进行细分，形成不同的需求结构，并以此为依据制定与需求结构相适应的价格结构。合理调整价格结构，可以满足不同用户的特殊需求。对超额享受基础设施的企业和个人，根据其价值、服务质量等因素的差别来制定浮动价格，拉开价格差别。例如，在电力、公交等行业，按照季节、月份和昼夜划分高峰需求和非高峰需求，制定相应的高峰价格和低峰价格。对于价格差异，政府可以采取区域间比较竞争的价格规制方法，根据不同区域间的资源状况、企业成本和技术条件，合理地规范不同企业的价格。

目前我国价格（收费）规制的内容主要是确定价格水平和价格听证管理。

2. 市场准入规制

市场准入规制是政府为防止资源配置低效或过度竞争，确保规模经济效益，并从整体上提高经济运行效率，通过批准和注册等手段，对市场主体进入市场而进行的管理行为（王雅莉，2011）。

(1) 制定行业进入标准，规范市场准入　市场准入标准是调整城市基础设施行业发展的一个重要手段，市场准入规制必须以制定公开规范的市场准入规则为前提。一些市场经济国家利用经济、技术、环境、安全和节约等市场准入标准，促进行业技术进步和实现经济规模。根据我国目前的情况，应从制定技术、资源利用效率、安全、卫生和环境等标准入手，建立市场准入规则，加强行业管理。其主要目标是：①促进企业技术进步，调整产业结构；

②适当提高部分行业进入门槛,控制企业数量,提高企业素质;③保护消费者和公众利益,促进社会稳定发展;④统一标准,促进公平竞争,加快城市基础设施的发展。

建立市场准入规则,应根据城市基础设施行业的不同特点。竞争性行业主要建立资源利用效率、产品性能和质量、安全设施、环境保护等行业进入标准;垄断行业不仅要制定企业生产条件、设备效率和产出品标准,还要制定政府规制标准。同时,针对不同行业特点应采取不同管理方式,如竞争性行业可实行许可证制度,垄断行业可以实行特许权招标制。

要把市场准入标准与激励和惩罚措施结合起来,加强其与土地管理、城市规划、金融等部门的沟通与协调,严格信贷、土地、税制管理等措施,保证市场准入制度的实施。对不符合国家产业政策和发展规划的建设项目,不批准用地和建设,对达不到市场准入条件的项目,不准开工建设;对符合准入条件的企业,要减少政府行政干预,打破行业垄断,放宽市场准入,引入竞争机制,鼓励民营企业投资基础设施行业。

(2) 明确界定准入领域,放宽投资限制　　目前,在以投资计划为导向的前提下,应放宽市场准入限制,同时加强对市场垄断或恶性竞争的规制。对于竞争性行业,原则上可允许民营资本和外资进入;仍需由国有经济主导或控制的,也需要在一定范围内、一定程度上引入竞争机制的某些传统垄断产业,也可以采取适当的方式允许民营资本和外资进入。

3. 质量规制

质量规制是为了保证消费者健康,对产品的安全性、准时性、环境效益等方面的规制。质量规制往往不是单独实行,而常常与价格、投资等规制联系起来。目前,对城市基础设施工程质量的规制主要有三种:①行政手段,即政府对工程的许可和监督;②法律手段,即各方责任主体通过严格的民事合同界定各自的权利和义务,并通过司法程序解决纠纷;③经济手段,即各方责任主体通过保险和担保合同等维护自身利益。

(三) 城市基础设施政府规制的基本思路

1. 放松经济性规制的政策思路

(1) 鼓励民营经济进入城市基础设施产业,实现投资主体多元化　　在政府、国有企业财力不足的情况下,通过贴息、提供补贴和担保等政策措施,鼓励民营经济进入城市基础设施产业,充分调动民间资本积极性,增强城市基础设施投资能力。政府通过盘活存量资产吸引民间资本,以向民间资本转移具有可经营性基础设施项目的产权和经营权为突破口,鼓励民间资本以逆向 BOT(先由政府出资完成项目建设,经营一段时间后,再有偿转让给民营投资者)等形式进入基础设施领域。政府部门从转让中获得置换资金,用于新建基础设施项目。同时,还可将公用设施的一些无形资产,如桥梁冠名权、各种广告位置等,以公开拍卖等形式引入民营投资。对赢利能力不高但社会效益较好的项目,政府可通过财政补贴或其他转移支付手段,引导民间资本投入。

(2) 创新规制工具,引入市场竞争　　在传统规制中,政府规制与经济主体低效率也会同时存在,故仅仅放松规制并不能解决所有问题。激励性规制和协商性规制作为政府规制的两种创新工具在某些情况下可能起到提高企业绩效的作用。激励性规制是通过引入竞争或明确奖惩方式来给予企业提高内部效率的诱导和刺激。它包括特许权竞标、区域间竞争、价格上限规制、稀缺资源公开拍卖等方式。协商性规制是规制者与被规制者之间就如何进行规制所达成的协约。被规制者在这一规制模式中由原来的被动接受规制转变为主动参与决策,制定规制政策。协商性规制的常见方式是社会契约制度,它是规制者与被规制者双方就社会目标、经济目标、行业进入标准、产品质量标准和违约惩处方式等内容所达成的协议。政府规制的创新同样也会受到市场力量和经济、技术发展的推动。

(3) 培育良好的规制法制环境 我国法律体系和法制环境尚处于不断完善中,民法、公司法等基本法已形成体系,但专门结合城市基础设施相关的法律、法规、条例和规章却还不够健全。在遇到问题时,缺乏法律规范,往往需要行政协调解决,给投资人带来极大不便。为此,亟须加强法律环境建设。在政府规制法制化过程中,在涉及申请相对人权利(如特许经营权)的行政审批程序时,除广泛引入公开听证程序外,还必须建立特许权的公开拍卖或竞标制度;此外,还要建立完善的政府信息公开制度。

2. 加强社会性规制的思路

城市基础设施领域易于产生负外部性、环境污染和产品质量低下等社会问题,这需要政府通过立法、执法手段加强对这类社会问题的规制。

(1) 完善社会性规制的法律体系,提高执法效果 目前我国城市基础设施领域已出台了一些法律法规,但还不很完善。根据经济发展的实际需要,应不断加以完善。城市执法机构对城市基础设施的社会性规制应加强,特别是针对一些技术性、专业性较强的问题,以便减少由城市基础设施运行造成的负外部性、产品劣质和不安全等社会问题。

(2) 培育社会监督体系,发挥社会监督的重要作用 社会监督机构主要是新闻媒体等社会团体和公众个人,他们通过各种渠道,以多种形式对损害社会公益的现象进行监督。社会公众数量众多,分布广泛,容易发现城市基础设施建设中的社会问题并提出建议;社会团体包括绿色环保组织、消费者协会等组织,在社会性规制方面发挥着重要作用。

(3) 依托市场机制加强管理,保证城市基础设施建设质量 我国传统质量规制模式是通过对建设工程实体质量监督,并对最终产品实行等级认证来控制工程质量。这种模式要求监督机构配备基础设施项目所有环节的专业技术人员,并要对工程的所有关键工序和部位实施全程检查,才能保证工程质量。监督成本过高,所需监督机构规模大。所以,政府直接介入工程实体质量监督模式不是一种理想模式。为此,我国在改革中引进了建设工程监理制,旨在建立起专业从事工程质量现场规制的社会中介力量,使建筑市场形成一套可靠的质量自我保证机制。2000 年,国务院颁布了《建设工程质量管理条例》,逐渐把规制重点从检查工程实体质量转移到监督工程建设各个责任主体履行法定行为规范或操作规程上,通过处罚违法行为等执法手段来保障建设工程质量。但是目前我国在基础设施领域的法律手段还比较弱,还需要多方面的改进。

复习思考题

1. 什么是城市基础设施?试找出 10 个身边的城市基础设施,并加以分类。
2. 城市基础设施有哪些特性?试分析其形成原因。
3. 以某一具体的城市基础设施为例,试分析其供求特点。
4. 简述城市基础设施经济效益的评价方法。

5. 为什么说城市基础设施产业化是城市经济发展的趋势？
6. 试找出五个城市基础设施特许经营的具体事例，并分析其运作经验。
7. 比较多种城市基础设施运营市场化的模式，分析其优缺点和适应性。
8. 试述城市基础设施建设投融资市场化，结合实际，谈谈你对这些问题的认识。
9. 搜集城市政府对基础设施建设监管的例子，它的监管目的和原则是什么？运用了哪些监管方法？
10. 你是否参加过城市基础设施产品的价格听证会？请你列举三种城市基础设施产品的定价方法，比较一下，分别有哪些优缺点？
11. 试论 PPP 模式在城市基础设施建设融资中的作用。
12. 我国城市基础设施建设存在哪些问题？具体对策是什么？

第七章 城市住宅经济

【学习目标】

通过本章学习,要求学生掌握城市住宅和住宅经济的基本属性,能够运用经济学知识分析城市住房市场的供求现象;从城市经济的视角认识我国过去和当前城市住宅存在的问题,了解国家治理城市住宅问题所实施的住房制度改革和近年来所实施、出台的城市住房调控政策;能够解读我国实施城市住房政策的初衷和目的;理解经济适用房和廉租房政策的内容和运行方式;明确城市政府在解决城市住宅问题中的角色和应发挥的作用。

第一节 城市住宅经济概述

一、城市住宅的基本属性

(一)住宅的属性

住宅是人类赖以生存的基本物质条件之一,它集生存资料、享受资料与发展资料于一体,和食物、衣服、交通工具合称"衣食住行",是人们必需的基本消费品。住宅的需求与供给、建设与分配,是国际公认的重大经济和社会问题。

我国正处于城市化时代,城市替代农村成为人们活动的主要集聚地。随着非农产业的迅猛发展,大量农村人口转移到城市,城市规模不断扩大,城市人口密度、建筑物密度越来越高。这在为城市发展提供了条件的同时,也带来了许多城市问题。城市住宅问题就是其中最为突出的,也是当前我国政府和广大群众极为关注的重大经济社会问题。因此,发展城市住宅经济、满足城市居民适宜居住的需要,就成为当前我国城市经济理论的重要课题。这一研究应当从认识城市住宅的属性开始。

1. 城市住宅的自然属性

住宅作为一种建筑物,具有耐久性、固定性和附着性的特点。耐久性是指住宅具有较长的使用年限，在整个使用年限内，住宅为人们提供服务流量，直至它的寿命终止；固定性是指住宅一经开工建设，就在某空间位置上固定下来，这是由土地的固定性决定的（蔡孝箴，1998）；附着性是指住宅和土地密不可分，犹如寄居蟹一般，离开了用以支撑的土地（包括水面、森林等），住宅就无法存在。

2. 城市住宅的经济属性

住宅是一种特殊商品，它有三种经济特征：①作为一般商品，住宅凝结了大量的物力、财力与人力，这是它价值的基础，也是商品的共同性。由此住宅可以买卖，可以按照住宅的不同质量和功能，制定不同的价格。②作为特殊商品，住宅具有很强的外部性和准公共产品属性。住宅关系城市居民的基本生计问题，不能将其作为完全的私人产品看待，要求政府从稳定社会公益出发，干预住宅价格或数量。③住宅的固定性和耐久性特点，使住宅成为具有价值储蓄性质的不动产，可以用来作为投资或投机的工具。

3. 城市住宅的社会属性

住宅是社会性程度很高的产品：①它作为满足居民基本生存和发展需要的重要消费品，已经成为提高生活水平的重要追求目标，我国城市居民的食物和衣服消费已不成问题，而居住问题还存在，需要国家制定相适应的住房政策。②城市住宅涉及多方面的社会问题，例如，人口迁徙、城市交通、教育、医疗等公共设施，社区发展和中小企业发展等多方位、多角度的相关利益群体，尤其在全球化和后工业社会的大背景下，与住宅相关的社会问题呈上升趋势且越来越复杂。所以，住宅问题不仅对个人具有重要意义，也是一个重大的社会问题。"安居"才能"乐业"，没有基本的住所，人们就无法安心工作、学习和生活，社会稳定也将得不到保证。所以，保障居民安居一直是各国政府努力的政策方向之一。

（二）城市住宅经济的特征

上述住宅的基本属性，决定了城市住宅经济的特征。

1. 投资成本大，投资周期长

由于住宅是长期和耐用消费品，一次建成，长时期使用消费，因而住宅建设需要耗费大量财力物力，需要较长的建设周期和投资回收期。这种投资成本大、周期长的特点，要求城市政府在监管城市住宅建设时把好规划关和质量关，从战略角度管理城市住宅经济的运行。

2. 具有复杂产权关系

城市住宅经济依附于土地经济利益。土地区位好，地段繁华，它上面的住宅也会售出高价位，故地产和房产被合称为"房地产"。我国城市土地属国有，开发商是在拥有城市土地使用权后建设住房。故，住房交易的内涵是土地使用权和住房所有权的交易，整个住房经济牵扯到城市土地国家所有权、开发商占有国土使用权和房屋开发及收益权，以及购房者的国土使用权与住房所有权的各种关系。这些复杂的关系要求城市政府管理城市房地产时，要明确和正确处理好相关经济主体的产权关系。

3. 产业关联度高

住宅作为最终产品，与多种产业具有较高关联度。房地产开发建设中所需要的建筑材料有 23 个大类，1500 多个品种，涉及建材、冶金、机械、化工、电子等 50 多个生产部门；住房的使用又会对装饰材料、家居、家具等产业提出大量需求。这样，住宅业可以带动大量相关产业的发展。因此，随着我国城市化的快速发展和对城市住宅的高需求，住宅业已成为我国国民经济重要的支柱产业和新的经济增长点。

4. 强烈地依赖并支持金融业的发展

住宅投资巨大,生产周期长,投资回收期长,所以无论是开发商还是购房者都需要金融机构的支持。开发商向银行借贷以筹集开发资金,购房者向银行申请住宅消费贷款(按揭)。这些贷款对于金融部门是利润丰厚的金融产品,无论是放贷于开发商,还是购房者,金融机构都会得到较高的利率。所以,住宅业既需要金融业的支持,又有力地支持了金融业的发展,而这些又都有力地促进了城市经济的发展。这种与金融业的密切关系,使得城市住宅经济会与金融风险联系在一起,因而需要政府通过金融控制政策来稳定城市房地产经济的运行。

5. 具有竞争和垄断双重性质

一方面,普通住宅市场上的商品房开发商较多,需求者也较多,无论是住宅供给还是住宅需求都具有相当强的竞争性;另一方面,由于城市土地的稀缺性,城市住宅是有限供给,同时开发房屋需要大量的垫付资金和其他开发条件,在我国能够在政府供地的招标中中标的开发商也只是少数,因而城市住宅具有垄断的可能。特别是我国的城市住宅需求很大,开发商就可能垄断住宅市场,抬升价格,加剧住宅供应的紧张局面。为此,需要政府采用反垄断措施,平稳住宅市场价格。

6. 具有消费性、投资性和投机性三重特征

不同性质的住宅需求行为和所占比例,将会直接影响城市房地产市场的健康运行,所以需要国家和城市政府综合运用宏观调控和公共规制政策,保证城市房地产经济的合理结构。

二、城市住宅市场的需求分析

作为商品出售的住宅,与一般商品一样要受供求规律的支配,形成一定的均衡价格,调节住宅的生产与需求。

决定住宅需求的因素主要是居民收入和财产水平、住宅价格、住宅抵押(按揭)贷款利率和通勤费用。住宅商品的需求模型如式(2-7-1)所示。

$$H_D = f(y, p, i, e, t) \tag{2-7-1}$$

式中,H_D 为住宅需求量;y 为居民收入和财产水平;p 为住宅价格;i 为住宅抵押(按揭)贷款利率;e 为人们对未来的预期;t 为通勤费用。

(一)居民收入和财产水平

一般来说,城市居民对住宅需求大小,同城市居民收入和以往收入形成的财产多少成正比。20世纪七八十年代以来,西方一些学者致力于研究住宅消费支出和收入之间的比例关系以及住宅需求的收入弹性,以总结政策建议。美国经济学家里奥(Leo)从当年的收入出发进行研究,住宅需求的收入弹性为0.6~0.9。说明住宅缺乏弹性,是生活必需品。似乎当年收入高低,对人们的住宅需求的影响不会有太大变化。但是把当前收入积累下来的财产考虑进去,即从相对收入概念和生命周期收入理论角度分析,居民购房需求与当前收入水平和原有的财产以及长期内的预期收入成正比。因此,这里的 y 很复杂,既有当前收入,也有原有的财产,还有未来的预期收入。

(二)住宅价格

住宅价格上升会抑制住宅需求,住宅价格下降会刺激住宅需求。研究表明,人们对住宅价格比较敏感，住宅的需求价格弹性约为 1.5（谢文蕙，邓卫，2008）。但是也有特殊情况。2004 年上半年，我国政府为了稳定住宅市场，出台提高房贷利率政策，引发了大量有真实需求的人们的一种预期：如果现在不买房，房价会涨得更高。于是正在打算买房的和原打算过一段时间再买房的人们纷纷加入住宅需求的队伍，使城市商品房具有了"吉芬"商品的性质，这样随着房价的上升，需求者反倒增多。

（三）住宅抵押（按揭）贷款利率

在人们的收入不足时，有时会考虑到通过按揭解决住宅费用的支付。我国城市居民收入相比于发达国家偏低，房价-收入比很高（10∶1~20∶1）。我国政府为此建立了住房公积金制度。城市居民购买住宅的资金不够，参加住房公积金的人员可以申请公积金贷款，没有参加的可以向各家银行申请商业按揭贷款。这样，一般的情况下，住宅抵押贷款利率就成为影响居民住宅需求量的一个重要因素。抵押贷款利率过高，会抑制居民的住宅消费。但是也有特殊情况，当利率水平低于房价上涨水平时，也许不会抑制居民的住宅需求。

（四）人们对未来的预期

人们购买住宅，既是一种消费行为，也是一种投资行为：人们是期待住宅的未来升值而考虑现在购买。如果单作投资看，如果预期悲观，就会减少购买住宅；如果预期乐观，就会增加购买住宅，从而影响住宅需求的变动。这种预期往往会产生一种惯性作用，从而扭曲住宅价格，即当人们预测住宅价格会上涨时，会增加对住宅的即期需求，需求增加确实会推动价格的上涨，进而导致人们预期未来价格进一步上涨，这种恶性循环会严重地扭曲住宅价格和市场。

（五）通勤费用

在单中心城市中，住宅一旦购买，其空间位置就固定了，这种固定性决定了它与其他地点的距离，尤其是与 CBD 的距离。人们的出行需要花费交通费和时间，到达目的地距离的远近，决定了通勤费用的高低。这样通勤费用也是一笔较大的开支，会影响到居民对住宅需求的选择。当然，这种选择是综合性的，一般会在房价和通勤费用之间进行权衡。

三、城市住宅市场的供给分析

决定住宅供给的因素主要有住宅价格、建房资金、土地供给和国家政策。住宅商品的供给模型如式（2-7-2）所示。

$$H_S = f(p, k, l, r) \tag{2-7-2}$$

式中，H_S 为住宅供给量；p 为住宅价格；k 为建房资金；l 为土地供给；r 为国家政策。

（一）住宅价格

住宅价格是影响开发商是否愿意供给住宅的首要因素。因为开发商建设住宅就是为了得到尽可能高的利润与收益。住宅价格水平高于成本投入，开发商获利，开发商就会向市场提供住宅；住宅的价格与成本间的差距越大，利润越大，开发商就会越多地供应商品房。因此，住宅供给与其价格成正比例关系。

（二）建房资金

建房资金是决定住宅建设量的根本因素。住宅投资的成本很高，占用资金很大，没有足够的建设资金，就不能有效地供应住宅。鉴于住宅的双重特性，住宅的供给有两类情况：

①对普通商品房，需要开发商首先垫付资金，资金不足，开发商就不符合向市政府申请土地的条件，也就不能进行住宅开发。住宅业是有进入障碍的产业，住宅供应商必须具备一定的资金规模，才能开发和供应住宅。②对特殊的商品住宅，如经济适用房等政府控制的住宅，其供应既需要开发商具备开发资金，也需要政府具备综合配套资金，所以需要开发商和政府分别具备房屋开发的建设资金。

（三）土地供给

土地供给是影响住宅开发的投入因素。由于土地资源的稀缺性，政府通常控制土地的利用，故城市住宅的供给能力，很大程度上取决于政府的土地政策，政府允许使用土地的多少直接影响住宅在市场上的供应量。政府对土地的控制，不仅影响土地的供应数量，还会影响土地的价格。这都会影响到开发商对住宅的供应数量。

（四）国家政策

国家政策是国家和政府控制住宅业健康发展和"住有所居"社会目标实现的基本保证。住宅的建设是关乎国计民生的大事，国家一般不会放任自流，各国政府都有一套管理房地产业的法律、法规和政策，以调控房地产市场朝着有利于国民经济的方向发展。国家的调控主要有三个方面：①法律、法规，例如立法规定房地产开发中住宅的比例与档次和开发方式；②行政措施，例如对开发商收取购房者费用的限制条目；③经济措施，例如用税收和土地出让的不同政策调节住宅的供给结构。

此外，住宅供应量还受到住宅投资收益以及开发商对未来投资收益预期的影响。

四、城市住宅市场的供求平衡

在市场的作用下，住宅需求与供给均衡变动情况如图 2-7-1 所示。

图中，H_{D1}、H_{D2}、H_{D3} 分别表示不同时期的住宅需求量，说明住宅需求量和价格成反方向变化关系，即当其他条件不变时，价格越低，需求量越大。

H_{S1}、H_{S2} 分别表示不同时期的住宅供给量，说明住宅供给量和价格成正方向变化关系，即当其他条件不变时，住宅价格越高，供给量越大。

在第一时期，住宅需求和供给均衡点处于 E_1，所决定的均衡价格和均衡数量为 P_1 和

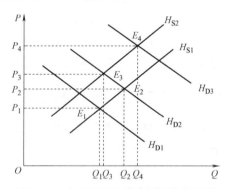

图 2-7-1 住宅需求与供给均衡变动情况

Q_1。随着人们生活水平的提高，对住宅的需求量增加，需求曲线会向右移动到 H_{D2}，进入第二时期，新的需求曲线与原来的供给曲线相交于 E_2，产生新的均衡价格和数量 P_2 和 Q_2。除了住宅需求发生变化外，住宅供给也会发生变化。譬如，住宅生产效率降低、建筑材料价格上涨，或者政府补贴减少，都会使得供给曲线向左移动到 H_{S2}。这时进入第三时期，新的供给曲线和 H_{D2} 相交于 E_3。这时的均衡价格和均衡数量为 P_3 和 Q_3。如果这时居民住宅需求继续增长的话，那么需求曲线又向右移动到 H_{D3}，随之新的均衡点到了 E_4，均衡价格和数量变成了 P_4 和 Q_4。

第二节　我国城市住房制度的问题与改革

一、我国城市住房福利分配制度存在的问题

自新中国成立一直到 1994 年，我国除了居民原有住房外，在城市住房制度上基本上实行的是国家或企业建房的福利分配制度。这一制度在稳定城市居民生活、促进社会生产上发挥了很大作用。但是随着改革开放后城市化加速，这种低租金的住房福利分配制度，无法实现住房投入产出的良性循环，无法满足居民居住需要，产生了越来越多的问题。

（一）投资一元化，造成住房欠账过多，总量不足

共和国诞生之初，万象更新，同时也是百业待兴，既要不懈地保卫年轻的国家，又要在几乎是赤贫基础上发展社会主义经济，实现国家工业化，不得长期实行生产性投资倾斜性政策。1979 年前的 30 年里，我国城镇住房投资单纯依赖国家，且一再被压缩挤占。"一五"时期住房建设投资占基本建设投资比例为 9.1%，"二五""三五"时期分别降到 4.1% 和 4.0%，到"四五""五五"时期回升至 5.7% 和 11.8%。30 年住房投资总计为基本建设投资的 7.5%。而同时期的发达国家，据统计，1953 年—1979 年，日本住房性投资占基本建设投资比重为 14%～21%，联邦德国为 21%～25%，美国则高达 15%～33%。而我国住房欠账太多，是这阶段住房紧张的最主要原因。

（二）低租金削减住房开支，引发畸形消费

新中国成立后很长时期内，城市公有住房租金低得惊人。20 世纪 80 年代中期以前，全国每平方米使用面积的月租金只有 0.13 元，1989 年我国城市居民住房开支仅占生活支出的 0.7%，几乎等于免费住房。而国外住房支出占生活支出比重一般都在 15%～25%。低租金带来的一个后果就是引发畸形消费。改革开放以来，城镇居民收入以两位数率增长，城镇居民储蓄存款余额 1993 年高达 10014.8 亿元。如此庞大的存款，使人们提前进入高消费，各种高档消费品、保健品、奢侈品纷纷飞入寻常百姓家，某些指标已接近发达国家水平。这种消费早熟现象，与不合理的住房开支有很大关系。我国房租不仅低于建房成本，而且低于住房维护和管理费用，使国家财政负担很重，同时遏制了在国外被认为是国民经济三大支柱之一的建筑业发展，造成市场和产业结构扭曲。

（三）福利分房制度加重了企业负担，削弱了城市政府的管理职能

福利分房制度在实践中逐渐演变成各企业单位自己建房，然后在内部分配的体制。这使得企业承担了一部分社会职能，这种"企业办社会"的结果，加重了企业负担，产生了房子分配利益协调中的扯皮、闹事等诸多问题。同时，各单位建房只考虑自身情况和利益，不顾及城市整体形象，使得城市政府不能从长远发展考虑城市规划，削弱了城市政府的管理职能。

（四）福利分房制度导致城市建设滞后，延误了城市化进程

一是各企业单位自主建房，规划较弱，使城市建筑物参差不齐，影响了市容市貌，并且由于政府资金短缺，旧城改造困难重重，居住环境也得不到改善。二是福利住房建设质量由于资金不足而较差，无法使城市建设达到高水平。于是，城市建设滞后，吸纳劳动力就有限，生产规模很难扩大，财政收入也难以增加。而财政匮乏又反过来进一步加剧城市建设资

金的紧缺,从而陷入恶性循环。所以,我国1994年之前的城市化进程一直很缓慢。

(五) 分配体制导致住房分配不公平,滋生特权现象

在物资不足时的分配制度,容易滋生以权谋私、寻租等不良现象,造成不同阶层、不同部门、不同级别之间,或者同一阶层的不同群体、同一部门的不同单位、同一级别的不同权属之间,在住房分配上的不公平。

二、我国城市住房制度的改革

我国城市住房制度的改革经历了40多年,从政策、措施出台及改革深度和广度看,大致经历了如下三个阶段:

(一) 城市住房制度改革的探索和试点阶段

1978年邓小平同志最先提出了关于房改的问题,1979年国家开始实行向居民全价售房的试点,1982年开始实行补贴出售住房的试点,即政府、单位、个人各负担房价的1/3。截至1985年年底,全国共有160个城市和300个县镇实行了补贴售房,共出售住房1093万 m^2。1986年以后,城市住房制度改革取得重大突破,掀起了第一轮房改热潮。1986年2月,我国成立了"国务院住房制度改革领导小组",下设办公室,负责领导和协调全国房改工作。1988年1月国务院召开了"第一次全国住房制度改革工作会议",同年2月国务院批准印发了国务院住房制度改革领导小组《关于在全国城镇分期分批推行住房制度改革的实施方案》,标志着住房制度改革进入了整体方案设计和全面试点阶段。具体措施为,公有住房的出售按照房屋的新旧实行不同的价格标准:①向职工出售新建住房时,按照标准价计算,即按住房本身建筑造价和征地及拆迁补偿费计价;②向职工出售旧住房时,综合考虑重置价结合成新折扣和环境因素等,以质论价,一般每平方米售价不得低于120元。

(二) 城市住房制度改革全面推进和配套改革阶段

1991年11月,国务院办公厅下发了《关于全面推进城镇住房制度改革的意见》,这是城市住房制度改革的一个纲领性文件,明确了城市住房制度改革的指导思想和根本目的,标志着城市住房制度改革已从探索和试点阶段,进入到全面推进和综合配套改革的新阶段。1994年7月18日国务院下发了《关于深化城镇住房制度改革的决定》,确定了房改的根本目的,是建立与社会主义市场经济体制相适应的新的城市住房制度,实现住房商品化、社会化;加快住房建设,改善居住条件,满足城市居民不断增长的住房需求。此后形成了房改的热潮。房改的基本内容可以概括为"三改四建"。

"三改"的内容是:①改变住房建设投资由国家、单位统包的体制为国家、单位、个人三者合理负担的体制;②改变各单位建房、分房和维修、管理住房的体制为社会化、专业化运行的体制;③改变住房实物福利分配方式为以按劳分配的货币工资分配为主的方式。

"四建"的内容是:①建立以中低收入家庭为对象、具有社会保障性质的经济适用房供应体系和以高收入家庭为对象的商品房供应体系;②建立住房公积金制度,发展住房金融和住房保险;③建立政策性和商业性并存的住房信贷体系;④建立规范化的房地产交易市场和房屋维修、管理市场。

到1997年,住房公积金制度已在全国大中城市普遍建立,租金改革和公有住房出售加快,住房自有率迅速提高,经济适用房建设也在加快,初步形成了住房供应体系和住房金融体系。这标志着城市住房制度改革已进入深化和全面实施阶段,即建立与社会主义市场经济体制相适应的新住房制度。但是,由于房改仍然是在旧体制框架内的浅层次调整,未能冲破传统住房模式,特别是住房政策设计的一整套环节缺乏公平性的制度保证,引发了一些新问题:①住房差距有所拉大。房改中建立的住房基金强调单位主导,有单位压低房改房价格吸引现住户购买,而忽视缺房户的实际需求,形成了新的住房分配偏差,原有住房分配差异没能得到很好的调整,住房分配机会不均等矛盾仍然较大。②供求不均衡未得到缓解,小步提租改革,只对租住公房的职工发放补贴,租住私房的职工等无公房职工得不到补贴,产生较大政策落差,迫使单位建设公房,形成住房市场化改革的阻力。

(三) 城市住房制度改革全面货币化阶段

1998 年 7 月 3 日,《国务院关于进一步深化城镇住房制度改革加快住房建设的通知》(国发〔1998〕23 号)发布,宣布从 1998 年下半年开始,全国城市停止住房实物分配,全面实行住房分配货币化。此文件的出台标志着中国住房体制改革的转折点:住房作为福利以实物形式分给职工的方式彻底停止,今后单位不再建房、买房、分房,同时将单位原来多种用于建房、购房的资金转化为住房补贴,再由职工到住房市场上通过购买或租赁方式解决住房问题。

所谓住房分配货币化,是指社会再生产中的最终消费(使用)者以有偿货币方式取得住房的分配方式,或者说是"把住房实物分配的方式改革为以按劳分配为主的货币工资分配方式"。它是计划经济体制下形成的福利性实物住房分配制度向与市场经济相适应的住房商品化制度转变的一种过渡政策。住房分配货币化的内涵主要是停止原有的住房实物分配,通过一次性或者分次性发给职工住房补贴,让职工到住房市场通过购买或者租赁方式选择自己满意的住房,实现住房商品化和社会化。

建立和完善以经济适用房为主的住房供应体系是这次改革的主要内容。其要点是:

1. 调整住房投资结构,重点发展经济适用房

经济适用房是为了满足城市居民基本居住需要而供应的政策性住房,其成本只包括征地和拆迁补偿费、勘察设计和前期工程费、建安工程费、住房小区基础设施建设费(含小区非营业性配套公建费)、企业管理费、贷款利息和税金等七项因素。计入房价的企业管理费原则上控制在 2% 以下,并以征地和拆迁补偿费、勘察设计和前期工程费、建安工程费、住房小区基础设施建设费(含小区非营业性配套公建费)四项成本因素为基础计算,其开发利润控制在 3% 以下,使其价格能与中低收入家庭的承受力相适应。可见,经济适用房具有保障性质,其建设要严格控制在中小套型,审定销售价格和依法实行建设项目招投标制。

2. 对不同收入家庭实行不同的住房供应政策

除了新建的经济适用房出售价格实行政府指导价,按保本微利原则确定,保证中低收入家庭的住房需求之外,政府还实行廉租房和其他普通商品房政策。最低收入家庭如果买不起经济适用房,可以向政府申请廉租房。政府提供的廉租房,可以从腾退的旧公有住房中调剂解决,也可以由政府出资新建。如果政府没有适宜的住房出租,也可以向最低收入家庭在社会上承租的普通商品房发放租赁补贴。政府可以在实物配租、租赁补贴和租金核减等方法上进行选择。

3. 发放住房补贴

职工购房资金主要来源是职工工资、住房公积金和个人住房贷款。政策调控下的房价-

收入比（本地一套60m²建筑面积的经济适用房的平均价格与双职工家庭年平均工资之比）一般在4倍以上；财政、单位原有住房建设资金可转化为住房补贴的地区，可以对无房和住房面积未达到规定标准的职工实行住房补贴。

4. 住房公积金制度全面推进

1998年国发〔1998〕23号文件要求，全面推行和不断完善住房公积金制度。到1999年年底，职工个人和单位住房公积金缴交率不低于5%，有条件的地区可适当提高；建立健全职工个人住房公积金账户，提高住房公积金的归集率。1999年3月4日，国务院发布实施《住房公积金管理条例》，并于2002年做了修订，扩大了公积金适用单位，设立住房公积金管理委员会，比原先的住房委员会增加了"审议住房公积金增值收益分配方案"的职能。住房公积金是城市中所有单位及其职工缴存的长期住房储金，属于职工个人所有。职工个人可以用自缴公积金或申请住房公积金贷款购买住房。

三、我国城市住房制度改革中的现存问题

1994年后，我国城市住房改革进入实质性阶段。1998年下半年开始的住房分配货币化改革，取得了非常大的成就，已基本上建立了高收入家庭购买或租赁商品房、中低收入家庭购买限价房或普通商品住房、最低收入家庭租赁廉租房的住房供应体系，逐步推行了住房公积金制度。但是，由于改革实践经验不足，住房改革中出现了一些新的问题。

（一）商品房房价虚高，超出居民承受能力

国际上，衡量居民承受房价能力的指标一般是房价-收入比。发达国家这个比值在1.8：1~5.5：1，发展中国家的平均水平是4：1~6：1，但是在我国，2020年35个大城市全部超出了这个水平，见表2-7-1。其中，房价-收入比是住房价格与城市居民家庭年收入的比值。

表2-7-1 2020年我国35个大城市的房价-收入比状况

排名	城市	房价-收入比	排名	城市	房价-收入比	排名	城市	房价-收入比
1	深圳	48.1	13	青岛	15.8	25	太原	12.8
2	厦门	31.1	14	西安	14.9	26	昆明	12.4
3	北京	30.8	15	合肥	14.6	27	长春	11.9
4	上海	30.7	16	南宁	14.3	28	西宁	11.5
5	福州	23.6	17	重庆	14.2	29	哈尔滨	11.0
6	杭州	21.4	18	兰州	14.0	30	贵阳	10.3
7	广州	20.7	19	武汉	14.0	31	沈阳	10.2
8	天津	19.8	20	郑州	13.9	32	呼和浩特	9.6
9	南京	18.6	21	南昌	13.9	33	乌鲁木齐	8.6
10	海口	16.8	22	济南	13.9	34	长沙	8.5
11	宁波	16.7	23	成都	13.7	35	银川	7.7
12	石家庄	16.3	24	大连	13.4			

资料来源：https://www.sohu.com/a/462952624_99904225。

在发达国家，如果房价-收入比超过6就可以视为泡沫区，2020年，我国98个城市的房价-收入比超过6，这应不是一般泡沫的表现，而是住房制度改革不完善所致。整体上看，房

价-收入比呈现三种态势：①呈现出东、中、西梯度递减的态势，且相差幅度较大；②一线城市明显整体高于二线城市；③经济发达城市高于经济欠发达城市。

（二）住房供求结构不合理，住房短缺和闲置同时并存

住房供给结构不合理，住房短缺和闲置同时并存，是我国城市住房市场长期存在的痼疾，既与后发国家高速经济发展中的结构不合理有关，也与住房制度改革的市场体系配套不完善有关。

1. 开发商单纯以利润标准供房，导致低档商品房供应不足、高档商品房空置率较高

房地产开发商往往选择利润更高的商务公寓楼、别墅、高级住房为开发主项，中低档商品房供应比例偏低。整个住房投资中，经济适用房所占比例基本在4%以下，广大群众需要的中低价位、中小户型的普通商品房和经济适用房供应不足。结果，一方面是很多老百姓买不起房，另一方面是大量高档商品房空置和烂尾楼的产生。空置房的一部分为待售房，另一部分为已出售但长期无人居住的房子。

2. 城市住房改革未妥善考虑流动人口的需求，城市化人口住房匮乏

所谓城市化人口，这里主要是指农业剩余劳动力转移到城市中的非农产业的劳动人口，我国城市中通常称其为"农民工"，是城市的外来人口或流动人口。我国在高速城市化过程中，住房制度改革主要针对城市户籍人口，对这些无城市户口的城市化人口的住房需求考虑不足。这些人进入城市后，大多是租住私人出租房。尽管这些人口在我国已达1.5亿人，尽管他们从分散的传统村落聚居形态转化为信息发达的城市聚居形态，促进了劳动力、资本及多种经济要素在空间地域上的合理流动和城市集聚效益、规模效益的提高，但却没有获得城市住房的合理容纳。因此，城市住房改革和供应未妥善考虑流动人口的需求，是房改要解决的一个问题。

3. 地方城市政府偏重土地收益，廉租房建设滞后

廉租房是由国家出资地方城市政府主导建设、规格适当、功能实用、面积较小的住房，它以低廉的可以接受的租金向住房弱势群体提供，以实现"住有所居"的城市目标。但是，一些城市在住房制度改革中过度强调住房市场化作用，在住房保障政策上，重点发展限价房，以只售不租的经济适用房为主要住房保障形式；同时部分城市政府偏重土地收益，认为廉租房供给和房价成反比的关系。由于廉租房土地出让价格很低，部分城市政府对其表现出异常的"冷淡"，甚至"排斥"，从而廉租房建设严重供给不足。这种城市住房供给的结构偏差，需要通过深化改革来改变。

（三）投机商趁机"炒房"，扰乱住房市场

很多投机者趁机"炒房"，不仅使住房价格虚高，还严重扰乱了住房市场的正常顺序。曾经在全国出名的温州炒房团，有10万人参与，手中有上千亿元的资本，仅温州某房产投资俱乐部，会员就达6000多人。2001年—2004年间，温州炒房团先后到上海、深圳、南京、杭州等经济较发达城市炒房，所到之处，房价骤升。其后果，一方面使得本已很高的房价更加离谱，老百姓深受其苦；另一方面，引发大量游资进入房地产市场，扰乱房地产市场，加重房地产泡沫，金融风险加大，影响了市场体系有序健康地发展。特别是炒房造成少数人获得不合理巨额投机性收益，严重影响和制约了实体经济的发展。

（四）住房保障措施疲弱，调节政策功能不足

我国市场化的房改制度建设，基本政策是高收入者购买商品房，中低收入者购买经济适

用房等限价房,最低收入者租赁廉租房。后两者属于房改中的保障措施。由于房改制度和政策都是在试验中不断推进的,存在一些改革不到位的问题,使应有的城市房地产市场调控政策的功能不足。

1. 限价房的保障对象错位

限价房一般是指政府限定房价的经济适用房和普通商品房,这是为了保证城市中低收入者的居住需要采取的措施。但是根据调查,自1998年以来购买限价房的人群中84%属于中低收入家庭,16%是属于高收入者。这些高收入阶层把购买经济适用房这样的限价房当成了优秀投资项目,借此炒房赚钱。这种限价房的保障对象"富人化",造成限价房销售对象错位,偏离了房改初衷。

2. 廉租房的保障范围过小

目前我国廉租房制度的保障对象是城市低保家庭和民政部门认定的优抚对象家庭,而对既买不起限价房又不能享受廉租房的"夹心层"居民考虑不足。一部分人均建筑面积在 $10m^2$ 以下的低收入住房困难家庭、进入城市的农民工通过城中村、外来人口公寓和城乡接合部的农村土地等非正式渠道解决住房,结果衍生出一些社会问题。这种通过非正式住房解决城市化人口居住问题的途径,可能会使城市在安全和有效管理上支付更高的社会成本。

3. 部分保障性住房质量不过关,配套设施严重不足

已经兴建的一些保障性住房,基本都是建在比较偏远的地方,应有的公共配套设施和服务严重"欠债"。即使有一些配套公共设施,由于承租户往往户口在原居住地,这样涉及就医、孩子读书、民政补贴发放等与户口有关的问题都无法解决。还有一些地方只抓开工数量,放松质量检查,导致使用存在安全隐患的"瘦身钢筋",材料报验和工序验收把关不严,住房设计、施工、监理、验收质量把关不严等问题时有发生。

第三节 我国城市住房政策及其完善

一、城市住房调节政策的意义和目标

保障人民的住房权利,改善民众的居住条件,对于促进经济发展、维护社会安定具有不可估量的作用。为此,建立和完善住房政策体系,有十分重要的发展意义。

经过30多年来的改革、实践、总结和选择,我国设计并试点了多种住房制度改革方案,并形成了相应的制度和政策。在宏观层面,实现住房商品化、社会化,加快住房建设,改善居住条件,满足不断增长的住房需求等目标已经十分清楚。但在微观层面,即具体的政策、法规和实际操作方面,出现了如"天价"房价、住房供应结构不合理、保障措施不得力、投机商趁机"炒房"等问题。这就需要居于中观地位的城市政府承上启下,有所作为,在住房制度的大框架下,微调住房市场,保证广大人民群众的住房权利。这里涉及城市政府不可回避的两个问题:一是对待城市住房问题的思想观念;二是城市政府在解决城市住房问题中的"角色"或者说其职能。

城市住房的思想观念涉及对城市住房属性的认识问题。城市住房改革初期,人们认为阻碍城市住房发展的弊端在于计划经济体制下的福利分房制度,认为只要实行住房商品化,一

切问题就迎刃而解。但是实践却向人们表明：住房商品化并不是完全解决我国城市住房问题的灵丹妙药。对此，著名城市经济学家饶会林教授早在1998年就曾指出："……因而把住房商品化完全视为住房福利制度的对立物而提出来，以为只要用唯一的住房商品化制度去代替过去的福利制度，一切问题就可以迎刃而解……住房商品化与住房福利政策不应该视为两个对立的东西，不要过分贬低社会福利的作用，不能用'商品化'一词完全概括住房制度的改革精神和全部内容。"（饶会林，1998）虽然已过去20多年，但饶会林教授对城市住房问题的远见卓识仍有现实意义。诚然，住房商品化是改革的方向，但是城市住房除了具有商品性质外，还具有保障品性质，任何一个国家都不曾忽视住房的这个属性。

城市政府在解决城市住房问题中的"角色"，应是在国家住房政策与开发商和居民之间的一个承上启下的"桥梁"，是国家政策的执行者、城市住房经济的管理者和建设者。其承担的重要公共管理职责有：①战略和规划责任。城市政府要制定城市住房的发展战略，规划城市住房的布局。商业性用房、高档住房和普通居民区都应在什么地方建，怎样建，都需要城市政府根据科学理论和城市发展现状及城市发展目标拟定。这种战略和规划将在建设总体上影响城市住房的发展。②配置和调节职责。城市政府要对住房资源进行合理配置，在住房供应结构上要有调控。高档商品房、普通商品房和经济适用房、廉租房分别建多少，这都要根据实际情况做出合理决策和调控。③法规政策的执行职责。国家对城市住房各种政策所涉及的问题，在本市内哪些比较严重，哪些比较轻微，要有一个判断。比如：中低收入者经济适用房需求是否能够满足，住房贷款政策可以和其他城市有什么不同，土地批租政策如何影响到住房价格；物业管理、城市住房质量等是否能保障住户的合法权益。这些都需要城市政府进入角色，尽到职责。

城市住房是具有商品性和保障性的双重特征的特殊商品，需要在市场机制运行中，运用公共政策调整住房的保障性质部分，调节的目标就是实现"住有所居"，这已经是世界各国住房制度的主流。为了实现这一目标，很多国家都由政府和政府委托机构开发"公共住宅"，它对稳定城市住房市场作用极大。

二、城市住房保障政策及其完善

我国的城市住房制度改革，在由完全福利型向商品化转变中，为了保证中低收入者的住房需求，实施了一些住房保障政策，主要是廉租房和经济适用房政策。

（一）廉租房政策

1998年的《国务院关于进一步深化城镇住房制度改革加快住房建设的通知》和1999年国家建设部出台的《城镇廉租房管理办法》，把城镇最低收入家庭和住房特困户定位为廉租对象，提供了廉租房办法实施的政策依据。但两个文件都没有把以农民工为主体的无城市户口的城市化人口纳入其中，这显然有失公平。这一方面是因为我国城镇低收入家庭较多，政府财力有限；另一方面是因为当时以农民工为主体的城市流动人口的城市化巨大作用，源于传统二元城乡分割体制影响尚未为人们所认识。

针对这种不足，2003年12月31日，国家多部门联合发布了《城镇最低收入家庭廉租住房管理办法》，并于2004年3月1日起正式施行。该文件最大的政策性突破是在保障对象上做出了更显人本化的规定，即规定只要符合市、县人民政府规定的住房困难最低收入家庭即可受到廉租房保障，而没有把进城务工、经商的农民工等城市化人口排斥在保障范围之外；同时充分考虑到了不同地区间的收入差异以及住房保障的地域性特点，也没有把最低收入家庭简单地界定为"低保家庭"。

2007年11月8日国家多部门联合发布了《廉租住房保障办法》，于2007年12月1日起施行。该办法废止了《城镇最低收入家庭廉租住房管理办法》，规定廉租住房保障方式实行货币补贴和实物配租等相结合；市、县人民政府应当根据当地家庭平均住房水平、财政承受能力以及城市低收入住房困难家庭的人口数量、结构等因素，以户为单位确定廉租住房保障面积标准。

目前，我国廉租房仍然处于发展中，城市政府建房并以低廉租金出租给低收入家庭，其租金水平一般按所在地的市场价优惠40%。廉租房主要建在城乡接合部，配备交通、商店、食堂、医疗、文化娱乐以及就业培训、子女就学、环保等设施。廉租房以公寓式集体宿舍为主，同时适当建一些小面积成套住房，如一室一厅、二室一厅等户型，以满足不同层次的需求，为城镇无房户和农民工在城市安家落户创造了条件。

（二）经济适用房政策

与廉租房政策类同，经济适用房政策是我国住房保障制度的支柱。从1994年的"安居工程"开始，旨在解决城镇中低收入家庭住房问题的经济适用房政策取得了很大成就：①保障了中低收入居民的购房利益，促进了个人买房，解决了职工住房困难；②对过高的商品房价格起到了平抑作用；③经济适用房的配套建设和环境建设带动了周边乃至城市商品房开发水平的提高；④经济适用房建设与房改的货币化分配、二级市场开放和发展住房金融相结合，互相促进，互相推动，完善了住房金融市场的发育；⑤促进了住房建设投资规模的增加，为住房建设拉动经济增长发挥了积极作用。在取得成就的同时，也暴露出一些问题（汪利娜，2005），具体表现为：

1. 部分地方政府片面趋利，导致经济适用房供给忽冷忽热

经济适用房是可享受政府多项土地和税收优惠的政府工程。房改初期，住房市场供大于求、房价较低，一些城市政府把经济适用房作为"德政工程""民心工程"，不对区域性市场需求进行调查，盲目上规模，以搞运动方式兴建经济适用房。结果政府项目过多，必然会对商品房市场产生一定的"挤出效应"，造成住房市场销售不畅，普通商品房和经济适用房双双出现积压和空置问题。而随着城市建设的发展，拆迁规模持续上升甚至过大，住房市场求大于供，房价上涨较快，百姓对经济适用房的需求增加了。可许多地方政府却不愿意增加供给，导致经济适用房投资规模和竣工面积均呈下降趋势。因此，政府受政绩和经济利益驱动，导致了经济适用房供给短缺与空置并存的现象。

2. 建筑标准过高，销售对象过泛

经济适用房应是以经济适用为特征的微利商品房。但在一些城市，经济适用房在建筑面积、户型结构上与普通商品房相差无几，甚至在某些城市、某个时段其总价要高于商品房。由于以往政府只对经济适用房的单位价格（元/平方米）进行限定，对单元面积、户型标准无任何限定，开发商受经济利益驱动，将经济适用房的面积越建越大，档次越来越高，使经济适用房很难体现"经济""适用"的特征，与政府初衷背道而驰。此外，经济适用房的销售对象不清，似乎除20%的高收入群体外，80%的中低收入居民都可享受经济适用房，这混淆了商品房与社会保障住房的界线以及市场功能与政府职能。政府的责任只在于保障那些不能按市场价格获得住房的弱势群体。由于经济适用房定位不清、销售对象过泛，结果常常是"让富人占了穷人的便宜"，许多中高收入群体、投资者加入抢购队伍之中，不合理需求增加进一步激化了经济适用房的供需矛盾。

3．"寻租"行为钻空子，政策成本过高

经济适用房由政府划拨建设用地，开发商为了自身利益拉拢政府决策者，出现了"寻租"行为；而一些政府官员运用手中的权力，人为地"创租、抽租"，诱使开发商向他们"进贡"，分享住房开发利益。这使得经济适用房的开发和管理成本高、难度大。尽管政府将经济适用房的利润率限定在3%以内，但当这种限定与企业利润预期不相符时，企业会采取各种方式来实现利润最大化。例如，以经济适用房名义取得开发用地后，转换为普通商品房出售；改变原来的实施方案、降低质量和小区环境标准等，将真实利润隐蔽化；面向集团、中高收入者出售，加快资金周转等。企业追逐利润与政府政策目标的差距，部分地方政府自身管理不善，都会增加经济适用房政策的实施成本。

（三）城市保障性住房供应政策的完善

在我国城市住房制度改革过程中，政府直接参与住房建设不再局限于传统"福利性"住房，而是承载了更为多元的价值导向与政策动机（彭敏学，2013）。保障性住房建设也表现出不同的行动导向。住房制度改革初期，经济适用房大都通过"安居房"和"统建房"等方式建设，其分配大都延续了以"职位"和"身份"为标准的传统机制。而在以经济效益为主导的发展环境下，地方政府则借助于住房建设推动城市房地产市场的形成和房地产经济发展。由于政府未对"经济适用房""安居房"等保障性住房的供给对象、供给渠道、流通环节做出严格规定，大量保障性住房最终流入了商品房市场。经济适用房开发甚至已经成为商品住房市场的等价替代品。同时，在市场化住房供应体系下，快速城市化背景下的土地约束，为地方政府把住房建设纳入城市发展目标提供了条件。在各类城市更新改造与新区建设中，地方政府往往在寻求短期土地收入的同时推进城市建设，改善城市面貌，提升城市形象品质。在实际的政策运作中，地方政府往往将保障性住房建设与拆迁安置住房进行组合安排，并把后者作为城市改造与城市开发的配套措施，与具体的城市建设项目捆绑落实。这样，虽然安置房建设被纳入了城市保障性住房建设计划，但因为选址偏远、建设标准过高、配置门槛不合理等问题，难以与整体的住房市场调节措施相契合。

为了将住房政策落实与城市发展需求紧密结合，新时期地方政府大都将国家宏观政策进行了本地化解读，使其与城市自身建设目标相吻合。这使得保障性住房政策的外延得到进一步扩大。例如：为了规范本市共有产权保障住房管理，改善城镇中低收入住房困难家庭居住条件，上海市于2016年3月16日发布《上海市共有产权保障住房管理办法》，明确了共有产权保障住房的建设、供应、使用、退出以及监督管理等内容；广州市则实行了"新社区"建设计划，将旧城拆迁改造与保障性住房建设联系起来。许多城市还推出了"双限房"⊖等其他保障性住房供给措施。

此外，农村集体用地征用中的安置住房建设往往也被纳入保障性住房范畴。在实际操作中，许多大城市都有针对性地将城市住房政策与农村用地征用拆迁结合起来。例如：上海市

⊖ 双限房是指政府为增加中低价房供应而制定的一项新政策，即在土地出让时，写入限房价、限户型等条款。

政府牵头，由相关部委组织区政府部门以及乡镇政府共同完成农村集体用地征用中的拆迁安置；厦门市将保障性住房的建设与征地农民的安置问题结合处理，将被征地农民的安置住房与城市改造拆迁安置住房统一规划建设。尽管这些住房供给名称各不相同，但却都实质性地充当了保障性的职能。表 2-7-2 展现了三大城市政策性住房供给形式。

表 2-7-2　三大城市的政策性住房供给形式

城市	住房政策	住房行动
上海	保障性住房建设、城市旧住房改造	"配套商品房"集中建设，廉租房保障，旧住房整治，综合改造，"平改坡"计划等
广州	"新社区"建设计划、保障性住房建设计划	拆迁安置住房，廉租房、经济适用房、普通商品房、限价房
厦门	保障性租赁房建设，保障性住房商品房建设，城市拆迁、危房改造安置，外来人口租赁房建设	社会保障性租赁房，社会保障性商品住房，拆迁安置住房，"阳光公寓"计划

资料来源：根据三大城市土地与房地产管理部门官方网站资料整理。

三、节制住房投机需求的政策

2005 年 3 月，国务院出台了被人们称为"国八条"的住房调整政策，政策重点是降低商品房价格、加强金融监管、规范房地产市场、完善信息披露制度。2006 年 5 月 17 日，国务院又出台了"国六条"，其重点目标是重手调节住房结构，严格地产信贷，严打囤地、囤房的现象。同月，国务院又紧接着出台了"国十五条"，其中有八条内容直接涉及开发商，对房地产开发从户型设计、金融信贷、竞买土地、土地开发、营销、招标地块项目售价等方面都做了严格的规定和限制，并对违规企业做出"没收""吊销营业执照""追究相关责任人"等重罚措施，其政策价值在于，调控重棒实实在在地打在开发商身上，保护了住房消费者利益。2013 年，国务院办公厅发布《关于继续做好房地产市场调控工作的通知》，提出要坚决抑制投机投资性购房，增加普通商品住房及用地供应，加快保障性安居工程规划建设。

（一）住房贷款利率政策

中国人民银行自 2005 年 3 月 17 日开始施行房贷新政策，调高个人住房贷款利率，实行下限管理。2019 年 8 月 25 日，中国人民银行发布公告（〔2019〕第 16 号），对新发放商业性个人住房贷款利率进行调整。与此前房贷利率多挂钩基准利率不同，此次改革后，新发放商业性个人住房贷款利率以最近一个月相应期限的贷款市场报价利率为定价基准加点形成。其政策直接影响了贷款购房成本上升，进而抑制需求，改变市场供求关系，最终达到平抑住房价格的目的。

（二）税收调节政策

2006 年 8 月正式实施的"二手房交易个税征收政策"，希望通过征缴二手房交易税，加大投机者倒房的成本，使其知难而退，以此廓清房地产市场，保证普通居民合理的住房需求。2016 年 2 月 19 日，财政部、国家税务总局、住建部三部门联合发布《关于调整房地产交易环节契税营业税优惠政策的通知》，个人将购买不足 2 年的住房对外销售的，金额征收营业税；个人将购买 2 年以上（含 2 年）的住房对外销售的，免征营业税；北上广深不实施此优惠政策。"营改增"后，全国执行个人购房 2 年以上转让增值税免征政策。税收调节政策的实施对于平抑住房价格、优化房地产市场结构起到了重要的推动作用。

（三）限购政策

2010 年 4 月 17 日，国务院下发《关于坚决遏制部分城市房价过快上涨的通知》，要求严格限制各种名目的炒房和投机性购房。《通知》强调，商品住房价格过高、上涨过快、供应紧张的地区，商业银行可根据风险状况，暂停发放购买第三套及以上住房贷款。2016 年以来的限购政策于 2017 年（约 67 城出台）和 2018 年（约 23 城出台）集中释放。本轮调控中，限购政策聚焦于城区范围、购房资格和限购人群的变化。例如：宁波扩大城区限购范围，对特殊人群细化购房资格认定；东莞和深圳在购房资格认定上有新规定；杭州和银川的限购聚焦于人群方面。值得一提的是，深圳限购升级主要针对本市户籍家庭购房资格，要求落户满 3 年且提供连续缴纳 36 个月及以上社保或个税证明。在此之前深圳本市户籍家庭购房无落户年限和社保缴纳要求，本次限购升级也充分体现出深圳调控之严厉及坚持"房住不炒"的决心。东莞限购升级主要在购房资格认定上有所收紧，之前缴纳个税也可作为购房资格的认定，本次调整规定只认社保缴纳证明。

综上，可以看到国家在打击房地产投机、稳定房地产市场方面下了很大决心。满足居民自住需求、抑制投机和投资性购房需求，一直是我国房地产调控的主基调。因而调节房地产市场，要从节制投机性需求的政策目的出发，关注结构性政策的效果，避免打击投机行为的同时，伤害真实需求者。例如，对购买第一套房和以旧换新、以小换大的购买住房的真实需求者，与购买第二套及以上住房的奢侈性消费者和涉嫌炒房者分别制定税收政策，这样会同时达到保护真实住房需求者和打击投机者的目的。而从长远出发，应考虑建设城市房地产的生活性和保障性自住房市场与非自住房市场，对其实施完全不同的调控目标和住房政策，从而使炒房现象不会影响到城市居民的基本居住需要，实现"房子是用来住的、不是用来炒的"。

四、稳定城市住房市场的金融政策

随着我国住房业的迅猛发展，住房市场的进一步完善，城市住房对于住房金融的依赖越来越加深。制定有助于稳定住房市场的金融政策是当今各国政府的重要职责之一。

我国目前的住房金融政策分为两类：一类是关于开发商贷款政策；另一类是居民住房需求的贷款政策。前者主要是房地产开发贷款，流动资金贷款，商品房建设贷款，商品房建筑材料、设备补偿贸易贷款等；后者主要是住房公积金贷款和商业银行个人住房消费贷款政策。住房公积金贷款执行优惠利率，商业贷款执行市场利率。

（一）住房金融政策的四个阶段

我国城市住房金融政策是和城市住房制度改革相伴而生的，即在有了商品房以后才有了住房金融政策。从 1993 年开始，我国住房金融政策划分为四个阶段（巴曙松等，2005）：

1. 第一阶段（1993 年—1997 年）

这个阶段金融政策的特点是以紧缩银根和支持住房制度改革为基调。由于政府实施了坚定的紧缩政策，通过紧银根控制投资者的资金来源、直接房地产信用的信贷限额和信贷质量，很快抑制了房地产投资的过快增长。1994 年国家住房货币化改革政策出台后，住房金融政策就带有浓郁的房改特色。一开始资金运用大多投向了房地产开发领域，没有为住房商品化和住房市场发育培养其有效需求；而随着政府将安居工程贷款列入贷款计划，配合住房制度改革和达到调整房地产投资结构的目的，成为住房金融的一个阶段性特点。政府住房金融政策的侧重点由单纯配合房改转向了引导资金合理安排住房投资和住房消费的关系以及合理安排公共住房投资的地区配置结构。

2. 第二阶段（1998 年—2001 年）

这个阶段的金融政策从需求和供给两个方面支持包括住房市场在内的房地产市场建设。1998 年，国家提出把住房业培育成扩大内需战略的新经济增长点，激励居民的住房消费。于是，金融政策对房地产业的支持，开始由主要支持供给转为同时关注消费需求和供给。这时，央行对商业银行的规模管理转变成为资产负债比例管理，国家决定进一步加大住房信贷投入，支持住房建设和消费，规定所有商业银行都可以发放普通自有住房的个人购房贷款，执行优惠利率。这些政策使房地产市场掀起了波澜，我国房地产市场明显呈现复苏迹象并逐渐转热。

3. 第三阶段（2002 年—2009 年）

这一阶段的金融政策继续从供给和需求两个方面对房地产市场进行调控，但是侧重对房地产市场供给结构的调控，分为两个小阶段的目标。第一小阶段的目标是配合宏观调控，减少对整体经济运行和金融风险的压力，主要手段是总量控制，即以土地和信贷供应为突破口，控制社会资源流向房地产领域，降低房地产在经济中的比重；第二小阶段是各方面达成共识，重点解决房价过高带来的社会问题，央行提高了"房地产按揭贷款利率和首付比例"，使房地产差别化调控成为新的突破口。2004 以后国务院陆续出台的"国八条""国六条"和"国十五条"里，都有关于房贷政策的相关规定。

4. 第四阶段（2010 年至今）

这一阶段，主要是控制房价增长过快，提高住房金融政策的公平度，并持续收紧金融政策。2010 年 1 月 12 日，央行第一次上调存款准备金率；银监会要求两套以上住房不分户型，严格坚持首付不低于 40%，加大对房地产贷款业务的监督管理，严密监控国际性投融资活动，避免境外部分热钱进入市场带来冲击。2010 年 12 月 20 日起，央行共六次上调存款准备金率。2013 年 12 月，国务院办公厅发布了《关于加强影子银行监管有关问题的通知》（国办发〔2013〕107 号），不仅禁止信托公司开展非标准化理财资金池业务，而且也禁止私募股权投资基金开展债权类融资业务。而这两类被禁止的影子银行业务的资金原来主要流向了房地产行业。国家对房地产持续的调控迫使房企不得不拓展新的融资平台。目前，我国超过 30 家房企"涉银"，积极拥抱互联网金融，重视房地产私募基金作为"体制外"的融资渠道，发展房地产信托投资基金等；房地产基金还逐渐出现由债权投资走向股权基金的倾向，商业地产、养老地产、旅游地产等近年来快速发展的持有型房地产细分市场适合了这种股权性基金介入，由于它为自己持有，长期经营，在选择合作方时对信用、运营能力、盈利能力等都有更为详尽的调查，因而具有更强的抗风险能力。随着房地产金融的多元化变化，已有建设多层次向房地产业适当倾斜的资本市场的呼声，并以分层管理应对投融资需求风险；同时认为房地产企业自身应转换发展模式，不再完全依托于"买地—盖楼—卖楼"的简单模式，而是考虑将产品加入更多的"智能""低碳""零排放"等元素，创造新的商业模式，从而为发展多元化的房地产金融市场、创新利用各种金融工具奠定客观基础。对此，国家在严格控制房地产金融风险的同时，也应适应多元化融资的趋势，出台一些结构性房地产金融政策，以供给侧改革的视角实施稳定城市住房市场的金融政策。

（二）稳定城市住房市场的创新型金融政策

为了更好地解决我国城市住房经济运行方面的一些问题，还需要在我国金融市场、金融业进一步发育发展的同时，实施创新型金融政策予以推进。

1. 准确定位房地产宏观调控目标，稳定总量性房地产金融政策

我国房地产宏观调控，要以保障公民住房权利为首要目标，故我国房地产宏观调控目标的定位是：建立一个保障公众基本住房权利并能满足各个阶层多样化需求的多层次住房供给体系。

2. 依据我国发展不平衡的特点，用好结构性金融政策

我国城市住宅经济与整个社会经济一样，具有极大的不平衡性。由于住宅经济的自然地理环境及人文历史等特点，不同城市的住宅需求有很大的差异，这需要金融支持也要实施差异性政策。以利率政策为例，差异性金融政策的主要内容是：①不同期限的利率差异。短期内住房贷款利率与住房价格的关系有所不同，住房贷款应区分短期目标和长期目标，根据不同时期目标充分发挥利率政策工具的作用，使其调节效果优化。②不同区域的利率差异。不同城市住宅价格受利率影响存在很大差异，我国应推进房贷利率政策区域差异化改革。各地区应结合房地产市场的发展情况，因地制宜，使房贷利率政策能够实现影响购买行为、房价的优化效果。③不同购房性质的利率差异。国家从控制不同购房用途的目的出发，对于刚需性购房者（一套住房）实施优惠利率政策，对富裕性购房者（二套房）实施"升点"利率政策，对投资或投机性购房者（三套以上）实施加倍的严格利率政策。此外，在信贷首付、抵押贷款以及其他金融政策上也可以依据上述不同实施差异性金融政策，解决好结构性的住宅市场问题。

3. 拓宽调控渠道，优化组合不同类型的金融政策工具

针对我国房地产市场发展不平衡、区域房价差异过大等现实情况，不能仅依赖统一单一的利率政策工具，因为单纯的利率调控是一种需求与供给并重的措施，最终效果会受多种因素影响。鉴于这种实际国情，应优化组合不同类型的政策工具，拓宽政策调控渠道，使政策效率与调控效果最优化。一是应加大房地产投融资制度创新。探索地方政府通过市场化手段发行债券，以透明公开的融资渠道为其提供资金来源；探索按揭贷款证券化和房地产投资信托基金，可在增加流动性的同时，给民间资金增加一个投资渠道；大力发展住房市场的PPP模式。二是差异化完善保障住房供应体系。保障住房的建设与管理中，在住房资源配置上仍然要坚持市场为主。同时要逐步发展租售并举的制度，将住房保障方式逐步从实物建房为主转向以货币补贴为主，多种保障方式相互补充，逐步推动住房保障方式转型。三是将金融政策与经济政策相结合，创新金融政策体系。例如，以产业政策加快大城市的产业向中小城市转移，可以增加三四线城市的住房需求。又如，改革当前的住房公积金制度，推进公共住房银行的建立，构建稳定住房市场的长期政策性融资机制。

4. 完善房地产调控的配套制度

房地产调控需要一系列配套制度，包括官员考核机制、税收制度、征地制度、土地出让

制度、投资监管制度等。因此，解决目前我国房地产业调控存在的问题，必须通过推动一系列制度的同步改革才能实现。这里，保证政府政策的可持续性及地方政府的执行力度，是完善房地产调控配套制度的重要环节。引导房地产市场健康可持续发展，并非某一条调控政策或者某些细则就能一蹴而就的，理顺"市场"与"规制"以及"效率"与"公平"的关系，形成一套关于住房全方位的社会制度才是根本之举。目前，国家对房地产的调控虽早已出台了一系列政策，由于存在有法不依、执法不严的情况，一连串的调控政策效果不够明显，地方政府的监管、执行不力是出现这种状况的主要原因。因此，提高地方政府的执行和监管力度，是我国房地产调控效果的重要保证。

复习思考题

1. 城市住宅有一些什么属性？由此城市住房经济有哪些特征？
2. 城市住宅需求有哪些影响因素？试用统计数据分析不同人群住宅需求的收入弹性和价格弹性，分析不同特征的人群的住房需求影响因素的差异。
3. 城市住宅供给有哪些影响因素？开发商在不同的经济条件下，其供给受哪些不同因素的影响？
4. 住宅市场为什么会发生房屋空置和过度需求同时存在的现象？如何解决这一矛盾？
5. 住宅市场是竞争性市场，还是垄断性市场？为什么？
6. 什么是经济适用房和廉租房？它们与国际上的公共住房有什么联系与区别？
7. 我国城市住房福利分配制度存在哪些问题？简述我国城市住房制度改革的主要历程。
8. 我国城市住房市场化以来，出现了哪些新问题？为什么？
9. 温州炒房团是怎样发展起来的？房产炒作会有哪些危害？
10. 我国城市住房调节政策的意义和目标是什么？有哪些内容？
11. 结合实例说明，我国城市住房价格近几年为什么会持续上升？
12. 我国城市化进程中住房政策有哪些？

第八章　城市交通经济

【学习目标】

通过本章学习，要求学生在了解城市交通、城市交通经济、城市交通类型、城市交通系统、城市交通模式等内涵的基础上，尝试理解如何从需求和供给两个方面解决城市交通出现的问题，尤其要掌握拥挤的经济学原理及其政策反应，明确什么叫交通拥挤税。同时深刻理解为什么要实行"公共交通优先"战略，以及应怎样发展城市公共交通。最后要理解城市交通的需求管理和供给管理以及相应的政策，清楚城市出租车政策。

第一节　城市交通经济概述

一、城市交通经济的内涵

交通是指人们出行的方式，是承载出行工具的基础设施和出行工具构成的综合体系。城市交通经济是合理有效利用城市的交通资源，使出行者效用最大化的状态。城市交通是否经济，有如下几个主要判定标准：到达目的地的出行时间短、出行费用少；交通设施及其工具的运行所带来的诸如噪声、空气污染等负面效应较少；交通方式耗能较低；交通的基础设施和工具所占空间与其他社会经济设施不发生矛盾或占据很小的空间；交通方式使人感到舒适等。

这些判定标准都可以理解为是城市交通经济的内涵。综合来看，城市交通的经济状态在于交通基础设施与交通工具的最佳配合，即单位交通基础设施能够运载更多的交通工具。因此城市交通经济内涵的主要方面，在于交通基础设施通过能力的大小。于是，人们认为，若满足人们对出行时间、出行成本经济方面的考虑，一个好的方案就是建设尽可能多的交通设施。但是，随着城市化的进程，城市人口大量增加，除了对交通需求大量增加，对住房、其他公用设施等需求都在急剧增加。而一个城市的土地资源是有限的，建设交通设施的空间是有限的。同时，交通资源作为公用设施，是公共产品，基本上由政府出资建设，会对城市财政形成很大压力。有人把希望寄托在科学技术发展上，但是科学技术发展是一个长期的现象，不可能总是能够满足交通建设的需要。因此从现实来看，在空间其他交通资源允许的情况下，可以尽可能地多建一些诸如立交桥、轨道交通等交通设施，缓解交通压力。但由于土地是有限的，如果空间和其他交通资源不允许的话，就要在提高现有交通资源使用效率和节制需求方面来采取措施。城市交通技术的利用主要面向提高空间的交通效率，对交通需求的限制主要考虑限制私人高档的出行模式，鼓励公共交通，为此，要研究和大力发展智能交通系统等。

二、城市交通的类型及特点

根据人们出行的状态标志，城市交通可以分为多种类型。

（一）步行

是否采取步行的出行方式，主要受城市功能的密度、各种功能的混杂交叉程度和人们健身观念的影响。如果城市很多功能集聚在较小的空间里，多种功能混杂在一个共同的空间里，或者人们普遍认为应当增加步行的机会，则步行出行的比例就会提高。

（二）骑自行车

这是城市功能相对紧密、功能相对混杂交叉和人们经济发展水平较低的城市里的普遍交通现象。我国很多大城市里，骑自行车承担了人们出行方式的较大比重，发挥着重要作用。这主要是由于：①3~4km 以内的出行距离对于自行车使用者来说在时间上和体力消耗上都可以承受并有利于健身；②城市道路有专门的自行车道；③在机动车出行道路拥挤的情况下，骑自行车更为快捷；④自行车是费用较为节省的交通工具。当然在城市道路坡谷不平的情况下，是不方便骑自行车的。

（三）骑摩托车

摩托车是自行车的替代工具，特别是城市郊区人口到城市就业、经商等出行的便利工具。它比小汽车价格便宜，节约能源和道路，具有较强的竞争力；但是摩托车速度快、方向灵活，故要求驾驶技术高。现实中摩托车的事故率最高，因而被一些城市政府所限制。

（四）乘公共汽车

公共汽车是城市交通的主要方式，一般要承担城市公共客运量的 75%。但在实行轨道交通的情况下，公共汽车的承运量有所下降。公共汽车容量大，速度稳定，运行灵活；同时价格适宜，投资量小，消耗适中，因而将是城市交通的最主要模式。

（五）轨道交通

轨道交通是现代城市市内交通的重要形式，分为地下（地铁）和地上（轻轨）两种。地铁不受地面设施的影响，可以充分发挥其便捷、快速的作用，其限制性是一次性投资大，并且运行要有专门技术的系统化的完善的管理体系。

（六）乘出租车

在我国，出租车越来越是人们有事需要到城市较远的地方出行时的方便工具。出行者可以在任何时候任何地点打车，方便快捷。这是城市灵活交通方式最有竞争力的模式。

（七）乘私家车

随着我国城市居民生活水平的提高，越来越多的市民购买了私人小轿车，作为出行代步工具，方便迅速。但是，私家车的限制性是，它是一种占据很大空间服务于私人出行的方式，大量地挤在城市道路上，会严重影响城市交通速度。

三、城市交通系统及其意义

（一）城市交通系统的构成

城市交通系统是城市社会经济系统的一个子系统。现代城市交通系统已经发育成为一种立体化、综合化的系统，包括城市内部交通系统和城市对外交通系统两个部分。城市内部交通系统是城市交通系统的主体，城市对外交通系统是城市经济发展的重要条件。城市交通系统主要由以下部分构成：

1. 城市交通基础设施系统

这主要包括城市道路、桥梁、轨道、航空和铁路等。

2. 城市客货运输工具系统

这主要包括公共汽车、出租车、地铁、轻轨等公共客运系统，自行车、人力三轮车、摩托车、私人汽车等个体客运系统以及城市内部的货物运输系统。

3. 城市交通控制系统

这主要包括交通标志、信号系统，交通信息采集、传输、控制等交通管制系统。

现代城市交通问题是随着城市交通方式的发展而逐渐形成并不断变化的。世界各国的城市交通发展历程并不完全相同，但大都经历了以下四个阶段：

第一阶段：以兽力（马车、牛车等）或人力交通为主的阶段。

第二阶段：机动化的公共交通阶段。汽车发明以后，城市交通逐渐进入机动化发展阶段，但相当长的一段时期内，由于能够拥有私人机动车的居民数量有限，城市交通以公共汽车以及大运量的轨道交通为主。

第三阶段：机动化的私人交通阶段。汽车工业的发展使机动化的私人交通工具得以普及，尽管城市公共交通系统的技术条件和技术手段更为先进和丰富，但机动化的私人交通已经在城市交通系统中取得了前所未有的重要地位。

第四阶段：汽车加高速公路阶段。高速公路的发展为汽车交通提供了极大的便利，也极大地扩展了人们活动的半径。

（二）城市交通系统的意义

从表面上看，城市交通从一个阶段过渡到另一个阶段，技术手段在不断提高，居民出行的自由度和方便程度也在提高。然而，事实并非如此。西方国家的城市交通发展历程表明，城市交通的每一个不同发展阶段，都有其独特性的问题，不同阶段既有优势也有劣势，不同的国家应该根据自己的国情选择和确定主导城市交通方式，并通过政策和规划引导促进合理的城市交通方式的形成。形成合理的城市交通系统有重要意义。

1. 城市交通系统不只是为城市服务，同时也构成城市的一部分

城市生活的方式及特点与城市交通系统的性质和服务质量密不可分。例如，城市里轻便快捷舒适的轨道交通，其轨道有的部分架到空中，有的部分钻入地下，有的部分与路面平

行。沿途通勤的人们在早晚的一定时间乘坐轻轨，不仅是上班和回家，还能因享受到沿路风光而感到惬意。于是，作为城市生活的一部分内容，乘坐轻轨在某种程度上说，比到公园里乘坐缆车还有意义。因此，选择良好的城市交通模式，不单纯具有交通意义，还有观赏城市景观、舒散心情等城市文化意义。

2. 城市交通系统对城市发展产生重要影响

城市交通把城市中的建筑物、各种市政服务设施以及各种城市活动连接起来。城市交通越是和后者联系得紧密，越能达到其服务功能。这种效果的实现依赖于城市规划。因为城市交通设施如何布局，会直接影响到城市的大小及其扩展，影响到城市的布局。故城市交通部门与供水，供电等部门不同，它为人们提供多类型的交通方式，从而影响城市空间结构。城市交通与城市布局之间的相互影响使城市交通的功能大大复杂化。

3. 城市交通系统对整个运输系统产生重要影响

与其他运输系统进行比较，城市交通系统是一个复杂、相对独立、完整的运输子系统，包括私人与公共交通方式和各种基础设施（停车、换乘设施，道路、轨道、轮渡设施等）。随着城市轨道交通、小汽车交通的发展，高新技术带来智能交通的发展，国家和地方政府的投资将会更大。城市交通系统除了具有一般运输方式的特点外，它还具有自身特点和内在规律，如：面向低收入阶层，公共交通实行低价格行为；城市交通系统构成国家整个运输系统的枢纽和结点，而不从属某个区域或某条线路等。城市交通这些特点和复杂性决定了它对国家整个运输系统的重要影响作用。

第二节　城市交通的经济学分析

一、城市交通的公共经济属性

总的来看，城市交通有较高程度的公共经济属性，但是分解来看，构成城市交通的各个部分，如基础设施和交通工具部分，其公共经济属性的程度有很大的差异。剖析其公共属性的不同程度，对于城市政府制定相适应的公共规制政策十分重要。

城市交通产品是满足人们联合消费、共同受益的物质产品和非物质产品形态的服务产品。它具有的公共产品属性表现在：

1. 效用的不可分割性

城市交通基础设施的效用具有共同享用的特点，在其规模范围内，不能将其分割为若干部分，分别归属于某些个人、家庭或企业享用。

2. 消费的非排他性

有些城市交通基础设施，在技术上很难将没有为之付费的人排除在受益范围之外，诸如路灯、非封闭的道路等，人们都可以使用，如果硬要限制某些人对这样的交通基础设施的使用，将要付出极高的成本。

3. 消费的非竞争性

一个人在使用或消费交通基础设施时，不会影响他人同时享用。在交通基础设施的规模范围内，即一定的使用人数范围内，人们使用交通基础设施不存在竞争。

4. 消费的强制性

有些城市交通基础设施面向所有城市居民布局，谁都不能拒绝使用它。例如，道路已经建设，人们可以选择走哪条路，但绝对不会选择不走路；又如路灯已经亮了，走在城市夜间的路人不可能不使用。这就是城市交通消费的强制性。

上述属性，对于不同的交通基础设施来看，程度有所不同。一般来说，城市交通基础设施部分，即道路、路灯、桥梁、航线、运转站场等，公共产品的属性要高一些；而交通工具部分，如火车、汽车、飞机、出租车等，公共产品的属性要低一些，在超出交通工具的容量时，会使私人产品的属性逐渐加大。即使基础设施部分，也会具有部分的私人产品性质。例如，一条道路，在一定的负荷内，每增加单个使用者并不会有很大的影响，但是当超过其负荷时，随着使用者的增加，道路会变得拥挤，人们出行时间增加，出行成本变大。这就是说，交通产品的效用并不是完全不可分割的，消费具有一定程度的竞争性，从而也可以采用排他性的经营方式。因此，城市政府需要对交通产品的不同种类进行具体分析，在正确认清其经济属性的基础上，采用相适应的调节政策。

二、拥挤的经济学分析

当城市交通工具的数量超过城市道路的承载能力时，就发生了交通拥挤现象。第二次世界大战以来，随着世界性的和平与发展的主题，城市交通发展极其迅速，交通方式的普遍机动化、私家车化，造成了当今世界各国城市内通行困难和交通效率低的现象。这种交通拥挤问题，意味着城市道路容量不足、机动车数量过度膨胀、公共交通系统运行效率降低、居民出行用时加大以及与此相关的停车困难、机动车尾气污染、交通事故上升等众多问题。由于拥挤问题更多的是随着私人汽车交通方式的日益流行和增加而逐渐出现并日益严重的，因此这里研究城市交通拥挤现象，主要分析私人汽车交通方式带来的拥挤问题和相应的治理对策。

城市中每个私家车主，在计算出行成本时，根据经济学观点，计算的仅仅是私人成本（AC），而不考虑由于加剧道路拥挤而加在其他驾车者身上的费用。只要他们认为行车所得到的收益（AR）多于其支出（AC）就会选择出行。这样，私人车主出行加剧的道路拥挤而引起的其他驾车者更多的费用与其私人成本之和构成了社会边际成本（MSC）。由于私人成本（AC）小于社会边际成本（MSC），私人车主按其私人成本决定的出行量，就会超过按照社会边际成本决定的交通流量。这就是城市交通拥挤问题产生的经济学原因。图 2-8-1 解释了这个问题。

图 2-8-1 中，纵轴 C 表示交通成本，横轴 V 表示交通流量（车辆数），它用每小时、每条车道通过的汽车数量来度量；两条曲线分别为交通出行的私人成本和社会边际成本。可以看出，交通流量达到 V_0 之前，两条曲线重合，私人成本与社会边际成本一致，说明 V_0 是道路系统的设计容量。在这个限度内，增加的车

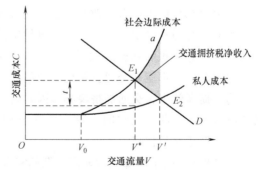

图 2-8-1 城市交通拥挤的原因——交通私人成本与社会边际成本的差别

辆进入车道并不影响其他车速,不存在外部性。而超出 V_0 点,情况就有了变化,此时新加入的车辆使车道变得拥挤,并迫使所有的机车减速,外部性便产生了。

那么,怎样的城市交通流量为最佳呢?设使用行车道的边际收益由需求曲线 D 表示,私人边际收益与社会边际收益相等。根据微观经济学,边际收益与边际成本相等时,可得到产出的最佳数量。故,图 2-8-1 中的边际社会收益与社会边际成本交于 E_1 点,与 E_1 相应的 V^* 就是从社会效益考察的最佳交通流量;而私人成本(AC)曲线与私人边际收益相交 E_2 点,与其相应的 V' 就是从私人角度来看的最佳交通流量。因为,从私人角度来看,V^* 处的私人边际收益仍高于私人成本(AC),出行仍然有净收益,因而仍然会有新的车辆加入车道,直到 D 与私人成本曲线相交,出行的车辆达到 V' 为止。过了 V' 点,私人成本高于私人边际收益,人们就不会出行了。可见,私人角度的最佳交通流量 V' 高于社会角度的最佳交通流量 V^*,这就是拥挤产生的根本原因。

三、交通拥挤税

(一) 交通拥挤税原理

显然,依靠市场机制的自发调节,是无法消除城市交通拥挤现象的。为了使交通流量保持在从社会角度来看的最合理水平 V^* 点,从而解决拥堵问题,根本的途径在于使外部成本内在化,即由私人负担其带来的社会边际成本。达到这一目的的最简捷方法就是征收交通拥挤税,税额要刚好等于其外部成本,政府可以用这些税收来刚好保证最优公路的养护费用。图 2-8-1 中的 t 代表应征收的交通拥挤税,等于社会边际成本高于私人成本的部分。征收交通拥挤税后,行车的私人成本将上升到等于社会边际成本,从而促使私家车出行者改变其出行方式,使机动车道的交通流量从 V' 降至 V^*。

征收交通拥挤税给社会带来了社会净收益,尽管有些人可能受损。在实行了交通拥挤税后,继续驾车出行的人们一方面得到了通畅的道路从而节约了行车时间和成本,另一方面要向政府纳税和损失一些消费者剩余;而改变出行方式者(比如乘公交),虽然损失了使用机动车道的便捷和一些消费者剩余,但是却避免缴纳拥挤税或避免了社会边际成本而获益。在图 2-8-1 中,政府从 V^* 处开始征收交通拥挤税,由于税率是随着交通的拥挤程度而递升的,所以处于 V' 处的驾车者(假定是道路上的第 1000 位出行者),要缴纳最高的交通拥挤税。如果这位驾车出行者改变出行方式,不再行车,就会省掉最高的高于私人成本的社会边际成本;如果第 999 位出行者也改变了出行方式或不出行,就省掉了次高的社会边际成本。这样,政府的交通拥挤税将会使社会不再付出由 E_1、E_2 和 a 围成的圆形面积的社会边际成本,从而得到相等面积的社会净收益。对此,原则上政府将会把来自收益方的收入分配给受损方,以保证人人都能从交通拥挤税中受益。

为了提高效率,交通拥挤税必须因时间和地点的不同而不同,越是拥挤的道路,交通拥挤税越应当高一些。在空间上看,往返于 CBD 和就业中心区的道路最拥挤;从时间上看,早晚高峰期道路最拥挤。

图 2-8-2 表明了高峰期和非高峰期的需求曲线和交通拥挤税。在非高峰期,行车的需求相对较低,V_0 的交通流量就较低,因而最优交通拥挤税(t)相对也较低;当随着对道路的需求逐渐增加(需求曲线右移),在高峰期的需求上,交通流量迅速提高,交通拥挤税(t')

就要高一些。

要准确地根据道路的拥挤程度征收交通拥挤税，在实际操作上存在困难，它不但需要测算税额大小，还须确定车辆何时进入何拥挤区域。美国目前已设计出机车识别系统（VIS），在这个系统下，每辆车都装了一个异频雷达收发机，当有车经过时，VIS 就能通过沿途的传感器识别出来，系统记录车使用交通拥挤公路的次数，并在月底将交通拥挤税单送达行车者。另一种方法是：在每一辆车上装一个装置，用于现金卡或借记卡刷

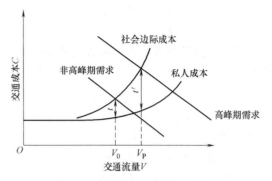

图 2-8-2　高峰期和非高峰期的需求曲线和交通拥挤税

卡：当汽车经过检查点时，卡上（插进汽车内装置）将减少与交通拥挤税相等的金额。

新加坡是第一个采用收费来控制交通流量的城市。1975 年新加坡划定了城区道路拥挤定价的边界，正式实施城区的区域通行证收费制度（area licensing system，ALS）。起初，主要目的是限制私人小汽车在上下班高峰时段的使用，后来扩大到一整天。这个制度减少了 44% 的交通流量，并提高了交通速度。1998 年，ALS 被电子道路收费（electronic road pricing，ERP）制度取代。在 ERP 制度下，行车者在中心城市地区的不同地点经过时交费不同，一天中的不同时间的交费也不同，在交通最拥挤的地方的高峰期收费最高。

（二）缓解交通拥挤的其他调节方法

除了交通拥挤税，还可以采用其他几种方法来改善城市交通的拥挤状态。

1. 征收汽车使用税

征收汽车使用税是以增加汽车行驶费用来减少汽车使用达到缓解交通拥挤的方法，可以称为"拥挤定价"。明显的例子是实行汽油税和停车税。

汽油税是交通拥挤税的一种替代方法。它的一个简单理由就是，如果行车变得更昂贵，交通流量就会降低。问题在于汽油税增加了所有汽车行驶的成本，而不是在高峰期沿交通拥挤线路的行车成本。与交通拥挤税改变了行车时间和路线相比，汽油税并不能鼓励行车者改换成其他的时间和路线行车。

停车税是想通过阻碍人们自己开车上班而减少道路上的交通流量。停车税一般是在交通拥挤地点和交通高峰期征收，这使得一些通勤者可能会转而改为小车共享或乘坐公交车，也可能会因此更改行车时间，从而从一定程度上减少了拥挤现象。但是，停车税有三个潜在问题不能使其充分发挥作用：①与增加了单位行车成本和减少行车距离的交通拥挤税相比，停车税与行车距离无关，因此通勤者没有足够动力通过靠近工作地点居住来节约行车成本；②由于大量的交通拥挤问题是由不在交通拥挤区停车引起的，因此停车税不能迫使所有高峰期行车者为他们造成的交通拥挤付税；③在非高峰期也可能发生拥挤现象，此时停车税无能为力。

2. 增加公路运载容量

增加公路运载容量是应对交通拥挤的另一个对策。拓宽公路增加它的运载容量后，降低了拥挤临界，使所有高于初始拥挤临界的任何一个交通量具有了较低的私人成本。图 2-8-3

表明，较宽的公路在交通流量较高时使行车成本下降从而交通流量增加，城市交通需求由曲线上的 D 点滑向 E 点。

拓宽公路是否有效率？可以用消费者剩余方法来衡量。消费者剩余等于行车者愿意支付的金额减去行车实际成本。公路的拓宽使私人成本曲线向右移动，交通拥挤临界提高，并且在大大提高了交通拥挤临界的交通流量的同时，降低行车成本，这将使交通流量从 V_0 点上升到 V_w 点。这使消费者剩余大大增加，其数量为图 2-8-3 中由 C_0DEC_w 围成的阴影部分。这个增加额包括两部分内容：一是 V_0 以前的行车者，通过私人成本的节省（C_0-C_w）增加了消费者剩余（C_0DFC_w）；二是由于行车成本降低所吸引的 V_0-V_w 的新进入车道的行车者，他们获得了 DEF 三角形部分的消费者剩余。如果消费者剩余的总增加额（长方形部分加上三角形部分）大于拓宽公路的成本，那么拓宽公路的收益就大于成本（这里忽视了污染成本）。

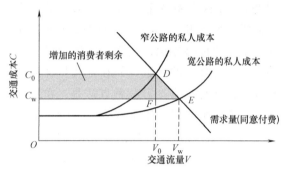

图 2-8-3 拓宽公路的效果

但是实践证明，完全靠加大道路投资，进而增加公路容量的办法很难从根本上解决城市交通问题。原因在于高峰期行车的需求是高弹性的，最初很多通勤者因交通拥挤、公路的速度慢而放弃使用这段公路，从而形成"潜在需求"现象。一旦公路容量增加，行驶速度就会提高，原来放弃使用公路的那部分人就会转移过来。这种潜在需求在高峰期占满了大部分或全部新容量。这一现象引起美国交通问题研究学者安东尼·当斯（Anthony Downs）的注意，他在 20 世纪 60 年代提出的新交通设施建设诱发交通流量的论点，被交通问题研究学界称为"当斯定律"（Downs Law），阐述了道路建设难以解决交通拥挤的一个重要原因——诱发新的交通流量。同时，从城市有限的空间范围看，不断增加道路的办法也不符合城市土地利用和环境保护的要求，城市道路的增加是有限度的。

3. 高利用率机车设施

城市道路是有限的，如何最大限度地利用道路资源，是城市交通经济学研究的重点。一个缓解交通拥挤的道路措施是专设高利用率机车车道，也称之为钻石车道。这种专门车道在有的城市就是快速车道，通过对速度的分类使道路单位时间通过的车辆增多而效率大大提高；有的城市是专用于公交车，使公交车提高车速，从而使道路输送乘客的规模经济大大提高。钻石车道对坚持自己开车者的通勤者，存在正负两方面的影响。正面的影响是由于一些自己开车者转移到公共汽车或共乘小车上（这些车有专用道，速度较快），私家车交通流量减少，使得初始行车成本降低；负面的影响是由于划出了钻石车道，原有行车道变窄，交通拥挤临界降低，使行车成本曲线左移，行车成本会上升。但是总的来看，高利用率机车车道对继续使用一般车道的通勤者更有益。因为它使共乘小车和公共汽车乘坐率大幅提高，使一般车道的交通流量大量分流，自然降低了拥挤程度。

4. 公共交通补贴

对公共汽车、地铁、通勤列车、轻轨等公共交通实行补贴，会降低公共交通的价格，使人们更多地利用公共交通，使交通模式集约化，会有力地缓解交通拥挤。公共交通和私家车是相互替代的行车模式，其成本的降低和日益舒适吸引了一些汽车通勤者，于是公共交通补贴减少了汽车交通流量，缩小了交通均衡量和最优量之间的差距。

第三节 城市交通模式

一、城市交通模式的利弊与选择

（一）城市交通模式分类

从供给的角度看，世界各国的城市交通模式可以分为以下三大类：

1. 公交为主体，小汽车辅助

该模式主要是发展中国家采用。但是随着经济的发展，小汽车也得到较快的发展，在客运中的地位不断提高；同时公交也会发展，这样城市交通的供给结构会处于不稳定的状态。

2. 小汽车为主体，公交辅助

这是发达国家的城市普遍采用的模式。比如美国的波士顿、纽约、洛杉矶，英国的伦敦，法国的巴黎等，小汽车发展处在世界前列。由于没有限制，20世纪60年代就已经处于过盈状态，每千人拥有量在200~400辆，城市客运量的60%以上是用小汽车。

3. 公交为主体，小汽车为主导

这是指城市交通主要是公交模式的同时，对小汽车采取有限制发展的策略。小汽车的规模大都保持在"千人百辆"水平，完成的客运量约占城市客运总量的30%。对小汽车的发展采取明确而有效的限制，对于一些土地面积小、人口高度集中的城市十分合适。

（二）城市交通模式利弊分析

城市交通模式按照共享程度可以分为私人交通、公共交通和共享交通。私人交通主要是指私家车，交通工具的使用权归个人独有，通常只为本人及家庭提供交通服务；公共交通包括公共汽车、轻轨、重轨等，是面向所有城市人群提供交通服务；共享交通是指单位公务车或合伙使用的交通工具，其特点是供若干特定的人员共享，是一种介于私人交通和公共交通之间的交通方式。这里主要对私人交通和公共交通进行比较分析。

私人交通和公共交通各有其相对优势和劣势，最终选择哪种方式，要从两种方式能够提供的特定服务出发，并考虑和比较下面几个重要因素：

1. 满足居民的基本出行需要

城市交通目标是保证全体市民和外来人员拥有最大的可达能力和交通权利，即向市民和外来人员提供能够到达市内任何地方的可达能力和便于步行的道路条件。但是，对于拥有不同出行条件的人们来说，可能存在着不平等现象。例如，拥有私家车和没有私家车的人在交通能力强弱和对城市福利的利用程度方面存在着明显的差异。如果一个城市缺乏公共交通或者公共交通的服务范围有限，等于剥夺了部分市民从城市提供的福利和机会中获得利益的部分权利。显然，交通权利不可能指望普及私家车来实现，也不可能依赖出租车（公共交通的一种特殊形式）来履行，而只能依赖公共交通。目前，世界上还没有一个城市达到了其所有市民不需要公共交通也能够获得最低可达能力的程度。

2. 选择较低的出行成本

消费者一般往往从两种交通方式的出行成本的比较来决定其选择。表 2-8-1 是两种模式的成本比较。可见，从货币成本看，私人交通的货币成本一般高于公共交通，特别是在人口稠密的发展中国家更是这样。但是，由于国情不同，这种状况在世界绝大多数国家并不具有普遍性。从时间成本上看，私人交通不存在等待和分流时间，运行阶段的速度也高于公共交通工具，所以，私人交通的时间成本较低。从外部成本看，公共交通则占显著优势。公共交通是一种大容量、高效率的交通模式，它的道路使用效率明显高于私人交通。

表 2-8-1 私人交通与公共交通的成本比较

类型	货币成本	时间成本			外部成本
		等待时间	运行时间	分流时间	
私人交通	高（折旧费、汽油费、道路使用费、保险费、执照费等）	无	较低	无	很高
公共交通	低（票价）	高	较高	高	很低

3. 环境友好和环境安全

噪声、污染、交通事故是比较严重的城市交通环境问题。根据法国的测算，公共汽车每人千米所产生的噪声，其外部成本只有私家车的 1/10；轨道交通的噪声虽然比较强烈，但噪声是沿轨道轴线传播的，受影响的人数非常有限，故造成的费用也很低。公共汽车每人千米的空气污染，其外部成本只有私家车的 1/20；而轨道交通一般都是电气化的，几乎没有这种污染。公共交通每人千米的交通事故，其外部成本也只有私家车的 1/10。因此，公共交通是环境友好和环境安全的交通方式。

4. 节省空间资源

交通是占据城市空间资源的服务行业。在东京，交通设施占城市空间的比例为 18%，伦敦为 21%，巴黎为 23%，洛杉矶为 70%（其中 27% 是道路，11% 是人行道，32% 是停车场）。研究表明，在一定的技术条件下，城市分配给交通系统使用的土地，包括道路与停车场的占地比例，一般以总面积的 15%~25% 较为合理。交通用地比例偏低会造成交通网不足，过高则会浪费城市空间资源。因此，交通在拓展城市空间的同时，要尽可能降低自身占有率，提高城市空间的净增量。一般，公共交通单位供给的空间占有量约为私家车的 1/10。

5. 降低能源消耗

这里的能源主要是指非再生性能源，属于短缺资源，不能简单地用货币表示。城市中的交通工具仍是目前重要的能源消耗大户。目前，每人千米的公共交通，所消耗的能源不到私家车的 1/3，因此是节能的交通方式。

（三）城市交通模式的选择

从上述比较中可以看到，从社会经济效益即外部性、规模经济、环保、节能、节省空间等方面来看，公共交通模式有着不可替代的优势；而从私人效益诸如节省时间、方便快捷、时尚美观等方面来看，私家车有着绝对的优势。它们的优势分别是对方的缺点，城市交通模式的选择，就要研究这些优势分别依托的社会经济环境的容许程度。如果城市空间很大，能源充足，且人口较少，则可以发展小汽车模式；如果相反，人口稠密、城市空间紧张、能源不足，就要发展公共交通模式。我国国情决定了我们不适合采用"小汽车为主体，公交辅助"的模式，而应该选择"公交为主体，小汽车辅助"向"公交为主体，小汽车为主导"的城市交通模式过渡。这是因为：

1）我国大多数城市的成长历程与欧美发达国家主要城市的成长有本质区别。首先，我国大城市在机动车化之前，就已经形成了高人口密度的城市结构。其次，我国城市在开放经济后突然面对是一个完全成熟的跨国汽车工业。这两点意味着我国城市将没有机会像伦敦、纽约、波士顿等城市那样，有一个相对较缓慢的城市交通系统与小汽车发展相互适应与进化的过程，更不可能出现像洛杉矶那种专门为小汽车化社会设计的城市。

2）我国人口众多，人均国土面积，尤其是人均耕地面积，人均石油储量都很低，远不到世界的平均水平。这决定了我国的城市化将更多地表现在人的工作性质的改变，而不应该是土地使用功能的大规模改变；城市建设将更多地向空间展开，而不应该在平面上大规模展开。这样，用于城市道路建设的土地将十分有限，决定了小汽车在我国的发展将受到限制。

3）我国城市化来得较西方国家晚，但速度快。农村剩余劳动力在短时间内快速涌入城市，促使城市建设措手不及。城市空间拓展跟不上城市发展，城市建设先天不足也要求小汽车在我国实行限制发展。

但是，限制发展不等于不发展，世界上以"以公共交通为主体"而著称的城市，经过长时期的发展，其小汽车完成的客运量还是占到了城市客运量的较高比例：新加坡为30%，莫斯科为31%，东京为32%，圣保罗为35%，墨西哥为46%。这些数据说明小汽车发展具有强大的内在动力。因此，绝对的严格限制是不合适的，正确的策略应该是根据城市的实际情况，实行限制加引导的办法。可以对城市的空间资源、人口（包括流动人口）、能源供应等方面进行测算，估计小汽车的合理规模比例，制定其相应的政策。

二、"公共交通优先"战略

（一）"公共交通优先"的战略思想

发达国家在经历了私人化的机动交通大规模发展之后，面对交通拥挤和交通污染的种种问题，重新认识到公共交通系统对解决城市地区尤其是大城市地区交通问题的重要性和有效性。优先发展公共交通系统，已成为许多城市居主导地位的战略思想。这种战略思想是基于人们对城市交通问题的以下两个方面反思而确定的：

1. 以人为本

城市交通的首要目的是实现人的移动而非车辆的移动。城市是人口高度聚集的地方，城市中繁忙的交通运输是城市高度发达的社会化的经济交流功能的反映，而从事经济交流的主体是人，人也是各种信息和物资交流的最终载体。但是，机动化和机动车私人化的发展一度使人们淡忘了这一要点，城市的道路建设和交通组织似乎都是在围绕如何满足私人小汽车的移动需要，仿佛发展城市交通是单纯为了应付汽车的增长。公共交通具有运量大、运行线路规律的特点，在人口集中的城区内部，实现以人为主的移动，公共交通的比较效率显然高于私人交通。通过科学规划和组织，建立高效、快捷的现代化公共交通系统，是解决城市交通问题最现实、最经济的途径。

2. 集团经济优势

公共交通系统能够最经济地满足市民的经常性、集团性、必须性的刚性出行需求。城市交通流量一般由两部分组成：一部分是"固定的"刚性出行量，另一部分是"随机的"弹性出行量。前者主要包括工作、学习通勤出行和日常生活如购物出行，它们基本上是每日必不可少的交通流量，无论道路交通拥挤状况如何，也不会有太大的增减变化，因此是刚性的交通需求。后者包括外来流动人口的交通流量和城市居民的其他出行量，这部分交通流量具有无限增长的潜力，但是会因其出行诱因的变化而变化，因此是弹性的。城市交通规划首先需要满足刚性的出行需求，因为这是人们的基本生活需要。其次应最大限度地提高道路利用效率，使有限的道路设施尽可能多地满足随机的弹性出行的需求。

基于上述两方面考虑，城市应坚持"公共交通优先"战略。这一战略的本质是要求充分发挥公共交通的规模经济效益、正外部性效应和环境友好、资源节约特点，为人们提供方便快捷、经济舒适的交通方式。因此，在公共交通系统的建设上，要坚持如下两方面的战略原则：

1）优化选择原则。公共交通系统本身是一个包含多种交通方式的复杂系统。"公共交通优先"的发展战略，并不意味着公共汽车、地铁等多种方式不加选择地共同发展，也不意味着发展地铁、轻轨等先进的公共交通方式就可建立起现代化的高效公共交通系统。"公共交通优先"战略取得成效的关键，是需要针对城市的实际情况（人口规模、空间环境、财政能力、交通需求等）选择居主导地位的公共交通模式。这种主导模式既要适应城市特点，宜空则空，宜地下则地下，不能强求某种模式；又要坚持经济原则，少花钱、多办事。

2）管理原则。再好的公共设施，如果管理不善，利用不充分，也不会达到经济实用的目的。因此，城市公共交通系统必须有科学的交通规划组织，对各个交通环节加强管理，实现不同环节之间的良好衔接与协调，才能充分发挥出胜于私家车的比较优势。

（二）"公共交通优先"战略的策略保证

公共交通与私人交通都需要占用公共设施，发生资源消耗，并给环境增加负担，但是它们的程度是不同的。私家车在耗能、占据空间资源、噪声和废气污染等方面，远超过公共交通工具，却与公共交通享受同样的国家城市道路补贴，甚至优于公共交通。因为大多数城市公共交通得到的补贴，远低于私家车所获得的"暗补"，从而导致城市交通结构不合理。比如，城市道路、停车场等大都由公共投资建设，相当于是给这些设施的使用者提供的补贴，私家车也方便地使用这些设施，意味着得到了"暗补"，就会助长人们对小汽车等低效率交通工具的过度利用，导致公共设施拥挤和短缺。可见，通过税费等形式回收道路和停车场等公共设施成本，将它们反映到交通工具的使用成本中，是非常必要的。

为此，要按照交通方式实际享受到的公共福利，收取相适应的税费，贯彻"谁使用谁支付"的原则。这种公平城市交通经济环境的做法，就是"公共交通优先"战略的策略保证。

在实践中，通过相应的税费提高私人交通的使用成本，同时对公共交通进行适度补贴，可区分三种情况来制定政策：①道路能力有闲置，比如环境的"质量潜力"（污染消化能力）大，道路资源可以再生等，这时可以顺其自然地发展公共交通和私人交通，不必有很多限制；②道路能力基本饱和，例如，环境"质量潜力"趋于零，私人交通与公共交通的发展必须以各自生产单位产品所占用的公共设施和破坏的环境量以及资源消耗量为衡量标准，征收相应的税费；③道路能力不足，如环境"质量潜力"为负值，资源不可再生，私人交通与公共交通的发展不仅要以各自生产单位产品所占用的公共设施、破坏的环境量、不可再生资源的消耗量为衡量标准，征收相应的税费，且要在政策上向公共交通倾斜。

（三）公共交通的补贴

无论是在发达国家还是发展中国家，实施"公共交通优先"战略，对公共交通补贴是普遍的现象。补贴公共交通有以下三个理由：

1. **公共交通存在着相当大的规模经济效应，因此有自然垄断的性质**

图 2-8-4 中的长期边际成本（LMC）和长期平均成本（LAC）曲线均向右下方倾斜，斜率为负是因为：一是建立公共交通系统需要一大笔初始投资形成固定资本；二是每增加一个乘客的边际成本较小。

长期边际成本曲线与由需求曲线（D）表现的边际社会收益曲线相交决定的 R^* 是最优的乘客量。为了满足 R^* 乘客的乘车要求，价格必须处于 P^* 水平。P^* 低于平均成本（AC），故存在亏损。为了维持不亏损，就需要补贴，补贴数量为 S 的高度，补贴面为图 2-8-4 中的阴影部分。若不进行补贴，公共交通系统若要维持收支平衡，就只能把价格定在 P_0 位置，运载 R_0 的乘客量，这就会造成公共交通价高运量小的行车难问题。所以，适度补贴有助于提高公共交通的效率。

2. **补贴有助于提高公共交通对私人汽车的竞争优势**

公共交通在多数国家的城市交通中竞争不过私人汽车，关键是私人汽车的外部成本没有被内在化。如果将外部成本内在化，公共交通模式就会在竞争中显出应有的优势。改变公共交通模式竞争劣势的措施有两个方面：①对私人汽车征收交通拥挤税，推动公共交通需求曲线右移；②对公共交通给予补贴，扩大其需求。在图 2-8-5 中，两条水平线分别代表补贴前后的供给曲线，由于票价固定，票价（P）等于其边际成本（MC）和平均成本（AC）。可见，补贴使公共交通量由 R_0 增长为 R_1；而征收交通拥挤税则使需求曲线右移，使流量增至 R^*。这里 $R_1 R^* > R_0 R_1$，表现了征收交通拥挤税的效果要大于公共交通补贴的效果。两种方式的共同效果是都增加了公交需求量，不同的是补贴主要是降低了公交价格，征收交通拥挤税则主要导致人们改变出行方式，减少行车量以提高交通系统的效率。因而补贴的效果可能低于征收交通拥挤税，这里的关键问题是，补贴量应限于使其收益高于或者等于其成本。

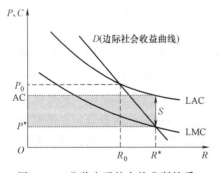

图 2-8-4 公共交通的自然垄断性质

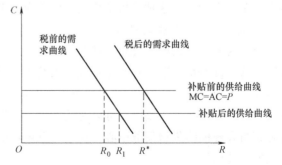

图 2-8-5 补贴与征税对公共交通的影响

3. **补贴体现了公共经济的转移支付原则**

一般来说，公共交通乘客的收入水平大部分较低，公共交通补贴作为一种转移支付手段改善和提高了他们的福利状况，从而从交通方面提高了城市经济的质量。

三、其他城市交通模式

兼顾公共交通的低外部成本和私人交通高便利性的优势,在城市交通模式上,发达国家还创立了其他一些同时兼有低外部成本和高便利性的交通模式。

(一) 荷兰先进交通模式

荷兰交通运输模式有独到之处。发达的先进性交通运输模式支撑了荷兰全国社会经济的高效发展,总体来看,有如下构成内容:

1. 公平的城市交通文化模式

荷兰交通模式首先表现在其先进的交通文化上。在中心城区,阿姆斯特丹的交通发展遵循轨道交通、路面公交车、行人、自行车、出租车和小汽车的依次排位顺序。作为绿色低碳的自行车交通有很高的地位和"待遇",相比之下小汽车交通受到一定的限制。例如,在中心枢纽500m范围内无小汽车停车位。荷兰以"轨道交通为纲"的交通文化十分普遍。轨道交通以"冰糖葫芦串"的形式向外发展,即以每一个轨道交通站作为一个核心,形成半径约为1~2km的"糖葫芦",距离交通枢纽由近至远依次为商业区、办公服务区、居住区和绿化带。在交通枢纽内,住宿、休闲、学习、商业活动、购物、用自行车等都很方便。在边缘地区的农村小镇,为了鼓励开小汽车的人换乘轨道交通,专门设置了K+P (Kiss+Parking) 停车场,这是通常为夫妻相互护送到车站而准备的,由于轨道交通车次间隔约0.5h左右,停车场在30min内免费。在阿姆斯特丹市,不论是主干道、次干道还是支路上,自行车和公交车专用道随处可见,体现了公众交通的权益。

2. 城区非机动化交通模式

城区非机动化交通模式包括自行车出行和步行两种,这种可持续化的绿色交通出行模式具有健康、环境友好、便利、廉价以及有益于缓解城市交通拥堵的优势。荷兰具有完善的非机动化交通基础设施,制定了持续的政策和一系列有效的措施,鼓励非机动化交通模式的发展。在荷兰的一些路口、路段,自行车通常享有优先通行权,机动车必须让自行车,在交通枢纽,自行车交通语言极为普遍,在自行车指路标志上,采用白底红字表明地点、距离及方向等信息。荷兰最近十几年来大力建设自行车停车场,在阿姆斯特丹还设置有自行车专用桥和自行车专用街道。这种非机动化交通模式为城市和出行人带来了多种好处。

3. 政府对交通运输的投入模式

荷兰的港口、机场、公路、铁路、航道等交通基础设施,都是政府无偿投入建设和管理与维护的。仅鹿特丹港,政府每年就投入约1.82亿欧元,全国每年用于公路管理与维护的费用高达13.6亿欧元。如果私营企业要在内地建货物配载中心或中转站场,只要符合国家规划,并经政府批准,政府也可以对其公用部分进行投资。目前由政府投资,在所有城市都设有相当大规模的货物集散中心,在八个枢纽城市设有铁路集散中心,在莱茵河上有三个相当大的中转场站。

4. 高效、统一的交通运输管理模式

荷兰政府的交通运输部是综合管理各种运输方式的部门,其履行的主要职能包括:规划与建设交通运输设施,协调国际交通;制定交通运输政策,以及水路、公路、铁路、航空等安全交通规则,建立高效海陆空交通系统;减少由运输引起的噪声以及对空气、水和土壤的污染；协调发展运输方式等。这种机构集中设置的模式，避免了各种运输方式之间的不平衡发展，减少了扯皮现象，提高了工作效率。

5. 交通多式联运模式

多式联运是一种跨部门、跨行业经营，突破单一形式的联合运输方式。其运作方式是海路运输、铁路运输、公路运输、内河运输等专业公司，在各自经营主业的同时，可以租赁经营另一种运输业务，如海路运输经营铁路、铁路运输经营公路等。国内外运输企业除经营本国的运输业务外，也可进行跨国、跨行业租赁经营运输业务或另一种运输业务。政府对多式联运市场行为和标准进行规范，实行一票制，并有多种优惠政策。例如，免收铁路租金、税费减免，允许从事多式联运的货车夜间行驶，从事联运的集装箱货车不作为重载车辆而只按普通车辆收取税费等。

6. 所有权与管理权、经营权分离的管理体制模式

荷兰的港口、机场、公路、铁路、内河等都实行所有权与管理权、经营权分离制度，形成了一个面向市场的高效率的管理机制。交通基础设施所有权属政府，但管理形式有不同。例如，鹿特丹港由政府职能部门港务局管理，史基浦机场的所有权属国有董事会，下设执行董事负责管理机场各方面的日常业务。在经营管理上，实行管理与经营分开；日常的运输、装卸业务由企业自主经营，不受政府干预，盈亏由企业自负。

7. 简便、快捷的海关通关模式

荷兰之所以能成为欧洲的货物集散中心，除了优越的地理位置、一流的内陆联运网络外，还取决于简便、快捷、灵活的海关制度。荷兰利用欧盟边界取消的便利，不断改善服务质量，以简化、精确的海关系统给海外商人提供了极大方便。客户只需要报一次关便可以自由地在欧洲分配货物，货物可以随时结关，海外保税货物可以免税入关，在货物储存、转运、处理及分拨上无须与海关接触。转口货的缴税方面，可通过报关文件、保税单得到保证。

（二）德国自行车模式

自行车是我国城市中主要的交通模式，中国自行车拥有量世界第一，是名副其实的"自行车大国"。然而，由于国内"汽车热潮"方兴未艾，人们不断地实施汽车替代，自行车模式受到挤压，其交通分担率有所下降。反观德国——世界上第一辆汽车的诞生地及汽车制造业大国，其自行车交通体系却十分发达，自行车出行率稳步提高，自行车交通法规完善，这些方面都值得我国思考与借鉴。

1. 德国自行车交通基础设施建设

由于自行车出行环保低碳无能耗，有助于缓解城市交通拥堵，德国政府支持并大力发展自行车交通，投入大量资金进行自行车相关基础设施建设。目前全德 3.8 万 km 的公路中，接近半数都修建有自行车道，德国的乡村及风景区也多有自行车道，山区甚至有专门为自行车设计的登山道路。根据德国汽车俱乐部 ADAC（Allgemeiner Deutscher Automobil-Club）统计，早在 2004 年，德国特别标识的自行车道总里程已达到 5 万 km。

德国城市城建区的人行道旁均设有自行车道，自行车道高于机动车道，略低于人行道，自行车道路面铺装多采用彩色沥青混凝土，部分采用彩色砌石结构。在老城区路段，当路面宽度受限而无法分隔设置时，则将自行车道与人行道设置在同一平面上，并通过颜色涂料的方式将两者进行区分。

德国还借鉴阿姆斯特丹、哥本哈根等城市的经验，在西部鲁尔工业区筹建了一条全长约60km、串联起鲁尔工业区数个城市的自行车高速公路，自行车高速公路路面宽5m，最高速度可达40km/h，全线无交叉口，不设信号灯，同时配备有夜光照明标识。更有德媒报道称，该国正在研发一种全新的封闭式自行车高速公路，不但能够消除雨雪等恶劣天气的影响，并且骑行时可靠气流获得助力。目前德国的自行车，已获得与机动车平等的主体交通模式地位。

2. 德国自行车交通发展分析

德国自行车交通高水平的发展，与该国政府、社会及国民的作用是分不开的。

（1）政府引导　早在20世纪70年代，重新发展自行车交通就得到德国政府的重视，政府在政策上予以支持。1979年，联邦德国环境委员会提出了"适宜自行车的城镇"发展策略，并在德国130多个城镇开始实施。2002年，德国政府提出《全国自行车交通规划2002年—2012年》，目的在于增加自行车交通分担率，推进自行车交通基础设施建设，并提高自行车交通安全。2008年德国又通过《国家自行车交通发展计划》，部分大城市依此制定了自行车交通发展目标。在一系列规划的基础上，德国政府陆续对《城市道路设施指南》（RASt）、《州县公路设施指南》（RAL）、《交通信号控制指南》（RiLSA）、《城市道路交通秩序法》（StVO），以及《城市道路交通秩序总体管理法》（VwV-StVO）等法规进行修订，逐步形成了一套系统而完善的体系。自行车交通作为德国综合交通政策之一，已成为国家减少温室气体排放、实现可持续发展的战略。

（2）社会推动　德国各类自行车协会、组织，以及各大企业对推动自行车交通发展同样功不可没。以德国最大的自行车俱乐部ADFC（Allgemeiner Deutscher Fahrrad-Club）为例，该组织成立于1979年9月，总部位于不来梅，成员总数已超过13.3万。ADFC在促进德国自行车交通发展、改善自行车交通环境方面做出了相当大的贡献。为响应政府号召，德国各大企业也相继推出系列自行车促进项目，如德国铁路公司在柏林、法兰克福及慕尼黑等城市开展"打自行车"（Call a Bike）服务，可轻松实现自行车与轨道交通的接驳；德国联邦银行等大型企业积极参与"骑车上班"活动，鼓励员工采用自行车作为通勤工具；谷歌德国公司更因向员工赠送新自行车而获得德国环保贡献奖。骑车上学、购物和旅游等项目也在德国各地陆续展开，其目的都是保护环境和促进身体健康。

第四节　城市交通政策

一、城市交通的需求政策

（一）城市交通的需求管理政策

交通需求管理是通过一定的经济和行政手段，对城市各类交通需求量的增长进行有效调控，以保证城市交通量与其基础设施系统之间的均衡（孙久文，2016）。交通需求管理是进入20世纪90年代之后，随着人们对现代城市交通经济问题认识的深化而形成的一种城市交通管理理念，它实际上是针对城市交通日益普遍和突出的现实矛盾，在拥挤定价对策的基础上进一步发展的一种更全面、更系统的针对城市交通经济问题的综合对策。

按照交通需求管理的理念，任何国家和地区的城市交通发展政策和规划都必须根据当地的经济基础和实际情况，符合四项判别标准，即经济可行性、财政可承受性、社会可接受性、环境可持续性。

交通需求管理的具体政策措施很多，主要可归纳为两大类：一是通过优先发展公共交通使有限的城市交通资源和交通设施达到最高的能力和效率；二是通过对机动车拥有和使用的限制来控制城市地区机动交通总量的增长。前者在上一节已论及，这里主要就后者的政策方式进行分析。

1. 机动车使用限制政策

机动车使用限制政策是解决城市地区交通拥挤等一系列问题的重要方法，也是世界各国普遍采用的城市交通需求管理的主要措施。控制机动车使用的政策措施主要有以下三类：

（1）基本价格控制　这是指对城市地区所有车辆普遍征收某种税（费）的政策，例如，一些国家征收的燃料税、车辆使用税等。这种税费征收只与机动车的使用有关，若拥有机动车但较少使用或不使用，就不会被征收这些费用。所以，基本价格控制只从整体上起到限制交通需求量的作用，不会对车辆集中地区和路段直接发挥特别的限制作用。

（2）地区价格控制　这是对交通拥挤税的应用和发展。地区价格控制是指对城市指定的特别区域内的道路上行驶的车辆进行收费，或者对特定路段的特定时间内的车辆收费。费用标准依拥挤程度而定，最拥挤的地区或时间段里收费最高。而不进入指定区域行驶的车辆不收费，经常在指定区域的繁忙道路上行驶的车辆将被征收很多费用。地区价格控制措施可以促使人们尽量避开高收费的拥挤地区，或合理选择出行时间，这样可以分流繁忙地区的道路交通流量，有效缓解局部地段过度拥挤的现象。地区价格控制的操作方法有：设出入口收费，电子化自动计费等。

（3）非价格通行控制　这是常规的城市交通管理控制办法。例如，禁止某种类型车辆在某路段或某时间段内行驶，以消减交通流量，就是典型的非价格通行控制手段。这种措施的优点是简单易行，目的明确，效果明显，且控制范围具有灵活性，定时、定线、定车型、单双号分时行驶、完全禁行等多种方式可以单独或结合使用。但是，非价格通行控制不能简单地采用，需要在全面了解城市的交通流量、种类构成和科学测算禁行的成本-效益基础上实施，否则，随意采用，将会冲击城市交通的正常运行。这种方式一般多用于敏感地区（文教区、高级办公区、步行者集中的繁华商业区等）的出行环境保护。

2. 机动车拥有限制政策

机动车拥有限制政策是采用经济、技术、法律的手段，对城市地区私人购置拥有机动车数量施加的一定限制，以达到减少道路交通流量的目的。人们对这种方法有不同看法，有人认为从拥有方面控制车辆不完全符合公平原则，也有人认为这会带来许多副作用。但是，在道路交通设施严重不足或财政资金匮乏的城市，车辆拥有控制是必要的，因为它一方面间接缓解道路拥挤，另一方面具有筹集资金的作用。具体控制政策包括：

（1）征收机动车拥有税费　机动车拥有税费，包括通常征收的购置附加税、汽车牌照年费等，在一定程度上提高了购买力要求，能直接影响城市地区机动车注册的数量，会间接减缓拥挤道路的交通量。

（2）限定车辆标准与等级　许多国家实施的汽车年检客观上就具有限定车辆等级从而

控制机动车总数的作用，此外，还可以对城市地区的注册车辆的标准等级做出其他限定，如环境标准、安全性能、行驶性能等，这些要求均能起到控制机动车总数的作用。

（3）车辆定额配给　这包括两种方式：一是对每年颁发的车辆注册证书（牌照或其他许可证件）的总数加以控制；二是对某些特殊车型的数量增长设定额度。这些做法可以将城市地区机动车数量的年增长速度控制在一定的水平上。

（二）城市交通需求模型

为了有效实施城市交通的需求管理政策，有必要在做政策分析时，研究城市交通的需求模型，以便把握居民的交通需求行为，制定准确的控制政策。

城市交通需求有两个方面：对交通量的需求和对交通方式的需求。前者可以用人/千米指标来测度，后者可用对某种交通方式选择的概率来表示。一定的交通量和一定的交通方式的概率分布，构成了具体的交通需求。交通需求函数如下：

$$V = f(C, I, D) \tag{2-8-1}$$

式中，V 为交通需求；I 为收入水平；D 为人口密度；C 为交通成本。

在城市交通需求函数中，当交通成本、人口密度上升时，交通需求下降；反之，当收入水平上升时，交通需求随之上升。当收入水平和人口密度一定时，交通需求是交通成本的函数，即

$$V = f(\bar{I}, \bar{D}, C) = f'(C) \tag{2-8-2}$$

依存于交通成本的交通需求函数，实际上由四个部分构成，相应地有需求形成模型、需求分布模型、交通方式模型和线路分配模型四种城市交通需求模型。为了简化分析，在模型中将所考察的地域划分为大小适中的若干区域，并视每个区域为一个点，这样，任何交通行程都可简化为两点之间的交通。

1. 需求形成模型

需求形成模型是测算交通需求的模型，是式（2-8-2）的具体化。由于考察地域已简化成若干区域，故只需测算每一区域的交通需求，然后将各区域的数量加总即可得出总需求量。测算各区域交通需求量公式如下：

$$V_i = aP_i + bI_i + c \tag{2-8-3}$$

式中，V_i 为区域 i 的日常交通量；P_i 为区域 i 的人口数量；I_i 为区域内人均收入水平；a、b、c 均为常数。

2. 需求分布模型

需求分布模型是测算交通量在不同方向上分布的模型。所谓不同方向，即交通出行指向不同的区域。需求分布模型的作用是将交通量具体到不同的区域之间。对任意两个区域交通量的测度，可以参照牛顿的万有引力模型构造如下的"引力模型"：

$$V_{ij} = N_i \frac{A_j / d_{ij}^b}{A_{i1}/d_{i1}^b + A_{i2}/d_{i2}^b + \cdots + A_{in}/d_{in}^b} \tag{2-8-4}$$

式中，V_{ij} 为区域 i 产生的至区域 j 的交通量；N_i 为区域 i 产生的全部交通量；A_j 为区域 j 的吸引力，一般可以用购物或各种城市活动的面积表示；A_{ij} 为区域 i 和 j 之间的吸引力，$j=1,\cdots,n$；d_{ij} 为区域 i 和 j 之间的距离，$j=1,\cdots,n$；b 为经验计算得到的系数，它表示随距离增加交通量的衰减程度。

需求分布模型表达了城市中不同地方由于某种吸引力所导致的与其他地方的交通量。

3. 交通方式模型

交通方式模型是测算各种交通方式使用概率的模型，本质内涵是测度对交通方式的需求。其测算函数如式（2-8-5）所示：

$$q_{ij} = f(PC_{ij}, PH_{ij}, PD_{ij}, tC_{ij}, tH_{ij}, tD_{ij}, I_i) \quad (j=1,2,3,\cdots,n) \quad (2\text{-}8\text{-}5)$$

式中，q_{ij} 为出行人 i 选择交通方式 j 的概率，可由 N_{ij}/N_i 计算，N_{ij} 为区域 i 中的人选择交通方式 j 的数量，N_i 为区域 i 的总人数；C、H、D 分别表示由出发点到登上交通工具、交通工具的运行和离开交通工具到达目的地的时间；P 为各时间段的价格或费用支付；t 为各时间段耗用的时间；I 为收入水平。

交通方式模型通过考察某区域出行人选择某种交通工具的概率，可为规划交通方式的选择提供依据。

4. 线路分配模型

线路分配模型是需求分布模型的进一步具体化。前面的分析一直视区域为点，两点间只有一条线路，实际生活中对应两个区域间交通线路则不只一条。对于任意两个区域而言，分布在这个方向上的交通量还将进一步分配到不同的交通线路上。影响这种分布的主要是各条线路的交通时间、成本、舒适性、服务水平和频率（如公共汽车的密度）。其中交通时间是最主要的决定变量，而且后四个变量一般都与交通时间这个变量强烈相关，实际测算中常常单独用交通时间变量来确定交通量在不同线路上的分布。

城市交通需求是城市交通经济问题的主导因素，它推动着城市交通设施的建设和交通能力的形成。任何城市交通建设和改进都要考虑需求的变化。只有明确了需求的规模和分布，才能形成合理的交通能力布局和交通方式构成，为城市经济发展提供更好的系统交通服务。

二、城市交通的供给政策

城市交通的供给管理是通过一定的经济和行政手段，对城市各类客货交通供给量的增长和供给方式进行有效的调控，以构成最佳的交通结构和组织方式，保证城市交通系统快速、安全、可靠、舒适、低污染地运行。交通供给管理也是在进入 20 世纪 90 年代之后，随着人们对现代城市交通经济问题认识的深化而形成的一种城市交通管理理念，它实际上是针对城市交通问题日益普遍和突出的现实，在提倡"公共交通优先"理念的基础上，对各种交通供给方式实施的公共规制政策。

交通运输业具有公共性，是社会资本集中的行业，为了确保公共利益，政府必须对交通运输业市场进行干预。交通运输管制涉及多个方面，主要包括交通市场的进入限制（实行线路经营许可证制度、审批制度等）和交通市场的行为限制（如价格管制、交通方式规定等）两方面。目前在世界范围内，城市交通，尤其是公共交通都是一种带有福利意义的公共性服务，纯粹由市场机制调节供求并不可行。在完全自发的市场机制下，要么会抛弃公共交通的福利性，增加出行者的费用支出，促使出行者改用私人交通；要么会降低公共交通的覆盖率，降低公共交通的服务水准，迫使大众放弃公共交通或无法利用公共交通。无论哪种情形都将破坏"公共交通优先"的原则，增加城市交通的压力。因此，城市交通始终是城市政府关注的领域，通过大量的财政补贴维持公共交通的规模和水平。然而，自 20 世纪 70

年代以来,由于"供给冲击"等资源坏境问题,城市交通资源受到很大影响,特别是北欧的一些福利国家,高补贴导致的低效率,受到资源方面的严重挑战。为此,一些发达国家首先对交通运输业实行了放松管制,交通运输政策转向更多地依靠市场、依靠竞争、减少政府干预的供给管理政策。下面介绍的两个方面的改革具有突出的代表性:

(一) 签订公共汽车服务合同,允许私人提供公共交通服务

这即城市政府与私人公司签订合同,允许其提供特定线路的公共交通服务。在合同中,当地政府详细列出公共交通系统的服务要求(如车间时距、行车时间、站点位置、车票价格),然后接受私人公司对公共交通服务的投标。对以最低成本提供服务的公司给予公共交通专营权。

公共交通服务的合同制可以节约营运成本,这是这项改革一个最重要的依据。据美国联邦公共交通管理局的估计,节约的营运成本约为25%~30%,而其他的研究也表明节约成本约为15%~35%。私人公司提供的公共交通服务成本较低的原因有三:①支付的工资成本低;②私人公司的工作制度灵活,他们可采用轮班制并使用兼职工人;③他们在交通方式的选择上更具经济头脑,比如,在人口低密度地区使用小的公共汽车。

(二) 取消控制并采用辅助运输系统

取消对城市交通市场的控制,允许私人自由进入城市交通市场并自由竞争。这种改革使许多城市的交通服务出现多样化。单一乘客的出租车和庞大的公交机车(大公共汽车和轨道列车)分布于城市交通供给的两个极端,不能满足各种不同的乘客对时间、方式、舒适度和费用的不同要求,而新的体制让乘客有更多的车型选择和更多的服务种类选择。

辅助运输系统是指介于私人与传统公共汽车之间的一种广泛的服务形式,包括租车、共用小汽车、共享出租车、预约通勤客车等。以租车为例,当今"买车容易养车难"的问题使大部分人选择了租车。将买车、养车的包袱全丢给汽车租赁公司,而把主要财力和精力放在自己的主业上,这也是当今跨国公司流行的做法。据统计,一年下来,以租车代替买车,成本就可以下降3成,其中包括为企业节省的管理成本,采用租车方式,随时可以调整开支,风险小,灵活性强,是降低成本的最好办法。可见,这些辅助运输系统填补了单一乘客的出租车与大型公共汽车之间的空缺。辅助运输系统的经验表明,它们在公共交通市场上可以发挥重大作用。

三、城市出租车政策

出租车是城市公共交通的重要形式之一。随着经济发展,出租车在公共交通中的地位越来越重要。许多城市的出租车完成的客运量占到公共交通的10%以上,有的城市高达20%或30%。因此,合理的出租车政策是城市交通水平提高的重要保证。

管理城市出租车的政策重点是对出租车供给规模与其服务价格的控制。

(一) 出租车供给规模控制

控制出租车供给规模即限定城市的出租车数量,一般是通过控制出租车营运牌的投放量来实现的。出租车营运牌作为一种资源已为人们普遍接受,这一资源的利用好坏直接关系到出租车市场的健康发展。世界各国城市投放出租车营运牌的制度,主要有审批制(即签发)和招投标制两种方式。前者的营运牌是通过政府审批取得,一般不收费,或象征性收费;后

者的营运牌是通过竞价方式投放的。长期实践证明,审批制容易滋生腐败,应尽量不采用。但是,完成竞价过程的招投标制需要发育良好的市场环境作为支撑,缺乏成熟市场的竞争公平,就不能真正实现公平的招投标。因此,一般来说,对于出租车市场发育良好的大城市及部分中等城市,出租车需求较大,营运牌的"资源含量"较高,就要实行公平的招投标制;对于那些出租车市场发育还不成熟的中小城市,可以实行审批制。

(二) 出租车服务价格控制

出租车服务价格控制是运输价格规制中最严格的一种。世界上绝大多数城市的出租车都实行由政府核定的统一价格,且没有浮动幅度。出租车价格一般采用的是起步价+行程运价。这种定价的具体实施方式,很大程度上取决于对出租车服务的定位。一般有三种情形:①把出租车服务看成公共交通的一种普遍形式,因此运营的宗旨是尽量满足需求,但是不像其他公共交通形式那样给予补贴。制定出租车价格的依据是完全成本,即等于成本+正常利润。②把出租车服务看成公共交通的一种"高档"形式,因此补贴是不必要的。制定出租车价格的依据是均衡价格,即随行就市,由供求关系最终确定价格。③把出租车服务看成一种"享受"型的公共交通,相对于一般的公共交通方式,出租车是一种"奢侈品"。因此不仅不应补贴,还有必要通过它实现转移支付。因此出租车的价格既不考虑完全成本的大小,也不考虑均衡价格的高低,而是按这类乘客的"负担能力"收费,即以乘客负担能力大小为依据制定出租车服务价格。

复习思考题

1. 什么是城市交通经济?城市交通主要包括哪些种类?
2. 城市交通的公共经济属性包括哪些?
3. 运用经济学原理解释说明城市交通拥挤,以及如何解决城市交通拥挤这一现象。
4. 讨论公共交通补贴对于小汽车交通量和公共汽车乘客量有什么影响?
5. 你认为"公共交通优先"的战略是否符合中国国情?中国应该采取怎样的城市交通发展模式?
6. 放松对城市交通的管制会产生怎样的结果?
7. 城市出租车服务价格由政府核定是否合理?为什么?
8. 我国可以从德国和荷兰的城市交通模式中得到哪些启示?

第九章 城市安全经济

【学习目标】

通过本章学习，要求学生了解城市安全和安全经济的定义及其内容，掌握安全经济的收益成本分析方法；明确城市突发事件的界定和影响，了解城市公共应急预案和应急机制建立的意义和内容，掌握我国智慧应急管理系统建设的内容；理解城市犯罪的类型和影响，掌握城市犯罪的最优量的推导方法，理解城市警察生产函数的内涵。

第一节 城市安全经济概述

一、城市安全与安全经济

（一）城市安全

城市安全是指城市在生态环境、经济、社会、文化、人身健康、资源供给等方面保持的一种动态稳定与协调状态，以及防止自然灾害和社会与经济异常或突发事件干扰的抵御能力。从社会承载角度讲，安全是指能根除导致人员伤害、疾病或死亡，引起设备或财产破坏和损失，以及危害环境的条件。城市安全包含的内容十分广泛，从宏观领域来看，有城市生态环境安全、经济安全、社会安全等；从具体方面来看，有生产安全、设备安全、交通安全、治安安全、居住安全、医疗药品安全、食品安全、家电安全等。

安全的作用和目的是多方面的，在城市中，可以从生产和生活两个方面划分。从生产来看，首先是避免或减少劳动者的事故伤亡及职业病。其次是使设备、工具、材料等免遭毁损，以及保障和提高劳动生产率，维护生产发展。最后是消除或减小环境危害和工业污染，使人的生存条件免遭破坏，促进人类整体利益增大。从生活来看，首先要保证城市居民的吃、穿、住、用、行的基本安全，保障民生。其次要保障居民的人身和财产安全，减少犯罪。最后是要加强环境保护和公共卫生，实现健康安全。

（二）城市安全经济

城市安全经济是指在一定的城市人力、财力、物力条件下，能够提供的最好的安全服务；或者说，达到一定的城市安全水平所花费的人财物力最省。城市安全经济活动及其功能分析所依据的基本原理包括以下内容：

1. 安全的有限性原理

安全的供给需要投入技术和人力、财力、物力，一定的投入水平与其提供的安全水平成正比。由于人类进步、技术发展是逐步的，人力、财力、物力也是有限的，因而，不可能消灭所有的不安全事件。经过人们的努力，事故或危害事件带来的损失和事故率可以无限地趋向于零，但无法绝对等于零，所以控制事故或突发事件损失和危害的一个基本原理在于：要使安全达到一个"合理"的或"可以接受"的水平。

2. 安全的相对性原理

安全状态是在一定的环境、条件和情形下的现象，和具体的环境条件和状态密切相关。在一定条件下被认为是安全的状态，在另一条件下就不一定是安全的，甚至可能是危险的状态。这就是安全的相对性原理。这一原理要求人们认识安全问题不能脱离具体的、自然的和社会的背景以及各种生产的或生活的状态。

3. 安全的极向性原理

安全是对各种伤害的避免和消除，而各种伤害往往是在人们（不包括对自然状况了解的科学家和犯罪者）的意料之外，从而使安全效应往往表现为极大或极小。也就是说，意料之外的伤害发生了，会造成极大的社会经济影响，安全效应极大；反之，没有发生，安全效应极小，人们不会为此投入更多。可见，安全科学的研究对象及其特征都具有极大或极小的可能，这一特点包含三个含义。一是安全所涉及的事故或危害事件发生的可能性很小，而后果却极为严重；危害事件的事故源范围很小，但其危害和影响涉及的范围却很广。二是安全特征可以描述为：安全性＝1－危险性，若危险性趋向极小，则安全性就趋向极大；反之亦然。三是人们从事安全活动，总是希望以最小投入获得最大的安全。

二、城市安全的成本与收益分析

安全作为城市居民的一种社会"需求"，需要通过"供给"行为来实现。要"生产"安全，就要研究安全的成本和收益问题。

安全成本是指实现安全所消耗的人力、物力、财力和时间的总和，包括实现某一安全功能所支付的直接费用和间接费用，是衡量安全活动消耗的重要尺度；安全收益具有广泛的意义，它等同于安全的产出。安全的实现不但能减少或避免直接的伤亡和损失，而且能通过维护和保护生产力，实现促进经济和生产增值的功能，但是这种功能的展现是事后的、长期的。因此，安全收益具有潜伏性、间接性、延时性、迟效性等特点；安全效益是安全收益与安全成本的比较，反映安全产出与投入的关系，是安全经济决策所依据的重要指标之一。

分析安全的成本与收益，要从安全的两大经济功能开始。

（一）城市安全的两种经济功能模型

城市安全具有两大经济功能：①直接避免或减轻事故、突发事件等危机给人、社会和自然造成的损失与危害,保护生命财产,简称避危降害;②保障劳动条件和环境安全,直接维护生产力发展和间接实现经济增值,简称保值增益。

1. 避危降害

城市安全的第一种经济功能是避危降害,可用损失函数 $L(S)$ 来表达,表明安全的损失效应是随着环境原有的安全隐患基础(L_0)和危险与安全相对的期望值 $[L_{exp}(l/S)]$ 的变化而变化的,如式(2-9-1)所示。就是说,发生危害的数量和大小,一方面来自原有的安全隐患,另一方面来自危害与安全相对的期望值,即人们对实现安全的努力程度。

$$L(S) = L_{exp}\left(\frac{l}{S}\right) + L_0 \qquad L>0, l>0, L_0<0 \qquad (2\text{-}9\text{-}1)$$

2. 保值增益

城市安全的第二种经济功能表现为对生产和经济活动的保值增益,可用增值函数 $I(S)$ 来表达,表明安全的经济效应大小是随着期望的危害事件冲击既定安全度的状态的反方向变化的。就是说,人们期望发生危害事件冲击安全状态的概率越低,安全的经济效应就越大,反之就越小。安全的增值函数如下:

$$I(S) = I_{exp}\left(-\frac{i}{S}\right) \qquad I>0, i>0 \qquad (2\text{-}9\text{-}2)$$

上两式中的 L、l、I、i、L_0 均为统计常数。

两式的图像汇集于图 2-9-1 中。

图 2-9-1 中的横轴,表示安全性(S),是对安全的度量;纵轴表示安全带来的价格收益或不安全造成的损失费用。从两条曲线的走向可以看出:

1)增值函数随安全性 S 的增大而增大,然而是有限的,它的最大值(M 点)取决于技术系统本身的功能。

2)损失函数 $I(S)$ 随安全性 S 的增大而减小,当系统无任何安全性时($S=0$),理论损失值趋于无穷大,具体值取决于机会因素;当 S 趋于 100% 时,损失趋于零。

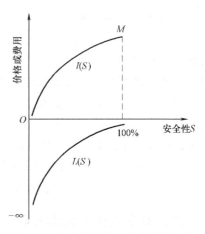

图 2-9-1 安全的损失函数与增值函数

无论是保值增益即安全创造的正效益,还是避危降害即安全减少的负效益,都表明安全创造了价值。

(二)安全综合分析模型与推论

可以用安全功能函数 $F(S)$ 来表达增值函数与损失函数之差,反映安全的产出或收益,具体如式(2-9-3)所示。

$$F(S) = I(S) + [-L(S)] = I(S) - L(S) \qquad (2\text{-}9\text{-}3)$$

将损失函数 $L(S)$ 乘以"-"后,就可将其移至第一象限表示,并与增值函数 $I(S)$ 叠加,得到安全的功能函数曲线 $F(S)$,如图 2-9-2 所示。观察图 2-9-2 中的几条曲线走向,可以得出以下推论:

1)当安全性趋于零,即技术系统毫无安全保障时,系统不但毫无利益可言,还将出现趋于无穷大的负利益（损失）。

2）当安全性到达 S_1 点，由于正负功能抵消，系统功能为零，此点是安全性的下限。当 S 大于 S_1 后，系统出现正功能，并随 S 增大，即功能递增。

3）当安全性 S 达到某一接近 100% 的值后，如 S_u 点。功能增加速率逐渐降低，并最终局限于技术系统本身的功能水平。由此说明，安全不能改变系统本身的创值水平，但可以保障和维护系统的创值功能，这正是安全的自身价值。

（三）安全效益分析

安全功能函数反映了安全系统的输出状况。显然，要提高或改变安全性，需要投入（输入）来保障，即要付出代价或成本；并且，安全性要求越高，需要的成本

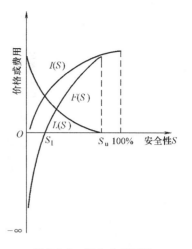

图 2-9-2　安全功能函数

也越高；要达到 100% 的安全（绝对安全），所需要投入的理论值就是无穷大。由此，可以推出安全成本函数 $C(S)$，如式（2-9-4）所示。

$$C(S) = C_{\exp}\left(\frac{c}{1-S}\right) + C_0 \qquad C>0,\ c>0,\ C_0<0 \qquad (2-9-4)$$

式中　c 为统计常数；C_0 为基础成本。

把安全成本函数 $C(S)$ 的曲线绘于图 2-9-3 中，可以观察到安全成本函数的运行原理。

1）要实现系统的初步安全（较小的安全性），所需要的成本是较小的；随着对 S 要求的提高，成本将随之增大，并且其递增率越来越大，当 S 趋向于 100% 时，成本趋向 $+\infty$。

2）当 S 达到接近 100% 的某一点 S_u 时，安全的经济功能与所耗成本相抵消，使系统没有收益；安全性超过 S_u 点时，安全的成本超过了收益，这是社会所不希望的。

3）S_1 和 S_u 是安全经济的盈亏点，它们决定了 S 理论值的上下限。在 S_0 点附近，能取得最佳的安全效益。由于 S 从 $S_0-\Delta S$ 增至 S_0 时，成本增值 C_1 小于功能增值 F_1，因此当 $S<S_0$ 时，提高 S 是值得的；当 S 从 S_0 增至 $S_0+\Delta S$ 时，成本增值 C_2 数倍于功能增值 F_2，因此 $S>S_0$ 后，增加 S 就不合理了。

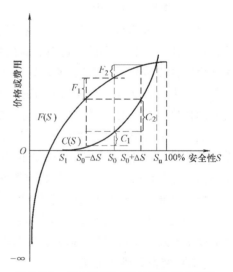

图 2-9-3　安全功能函数与安全成本函数

可见，安全功能函数 $F(S)$ 与安全成本函数 $C(S)$ 之差就是安全效益函数，可用 $E(S)$ 来表达，如式（2-9-5）所示。

$$E(S) = F(S) - C(S) \qquad (2-9-5)$$

将 $E(S)$ 曲线绘于图 2-9-4 中，可以看到，在 S_0 处，$E(S)$ 取得最大值。

以上对安全经济的几个特征参数规律进行了分析，其意义不在于定量的精确与否，而在于表述了安全经济活动的某些规律，有助于正确认识安全经济问题，指导安全经济决策。

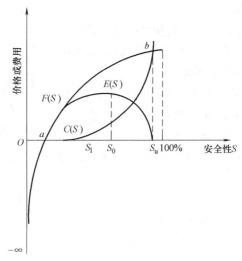

图 2-9-4　安全功能函数与安全效益函数

第二节　城市突发事件与公共应急预案的经济分析

一、城市突发事件的经济影响

(一) 突发事件的内涵

对于"突发事件"一词,比较有代表性的相关定义是欧洲人权法院对"公共紧急状态"的解释,即"一种特别的、迫在眉睫的危机或危险局势,影响全体公民,并对整个社会的正常生活构成威胁"。据此,判断紧急状态可以根据以下几个特征:①必须是现实的或者是肯定要发生的;②威胁到人民生命财产的安全;③阻止了政权机关正常行使权力;④影响了人们的依法活动,必须采取特殊的对抗措施才能恢复秩序等。

美国国土安全部也为"突发事件"下了专门的定义:"一种自然发生的或人为原因引起的需要紧急事态应对以保护生命或财产的事故或事件。它包括比如重大灾难、紧急事态、恐怖主义袭击、荒野和城区火灾、危险物质泄漏、核事故、空难、地震、飓风、龙卷风、热带风暴、战争相关灾难、公共卫生与医疗紧急事态,以及发生的其他需要紧急事态应对的事件"。

我国《国家突发公共事件预案体系》则认为:突发公共事件是指突然发生,造成或者可能造成重大人员伤亡、财产损失、生态环境破坏和严重社会危害,危及公共安全的紧急事件。

(二) 突发事件的分类

1. 根据引起紧急状态的原因划分

根据引起紧急状态的原因不同,一般可以把突发事件分为两类:一类是自然灾害引起的紧急状态;另一类是由非自然因素引起的紧急状态。

2. 根据发生过程、性质和机理划分

根据突发事件的发生过程、性质和机理,突发事件主要分为四类:①自然灾害,包括旱涝、气象危机、地震、海洋地质生物变异和森林草原火灾等灾害;②事故灾难,包括工矿等企业各类安全事故,交通运输事故,公共设施和设备事故,环境污染和生态破坏事件以及不明经济危害等；③公共卫生事件，包括传染病疫情，群体性不明原因疾病，食品安全和职业危害，动物疫情，以及其他严重影响公众健康和生命安全的事件；④社会安全事件，包括恐怖袭击、社会犯罪、民事纠纷和涉外突发事件等。

3. 根据涉及的公共安全领域划分

根据突发事件涉及的公共安全领域，突发事件可以分成八类：公共事故、自然灾害、城市生命线突发事件、重大工程突发事件、公共活动场所突发事件、公共交通突发事件、公共卫生突发事件和人为突发事件。

4. 根据性质、严重程度、可控性和影响范围等因素划分

根据各类突发事件的性质、严重程度、可控性和影响范围等因素，突发事件一般分为四级：Ⅰ级（特别重大）、Ⅱ级（重大）、Ⅲ级（较大）、Ⅳ级（一般）。

（三）城市突发事件的经济影响

随着经济、社会的快速发展，一些重要城市先后发生过诸如污染气体泄漏、地质灾害、火灾以及其他一些突发性事件。特别是在大型城市，一旦发生生产安全突发事件、食品安全突发事件、突发自然灾害、公共卫生突发事件等，将会对社会经济发展产生重大影响。这是由安全的极向性原理所决定的，这种影响一般是通过突发事件的不确定性、所引起的人们的危机感程度和面对危机的积极与消极态度而发生的。

1）突发事件的不确定性影响经济的长期发展。在凯恩斯经济学里，"不确定性"被定义为不能被保险的风险。对这些不确定性风险，人们无法根据事件造成的实际损失对突发事件做判断；虽然突发事件是突然发生的，但是其影响往往是长远的，由于对突发事件多长时间才能控制的预期一般充满不确定性，对经济后果的预估也充满了不确定性。这些不确定性使突发事件可能在较长的时间内对经济发展产生持续性的影响。

2）突发事件引起的人们的危机感，会由于突发事件的危害程度和人们的关注程度而不同程度地影响经济增长。一些突发事件将影响一些高级商务活动的开展与效率，外商直接投资增长幅度会有所减缓；有些突发事件发生后，人们外出消费将减少，"假日经济"拉动效应将明显降低，对相关行业，如旅游、商业和交通运输业等将产生不同程度的影响；在局部地区，甚至会出现少数行业生产要素供求关系再度紧张，市场消费增长偏慢，进而影响人员、资本和商品流动等情况。

3）人们对突发事件造成的危机，存在着积极的与消极的不同态度。如果突发事件后，人们的消费信心和商业信心很快得以恢复，突发事件对经济的影响就不过只是局限于延迟人们的消费，消费需求和消费力将再趋活跃，经济增长虽然可能低于原来的预期，但仍会保持较高的增长速度；但是如果突发事件后，人们参与经济活动的信心受到很大的打击，居民的消费心理和观念趋向于保守，就会使其消费者行为发生变化，进而影响到生产者行为的变化，并最终对经济结构产生影响。为此，对由突发事件引起的经济结构变化，必须采取积极的心态，及时转变观念，抓住商机；政府也要出台刺激和拉动相关产业的政策，以摆脱突发事件的影响或把握突发事件造成的新的商业机会。

二、城市公共应急预案

（一）城市公共应急预案的含义

应急一般是指针对突发、具有破坏性的事件所采取预防、响应和恢复的活动和计划。应

急工作的主要目标是：对突发事故做出预警；控制事故灾害发生与扩大；开展有效救援，减少损失和迅速组织恢复正常状态。应急救援对象是突发性的和后果与影响严重的公共安全事故、灾害与事件。

城市公共应急预案是指面对城市突发事件如自然灾害、重特大事故、环境公害及人为破坏的应急管理、指挥、救援计划等，它一般应建立在综合防灾规划之上。其重要子系统为：完善的应急组织管理指挥系统；强有力的应急工程救援保障体系；综合协调、应对自如的相互支持系统；充分备灾的保障供应体系；体现综合救援的应急队伍等。

应急预案确定了应急救援的范围和体系，使应急准备和应急管理不再是无据可依、无章可循；制订应急预案有利于做出及时的应急反应，降低事故后果；应急预案成为城市应对各种突发事件的响应基础，当发生超过城市应急能力的重大事故时，便于与省级、国家级应急部门的协调；有利于提高全社会的风险防范意识。

为了提高政府保障公共安全和处置突发事件的能力，最大限度地预防和减少突发公共事件及其造成的损害，保障公众的生命和社会稳定，促进经济社会全面、协调、可持续发展。2006年1月，我国国务院发布了《国家突发公共事件总体应急预案》，预案分总则、组织体系、运行机制、应急保障、监督管理及附则等六大部分。国家应急预案框架体系初步形成，包括：突发公共事件总体应急预案；突发公共事件专项应急预案；突发公共事件部门应急预案；突发公共事件地方应急预案；企事业单位根据有关法律法规制订的应急预案；举办大型会展和文化体育等重大活动的主办单位应当制订的应急预案。

（二）城市公共应急预案的本质与运行

城市公共应急预案，其经济本质是城市政府供应的公共产品；其经济对象，是产生突发事件的危险源。公共产品前已述及，危险源则是引起事故和不安全的因素。传统的危险源（第一类危险源）一般是指纯粹的物、能量载体，或是危险物质，是事故发生的物质性前提和物质根源，它影响事故发生后果的严重程度；第二类危险源包括物的故障、物理性的环境因素和个体人的失误，这类危险源是事故发生的触发条件和必要条件；第三类危险源是指不符合安全的组织因素，包括组织程序、组织文化、规则、制度等，它不同于个体的人，是第一类，尤其是第二类危险源的深层原因，是事故发生的组织性前提，是危险的充分条件。例如，高速行驶的汽车本身是一个危险源。它里面的汽油等物质是第一类危险源；司机违章，汽车部件失灵，天气不好，能见度比较差等，属于第二类危险源；而安全文化理念缺失，交通规则、安全培训缺失，交通安全管理松懈，司机单位的汽车维护管理和司机配备方面的问题，都是第三类危险源。

我们过去比较重视第一类和第二类危险源，而往往忽视第三类危险源。预防事故必须要靠两个方面：一是硬件，技术手段；二是必须依靠软的支撑，就是安全文化、安全管理、规则、制度等。安全的硬件支撑出问题，我们容易想到，但是安全的软支撑方面出问题，或者说第三类危险源方面出问题，我们往往认识不够，或者是没有这方面的认识，所以要提出管理风险的概念。管理风险和其他风险一样，也需要辨识和控制。重视第三类危险源，可以督促和激发组织领导层对安全生产的重视和关心，使人们认识到危险源的物源与非物源的界限，有利于把握事故的本质和基础原因，从而做到关口前移，消灭事故于萌芽状态，以落实预防为主，科学安排有关制度和加强安全的科学管理，例如，使用第三方认证式的监督检查，以获得理想的安全监督检查的效果。

为了防止这些危险源形成的危害，必须制订和运行城市公共应急预案，主要有以下程序：

1. 预测与预警

根据预测分析结果，对可能发生和可以预警的突发公共事件进行预警。预警级别依据突发公共事件可能造成的危害程度、紧急程度和发展势态，划分为四级紧急程度，依次用红色、橙色、黄色和蓝色表示。预警信息包括突发公共事件的类别、预警级别、起始时间、可能影响范围、警示事项、应采取的措施和发布机关等。预警信息的发布、调整和解除可通过广播、电视、报刊、信息网络、警报器、宣传车或组织人员逐户通知等方式进行，对老、幼、病、残、孕等特殊人群以及学校等特殊场所和警报盲区应当采取有针对性的公告方式。我国各级城市的管理部门针对各种可能发生的突发公共事件，正在完善预测预警机制，建立预测预警系统，开展风险分析，做到早发现、早报告、早处置。

2. 应急处置

首先是信息报告，突发公共事件发生后，要立即报告，最迟不得超过 4h，同时通报有关地区和部门，应急处置过程中，要及时续报有关情况。其次是先期处置，发生突发公共事件，在紧急向国家报告信息的同时，要根据职责和规定的权限启动相关应急预案，及时、有效地进行处置，控制事态。再次是应急响应，对于先期处置未能有效控制的特别重大突发公共事件，应急指挥机构要及时启动相关预案，负责现场的应急处置工作。最后是应急结束阶段，即突发公共事件应急处置工作结束，或相关危险因素消除后，现场应急指挥机构予以撤销。

3. 恢复与重建

（1）善后处置　积极稳妥、深入细致地做好善后处置工作。对突发公共事件中的伤亡人员、应急处置工作人员，以及紧急调集、征用有关单位及个人的物资，要按照规定给予抚恤、补助或补偿，并提供心理及司法援助。有关部门要做好疫病防治和环境污染消除工作。保险监管机构督促有关保险机构及时做好有关单位和个人损失的理赔工作。

（2）调查与评估　对特别重大突发公共事件的起因、性质、影响、责任、经验教训和恢复重建等问题进行调查与评估。

（3）恢复重建　根据受灾地区恢复重建计划组织实施恢复重建工作。

（4）信息发布　要在突发公共事件发生的第一时间向社会发布简要信息，随后发布初步核实情况、政府应对措施和公众防范措施等，并根据事件处置情况做好后续发布工作。信息发布应当及时、准确、客观、全面。信息发布形式主要包括授权发布、散发新闻稿、组织报道、接受记者采访、举行新闻发布会等。

我国正处于社会急剧转型和城市化加速发展时期，自 2003 年非典型肺炎引起的社会危机以来，我国城市政府更加关注突发事件的严重影响，开始探讨和研究应对各种突发事件的长效应急机制。多年来，我国城市先后取得了应急机制建设的丰富经验，逐渐形成了具有特色的城市应急系统模式，使应对各种突发事件的管理能力大大提高。

三、我国城市应急机制的建设

（一）城市应急机制建设的意义

应急机制是针对突发事件而设立的，它的总体目标是贯彻以人为本、预防为主的方针，坚持统一领导、分级负责，强化法制、依靠科技，协同应对、快速反应，加强基层、全民参与，整合资源、加强保障的原则，形成党委领导、政府管理、部门协同、社会动员、公众参与的应急管理新局面，提高应对突发公共事件的能力，最大限度地预防和减少突发公共事件及其造成的损害，促进社会的全面、协调、可持续发展，建设和谐社会。

1. 城市应急机制建设是创建和谐社会的重要内容

创建和谐社会，必须以社会稳定和公共安全为保障。只有保持社会稳定，打造"平安城市"，才能促进城市经济的持续发展、社会全面进步和人民群众的安居乐业。

2. 城市应急机制建设是现代化城市管理的重要任务

在统一领导、分级负责的基础上，建立城市统一指挥、结构完整、功能齐全、反应灵敏、运转高效的应急机制，科学有效防范和及时处置各类突发公共事件，是现代化城市管理的重要任务。

3. 城市应急机制建设是提高政府行政能力的客观要求

城市规模扩大、城市人口增加、城市中自然灾害和事故灾难的发生和各类不稳定因素，导致城市公共安全形势问题不容小觑。这是对政府行政能力和管理水平的一种新考验。城市政府必须加强薄弱环节，弥补体制机制上的缺陷，增强危机感和责任感，创新应急管理体制和机制，真正把保障公共安全摆到政府工作的重要位置上来。

（二）城市应急机制建设的内容

城市应急机制的内容包括应急领导和指挥体制、应急管理日常办事机构、突发公共事件应急指挥中心、编制应急预案、应急管理专家咨询组织、预警信息系统、应急管理信息网络、应急管理保障系统、应急管理资金、应急机制建设发展规划、应急管理政策法规体系、应急管理宣传教育和培训演练、应急管理的科学研究和人才培养。

目前我国建设城市应急机制，应充分注意以下两个方面的问题：

一是城市综合减灾系统存在的问题。城市具有人口集中、产业集中、财富集中、建筑物与构筑物集中的特点，从而也带来了各种灾害集中的特点。灾害的一个核心特性，就是一种灾情的形成多是由几种灾因复杂叠加而形成，表现为主灾发生后往往伴随着多种次生灾害发生，从而造成严重恶果。这种城市灾害的连发性、共生共存的复杂性、社会影响的广泛性和破坏的残酷性，使人们认识到，把握城市灾害发生的特点和规律，必须要形成一套城市综合减灾系统，提高综合减灾的自觉性和主动性，以尽量把灾害造成的损失降到最低程度。

二是城市公共安全应急联动系统存在的问题。城市危急事件一旦产生，影响是多方面的，要求的专业处理能力也是多方面的。例如，火灾危急事件的处理，不仅要求消防部门出动，还要求卫生急救部门、交通部门、起重部门、供水部门、供电部门等部门的联动，如果后者跟不上，很可能会引起次级灾害。这就需要一个完善的整合处理流程，其主要内容包括事件信息接收、评估、决策、发布和反馈等环节。支撑这一事件处理流程的平台就是城市应急联动指挥系统，它不仅涉及电话系统、视频监控、交通控制、全球定位系统（GPS）、局域网等信息技术，还涉及政府体制、城市自然条件、管理模式和认识等问题。因此，城市公共安全应急联动系统是一个巨大的系统工程。从我国应急联动建设实践情况来看，遇到的首要问题不是技术问题，而是管理体制问题。

解决这两大方面管理问题依托于一系列的制度性建设，正是应急机制的建设内容。

1. 基本法律体系完善

虽然国家已经颁布了一系列与处理突发事件有关的法律，例如，《防震减灾法》《防洪法》《传染病防治法》《安全生产法》《戒严法》等，但都是针对不同类型突发事件的分别立法，这种单类型的立法可能导致不同法律规范之间的矛盾。同时，各部门都针对自己所负责的事项立法，会削弱处理突发事件的协作与合力。为此，建设我国城市应急机制的法律是城市公共安全管理的重要任务。

2. 信息制度建设

信息管理系统对突发事件的处理起着极其重要的作用，一为决策者提供及时和准确的信息，二为民众传递信息，避免民众情绪失控。目前发生各类突发事件时，很多都是以部门为单位逐级汇报，快捷、有效的沟通渠道还不完善；信息分散和部门垄断，无法在危难时刻统一调集，迅速汇总；一些城市虽然建设了应急指挥系统，提高了协同程度和应急反应速度，但由于信息获取与协调指挥效率与指挥中心不匹配可能形成所谓的"指挥孤岛"，而由于应急管理人员不可能"全知全能"，而可能引发"指挥风险"；也可能由于系统可靠性问题产生"清零危机"；等等。为此，尽快形成城市应急管理的综合信息系统和运转机制，是城市公共安全机制的重要建设内容。

3. 公共服务保障体系的建设

目前我国应对社会变动和市场经济波动、起抗衡和缓冲作用的综合社会保障体系还很不完善，公共卫生服务的覆盖面还较低。一旦发生突发事件，需要尽快消除危害，这就需要加快公共服务保障体系的建设。

此外，还要加强对公众的危机教育，将防灾应急教育纳入城市教学体系，提高市民警觉性，培养其自救、救护的防灾意识和能力。

四、城市智慧应急管理系统建设

（一）城市智慧应急管理系统的含义

2015年4月21日，"智慧城市公共安全与应急管理研讨会"在北京召开，与会专家指出，在推进智慧城市与智慧社区建设过程中，要从城市与社区公共安全和应急管理角度出发，充分利用互联网、大数据、云计算等新技术，通过对城市与社区的整体感知，增强物与物、人与物之间的联系，实现人与技术的充分融合，全面、精确、实时地掌握各类风险动态，信息共享、协调联动，使城市与社区的应急管理更智慧、更高效、更安全。

智慧应急是智慧城市建设中形成的产物，智慧应急管理系统又称为智慧应急综合系统、智慧应急指挥系统，是指运用新一代信息技术和知识社会创新2.0理论对城市突发事件进行预警、防范、化解和善后等全程规划管理的一种复杂大系统。这里的应急管理是指政府及其他公共机构在突发事件的事前预防、事发应对、事中处置和善后恢复过程中，通过建立必要的应对机制，采取一系列必要措施，应用科学、技术、规划与管理等手段，保障公众生命、健康和财产安全，促进社会和谐健康发展的系列活动的总称。这里的突发事件是指突然发生，造成或者可能造成严重社会危害，需要采取应急处置措施予以应对的自然灾害、事故灾难、公共卫生事件和社会安全事件。

依据突发事件的种类和不同级别，智慧应急管理系统可分为自然灾害类、事故灾难类、公共卫生事件类和社会安全事件类几类系统。

（二）城市智慧应急管理系统的内容

智慧城市将对城市应急管理起到以下几个方面的作用：①全面感测。遍布各处的传感器和智能设备组成物联网，在城市应急管理中对城市运行的核心系统进行测量、监控和分析。②充分整合。物联网与互联网系统完全连接和融合，将数据整合为城市核心系统的运行全图，为城市应急管理提供智慧的基础设施。③协同运作。基于智慧的基础设施，城市里的各个关键系统和参与者进行和谐高效的协作，在城市应急管理中达成城市运行的协同状态。④激励创新。促使政府在智慧基础设施之上进行城市应急管理的创新，为城市应急管理提供良好的制度保障和完善的城市应急管理系统。

为了使城市智慧应急管理系统更好地发挥效用，应加强以下几个方面的工作：

1. 做好城市智慧应急管理系统的数据支撑

数据是信息系统的"血液"，有些政府信息系统花巨资建成后成为摆设，其中很大一个原因是缺数据或数据更新不及时。"灭火找不到消防栓"，就是因为消防人员没有掌握消防栓的地理位置数据。今后应进一步完善城市应急管理相关数据库，整合相关部门的数据资源。

2. 理顺应急管理体制机制，实现应急管理线上线下联动

许多地方设立了应急办，但应急办与相关部门之间的协调机制还不完善，城市应急管理工作没有实现线上和线下的联动，使城市智慧应急管理系统在实战中表现较差。今后每个城市应确立一个适合自己的应急管理模式，加强部门联动，实现线上线下一体化。

3. 物联网、云计算、移动互联网、大数据技术等集成应用

近年来，物联网、云计算、移动互联网、大数据等新一代信息技术快速发展，在城市应急管理领域具有广阔的应用前景。例如，物联网可以用于灾害监测，为城市智慧应急管理系统采集实时数据；城市智慧应急管理系统可以部署在云平台上；灾害预警信息可以短信群发，人们可以使用应急类 App 实时掌握突发公共安全事件进展；通过大数据分析，可以掌握突发公共安全事件发生和发展的规律，以便采取有效的防范措施。

（三）城市智慧应急管理系统的建设模式

智慧城市是数字城市升级版，是城市信息化的更高发展阶段；而智慧应急管理系统是未来智慧城市时代的工作重点与关键领域。因此，选择什么样的建设模式至关重要。常见的智慧应急管理系统的建设模式主要有四种。

1. 独立运行模式

独立运行模式是指单独的、专门的从事应对突发事件的一种智慧应急管理系统建设模式。这种模式的优点在于专业决策，系统力强，应急效果高。但主要缺陷是成本太高，重复建设；政府、企业、事业单位之间较难配合。

2. 主辅模式

主辅模式是指以政府智慧应急管理系统为主，以企业、行业、事业单位智慧应急管理系统为辅的一种建设模式。这种模式优点是集中决策，发挥不同部门的作用；而主要缺陷是政府居高临下、负担过重，企业、行业、事业单位责任轻，疏于防范，政府与其他单位之间缺少统一协调，合力不突出。

3. 分散模式

分散模式是指各个政府、企业、事业单位自行负责应对各个区域内突发事件的一种智慧应急管理系统建设模式。优点是可以充分发挥不同部门的积极性，但缺陷是行政性分散、行业性分散与区域性分散，无法应对跨区域、跨行业的突发事件。

4. 主辅统筹模式

主辅统筹模式是指以政府智慧应急管理系统为主，以企业、行业、事业单位智慧应急管理系统为辅，并由政府统一协调指挥的一种建设模式。与其他模式比较，主辅统筹模式具有明显的优势，它成本较低、责任明确、统一协调、互相配合，形成合力，共同应对突发事件。依据科学的智慧应急管理系统的建设理念，以需求为导向、资源共享为动力、技术创新为核心，所以，我国城市安全管理应采用主辅统筹模式的智慧应急管理系统。

第三节　城市治安的经济学分析

一、城市犯罪的类型与影响

（一）城市犯罪的类型

城市犯罪的类型包括人身罪和财产罪。

人身罪是指受害者受到生理上的威胁，包括两种类型：①犯罪的目的是伤害受害者的身体（杀人、强奸、恶意伤害）；②在达到偷盗财产的犯罪目的的同时，对受害者采取了暴力手段（抢劫）。

财产罪是指非法窃取财产等，而没有使用暴力，例如盗窃（非法进入建筑物）、偷窃（偷钱包、扒口袋、偷自行车）以及汽车偷盗等。

犯罪量的高低用犯罪率衡量。家庭对犯罪率很敏感，他们在区位选择时受到当地犯罪率的影响。换句话说，犯罪率影响城市内人口的空间分布，犯罪率相对较低的地区，其房价就会相对较高。如果中心城市的犯罪率相对较高，那么许多家庭就迁居到郊区以逃避中心城市的犯罪。

（二）城市犯罪的影响

犯罪的影响可以用犯罪的成本来衡量。犯罪的成本可以分为受害成本和防止成本。财产罪的受害者损失财产，有时还会受到人身伤害。以盗窃为例，受害成本为盗窃次数的函数，其成本曲线斜率为正且呈线性分布，如果盗窃次数增至两倍，那么受害成本也会增至两倍。防止犯罪很昂贵。防止犯罪有很多方法：①加强防范。受害者可以通过降低盗窃成功的概率来减少预期掠夺物。②增加逮捕的概率。警察可以通过增加逮捕的概率来增加犯罪的预期成本。③增加监禁的概率。犯罪审判系统可以通过提高定罪的概率来提高犯罪的预期成本。④加强惩罚的严厉性。犯罪审判系统可以延长监禁时间。⑤提高合法机会的价值。社会可以通过提高潜在罪犯的工作技能来提高其参与合法活动的吸引力，从而提高他们的合法工资。总之，增大犯罪的成本和减少盗窃的净收益，都能够抑制犯罪。防止成本曲线的斜率为负，随着盗窃次数减少，防止成本曲线的斜率增大；因为犯罪防止得越多（犯盗窃罪的次数越少），防止成本就会越高。例如，将盗窃次数从 100 减少到 99 相对较容易，而要将盗窃次数从 11 减少到 10 则困难得多。受害成本和防止成本曲线分别绘于图 2-9-5 中。

在图 2-9-5 中，受害成本与防止成本的总和构成 U 形的总成本曲线，城市控制犯罪可以根据总成本的最低水平确定受害成本与防止成本的水平，从而寻找控制犯罪的最佳水平。

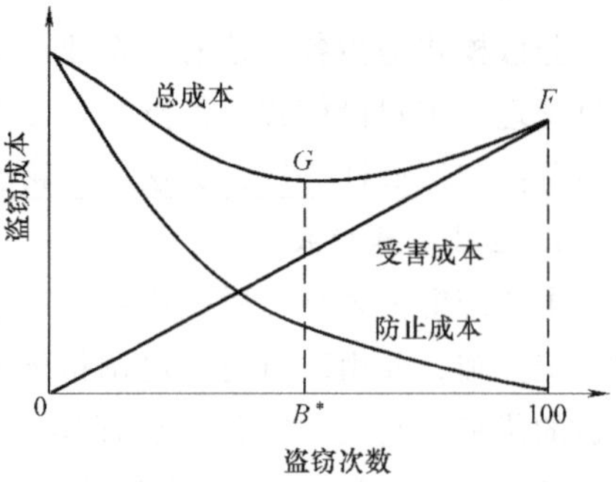

二、城市警察生产函数

维护城市治安的主要措施是进行警力投入，而政府财力是有限的，投入警力多大为合适，需要研究犯罪的最优量。

图 2-9-5 盗窃成本曲线

（一）犯罪的最优量

仍然考察图 2-9-5，假设一个城市的防止成本从 0 开始，如果每天发生盗窃 100 次，其一天的犯罪总成本就等于其受害成本，即 F 点。为了减少这种受害成本，可以通过花费防止成本（例如加强防范、延长监禁时间、提高合法机会的价值等）来减少盗窃次数。这样做，会使犯罪总成本降低。从点 F 开始，陆续增加防止成本，受害成本就会降低，节约下来的受害成本还会超过防止成本的增加，因此城市总成本曲线将会下降。直到 G 点，犯罪总成本达到最小，相对应的 B^* 点就是犯罪的最优量。

那么，如何才能让盗窃处于最优量（B^*）呢？城市可以利用它的防止资源来减少盗窃的净收益，直到盗窃犯每天只犯 B^* 量的盗窃罪。换句话说，城市从盗窃供给曲线（受害成本）中挑选一点进行资源投资，从而使净收益降低到某一必需的水平。

犯罪的最优量也可以从图 2-9-5 中隐含在总成本曲线里的边际成本曲线中得到。在图 2-9-6 中，较低的水平线表示盗窃的边际受害成本，即每增加 1 次盗窃，其受害成本的增加（图 2-9-5 中受害成本曲线的斜率），水平成本曲线反映了每次受害的成本都是不变的。斜率为负的曲线表示的是边际防止成本，即犯罪数量每变化 1 单位，其防止成本发生的变化（图 2-9-5 中防止成本曲线的斜率），它的斜率为负是因为防止受害的收益减少，防止犯罪的第一个单位（将犯罪次数从 100 减少到 99）有一个相对较低的边际成本，防止犯罪的最后一个单位（将犯罪次数从 1 减少到 0）有一个相对较高的边际成本。

犯罪的最优量用边际受害成本曲线和边际防止成本曲线的交点来表示。从 B^* 次盗窃罪开始，盗窃的边际受害成本超过了边际防止成本，因此阻止第 B^* 次犯罪是很明智的。边际成本曲线可以解释犯罪的最优量为什么会因犯罪类别的不同而不同。假设盗窃和武装抢劫都有着相同的防止成本，但受害成本不同，武装抢劫的受害者常常会在犯罪过程中受到人身伤害，因此武装抢劫就有着更高的边际受害成本，图 2-9-6 中的犯罪的最优量（A^*）比盗窃的最优量要小。更多的

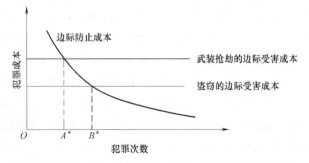

图 2-9-6 边际受害成本和边际防止成本与犯罪的最优量

资源投入到防止武装抢劫中,是因为防止武装抢劫所节约的受害成本更高。犯罪的最优量也会因为防止成本的不同而不同,在其他条件相同时的边际防止成本高,犯罪的最优量就高。

(二) 城市警察生产函数模型

城市警察生产函数描述投入的警力和产出的城市安全之间的数量关系。产出的城市安全可以用对犯罪分子的逮捕率或破获的刑事案件数量来反映;而投入的警力可以用警察人数或投入警事的资金量来反映。如果用 A 表示逮捕率或破获的刑事案件数量,P 表示警察人数,S 表示警事支出,T 表示花费的巡逻、调查和破案的全部时间,C 表示犯罪的数量,那么城市警察生产函数可以表示为式(2-9-6)。

$$A=f(P,S,T,C) \tag{2-9-6}$$

式中的逮捕率(A)由逮捕的次数除以犯罪的次数得到,以罪犯的观点来看就是犯一项罪被逮捕的概率,这种概率越高,犯罪的报酬就越低,因此它反映防止犯罪的效果。据美国的资料,武装抢劫罪和盗窃罪的犯罪率与逮捕率的弹性大约是-0.3,意味着逮捕率每提高10%,犯罪率就会下降约3%。逮捕率的高低一般与所投入的警察人数、警事支出和出警时间量正相关。警事支出每增加10%,一个普通青少年成为守法市民的概率就会增加4.7%。而逮捕率与犯罪的数量往往负相关,因为犯罪数量特别大的城市,整体社会治安不好,逮捕率也不高;犯罪数量很小的城市,反映其社会治安总体状况好,逮捕率会很高。

复习思考题

1. 什么是城市安全和城市安全经济?列举安全和不安全的现象,并将其分为不同的种类。
2. 搜集实际数据,建立安全的经济模型,进行安全的成本与收益分析。
3. 什么是突发事件?什么是城市应急机制和城市公共应急预案?试结合实际讨论我国现有应急机制和系统的不足与改进的方法。
4. 什么是城市智慧应急管理系统?请举例说明城市智慧应急管理系统在突发状况中发挥的积极作用,并结合现实状况分析其存在哪些急需改进的薄弱环节。
5. 假定你所在的城市对十个警察局区域间的分配有固定预算,而你负责这一分配。
(1) 假定你的分配决策将受到某些反犯罪目标的引导,那么你的目标是什么?
(2) 你将搜集什么信息,如何使用这些信息?

第十章　城市环境经济

【学习目标】

通过本章学习，要求学生了解城市环境的特征和城市生态环境危机的严重性；能够运用城市环境经济理论解释城市环境问题，理解城市环境与城市经济的作用关系和协调发展，掌握城市环境问题的治理对策；掌握生态城市的内涵与特征，把握生态城市建设的内容、步骤、指标。

第一节　城市环境与城市环境问题

一、环境概述

(一) 环境的概念

环境是一个相对的概念，总是作为某项中心事物的对立面而存在。它因中心事物的不同而不同，随中心事物的变化而变化。对于人类来讲，环境指的是以人类为主体的外部世界，是指围绕人群的空间和作用于人类这一对象的所有外界影响与力量的总和。

通俗地讲，所谓环境，即我们每个人在日常生活中面对的一切。我们每天从早到晚的生活，吃穿住行，无一不需要外界环境的供给。如果失去了外界环境的供给，人类就会失去生存的条件。

我国《环境保护法》所规定的环境定义与通常意义上所说的环境有所不同，它是有一定范围的，是能够通过法律手段来保护的。我国《环境保护法》给环境所下的定义为："本法所称的环境，是指影响人类生存和发展的各种天然的和经过人工改造的自然因素的总体，包括大气、水、海洋、土地、矿藏、森林、草原、湿地、野生生物、自然遗迹、人文遗迹、自然保护区、风景名胜区、城市和乡村等。"

（二）环境的分类

人类生存环境是庞大而复杂的系统，根据不同原则，有不同的分类方法。这里介绍两种常见的分类。

1. 按照人类对环境的作用划分

按照人类对环境的作用，环境可分为自然环境、人工环境和社会环境三类。

（1）自然环境　自然环境是"天然的自然因素的总体"，其特点是天然形成，无人工干预。自然环境是人类赖以生存和发展的物质基础。自然环境包括大气环境、水环境、生物环境、地质和土壤环境以及其他自然环境。

（2）人工环境　人工环境是"经过人工改造的自然因素的总体"，即在天然的自然因素基础上，人类经过有意识地劳动而构造出的有别于原有自然环境的新环境。例如人文遗迹、风景名胜区、城市和乡村等。人工环境的形成，表明人类技术因素对自然的作用，人工环境随着社会生产力水平的提高而不断演变和发展。

（3）社会环境　社会环境是人类在长期生存和发展的社会劳动中所形成的，是人与人之间各种社会联系及联系方式的总和。它包括经济关系、道德观念、文化风俗、意识形态和法律关系等。

自然环境、人工环境和社会环境共同组成了各级人类生存环境结构单元。

2. 按照人类生存环境的范围划分

按照人类生存环境的范围，由近及远，由小到大，环境又可分为聚落环境、区域环境、全球环境、宇宙环境。

（1）聚落环境　聚落环境是人类群居生活的场所，可分为居室环境、院落环境、村落环境、城市环境等。居室环境是人类居住的场所，是人类最直接、接触时间最长的生活环境。院落环境是由功能不同的建筑物以及同它们相联系在一起的场院组成的基本单元。例如北京的四合院、西南地区的竹楼、我们学习生活的大专院校等。村落环境主要是指农业人口聚居的地方，一般由村落、农业区、自然环境及乡镇企业四部分组成。城市环境是人类利用和改造自然环境而创造出来的高度人工化、社会化的环境。它是人类社会发展到一定阶段的产物，是工业、商业和交通事业等非农业人口聚居的地方。

（2）区域环境　区域环境是包括人工环境在内的占有一定地域空间的自然环境。以自然为主体的区域环境，有森林、草原、沙漠等类型；以人工环境为主体的区域环境，有城市、农村、工业区、旅游区等类型。

（3）全球环境　全球环境又称地球环境，包括大气圈中的对流层和平流层的下部、水圈、土壤岩石圈和生物圈。

（4）宇宙环境　宇宙环境是指大气层以外的环境，也称空间环境。

（三）环境的特性

环境系统是一个复杂的动态系统和开放系统。无论从何种角度分类，环境都具有一些共同的特性。

1. 整体性

本书所探讨的环境是一个以人类社会为主体的客观物质体系。人与地球环境是一个整体，人类环境各个组成部分之间存在相互联系、相互制约的关系。局部地区的环境污染或破坏，总会对其他地区产生危害。例如，全球的温室效应、跨区域的水体污染等。环境保护是没有地区界限、省界和国界的。

2. 有限性

人类环境的稳定性有限，资源有限，环境容量有限，自净能力有限。环境容量是指在人类生存和自然环境不致受害的前提下，环境可能容纳污染物质的最大负荷量。环境的自净能力是指污染进入环境后，环境可以自动清除污染的能力。当人类产生的污染进入环境的量超过环境容量或环境自净能力时，就会导致环境恶化。

3. 有机性

环境是一个有机的整体。构成环境整体的各个独立的、性质各异而又服从总体演化规律的基本物质称为环境要素。环境要素有其重要的属性：

（1）最差限制率　整体环境质量不由环境要素的平均状态而定，而是受环境诸要素中与最优状态差距最大的要素控制。这很像人们日常所说得"木桶定律"，决定木桶盛水量的恰恰是最短的那块木板。因此，在改进环境质量时，必须遵循由差到优的顺序，依次改造各个环境要素，才能达到整个系统的最佳状态。

（2）整体性大于各个体之和　也就是说，环境的整体性，不是等于各个环境要素的和，而是比"和"丰富、复杂得多。集体效应是个体效应的质的飞跃。

（3）依赖性　各个环境要素通过能量流、物质流相互联系、相互制约。

二、城市环境的特征

从生态学角度来说，城市是一个容人物景为一体、生产生活相互制约、不断新陈代谢的有机整体。城市环境是一个巨系统，由城市自然环境、城市人工环境和城市社会环境三个子系统构成。城市集聚了大量人口、资源，呈现出不同于乡村环境的突出特征。我们能直接感受到的城市环境特征是城市人口密集，供水供电设施配套，污水、垃圾处理集中，交通系统便捷等。可以将城市环境特征抽象为以下几点：

（一）高度人工化

城市环境中，最显著、最基本的特征就是高度人工化的"自然-人工"复合环境。自然环境是城市环境的基础，人工环境是城市环境的主体。城市是人口最集中，社会、经济活动最频繁的地方，也是人类对自然环境干预最强烈的地方。人工控制对城市系统的存在与发展起着决定性的作用，有些过程甚至是不可逆转的。例如，城市的建筑、道路、设施等，使城市的降水、径流、蒸发、渗漏等都产生了再分配，使城市水量与水质发生较大变化。

（二）以人为主体

城市生态系统中，人口高度集中，其他生物的种类和数量较少。人是城市生态系统中主要的消费者，在城市生态系统中，生产者、消费者所占的比例，与其在自然生态系统中正相反，是以消费者为主的倒三角形营养结构。

（三）高度开放性

城市每时每刻都进行大量的物质、信息的流动和转化加工，包括各类资源、废弃物等。所以，城市的环境与周围区域的环境密不可分，与周边环境保持着物质、信息交流，呈现出高度的开放性。

（四）脆弱性

城市内部分工越来越细，系统功能复杂，一旦某一环节失效或比例失调，都会造成污染物流失。可以说，城市环境因其复合的性质而更显脆弱；城市环境的污染源头很多，如生活性污染、工业性污染等。污染源的复杂性会使城市环境问题更趋复杂。

（五）公共品特性

城市环境具有典型的公共品特性，既具有共同性，又具有排他性。城市的自然环境、人工环境和社会环境很多不能被单独使用，而是作为公共品被大众共享。城市环境的公共品特性，容易引发"公有地的悲剧"，导致城市环境问题的发生。

三、城市生态环境危机

（一）城市大气环境污染

城市大气污染的污染源多数是人为因素造成的，如工业生产与交通运输、燃料燃烧所致等。目前冬季中，我国中北部地区的城市雾霾天气、部分地区的酸雨，都与人们的生产和生活方式密切相关。加上人们的环保意识不足，缺乏对城市大气的治理，使得二氧化硫、粉尘、悬浮物等超标排放，致使城市大气污染加剧。

大气污染的主要成因之一就是工业生产中废气、废物的排放，尤其是在我国工业飞速发展的情况下，这种与环境不相适应的现状也就越发地明显。粗放型的工业生产模式只注重经济效益的增长，忽略了环境的保护。而在我国的产业发展中又以第二产业为主，工业生产过程中消耗的能源也较多，进一步加剧了城市的大气污染。我国近年来已针对大气污染的现状，倡导节能减排。此外大气的另一污染源为交通运输过程中尾气的大量排放。随着人们生活水平的提高和交通运输业的发展，汽车已进入了普通百姓的家中，我国城市居民的汽车购买量急剧增加，而汽车的普及也就意味着更多汽车尾气的排放，造成城市空气中的二氧化硫及二氧化氮含量的增加，使得城市的大气环境进一步恶化。最后能源利用结构不合理也是一大成因，这主要表现为清洁能源的使用还未广泛推广，而煤炭的大量使用，造成大量污染气体的排放，影响城市的大气环境。

（二）城市水环境危机

城市水环境危机主要表现在水资源短缺和水体污染。城市的水体污染包括点源污染和面源污染。点源污染主要是指城市中工业污染源和生活污染源通过管道集中排放造成的水体污染，城市的面源污染主要以雨水径流冲刷地面的垃圾、沉积物等而形成。点源污染目前是城市水体污染防治的重点，城市污水处理厂的建设、运营已成为城市水体污染防治的重要方面，城市居民日常污水、工业生产废水乱排放，尤其是一些含有特殊化学物质、有毒有害物质的污水，未经处理就直接排放，这不仅严重影响了城市居民的日常用水，还直接影响了城市本身及其周边环境的生态平衡。

另外，我国城市水源过度、超标开发的情况严重，尤其是北方缺水地区，比如海河、淮河的开发已突破了国际警戒线。这不仅会导致城市地面下陷，增加管网漏损率，还可能使城市周边地区各类工厂出现严重的化工石化污染等情况。

（三）城市噪声污染

当前的城市发展速度较快，并且工业建设比较多。在日常的工作中，噪声的污染范围、污染程度都在不断扩大，如果不进行有效的防治，那么即便城市变成最现代化的地方，依然不是理想的生存环境。当前的城市噪声污染中，工业噪声污染占比较大，会对城市的日常发展构成威胁。首先，工业噪声污染的范围特别大。很多城市为了避免工业噪声污染的恶化，特别设计了一些工业区划，由此将工业企业集中到一起。但从城市发展的角度来看，人口的增加和物质需求的提升势必会导致工业区与生活区的距离不断拉近，工业噪声污染的控制还是需要加强。其次，工业噪声污染的严重程度突出。与一般的噪声污染有很大差别，工业噪声的持续时间特别长，特别是一系列的"24小时加工设备"，长久的运转导致噪声的控制非常不容易。即便有些地区出台了明文规定，依然没有达到理想的执行效果。

建筑施工噪声污染也是城市噪声污染的常见表现。与工业噪声污染不同的是，建筑施工完全是在城市的内部建设，如商业办公楼、高档住宅小区等，都属于当前的主流工程类型。建筑施工的时间并不是很长，但很多工程会持续到半夜，其产生的噪声污染严重影响到周边居民生活。

另外，生活噪声污染也很常见，主要表现在家庭装修声音较大、商业店铺高音喇叭招徕顾客以及超时间段经营等层面。

（四）城市垃圾污染

城市规模日趋庞大、城市人口迅速增加，城市垃圾问题已经成为影响城市环境的主要问题之一。城市垃圾主要包括生活垃圾和工业垃圾两类。工业垃圾中还包括危险废物。垃圾处理方法有掩埋、堆肥和焚烧等。掩埋是最常用的垃圾处理方法，但是受到土地利用的制约。焚烧也会造成对大气的二次污染。过去几十年，我国大量城市生活垃圾曾经露天堆放或简易填埋，对环境造成巨大危害。当然，该状况得到了显著改善。但直到2011年年末，全国城市生活垃圾中仍有大约20.3%的比例采用堆放和简易填埋的方式进行处理，无害化处理处置能力相对不足。城市生活垃圾处理已经成为影响人们生存环境和可持续发展的重要因素。

在许多传统的城市环境问题还没有得到基本解决的同时，许多新的城市环境问题又接踵而来。城市环境污染边缘化问题日益显现。城市周边地区更多地承担着来自中心城区生产、生活所产生的污水、垃圾、工业废气等污染，影响了城乡协调发展。城市自然生态系统受到了破坏，出现了"城市热岛""城市荒漠"等。而一旦城市自然生态系统退化，将会进一步降低城市自然生态系统的环境承载力，加剧资源环境供给和城市社会经济发展的矛盾。

第二节 城市环境的经济分析

一、城市环境与城市经济的关系

表面上看，城市环境与城市经济似乎是矛盾的。在一些城市中，为了追求经济的发展，人们不惜以牺牲环境为代价，城市经济的发展成为直接导致城市环境恶化的原因。但是，城市经济的发展又是城市发展唯一有效的途径。是追求经济发展？还是追求环境良好？这是很多城市管理者难以抉择的问题。有没有第三条途径来描述城市环境与城市经济的关系呢？我们首先从环境经济学中一条非常著名的曲线——环境库兹涅茨曲线（EKC）谈起。

（一）环境库兹涅茨曲线

环境库兹涅茨曲线是一条倒U形的环境曲线。1995年，美国经济学家格鲁斯曼（Grossman）和克鲁格（Krueger）在环境经济学研究中，受诺贝尔经济学奖获得者西蒙·库兹涅茨（Simon Kuznets）经济收入差距库兹涅茨曲线的影响，在对全球 60 多个国家的不同地区多年污染物质排放量的变动情况分析研究后提出，大多数环境污染物质的变动趋势与人均国民收入水平的变动趋势间呈现倒 U 形关系（就像反映经济增长与收入分配之间关系的库兹涅茨曲线那样），即污染程度随人均收入增长而先增加后下降。据此，他们提出了环境库兹涅茨曲线。

环境库兹涅茨曲线通过人均收入与环境污染指标之间的演变模拟，说明经济发展对环境污染程度的影响。在经济增长、产业结构和技术结构演进的过程中，资源与环境问题先出现逐步加剧的特征，但到一定拐点时环境质量又随经济进一步发展而逐步好转。也就是说，经济发展和资源、环境的关系的变化很可能是从互竞、互斥逐步走向互补、互适。

环境库兹涅茨曲线这种先恶化后改善的变化趋势，曾经是不少工业化国家在经济发展过程中走过的道路，但是，学术界并没有认同从部分环境污染指标分析所得出的环境库兹涅茨曲线是一个环境污染的普遍规律，更没有认同"先污染后治理"是经济发展过程中不可改变的规律。

（二）城市环境与城市经济的相互作用

城市环境与城市经济的关系可以是互竞、互斥或者互补、互适。西方发达国家工业化道路曾经使得环境与经济呈现互竞、互斥的矛盾，发展中国家的城市在发展的初期也同样经历着这个矛盾，但不是每一个城市都必须走"先污染后治理"的道路。对于发展中国家的城市来说，走出与过去发达国家发展不同的道路是可能的，即坚持城市可持续发展战略，走新型工业化发展道路，在发展经济的同时，把环境保护提到与经济同等重要的位置，使经济持续、稳定、健康地发展。

城市环境保护与城市经济发展之间既相互制约，又彼此依托、互相推动。城市环境问题时常因经济和社会的发展而引发，同时又反过来影响和制约经济与社会发展。城市经济和社会发展了，就可以为解决环境问题提供一定的经济成本，同时，也能为保护环境、防治公害提供相应的物质基础。从某些工业化国家"先污染后治理"的历史经验来看，环境变迁过程与环境库兹涅茨曲线非常吻合，环境库兹涅茨曲线是工业化国家"先经济，后环境"发展路径的真实写照。

在城市经济发展初期，城市经济发展水平和工业化水平相对较低，对城市环境的影响也有限；随着工业化进程的加快，城市经济的发展对于自然资源的耗费与废物的排放量加大，超过了城市环境的自净能力，容易造成环境问题。此时，城市发展经济与保护环境的矛盾较为突出，二者为负相关关系，即经济发展越快，对环境破坏就越大。随着产业结构的升级、生产技术水平的改进及人们环保意识的不断提高，环境随着经济发展而产生的问题逐渐得以改善，经济发展与环境之间渐渐呈现正相关关系，这时社会的发展开始走上生态文明型发展道路。如今，我国的经济快速发展，受到环境的影响也越来越突出，正确看待两者之间的关系，不仅关系到我国城市经济与环境是否能协调发展，同时也为解决环境问题提供了线索。

（三）城市环境与城市经济的协调发展

城市环境与城市经济的协调发展是指环境系统与经济系统在结构和数量方面所组成的有机整体，其内部各要素之间能配合得当、有效运转，以达到提高城市经济发展水平，并将城市经济发展对城市环境的影响控制在城市环境的可承载范围之内的目的，使得经济与环境能够协调发展。这里强调的协调发展不仅是指经济增长速度快，还表示在经济数量增长的同时，质量与效益也要得到相应的提高。城市环境与城市经济发展是否协调可以分为以下四种情况来理解（见图2-10-1）：

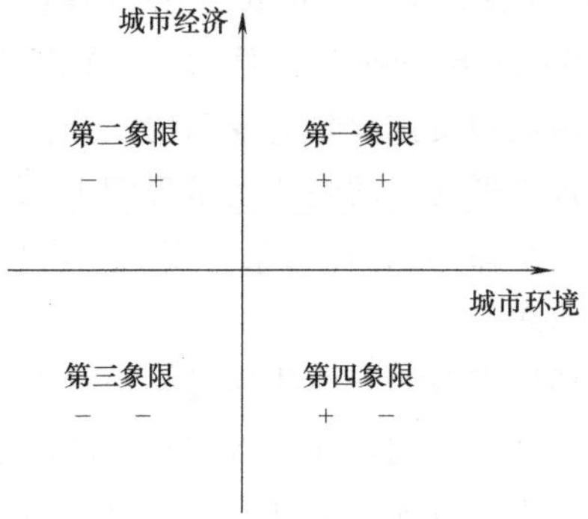

1）第一象限：城市经济发展水平较高，城市环境良好，这时认为城市经济发展与城市环境相对来说是协调而健全的。

图 2-10-1　城市环境与城市经济发展坐标

2）第二象限：城市经济发展水平较高，但城市环境的状况却不是很好，这时的经济发展与城市环境建设的发展不协调。

3）第三象限：城市经济发展水平不高，城市环境水平也不好，此时城市经济发展与城市环境是协调的，但两者的发展却是不健全的。

4）第四象限：城市经济发展水平较低，城市环境良好，但城市经济发展与城市环境也是不协调的。

二、有关城市环境问题的经济理论

城市环境问题研究由来已久，引起许多学者的关注。早在17世纪中叶，在传统经济学的开创初期，佩帝（Petty）和格兰特（Guerrant）等人由于伦敦空气污染严重曾提出过环境问题；约翰·穆尔（John Mill）早在19世纪就做过增长极限的分析。

环境经济早期的研究侧重于外部性和公共产品经济学。有关环境经济问题的主流理论，源于20世纪20年代英国经济学家庇古（Pigou）关于外部性的思想，之后便形成了以外部性理论为核心的环境理论基础，进而制定相应的环境政策。20世纪40年代，苏联经济学家斯特鲁米林提出过将环境、生态、资源和经济结合起来进行研究的观点。

将环境经济理论进行应用主要是在20世纪50年代和60年代，20世纪50年代自称为制度学派的卡普（Kup）对公害问题进行过全面的探讨。由于新的环境法规的刺激，美国未来资源研究所克尼斯（Kneese）等人对环境项目的经济成本和收益以及政策进行评价，并把以市场为依托的刺激手段，如排污收费制度同环境法规的作用相比较。

20世纪60年代后期，经济学家运用经济理论对环境污染的经济原因进行了深入研究，发现传统经济理论在分析环境问题时存在着两个缺陷：①不考虑外部不经济性；②经济增长指标不能真实地反映经济福利。经济学家开展了经济发展与环境质量关系的研究。

环境问题与可持续发展问题密切相关。1987年，世界环境与发展委员会经过近四年研究，发表了《我们共同的未来》(*Our Common Future*)。该报告第一次明确给出了可持续发展的定义，即"既满足当代人的需要又不危及后代人满足其需要的发展"。

环境经济学理论已逐步成为现代城市规划的基础理论之一（赵民，何丹，2000）。这主要表现在：①可持续发展的环境经济观。可持续发展观作为处理人类代际关系的准则，应该是比"经济人"理性层次更高的规范。②均等的环境伦理观。均等的环境伦理观涉及代内均等和代际均等。代内均等是指在对城市环境资源的占用和消费上,当代的每一个社会成员都应具有相同的权利和义务。这里要特别注重社会中的弱势阶层。代际均等是指社会的每一个人都有责任不让城市环境恶化而对地球上未来居住者的生存和福利造成威胁。

三、城市环境的外部性及问题治理对策

(一) 城市环境的外部性分析

外部性概念由马歇尔于1890年在其名著《经济学原理》中提出。外部性是指一个经济主体(生产者或消费者)在自己的活动中对旁观者的福利产生了一种有利影响或不利影响,这种有利影响带来的利益(或者说收益)或不利影响带来的损失(或者说成本),都不是生产者或消费者本人所获得或承担的,是一种经济力量对另一种经济力量"非市场性"的附带影响。它反映的是私人收益与社会收益、私人成本与社会成本不一致的现象。

外部性分为两种。一种是负外部性(外部不经济),如:城市工厂在生产过程中烟囱排放的烟雾影响了周围城市居民的身体健康;城市的交通节约了时间,使生活便捷,但是却带来了汽车尾气污染和噪声污染;等等。另外一种是正外部性(外部经济),如城市居民庭院的绿化,给路过的行人带来心情的愉悦和感官的享受,但行人却不用为此付费。

在分析城市环境问题时,人们更关注城市环境问题的负外部性。如图2-10-2所示:理论上的最优点是Q_1,市场的均衡点是Q_2。外部性理论提醒人们,不仅要注意经济活动本身的运行和效率问题,而且要注意生产活动或消费活动所引起的不由市场机制体现的对城市环境造成的影响。

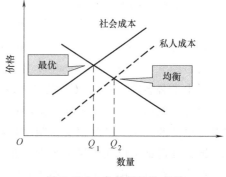

图 2-10-2 负外部性的表现

对城市环境外部性认识的不足,是产生环境问题的重要原因。城市环境具有典型的外部性效应。城市环境的改善带动了城市品位的提升,促进了投资和旅游等行业发展,进一步促进了经济增长。这是正外部性的表现。但是,城市在开发过程中对资源、环境的过度利用,特别是环境污染,会造成外部不经济。

城市环境还拥有公共产品的属性,具有非排他性和非竞争性的特点。公共产品问题是极端形态的外部经济。城市环境的公共产品属性表明,城市环境无法通过等价交换的机制在供应者和消费者之间建立联系,如果采用市场资源配置方法进行环境供应,势必导致市场失灵,这就是城市经济中产生城市环境污染问题的根本原因。

(二) 城市环境问题的治理对策

城市环境问题的治理对策主要是城市环境负外部性内在化问题。负外部性内在化的一般途径主要有政府管制、市场机制和社会监督等。

1. 政府管制

政府管制即由政府直接干预经济部门的决策,以达到资源的最佳配置。政府管制分为强制性管制和诱导性管制两种。

强制性管制是指政府发挥城市环境管理者的职责,强制性地对城市环境问题制定规则、

进行管制。例如，宏观角度上，科学确定和适当控制城市发展规模、合理进行城市规划和布局、加强城市环境基础设施建设和强化环境管理，或以政府部门的行政命令或法规条例的形式向污染者提出具体的污染物排放标准，从而直接或间接限制污染物的排放以达到改善环境的目的。微观角度上，环境管理部门进行行政管制。环境行政管制的方式很多，例如，明令禁止某些生产经营活动或资源利用与排污；规定只有持有政府行政主管部门颁布的生产经营许可证才能生产或排污；强制性地规定企业必须使用或不使用某些生产要素。行政管制对城市环境问题短期来说是最有效的。城市环境的公共产品属性使得政府的干预极其重要，强化政府的环境管理是解决城市生态环境危机的重要手段。

诱导性管制是指对环境污染主体进行收费或收税的形式，对负外部性进行补偿。通常是用庇古税的方式，消除这种负外部性。其做法是：污染者必须对每单位的污染活动支付税收。税额等于负外部性活动对其他经济主体造成的边际外部成本，即边际社会成本（MSC）与边际私人成本（MPC）的差额。可见，外部性必须由政府实施干预，否则不会自行解决。征收污染税是目前各国政府采纳的一种最普遍的控污措施。从经济学、环境和资源利用的角度来看，税收和收费是一种效率较高的手段，但在实践中，这种途径的应用由于信息不对称、最优税（费）率难以确定及管理成本较高等原因受到很多局限。

2. 市场机制

运用市场机制解决外部性问题的突出代表是科斯提出的产权协商定理。科斯认为：只要市场交易的费用为零，无论产权属于何方，通过协商交易的途径，都可以达到同样的最佳效果（高鸿业，2018）。就是说，在交易费用为零的条件下，效率结果与产权有关。

著名经济学家戴尔斯（Dales）在科斯定理引入产权和价格机制的基础上，结合政府的作用提出了著名的"排污权"概念。政府可以在专家的帮助下，把污染废物分割成一些标准的单位，然后在市场上公开标价出售一定数量的"排污权"，每一份权利允许其购买者可排放一单位的废物。排污权交易制度是环境管理当局制定排污量的上限，按此上限发放排污许可证，许可证可以在市场上买卖。在产生外部性的污染者之间，政府也应允许其对排污权进行竞购。在竞争中，企业会在控制污染成本和排污许可证价格之间进行衡量比较，一些能用最少的费用来处理自己污染问题的公司则都愿意自行解决，使之内部化，剩余的份额可以拿到市场交易。同时，也有一部分企业自己控制污染成本较高，更愿意到市场购买一定的份额，这样就形成了交易市场。排污权一旦发放，即可以按照规则自由交换。该手段的实质是运用市场机制对污染物进行控制管理，它把环境保护问题同市场机制的运作有机地结合起来，与我国现阶段所采用的排污收费（相当于征税）的措施相比，实施排污权交易制度具有一定的现实性和实用性。

3. 社会监督

社会监督是指除政府和市场之外的民间社会力量，如家庭、学校、社会舆论监督机构、民间绿色组织和环境资源保护协会等，监视负外部性的机制。实践证明，这种由社会道德教育和舆论监督构成的第三种社会力量，对抑制外部不经济具有不可替代的作用。第三种社会力量可以在一定程度上有效防止甚至制止负外部性的产生。报刊、广播、电视等新闻媒介对环境及资源的破坏者进行广泛深入的跟踪报道，可形成对外部不经济制造者的外部约束监督机制。

第三节 生态城市建设

一、生态城市的内涵

城市作为人类聚居的一种重要形式，是人类政治、经济、社会和科学文化发展到一定阶段的产物。随着城市化进程的不断加快，城市数量和规模迅速膨胀。进入20世纪中叶，生产力迅猛发展、人口急剧增加、资源极大消耗以及生态环境的变迁，促使人们对城市问题的研究更加深入。为了解决这一重要课题，人们提出各种各样的方式和途径。其中，最引人注意的是将生态学思想和原理引入城市发展，提出建设"生态城市"的崭新模式。

生态城市是生态文明的必然产物，生态文明强调人与自然的和谐发展，重视自然的生存与发展，追求人与自然之间的平等。"生态城市"尽管在20世纪70年代初提出，80年代以来才被国际社会越来越广泛地接受，但其理念渊源却很久远。由于国际上并未有真正意义上的生态城市出现，所以生态城市的概念并没有达到统一。以下介绍几种具有代表性的观点：

1) 英国学者霍华德（Howard）早在1898年就提出了"田园城市"的概念，充分表现出使城市与乡村相结合的思想和对理想城市的向往。他倡导用城乡一体化的新社会结构形态来取代城乡分离的旧社会结构形态，强调建设田园城市，提出不能忽视城乡一体化的主题思想，要把一切最生动活泼的城市生活的优点与美丽的乡村环境和谐地组合在一起，从而为人们展示了城市与自然平衡的生态魅力。

2) "生态城市"概念产生于联合国教科文组织1971年发起的"人与生物圈计划"，苏联城市生态学家尤尼斯基（Yanisky）提出了"生态城市"这个理想城市模式。他按生态学原理试图建立起一种经济、社会和自然三者协调发展，物质、能量和信息高效利用，生态良性循环的人类聚居地，即高效、和谐的人类栖境。

3) 1987年，美国生态学家理查德·雷吉斯特（Richard Register）对"生态城市"提出了一个十分概括的解释："生态城市"追求人类和自然的健康与活力。他提出了"生态城市"的原则，这些原则从最初简单的包括土地开发、城市交通和强调物种多样性的自然特征，发展到涉及城市社会公平、法律、技术、经济、生活方式和公众的生态意识等多方面的更加丰富的原则体系。

4) 20世纪90年代，国际城市生态组织认为"生态城市"应包括：①重构城市，停止城市的无序蔓延；②改造传统的村庄、小城镇和农村地区；③修复被破坏的自然环境；④高效利用资源，形成节省能源的交通系统；⑤实施经济鼓励政策；⑥强化政府管理。

5) 国内著名生态学者马世骏、王如松1984年提出"社会-经济-自然"复合生态系统理论，指出城市是典型的复合生态系统。1991年又指出生态城市建设应满足以下标准：人类生态学的满意原则、经济生态学的高效原则、自然生态学的和谐原则。同时，强调经济发达、社会繁荣、生态保护三者保持高度和谐，技术与自然充分融合，城乡环境清洁、优美、舒适，能够最大限度地发挥人的创造性。

综合中外学者的各种观点，生态城市是运用生态学原理和方法，指导城乡发展而建立的空间布局合理，基础设施完善，环境整洁优美，生活安全舒适，物质、能量、信息高效利用，经济发达、社会进步、生态保护三者保持高度和谐，人与自然互惠共生的复合生态系统。生态城市是由经济、社会、自然构成的复合生态系统。其中，自然子系统是基础，经济子系统是条件，社会子系统是目标。生态城市的本质是追求人与自然的真正和谐，实现人类社会的可持续发展。

近年来，对于城市发展的定位，出现很多类似的提法。如"山水城市""园林城市"和"可持续城市"等。

"山水城市""园林城市"注重强调城市建设的"形"，对城市的社会和经济属性论述较少，但是这种提法符合某些城市和区域的实际特点，易于操作；"可持续城市"以城市的可持续发展为目的。按照世界环境与发展委员会在《我们共同的未来》中的定义，可持续发展是"既满足当代人的需要又不危及后代人满足其需要的发展"。"可持续城市"强调城市当代人与后代人的代与代之间，以及当代不同地域之间，在地球资源和环境问题上的公正、公平和平等，并要处理好城市或区域内经济、社会、人口、资源和环境之间的协调关系，强调城市或区域的持续发展状态。

生态城市理念把城市作为一个复合生态系统来看待，在复合生态系统内，实现经济发达、社会进步、生态保护三者高度和谐，物质、能量、信息高效利用；生态城市要求构成城市的各要素要高效、和谐和循环，包括自然生态化、经济生态化和社会生态化。一般认为，"生态城市"比"山水城市""园林城市"和"可持续城市"涵盖的内容更多、更广泛。"山水城市""园林城市"和"可持续城市"可以作为实现生态城市的具体操作步骤。可持续发展是生态城市的明显标志，生态城市是未来理想的城市形态，是可持续发展的最终形态。

二、生态城市的特征

从生态学的角度来看，城市是一个独特的生态系统。生态城市是可持续的、符合生态规律和适合自身生态特色发展的城市。城市的生态化模式是人口控制，社会、经济持续发展，资源与环境的节约、保护与恢复相统一，追求城市社会、经济与环境整体效益最好的模式。

城市的生态化表现为环境生态化、经济生态化、社会生态化。环境生态化强调保护生命保障系统，发展以保护自然为前提，发展与环境的承载能力相适应，合理利用自然环境和自然资源；经济生态化强调低消耗、高效益、低投入、高产出的经济增长方式，对经济增长不仅重视质量，更追求质量的提高，提高资源的再生和综合利用水平；社会生态化采用可持续的生产、消费、交通和住区发展模式，强调生态意识，保证生活质量、人口素质、健康水平等，创造和谐的社会环境。

一般说来，生态城市具有以下几个共性的基本特征：

1. 和谐性

和谐性是生态城市概念的核心内容，主要是体现人与自然、人与人、人工环境与自然环境、经济社会发展与自然保护之间的和谐，目的是寻求建立一种良性循环的发展新秩序。生态城市营造满足人类自身进化需求的环境，充满人情味，文化气息浓郁，拥有强有力的互帮互助的群体，富有生机与活力。

2. 高效性

生态城市将改变现代城市"高能耗""非循环"的运行机制，转而提高资源利用效率，物尽其用，地尽其利，人尽其才，物质、能量都能得到多层分级利用，物流畅通有序，废弃物循环再生，各行业各部门之间通过共生关系进行协调。

3. 持续性

生态城市以可持续发展思想为指导，公平地满足当代人与后代人在发展和环境方面的需要，保证城市社会经济健康、持续、协调发展。

4. 均衡性

生态城市是一个复合系统，由相互依赖的经济、社会、自然生态等子系统组成，生态城市不是单单追求环境优美，或自身繁荣，而是兼顾社会、经济和环境三者的效益，各子系统在"生态城市"这个大系统整体协调下均衡发展。

5. 区域性

生态城市本身是一个区域概念，建立在区域平衡基础之上，而且城市之间是互相联系、相互制约的，只有平衡协调的区域，才有平衡协调的生态城市。生态城市同时强调与周边区域保持较强的关联度和融合关系。

三、生态城市建设的基本内容和步骤

（一）生态城市建设的基本内容

创建生态城市、实现城市与区域的可持续发展已经成为各国的共识。各城市由于具有不同的经济基础、自然环境和地理位置，采取的措施既有相似之处，也各有侧重、各具特点。

根据联合国的标准，生态城市至少包括六个方面的内容：一是有战略规划和生态学理论作为指导；二是工业产品是绿色产品，提倡封闭式循环工艺系统；三是走有机农业的道路；四是居住区标准以提高人的寿命为原则；五是文化历史古迹要保护，自然资源不能破坏，处理好发展与保护关系；六是把自然引入城市。

美国生态学家理查德·雷吉斯特（Richard Register）在全面分析和总结生态城市建设理论与实践的基础上，提出了生态结构革命的倡议，并提出了生态城市建设的十项计划：①普及与提高人们的生态意识；②致力于疏浚城市内部、外部物质与能量循环途径的技术和措施研究，减少不可再生资源的消耗，保护和充分利用可再生资源；③设立生态城市建设的管理部门，完善生态城市建设的管理体制；④对城市进行生态重建，力求为居民创造多样的自由生存空间；⑤建立和恢复野生生物的生态环境；⑥调整和完善城市生态经济结构；⑦加强旧城、城市废弃土地的生态恢复；⑧建立完善的公共交通系统；⑨取消汽车补贴政策；⑩制定政策，鼓励个人、企业参与生态城市建设。

澳大利亚城市生态协会（UEA）提出生态城市发展原则为：修复退化土地；城市开发与生物区域相协调，均衡开发；实现城市开发与土地承载力的平衡；终结城市的蔓延；优化能源结构，致力于使用可更新能源；促进经济发展；保护历史文化遗产；纠正对生物圈的破坏……。

在我国，学者们普遍认为生态城市的规划与建设应遵循自然生态规律与城市发展规律，以可持续发展为目标、以生态学为基础、以人与自然和谐为核心、以现代技术为手段，综合协调城市及其所在区域的社会、经济、自然复合生态系统，促成健康、高效、文明、舒适、可持续的人居环境的发展。在新一轮的城市规划中，更多城市提出了建设生态城市或生态型城市的规划目标。生态城市建设是立足于城市市域范围，综合考虑城市用地布局、环境资源保护和污染控制、园林绿化建设、城市基础设施建设等方面的生态环境影响因素，使城市人工环境与自然环境浑然一体。生态城市建设的基本内容主要包括：①城市用地布局。土地利用的空间配置，直接影响到生态环境质量的优劣，在城市生态系统内尤为重要，故无论是建设新城还是改造旧城市都必须因地制宜地进行城市土地利用布局的研究，除应考虑城市的性质、规模和产业结构外，还应综合考虑用地大小、地形地貌、山脉、河流、气候、水文及工程地质等自然要素的制约。②城市绿地系统建设。绿地系统应保证城市自然生态过程的整体性和连续性，减少城市生物生存、迁移和分布的阻力，给生物提供更多的栖息地和更便利的生境空间，改善生物群体的遗传交换条件，为生物群体的发展创造更好的生存和繁衍环境。③城市的自然保护。这即对城市自然资源和自然环境的保护，包括对土地、矿产、水资源、自然历史遗迹和人文景观的保护和管理。④城市基础工程建设。这是建设城市物质文明和精神文明的物质基础，保证城市生存、持续发展的支撑体系，和保障优良的生活质量、高效的工作效率、优美的城市环境的条件。⑤环境污染控制工程建设。从根本上说，城市生态与环境问题的产生来自于能源和资源的流失与浪费，因此，基本对策应是改变能源结构，更新与改造技术设备，提高能源与资源的利用率，建立一套完整的环保系统工程，加强城市"三废"及噪声污染的综合整治（吴金星，2004）。

（二）生态城市建设的步骤

生态城市建设可分"三步走"，即三个阶段：

1. 起步期（初级阶段）

大力宣传、倡导生态价值观，唤起人们对生态城市建设的重视，制订行动计划，建立示范工程，加强能力建设，对社会经济组织结构、功能进行初步调整，为建设阶段做好准备、打下基础。

2. 建设期（过渡阶段）

重在逐步调整、改造社会经济组织结构，提高生活质量，改善环境质量，加强生态重构和生态恢复，增强城市共生能力，进一步增强人的生态意识，使之自觉广泛参与生态化建设。

3. 成型期（高级阶段）

这一阶段生态城市并不是处于"静止"的理想状态，而是自觉地通过各种技术的、行政的和行为诱导的手段实现其动态平衡、持续发展，自组织、自调节能力强。但若其正负反馈失衡或自我调控失灵也会导致衰败。

（三）生态城市建设的指标

自2000年国务院印发的《全国生态环境保护纲要》提出生态省建设以来，国家环境保护总局大力推动，各地积极响应，生态示范建设成为各地改善区域生态环境质量、促进区域经济社会协调发展的重要载体。2003年，国家环境保护总局印发《生态县、生态市、生态省建设指标（试行）》；2007年，国家环境保护总局印发《生态县、生态市、生态省建设指标（修订稿）》。各地按照指标要求，积极开展生态建设，涌现了一批经济社会与资源环境协调发展的先进典型。

随着生态文明建设日益深入和各地工作的深入开展，原有指标体系与工作状况已不太适应，不能完全有效指导各地工作深入开展，迫切需要按照关于生态文明建设的最新要求进行提档升级。为此，2016年1月22日，环境保护部正式印发《国家生态文明建设示范县、市指标（试行）》（以下简称《指标》），打造区域生态文明建设"升级版"。《指标》从生态空间、生态经济、生态环境、生态生活、生态制度、生态文化六个方面，设置35项建设指标，衡量一个地区是否达到国家生态文明建设示范市标准的依据。具体见表2-10-1。

表 2-10-1 生态城市建设指标

领域	任务	序号	指标名称	单位	指标值	指标属性
生态空间	（一）空间格局优化	1	生态保护红线		划定并遵守	约束性指标
		2	耕地红线		遵守	约束性指标
		3	受保护地区占国土面积比例： 山区 丘陵地区 平原地区		≥33% ≥22% ≥16%	约束性指标
		4	规划环评执行率		100%	约束性指标
生态经济	（二）资源节约与清洁生产	5	单位地区生产总值能耗	t标煤/万元	≤0.70且能源消耗总量不超过控制目标值	约束性指标
		6	单位地区生产总值用水量 东部地区 中部地区 西部地区	m³/万元	用水总量不超过控制目标值 ≤50 ≤70 ≤80	约束性指标
		7	单位工业用地工业增加值： 东部地区 中部地区 西部地区	万元/亩①	≥85 ≥70 ≥55	参考性指标
		8	应当实施强制性清洁生产企业通过审核的比例		100%	参考性指标
生态环境	（三）环境质量改善	9	环境空气质量： 质量改善目标 优良天数比例 严重污染天数		不降低且达到考核要求 ≥85% 基本消除	约束性指标
		10	地表水环境质量： 质量改善目标 水质达到或优于Ⅲ类比例： 山区 丘陵区 平原区 劣Ⅴ类水体	—	不降低且达到考核要求 ≥85% ≥75% ≥70% 基本消除	约束性指标
		11	土壤环境质量： 质量改善目标	—	不降低且达到考核要求	约束性指标
		12	主要污染物总量减排	—	达到考核要求	约束性指标

(续)

领域	任务	序号	指标名称	单位	指标值	指标属性
生态环境	(四)生态系统保护	13	生态环境状况指数(EI)		≥55,且不降低	约束性指标
		14	森林覆盖率: 山区 丘陵地区 平原地区 高寒区或草原区林草覆盖率		≥60% ≥40% ≥16% ≥70%	参考性指标
		15	生物物种资源保护: 重点保护物种受到严格保护 外来物种入侵		执行 不明显	参考性指标
	(五)环境风险防范	16	危险废物安全处置率		100%	约束性指标
		17	污染场地环境监管体系		建立	参考性指标
		18	重特大突发环境事件		未发生	约束性指标
生态生活	(六)人居环境改善	19	集中式饮用水源地水质优良比例		100%	约束性指标
		20	城镇污水处理率		≥95%	约束性指标
		21	城镇生活垃圾无害化处理率: 东部地区 中部地区 西部地区		≥95% ≥90% ≥85%	约束性指标
		22	城镇人均公园绿地面积	m²/人	≥13	参考性指标
	(七)生活方式绿色化	23	城镇新建绿色建筑比例: 东部地区 中部地区 西部地区		≥50% ≥40% ≥30%	参考性指标
		24	公众绿色出行率		≥50%	参考性指标
		25	节能、节水器具普及率: 东部地区 中部地区 西部地区		≥80% ≥70% ≥60%	参考性指标
		26	政府绿色采购比例		≥80%	参考性指标
生态制度	(八)制度与保障机制完善	27	生态文明建设规划		制定实施	约束性指标
		28	生态文明建设工作占党政实绩考核的比例		≥20%	约束性指标
		29	生态环境损害责任追究制度		建立	参考性指标
		30	固定源排污许可证覆盖率		100%	约束性指标
		31	国家生态文明建设示范县占比		≥80%	约束性指标
生态文化	(九)观念意识普及	32	党政领导干部参加生态文明培训的人数比例		100%	参考性指标
		33	公众对生态文明知识知晓度		≥80%	参考性指标
		34	环境信息公开率		≥80%	参考性指标
		35	公众对生态文明建设的满意度		≥80%	参考性指标

① 1 亩 = 666.67m²。

建设生态城市要符合以下基本条件：①制订了《生态城市建设规划》，并通过市人大审议、颁布实施。国家有关环境保护法律、法规、制度及地方颁布的各项环保规定、制度得到有效的贯彻执行。②全市县级（含县级）以上政府（包括各类经济开发区）有独立的环保机构。环境保护工作纳入县（含县级市）党委、政府领导班子实绩考核内容，并建立相应的考核机制。③完成上级政府下达的节能减排任务。三年内无较大环境事件，群众反映的各类环境问题得到有效解决。外来入侵物种对生态环境未造成明显影响。④生态环境质量评价指数在全省（自治区、直辖市）名列前茅。⑤全市80%的县（含县级市）达到国家生态县建设指标并获命名，中心城市通过国家环保模范城市考核并获命名。

复习思考题

1. 简述城市环境的含义及特征。查阅相关资料，调查你所在城市最突出的生态环境问题是什么。
2. 结合国内外相关案例资料，论述城市经济与城市环境的关系。
3. 实地调查城市垃圾处理、城市污水处理的基本流程、管理体制，找出存在或尚待改进的问题和不足，初步给出解决的对策。
4. 查阅资料，结合实例阐述目前我国生态城市建设中存在哪些亟待解决的问题？
5. 调查你所在城市的生态环境状况，与生态城市的一般目标相比，有哪些优势和不足？
6. 如何理解城市的可持续发展？请举例说明。

第三篇　市　经　济

第十一章　城市产业经济

【学习目标】

通过本章学习,要求学生掌握城市产业的分类方式,明确城市产业结构特征与经济发展阶段的判定标准;掌握城市主导产业选择的三个基准、城市产业结构优化的内涵与包括的种类;掌握城市产业集群的内涵与特征、生成机理,以及与区域创新体系之间的关联性。

第一节　城市产业分类

一、按经济功能划分

按经济功能不同,城市产业部门分成两大类:主要满足城市外部市场需要的产业为输出产业(或基础产业);主要满足城市内部市场需要的产业为地方产业(或非基础产业)。对于城市的经济发展来说,输出产业是起主导作用的,处于支配地位,因为它是城市从其外部获取资源的主要手段;地方产业则是支撑前者存在与发展的条件,处于从属地位。

每个城市发展什么样的输出产业,取决于许多条件和因素,最重要的是该产业是否具备比较优势,即和其他地区相比、和其他产业相比,该产业是否在资源、技术、地理、市场等相关方面拥有竞争力。各个城市扬长避短,确定自己的主要输出产业,从而形成各具特色的专业化分工。这对于国家和地区的生产力合理布局、资源的有效利用、经济效益的综合提高,都具有十分积极的意义。同样,地方产业一方面为输出产业提供产品和劳务;另一方面为当地市民提供衣食住行等诸种便利,在城市经济发展中绝非无足轻重,是必不可少的支持系统。

输出产业与地方产业反映了城市经济的二重性,即对外功能与对内功能的统一。在这两者之间存在着数量的依存关系，如式（3-11-1）所示。

$$\Delta EL' = a \Delta EB^0 \quad (3\text{-}11\text{-}1)$$

式中，$\Delta EL'$ 为地方产业的就业增加量；ΔEB^0 为输出产业的就业初始增加量；a 为地方产业就业限定系数。

二、按生产要素划分

根据各生产要素在不同产业部门中密集的程度和不同的比例，城市产业部门分成三大类：劳动力密集型产业、资本密集型产业和技术密集型产业。凡单位劳动力占用资金较少、资本有机构成和技术装备水平较低、需要投入劳动力较多、单位成本中活劳动消耗所占比重较大的产业，称为劳动力密集型产业，如服装、皮革、餐饮业等；凡投资比较集中、资本有机构成较高而所需劳动力较少的产业，称为资本密集型产业，如石油、化工、钢铁、机械制造业等；凡生产过程机械化、自动化程度和技术层级较高且对知识人才素质要求较严的产业，称为技术密集型产业（或知识密集型产业），如电子、航天、生物工程行业等。在实际构成中，有的行业不一定是单纯某一种要素密集度高，而有可能是两种都高。

经济发展的根本特征是产业结构由简单到复杂、由低级到高级的不断转化。考察一下各国经济发展的进程，可以发现，产业结构呈现如下演变规律：由以劳动力密集型产业为主，转化为以资本密集型产业为主，再发展到以技术密集型产业为主。这一规律的基础是不同社会资源累积的顺序与速度、规模的差异，以及由技术进步带来的各种社会资源的有序替代。

与自然资源形成的天赋过程不同，劳动力、资本、技术这些社会资源是随着社会发展而逐步累积起来的。图 3-11-1 直观地显示出各种资源的累积过程与产业结构的相应变化。

在图 3-11-1 中，曲线 OL、OC、OT 分别表明劳动力、资本、技术要素的累积规模，OM、MN、NF 分别表示经济发展的不同阶段。曲线的不同形状反映不同要素积累过程的差异：劳动力增长达到一定程度后呈缓慢下降趋势；资本的增长呈直线形上升；技术要素的累积为二次曲线形式，反映技术进步的加速规

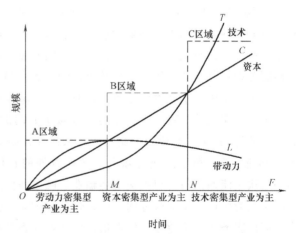

图 3-11-1　各种资源的累积过程与产业结构的相应变化

律。曲线的位置变化反映各种资源相对重要性的变化。在经济发展的早期（OM）阶段，劳动是最重要的社会生产资源，其规模随人口增长而不断扩大。资本、技术要素虽有一定积累，但速度很慢，规模有限。与各种资源的累积规模差异相适应，这一时期的产业主要是农牧业、采掘业、手工业、轻纺工业等劳动力密集型产业。在 MN 阶段，资本积累规模急剧扩张。曲线 OC 超过 OL，表明资本替代劳动力成为最重要的社会资源。冶金、机械、化学、电力、交通运输等资本密集型产业逐步成为社会生产的主要行业。与此同时，技术要素的积累规模也在迅速扩张，并且呈现出不断加速的趋势。当曲线 OT 超过 OC 以后，技术就成为最重要的生产要素。电子、电器、航天、合成材料等技术密集型产业也逐步取代传统的资本

密集型产业,成为社会生产的主要产业。

三、按三次产业划分

三次产业这一概念的首创者,当推新西兰经济学家费希尔(Frisher)教授。他在1935年出版的《进步与安全的冲突》一书中指出,人类的生产活动可划分成三个阶段:初级阶段,主要以农业和畜牧业为主;第二阶段,以工业大规模地迅速发展作为标志;第三阶段,大约从20世纪初开始,出现了大量的服务性行业并逐渐占据经济活动的主要部分。同生产活动的这三个发展阶段相适应,他认为可以将产业结构划分成三个层次:第一产业、第二产业和第三产业。

其后,1940年英国经济统计学家克拉克(Clark)在《经济发展的条件》著作中,进一步阐述了三次产业的内容及其结构变动趋势。他提出,第一产业以农业为主;第二产业是制造业;其他经济活动则统统归入第三产业。由于各次产业间存在着收入差异,劳动力依序从低级向高级产业转移,从而形成了经济发展中的三个台阶——这一发现完善了古典经济学家威廉·配第的著名论断,因而被称为"配第-克拉克定理"。

自此,西方国家普遍采用三次产业的分类方法,并逐渐被世界各国所接受,成为国际上广泛流行的划分方式。

联合国国际劳工组织根据这一理论,于1971年颁布《全部经济活动的国际标准分类索引》,简称"标准产业分类"(SIC),它把全部经济活动分成如下十个大类:①农业、狩猎业、林业和渔业;②矿业和采石业;③制造业;④电力、煤气和供水业;⑤建筑业;⑥批发与零售业、餐馆与旅店业;⑦运输业、仓储业和邮电业;⑧金融业、不动产业、保险业及商业性服务业;⑨社会团体、社会及个人的服务;⑩不能分类的其他活动。

以上十类中,①②类属于第一产业,③~⑤类属于第二产业,⑥~⑩类属于第三产业。

中国国家统计局对三次产业的划分做了专门的规定:第一产业为农业(包括林业、牧业、渔业等);第二产业为工业(包括采矿业,制造业,电力、热力、燃气及水生产和供应业)和建筑业;第三产业为除上述各业以外的其他产业。第三产业包括四个层次,其中:第一层次是流通部门,包括交通运输业、邮电通信业、商业饮食业、物资供销和仓储业;第二层次是为生产和生活服务的部门,包括金融业、保险业、地质普查业、房地产业、公用事业、居民服务业、旅游业、咨询信息服务业和各类技术服务业等;第三层次是为提高科学文化水平和居民素质服务的部门,包括教育、文化、广播电视事业,科学研究事业,卫生、体育和社会福利事业等;第四层次是为社会公共需要服务的部门,包括国家机关、党政机关、社会团体,以及军队和警察部门等。

第二节 城市产业结构

一、城市产业结构特征与经济发展阶段的判定

经济的发展与产业结构之间存在着十分密切的相互关联与相互制约关系。经济发展水平的高低决定着一个国家、一个地区、一个城市的产业结构总体状况;反过来,产业结构的调

整和优化又可以为经济发展注入活力,提高经济增长的速度和效益。合理的产业结构的形成和优化需要建立在科学的产业结构分析的基础之上,首先需要通过对产业结构的分析准确地判断城市所处的经济发展阶段(冯云廷,2018)。

在不同的经济发展阶段,第一、二、三产业的结构比例关系及主次序位呈现出不同的特征。发达国家经济发展的历史经验及相关的研究理论表明,经济成长的不同阶段具有不同的产业和人口经济联系方式,可以通过三次产业的产值比重序位的变化,以及相应的人口就业比重的变化反映出来。最初,以农业为主的第一产业在国民生产总值(GNP)和就业结构中占主导地位;随着经济的发展,第一产业所占的比重不断下降,以工业制造业为主的第二产业在国民生产总值中的比重上升至首位,其就业比重也迅速提高;当工业化达到一定程度后,以服务部门为代表的第三产业在就业中的比重趋于提高,在国民生产总值中的比重上升并稳定在一定水平上。

依据产业结构的特征判明经济发展所处的阶段,对于正确地拟订城市经济的发展目标和产业结构的调整战略均具有十分重要的作用。以美国经济学家库兹涅茨(Kuznets)、钱纳里(Chenery)等为代表的发展经济学家,根据三次产业在国民生产总值构成中的比例序位关系,结合人均国民生产总值的高低,将经济成长阶段划分为农业时期、工业化时期和后工业化时期三大时期,其中工业化时期又具体分为初期、中期和后期三个阶段,如图 3-11-2 所示;中国社会科学院经济学部课题组针对中国实际情况,选择了人均GDP,一、二、三产业产值比,制造业增加值占总商品增加值比重,人口城市化率,一、二、三产业就业比等五个指标来衡量我国地区工业化进程,结果表明,我国的经济发展已处于工业化中期后半段,各种指标均体现出工业化中期的特征。就城市地区的整体经济发展水平而言,我国多数城市,尤其是发达地区城市的经济发展已进入工业加速阶段,即工业化中期向工业化后期的过渡阶段,但一些后进地区的城市仍处于工业化的初中期。

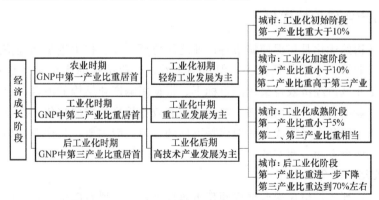

图 3-11-2 经济发展理论对经济成长阶段的划分

二、城市主导产业的选择与确定

选择与确定城市主导产业,一般有以下三个基准:

(一)收入弹性基准

需求的收入弹性是对某种商品需求量的增长率与人均国民收入增长率的比值,它用来衡量当人均收入增长1%时,对某商品的需求量会增长百分之几。一般说来,主导产业应具有较高的收入弹性,因为收入弹性高的产业,有着广阔的市场,而广阔的市场正是产业进一步发展的先决条件。把收入弹性高的产业作为主导产业,就是要生产和出口那些由于人均收入增长而需求有较大增幅的商品,这样会使城市获得极大的市场潜力。

(二) 生产率上升基准

在经济发展过程中,各产业的生产率(全要素生产率)上升率是不同的,造成差异的原因,最主要的是技术进步的影响。哪个产业在技术上首次出现突破性进展,哪个产业就会迅速增长与发展,生产率上升率就保持一个较高的水平。这应当是主导产业具有的品质。所谓生产率上升基准,就是要把因将来的生产率(以技术进步率代表)提高而有可能成为具有优势的产业作为主导产业。如果说收入弹性基准侧重反映需求结构变化对产业结构的影响,那么生产率上升基准则侧重反映供给结构对产业结构的影响。

(三) 产业关联基准

产业关联是指产业之间的投入产出联系,一个产业与其他产业的这些联系越密切,越能带动整个城市经济发展。检验这种联系的效果包括前向关联度和后向关联度。前向关联度是指一个产业的产品被其他产业用作中间产品的数量占该产业中间需求总量的比重,如种植业产品作为食品工业的中间产品占食品工业全部中间产品的比重;后向关联度是指一个部门使用其他部门提供的中间产品价值占该产业投入品总值的比重,如日用化工部门使用基本化工、炼油、原油开采等投入品分别占中间总投入的比重。这两个关联效果指标越高,表明产业的影响力越大。因此,把产业关联度高的产业作为主导产业,可以带动关联产业的迅速发展,并形成产业链条。城市经济中的机械工业、电子工业、建筑业等均有产业关联度高的特征。

根据上述三个基准,选择城市主导产业,对此外的城市产业,可以再将其分成次级产业和再次级产业,这些可以作为城市政府实施产业政策的依据。

三、城市产业结构的优化

城市产业结构的优化是指促使城市各产业之间协调发展、技术进步和经济效益提高的过程。它与现有产业结构水平高低无关,但从动态看,产业结构的优化应当是一个提高的过程。这个过程是在城市经济效益最优的目标下,根据影响产业结构的因素,通过对产业结构的调整,使得产业结构向着协调发展、技术进步和效益提高的方向演化。产业结构的优化是一个相对的概念,即各个时期优化的内容是不同的,但一般主要包括产业结构的合理化与产业结构的高级化两个方面(肖兴志,2016)。

(一) 产业结构的合理化

产业结构的合理化是指在现有资源和技术条件下,生产要素能得到合理配置,产业间能协调发展、产生良好经济效益的过程。产业结构合理化的标志是:①产业结构与社会需要相适应;②能使现有资源得到合理利用;③能使产业间协调发展;④有利于科技成果转化;⑤能充分利用国际分工与协作;⑥能保证经济效益不断提高。

产业结构是否合理,可以从产业结构效益反映出来。城市产业部门相对社会劳动生产率是反映某产业结构效益的测度指标,如式(3-11-2)所示。

$$\frac{\text{城市某产业相对}}{\text{社会劳动生产率}} = \frac{\text{城市某产业增加值占城市国民收入的比重}}{\text{该产业劳动力占城市全部社会劳动力的比重}} \times 100\% \quad (3\text{-}11\text{-}2)$$

如果城市各产业的相对社会劳动生产率都是上升的趋势，则反映城市产业结构趋向合理化。因为城市的各产业之间及产业内部如果能够按其自然比例发展，就能使资源得到合理有效的利用，有利于促进劳动消耗的节约和经济效益的提高。否则，城市各产业的相对社会劳动生产率趋于下降，说明城市产业结构有不合理的地方，应采取措施加以调整。

(二) 产业结构的高级化

产业结构的高级化是指产业结构向着产业的技术结构和产业内部的综合生产率提高的方向演化的过程。产业结构的高级化是在产业结构的合理化基础上的进一步发展。产业结构的合理化的核心是在现有的资源和技术条件下，各产业间的协调发展；产业结构的高级化的核心是向符合现代化水平要求的产业结构演化。产业结构的高级化具体表现为四个方面：①高加工度化，即工业加工程度的不断深化。②高附加价值化，即产业结构向附加价值高的部门发展。③技术知识集约化，即各产业将越来越采用高级技术、先进工艺，生产的产品和工作的技术知识含量更大。④产业结构的"软化"，它包括两方面内容：一是指产业结构发展过程中，第三次产业比重不断增大，出现"经济服务化"趋势；二是指"通过创造性的知识集约化的发展来促进产业结构的进一步高度化"，经济发展对高技术人才的依赖性大大增强。

城市产业结构改变指数是衡量城市产业结构高级化程度的指标，如式（3-11-3）所示。

$$产业结构改变指数 = \sum \left(\frac{P_{i2}}{\sum_{i=1}^{n} P_{i2}} - \frac{P_{i1}}{\sum_{i=1}^{n} P_{i1}} \right) \quad (3-11-3)$$

式中，P_i 为城市 i 产业部门的产值；1、2 为两个比较时期；n 为产业部门总数。

式（3-11-3）的计算，是把城市内所有在考察期产值比重大于基期的产业部门的增长比重加总，其数值越大，说明结构改变的程度越大，产业结构走向了高级化。这种结构改变和高级化的本质是技术进步的作用。这一过程是：新技术在各产业部门得到广泛运用，社会资金有机构成不断提高，社会产出能力不断增强，出现了满足新的社会需要的新兴产业部门，新兴产业崛起壮大，夕阳产业衰落，传统产业得到改造，等等。这种结构不断改变的过程就是产业结构的高级化的过程。产业结构改变指数反映了这种高级化的程度。

第三节 城市产业集群

一、产业集群的内涵与特征

(一) 产业集群的内涵

截至目前，没有大家广泛认同的产业集群的定义，国内外学者对产业集群有代表性的定义主要有以下几种：

1）马歇尔（Marshall）在其经典著作《经济学原理》中，把专业化产业集群的特定地区称为"产业区"（industry district）。迈克尔·波特（Michael Porter）指出，产业集群是指在某特定领域中，一群在地理上邻近、有交互关联性的企业和相关法人机构，以彼此的共通性和互补性相联结。产业集群的规模，可以是单一城市、整个州、一个国家，甚至一些邻国联系成的网络。产业集群具有许多不同的形式，要视其纵深程度和复杂性而定。不过，绝大部分产业集群包含最终产品或服务厂商、专业元件、零部件、机器设备、服务供应商、金融机构及其相关产业的厂商。产业集群也包含下游产业的成员（如销售渠道、顾客）、互补性产品制造商、专业化基础设施的供应商、政府与其他提供专业化训练、教育、信息、研究和技术支援的机构（如大学、思想库、职业训练机构），以及制定标准的机构。对产业集群有重大影响力的政府机关，也可视为它的一部分。最后，产业集群还包括同业工会和其他支持产业集群的民间团体。

2）意大利一位社会学家巴卡提尼（Becattini）在系统地考察了意大利佛罗伦萨附近的图斯堪的一些产业集群，特别是对普拉托的毛纺织产业集群进行研究之后，发现"第三意大利"的这些专业化区域与马歇尔定义的"产业区"有相似之处，因此他定义产业集群为：具有共同背景的人们和企业在一定自然地域上形成的社会地域生产综合体。他认为，产业集群的发展，得益于在本地劳动分工基础上实现的经济外部性，以及当地社会文化背景支持下企业之间的相互协同作用。

3）美国学者斯科特（Scott）在研究洛杉矶的妇女服装工业时，开始从理论上把劳动分工、交易费用和集聚联系起来，并将产业集群定义为基于合理劳动分工基础上的生产商在地域上集结成网（生产商和客户、供应商以及竞争对手等的合作），并与本地的劳动力市场密切相连的产业组织在地域空间上的表现形式。

4）韩国学者朴杉沃认为，在实际发展过程中，产业集群内的柔性生产系统与大宗生产系统并存，所以不能将柔性生产系统看作判别产业集群形成发展的唯一标准。他将产业集群定义为：贸易取向性的新生产活动以一定的规模在一定空间范围内集聚，具有明显劳动分散、生产网络和根植性。他指出了产业集群的另一个特征——网络及根植性。

5）我国台湾学者吴思华指出，产业集群是一群独立自主又彼此依赖的成员组合，成员间常具有专业化分工、资源互补现象，彼此间维持着长期非特定合约关系，并认为凭借此种关系可维持长久的交易，这些交易不一定以契约维持，而是通过承诺进行，使集群内的企业获得集群外企业所没有的竞争优势。

可见，产业集群是在某特定领域中，一群在地理上邻近、有交互关联性的企业和相关机构所组成的区域内的一种创新协作网络。通过归纳，产业集群存在三种基本的模式：单纯集聚模式、产业综合体模式和社会网络模式（王兴平，2005），具体见表3-11-1。

表3-11-1 产业集群模式比较

类型	特征	集聚目的
单纯集聚模式	存在劳动力市场与相互的贸易互补性	获取外部经济
产业综合体模式	企业间存在交易链和生产链	降低空间交易成本
社会网络模式	企业之间非正式的、建立在诚信基础上的人际关系，结成经济俱乐部或经济社区	追求根植性和社会的整合

（二）产业集群的特征

1. 空间特征

产业集群最重要的特征之一就是它的地理集中性，即大量的产业集中在特定的地域范围内。由于地理位置接近，产业集群内部的竞争强化机制形成"优胜劣汰"的自然选择机制，刺激企业创新和企业衍生。在产业集群内，大量企业集中在一起，既展开激烈的市场竞争，又进行多种形式的合作,如联合开发新产品,开拓新市场,建立生产供应链,由此形成一种既有竞争又有合作的合作竞争机制。这种合作竞争机制的根本特征是互动互助、集体行动。在产业集群内部,许多单个的与大企业相比毫无竞争力的小企业一旦通过发达的区域网络联系起来,其表现出来的竞争力就不再是单个企业的竞争力,而是一种比所有单个企业竞争力简单叠加起来更加具有优势的全新的集群竞争力。

2. 产业特征

适合集群化发展的产业的首要特征是技术可分性,即产业的产品和服务应在生长技术上具有垂直分离的特征,并能形成较长的价值链,产业内企业间的专业化分工能够高度深化,能形成大量的工序型企业和中间产品的交易市场。其次,产业是垄断竞争型市场结构,产品差异化的潜力大。产品差异化包括水平方向和垂直方向的差异化。水平方向差异化是指同种产品在品种、规格、款式、造型、色彩、所用原料、等级、品牌等方面的不同;垂直方向的差异化是指同种产品的内在质量不同,Intel 和 AMD 所生产的计算机芯片便属于这种差异。只有这样,产业集群内的企业才不会陷入价格竞争的恶性循环。最后一个特征是产业竞争环境的动态多变性和速度经济性。企业所处的产业竞争环境、对时间和空间的控制特征将决定产业组织和生产组织的形式。如果竞争环境是相对稳定的,则企业可以通过控制开发和生产组织的时间来换取在空间上扩张的灵活性。只有在动态多变、对速度经济性要求很高的产业环境下,出于协调、沟通和信息跟踪反馈的需要,企业才必须在空间上形成集聚以获得竞争优势。

3. 组织特征

首先,产业集群是生产系统。产业集群从整体上来说是一个有地域界限的产业生产系统,这个系统处在由产业区企业构成的网络治理之下,企业网络节点间的连接主要发生在有上下游生产联系的供应商和客户间。其次,产业集群是社会系统。从实质上看,这种基于生产联系的企业网络是生产关系必须适应生产力发展这一规律的必然结果,是在信息量巨大、市场变化迅速、产品生命周期大大缩短的知识经济时代,生产社会化不断扩大的产物。因此,结构完整的产业集群包括"供应商、专业化基础设施的提供者、销售渠道和客户,并从侧面扩展到辅助性产品的制造商,以及提供专业化培训、教育、信息研究和技术支持的政府和其他机构——如大学、标准的制定机构、智囊团、职业培训提供者和贸易联盟等"。最后,集群组织最根本的联系纽带是竞合联系。竞合联系是产业集群得以保持活力的源泉,互补性的合作关系使得相关企业形成一个体系(生产链、价值链、生产体系、生产综合体等),从而强化生产者空间集聚的倾向。

4. 经济特征

企业及其支撑机构在空间上集聚,从而形成集聚经济。集聚经济源于各种相关经济活动的集中而带来的效益。集聚经济主要表现为产业集群内的企业所独享的规模经济、范围经济和外部经济。规模经济是指产业集群规模扩大,产量增加,使集群内个别企业降低平均生产成本而获得的经济好处。范围经济是指区域内企业的多种产品和多样化的经营,以及若干企业横向、纵向联合生产给企业带来的成本节约,它的重要前提是区域内多元化经营的企业实现资源共享。外部经济表现在三个方面:促进专业化投入和服务的发展;为有专业化技能的工人提供共享的市场;使公司从技术溢出中获益。

5. 发展特征

累积因果和路径依赖是产业集群的发展特征。当某些成功的发展因素（企业家才能、资本供应、劳动力供应、土地供应和当地生产的中间产品等）在区域中不同行为主体间存在较紧密的联系时，一种产业的扩张会增加其他产业的利益，依赖于成功因素所产生的"极化效应"将促进进一步的扩张和累积因果作用。然而，曾经成功的发展因素，随时间推移会作为制约因素限制集群专业化的进一步发展，从而阻碍集群进入新的发展阶段，出现"集群锁定现象"，从而导致集群的衰退。因此，在"分歧点"打破历史遗留的禁闭，通过替代或补偿过时的资源、技术、基础设施和思维方式，可以促进产业集群的进一步发展。

6. 环境特征

产业集群的环境特征一方面表现为"灵敏的经济基础"，但更为重要的另一方面是集群的创新环境。在产业集群中，地理接近、企业间的密切合作、经常面对面的交流有利于各种新思想、新观点、新技术和新知识的传播，由此形成的知识溢出效应将增强企业的研究和创新能力。两类知识对集群内的企业至关重要：一是当地供给方面的知识溢出，主要来自供应商、合作者、委托者、同业竞争者、教育和研究机构；二是需求方面的国家和国际知识转移，主要来自客户、消费者以及国际分销商等。

（三）产业集群的区位竞争优势

1. 节约搜索信息的成本，获得更多有价值的技术和市场信息

产业集群节约了搜索信息的成本，有助于集聚区内企业获得更多的有价值的技术和市场信息，以保持生产和经营处于信息优势的状态。在产业集聚区，各种市场信息比较充分，诸如价格行情、供需变化、产品流行样式等，都是容易获得的信息。相对于集聚区外的企业而言，集聚区内的企业可以以较低的成本获得有用的信息，从而有利于增强竞争优势。

2. 存在明显的经济外部性，共享行业内的公共用品

产业集群的地方一般存在明显的经济外部性，使得企业可以共享行业内的公共用品，而且容易接近客户。对于区内的企业而言，经常有客户找上门来的机会，这就是产业集群带来的外部性的好处。产业集群实际上为集聚区内所有企业增加了一笔无形资产，更加有利于它们接近客户。

3. 创新促进集聚区内的企业更具有生产效率，追踪先进的技术

一般情况下，集聚区内企业经过近距离的竞争和兼并，只有那些采取先进的生产技术和企业制度的企业才能生存下来。同时，集聚区的企业又极具模仿性，这种趋向于先进和效率的模仿性能够促进好的技术和产品及好的制度得到尽快的传播与扩散。在产业集群的地方，创新成了产业发展乃至区域内的一个内生变量，可以使得产业始终保持较强的竞争力。

4. 产业集群有利于内部的专业化分工，提升区内的产业竞争力

当产业集聚发展到一定规模，企业内的某道生产工序就会逐步分离出去，并逐渐发展成为一个独立的生产行业，参与到集聚的网络中。专业化分工是保证规模收益递增的重要条件，也是创新的前提。产业集聚力的来源更多地体现在内部有比集聚区外企业更加精细的专业化分工。

概括而言，产业集群本身就具有一种集聚的优势，这种集聚的优势能够转化成区域的产业竞争力。所以，凡是产业高度集聚的地区，一般都具有较强的竞争力，国际国内皆是如此。

二、产业集群的生成机理

根据波特的定义，产业集群是指在特定区域中，一群在地理上集中的有相互关联性的企业、供应商，以及相关的机构构成的产业空间组织。一个典型的产业集群，通常包括成品商、供应商、客商、中介服务商和规制管理者五大相互作用的基本机构。这五大基本机构构成了产业集群的五大行动主体，它们相互之间有着多种多样的密切联系，不同主体之间分属于不同的产业关联环节，有些机构还存在着明显的投入产出关系，它们共同作用于产业集群，使它成为一个有机的整体。那么，这样的产业集群是怎样产生的？本部分主要从以下三个方面加以分析：

（一）市场因素

市场的容量、分工以及劳动力的供给与信息交流促进了产业集群的形成。技术的进步、劳动分工的深化导致产品种类多样化和消费的多样化，这样就产生了两个效应：一是消费品种类的增加提高了销售和服务的重要性，诱发企业的区位选择；二是进一步细分了市场，使企业产品的差异化程度增加而替代性下降，因而企业之间的竞争程度在一定意义上有所下降，甚至可能出现同类企业之间的协作。这样，同类产品的生产厂商在地理上的集聚就将在一定程度上产生区域范围经济的优势，为同类产品的生产厂商在地理上聚集奠定了利益基础。同时，在产业集群的形成过程中，劳动力的供给也在不断集聚。一方面，随着集聚的扩大，本地人员通过培训就业，外地技工也被吸引过来，形成劳动力供给充足的区域性市场，企业在长期雇用和管理技术人员的同时，可以根据自身生产的需要，及时调整工人的数量，减少工资成本和工人劳动保障方面的费用；另一方面，劳动力在区域内企业间自由流动，企业内部劳动力变换率也较高，劳动力快速流动既促进了劳动力自身素质的提高，也促进了信息、思想的传播和扩散，这样在数量和质量上提高了集群内劳动力供给的效率。信息交流又使集群内的企业能免费获得有关上游供应商、同行竞争对手、下游客户的相关信息，使得企业更好地了解市场需求、产业发展趋势、新市场开拓状况以及技术演变和革新的信息等。产业集群的动力结构如图 3-11-3 所示。

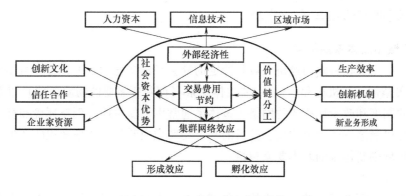

图 3-11-3　产业集群的动力结构

(二) 成本因素

企业成本递减是产业集群形成的重要动力。克鲁格曼认为，如果产业间联系大于产业内联系，则企业集聚不会持续下去，因为企业从其他产业的企业联系中可得到更多的区位利益；如果产业内联系大于产业间联系，且交易费用比较低，则出现企业集聚。产业内联系比产业间联系越大，则促使企业集聚的交易费用门槛范围也越广，就会出现更大范围的企业集聚。产业内的企业在某一地理区域集中，可使区内企业之间的"有形的"运输成本、信息成本、搜寻成本、合约的谈判和执行成本等交易费用降低，直接降低了产业内企业的运行成本。因此，客观上那些内部成本高的企业就具有了形成经济活动中心的动力和愿望。企业成本的降低很大程度上取决于产业内企业之间的合作，完善的合作机制是一个产业集群运转的保障。集群体系内部的生产、销售和研发等单位密切合作，每一单位都成为这个合作网络上的节点。由于合作网络的存在，节点单位之间的信任度得到了提高，资金流和信息流的速度大大加快，这大大降低了交易成本。任何一个脱离网络的节点，失去的不仅仅是交易对象，还有周围所有人的信任，从而成为孤立的个体，失去生存的能力。由此我们不难得出结论：合作直接促进了产业集聚的形成。在合作网络中，企业容易通过目标集聚战略获得细分市场的竞争优势，通过无形串谋形成的市场力量来增强集体议价能力，从而降低要素市场价格。

(三) 政府调控因素

产业集群一般都是企业为了各自的利益在市场中自发形成的，产业集群从产生之日就不可避免地产生负的外部性。例如，某一区域产业的人口、资本过度集聚会导致土地成本增加、生态环境恶化、交通拥挤、人工成本增加等不利情况，从而提高了企业生产成本。产业集群导致的外部不经济限制了区域无限集聚的趋势，使产业集聚保持在一个适当的水平上。在集聚区中也会存在不完全契约、道德风险和机会主义的行为，企业网络关系往往很不稳定，如：一些企业为追求自身利益，生产假冒伪劣产品，这种行为一旦通过集聚的学习效应被其他企业所模仿，就导致消费者权益的损失，损害整个区域品牌的形象，严重威胁集聚区的整体利益；有些企业一味地模仿市场上的新产品却不创新，导致产品雷同现象严重，一旦市场饱和，就会出现恶性的价格竞争，从而导致一损俱损的局面。这就需要有一个强有力的引导力量，来防范外部不经济的产生，使产业集聚健康发展。正是这个原因，需要政府介入。政府可以引导企业规避外部不经济，通过投资培育主导产业，带动产业的集聚，从而促进区域经济的增长。

三、区域创新体系与产业集群

(一) 区域创新体系的框架

区域创新体系是在特定的经济区域和特定的社会经济文化背景下，各种与创新相关联的主体要素（实施创新的机构和组织）、非主体要素（创新所需要的物质条件）以及协调各要素之间关系的制度和政策所构成的网络。该体系通常由创新主体、创新环境和行为主体之间的联系与运行机制这三个部分构成。其目的是推动区域内新技术或新知识的产生、流动、更新和转化。区域创新体系的基本要素包括：

1. 主体要素

主体要素是指创新活动的行为主体，包括企业、大学、科研机构、各类中介组织和地方政府。其中，企业是技术创新的主体，也是创新投入、产出以及收益的主体，是创新体系的核心。

2. 功能要素

功能要素是指行为主体之间的联系与运行机制，包括制度创新、技术创新、管理创新的机制和能力。

3. 环境要素

环境要素是指创新环境，包括体制、基础设施、社会文化心理和保障条件等。市场环境是企业创新活动的基本背景，创新环境是维系和促进创新的保障因素。

区域创新体系是开放系统，是国家创新体系中的子系统，其重点是培育技术开发、转移、应用、扩散能力和相应的区域社会支撑体系。区域创新体系的高效运转需要面向市场经济的科技资源、不断衍生和壮大的经营机制、灵活的新型企业、新的经济政策与政府管理办法。区域创新体系作为一个网络系统，其直接目的是提高区域科技创新能力，最终增强区域竞争力，加快区域经济的发展。

1）区域创新体系可以优化、整合区域内的创新资源，提高区域的创新能力，形成区域的创新合力，从而保证区域内的市场创新，保证区域内经济增长的质量。

2）区域创新体系的建设必然促进区域内高科技企业和高新科技园区的发展，而高科技企业和园区的发展则导致区域内新兴产业和新经济增长点的形成。

3）区域创新体系不仅可以提高企业自身对先进技术的消化、吸收能力，还有利于逐步提高企业自主创新能力，其结果是区域内的新产品和高新技术含量的产品不断增加，还可以为区域内的大量中小企业提供新技术和各种技术服务，进行技术扩散，形成更大规模的经济增长效应。

（二）产业集群与区域创新体系的关联性

区域创新强调一个区域的制度和文化环境如何与影响创新过程的公司活动相互作用。它强调创新过程的相互作用、社会性和学习性，强调区域的制度性结构。一般地讲，集群对创新的影响主要集中在三个方面：①集群能够为企业提供一种良好的创新氛围。集群是培育企业学习与创新能力的温床。企业彼此接近，会受到竞争的隐形压力，迫使企业不断进行技术创新和组织管理创新。在产业集群中，由于地理接近，企业间密切合作，可以面对面打交道，这样将有利于思想、新观念、新技术和新知识的传播，由此溢出效应，获取"学习经济"（learning economy），增强企业的研究和创新能力。②集群有利于促进知识和技术的转移扩散。产业集群与知识和技术扩散之间存在着相互促进的增强关系。集群内由于空间接近性和共同的产业文化背景，不仅可以加强显性知识的传播与扩散，而且更重要的是可以加强隐性知识的传播与扩散。③集群可以降低企业创新的创新成本。由于地理位置接近，相互之间进行频繁的交流就成为可能，为企业进行创新提供了较多的学习机会。尤其是隐性知识的交流，更能激发新思维、新方法的产生。由于存在着"学习曲线"（learning curve），集群内专业化小企业学习新技术变得容易。同时，建立在相互信任基础上的竞争合作机制，也有助于加强企业间进行创新的合作，从而降低新产品开发和技术创新的成本。

根据已有的研究成果和实证资料可以看出，产业集群的一个最主要的优势便是其创新的效应，产业集群实际上就是一个特殊的创新系统。由于产业集群内的企业和其他机构聚集在某一特定区域内，而且存在创新的条件和环境，如果各行为主体间的创新活动能够以网络或系统的联系方式出现，产业集群的区域创新体系就构成必然的联系。产业集群实际上是把产业发展与区域经济通过分工专业化与交易的便利性，有效地结合起来，从而形成一种有效的生产组织方式。纵观国际上的经验，产业集群对国家和区域发展具有多方面积极影响，已经得到社会各个层面人们的广泛认同。因此，产业集群是区域创新体系的重要载体，从某种意义上又构成次一级的区域创新体系，成为规模变小的区域创新体系。产业集群已成为区域创新体系建设的基础和活力所在，区域创新体系如果没有本地化的产业体系为依托，就失去了根本的发展动力。按照区域创新体系理论，产业与区域创新环境的整合度越高，越利于产业的区域发展。因此，建设区域创新体系的关键是促成产业集群形成和发展的制度条件。

复习思考题

1. 城市主导产业选择的基准是什么？
2. 什么是产业结构优化？如何度量产业结构的优化？
3. 什么是城市产业集群？产业集群包含哪些方面的特征？
4. 简述产业集群的生成机理，并结合实际说明我国南北方产业集群在形成机理上有什么异同？
5. 简述产业集群与区域创新体系之间的关联性。

第十二章 城市劳务经济

【学习目标】

通过本章学习,要求学生深刻了解城市流动劳动力的内涵与分类、熟悉劳动力迁移的动机及所呈现的 U 字形往返现象;掌握劳动力市场的供求关系,学会运用供求理论分析劳动力市场的均衡与非均衡表现;明确就业与失业的界定及失业的类型,以及城市失业的治理之策。

第一节 城市劳动人口流动

一、城市流动劳动力的内涵与分类

城市流动劳动力形成城市劳务流,是市场经济体制中随着资本高利润取向的运动而产生的劳动力向工资报酬最高地区的流动,这种流动产生了一系列的社会经济影响。

从劳动力流动的主体来看,城市流动劳动力在我国是指不具有本城市户籍而在该城市工作的劳动者。这样的劳动力流动可分为专业技术人才流动、应届毕业大学生流动和农民工流动三类。专业技术人才流动一般是指具有中专及以上学历,或取得初级及以上专业技术职称的已就业人员的流动;应届毕业大学生流动是指大学毕业后获得学籍学位文凭后在非本人户籍的城市找到工作就业;农民工流动是指以获取高于农业收入的城市收入为基本目标,同时兼顾工作条件改善、提高技能、获得教育等城市福利等动机而进入城市工作或在不同的城镇中流动。

从劳动力流动的客体来看,劳动者流动可分为工作流动、地区流动和国际流动三类。工作流动是指劳动者在不同社会单位之间更换岗位,寻求更好的职位匹配的行为,其影响因素包括工资、培训、健康保险和工作特征等;地区流动是指劳动者在国内跨越较大的区域更换工作，主要受工资、年龄、性别、迁移距离、家庭状况、社会关系网络、失业率和政策制度等因素影响；国际流动是指劳动者到另一个国家工作，收入差别、工作条件、社会福利等是引起国际流动的基本因素。

二、劳动力迁移的动机

就劳动力迁移来说，不论在什么意义上只能意味着劳动者的工作变动，所以，劳动经济学把它区分为地区间、产业间、企业间、职业间的劳动力移动。而且，它们之间并不是相互排斥的，有时某劳动者的一次劳动移动，同时也是上述几类劳动力的移动。下面就空间劳动力迁移动机，特别是从农村向城市迁移加以阐述。

对于劳动力迁移动机的经济学研究，大多是基于刘易斯（Lewis）、拉尼斯 & 费景汉（Lanis & Fei）、托达罗（Todaro）以及克鲁格曼（Krugman）的模型。其中，又以托达罗的绝对收入差距假说最有影响。按照这种假说，劳动力迁移是对城乡之间存在的预期收入差距做出的反应。绝对收入差距假说虽然对于劳动力从农村到城市的迁移做出了一般性的解释，但它尚不能完全解释目前我国劳动力在城市间迁移的现象。克鲁格曼建立过一个劳动力区域流动模型，该模型建立在劳动力对区域间工资差异或实际收入水平的调整的基础上，所不同的是，它强调了区域流动成本与"经济人"预期的作用。然而，克鲁格曼的劳动力区域流动模型中的"流动成本"概念主要局限于迁移中所发生的费用支出。因此，按照区域工资水平减去流动成本所得到的净收入还不足以解释我国劳动力迁移的原因。

假定不存在人为的城市间迁移障碍，并暂时不考虑迁移中的信息不完全和不确定性等情况，可以把劳动力的空间迁移看成是一种投资活动，如图 3-12-1 所示。

在图 3-12-1 中，横轴代表时间，纵轴是取得的收益，成本则是负的收益。MM' 表示在迁移时希望得到的收益，即预期收益。LL' 是不迁移时的收益，MC 是迁移费用，CE 是迁移的机会成本或失去的收入。如果迁移后初期的收益低于未迁移时的水平，则可用 EF 表示，而且也应该把 EF 看作费用。GM' 表示未来收益。

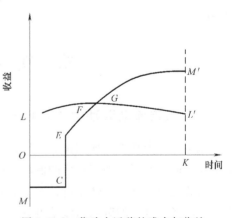

图 3-12-1 劳动力迁移的成本与收益

考虑到迁移费用，不难发现，只有转入地区的预期收益超过原区位的初始收益且至少能弥补迁移费用时，迁移才具有经济可行性。现实中，机会成本也需要考虑在迁移成本之中。因此，更为充分的条件应该是

预期收益>迁移费用+机会成本

迁移费用加上机会成本，我们称之为转换成本。这里，迁移费用包括滞留费用、迁徙费用和职业再培训费用。其中，滞留费用是指获取与原来相同或相近的职业所支出的、尚未得到补偿且迁移后也不再会得到补偿的那部分费用。其他各项费用的含义一目了然，无须解释。机会成本是指劳动力迁移到新的城市区位以后，不得不放弃原城市区位上的一些好处。预期收益除了预期的资金或工资收入以外，还包括其他方面的利益，如生活环境、文化、就

业机会、晋升的希望等。因此，只有满足上述条件，劳动力空间迁移才有可能发生。

三、劳动力迁移的 U 字形往返现象

当城市劳动力需求增大时，城市中的工资没有提高或相对低增长，就容易引发劳动力迁移。也就是说，农村剩余劳动力和从事低收入工作的劳动者，看到城市就业机会的增大会迁移而来。城市中劳动力需求的增大，会使农村中的劳动力供给减少，使农村的工资上升，从而将会促使工农间的收入差别缩小。在这里，不是由于收入差别的增大而引起劳动力迁移，而是由于劳动力迁移成为可能才使收入差别缩小。在这个意义上，用就业机会来解释劳动力迁移是正确的。

根据托达罗模型，农村劳动力是否向城市迁移，取决于他们考虑到在城市找到工作机会的可能性大小之后，在农村能够挣到的收入与在城市能够挣到的收入之间的差别大小。其他的劳动力迁移模型没有考虑到城市失业问题，所以流动劳动力不会担心找不到工作而遭受到任何损失。托达罗看到了大量发展中国家存在劳动力大量流入城市而城市中又存在大量失业的现实情况，因此，他认为由于城市失业的存在，劳动力从农村迁移到城市不仅由城市与农村收入差距所决定，同时还要受到劳动力进入城市后能够获得就业岗位的机会或概率的影响。

U 字形往返是阶段性迁移的一种主要表现形式。实际上，农村劳动力往返于城市和农村之间是不得已的选择。劳动力迁移被分割成两个过程，并且这两个过程预期不能同时完成，即潜在的迁移者没有获得城市永久居住权和稳定就业权的预期，因此，农村劳动力的迁移决策不是永久性的。这导致中国劳动力迁移中的一系列特点，包括劳动力迁移的循环往复，呈现出"钟摆式"的流动模式，即多次性、季节性和回迁性。

已有不少学者对 U 字形往返过程进行了研究。例如，在总结了发展中国家劳动力迁移的一般规律后，斯塔克（Stark）认为，导致外出劳动力回迁的因素有以下几个方面：①可能是由于外出的迁移者找不到收入足够高的工作，因此无法在迁入地生存下去；②迁移者利用在迁入地所积累的物质和人力资本，可能返回迁出地获得更好的回报；③迁出地的生活成本可能要低于迁入地。斯塔克所总结的原因都是劳动力市场正常运行的必然结果。

对于我国而言，有两个基本的制度安排，是导致 U 字形往返的重要原因：①农村土地制度安排。土地制度安排决定了农民与土地的联系方式。随着我国经济的发展，农民的土地从家庭的主要生产要素演变成提供保障和抵御风险的资产。正是由于土地成为农民社会保障的主要依赖，因此他们不会轻易地放弃土地。②户籍制度。由于城市偏向的政策，户籍制度对迁移劳动力城市居住、受教育权利和社会保障的限制使得他们不得不返回自己的故乡。

四、劳动力迁移对城市发展的重要意义

1. 填补了城市劳动要素的空缺

农村剩余劳动力进城，往往承担着工作环境差，职业声望低，工资收入少，城里人不愿意从事的脏、累、差的工作。而这些工作又是城市经济社会发展和日常生活所必需的，因此他们是在填补着城市劳动力供给的空缺。这种补缺性就业，特别是一些非正规就业，对城市是十分有益的。

2. 节约了城市发展的人工成本

农村剩余劳动力进城就业，往往工资较低且能够吃苦耐劳，城市用人单位很愿意雇用他们，因为可以降低劳动成本，有利于经济效益的提高。特别是近年来许多企业原有的劳动成本较高，使用了农村进城劳动力，大大降低了企业的人工成本，有助于企业维持生产和取得经济效益。

3. 促进城市企业要素组合的变化

流动劳动力参与城镇某些就业岗位的竞争，促进了城市企业要素组合的变化，推动了城市劳动力市场的发展。农村进城劳动力对城市就业有多方面的影响。除了对工作岗位拾遗补阙的作用，同时也对城市原有的劳动力形成了挑战。农村进城劳动力中，有一些人具有一定的文化水平和专业职业技能，能与城镇中的一些劳动力形成竞争。这种竞争促进了城市劳动者的创业精神，推动劳动力资源合理配置和城市劳动力市场的发育。

4. 劳动力集聚产生了溢出效应

进入城市的农村流动劳动者在城市中学到了大量的知识和劳动技能，在他们的迁徙就业中，大量的城市文明带到了农村，促进了农村的生产发展，对于建设社会主义新农村发挥了重要的作用。

第二节 城市劳动力市场

一、城市劳动力需求

对劳动力的需求（labor demand）一般是由人们对商品的需求引致的，是一种引致需求或派生需求。城市劳动力需求的主体通常包括企业、政府（社会）和个人（自我雇用），其中企业是最重要、最基本的劳动力需求主体。

市场中的企业是如何需要劳动力的呢？这要分短期需求和长期需求来分析。

（一）短期劳动力需求曲线

在短期中，企业需要劳动力是从利润最大化出发，根据劳动力的边际收益和其收益与成本的比较而决定的。

假设资本投入不变，用 MRL 代表劳动力的边际收益，是劳动力的边际产出或边际产品 MPL 的货币表现；用 MCL 代表劳动力的边际成本。企业对劳动力的需求通常面临三种情况：当 MRL > MCL 时，企业增加劳动力投入；当 MRL < MCL 时，企业减少劳动力投入；当 MRL = MCL 时，企业会维持劳动力投入水平不变。通常，劳动力的边际成本 MCL 应等于企业向每一单位劳动力提供的工资率，即 MRL = MCL = w。图 3-12-2 中，横轴表示经济活动使用的劳动力（L）数量，纵轴表示劳动力的边际产品 MPL 或实际工资

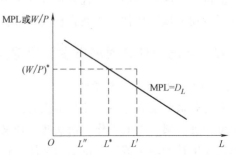

图 3-12-2 实际工资率下的短期劳动力需求曲线

率（W/P，W 为名义工资，P 为产品价格，以价格调整的工资就是实际工资）；向右下方倾斜的曲线为实际工资率下的短期劳动力需求曲线。当市场的实际工资水平为 $(W/P)^*$、社会所用劳动力为 L^* 时，所需要的劳动力达到均衡。如果企业起初投入的劳动力数量是 L'（任一比 L^* 多的劳动力投入水平），此时劳动力的边际产出低于实际工资率，劳动力所获报酬相对于产出较高，企业就会减少劳动力投入量，以使劳动力边际产出 MPL 与实际工资率相符，并最终使二者相等；如果企业起初投入的劳动力数量是 L''（任一比 L^* 少的劳动力投入量），由于此时劳动力的边际产出高于实际工资率，企业就会增加劳动力投入，最终会导致劳动力边际产出与实际工资率相等。可见，企业在短期内的劳动力需求应与其自身的劳动力边际产出曲线相重合，即使 D_L = MPL。

上述分析是假定在竞争市场结构中，如果在不完全竞争市场上，比如只有一个企业的情况下，厂商若增加劳动力投入，只能提高工资率。其结果是：所有劳动者的工资率均提高。就是说，在独买情况下，雇用劳动者的劳动力边际成本是超过一般市场工资率的。这样，为达到利润最大化，厂商投入劳动力的数量应达到所投入的最后一单位劳动力的边际产品（MPL）等于劳动力的边际成本（MCL）的程度，如图 3-12-3 所示。显然，由于劳动力独买的存在，厂商获取利润最大化的劳动力使用量为 L'，这时 MPL = MCL，相应的工资率为 w'。

（二）长期劳动力需求曲线

在长期内，企业的生产要素组合会发生变化，即由劳动力密集技术转变为资本密集技术，工资率将会提高，这种变化可以在等产量线上表示。等产量线是表示可用于生产同一产出数量的劳动力和资本等生产要素的所有组合，其形状一般随企业特定产品所存在的各种不同技术的性质而不同，如图 3-12-4 所示。

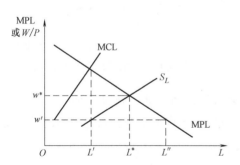

图 3-12-3 不完全竞争市场对劳动力需求的影响

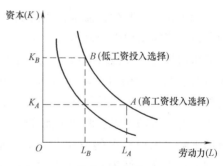

图 3-12-4 等产量线与投入选择组合

如果以资本要素替代劳动力要素的替代效应发生，则会使劳动力数量减少，如图 3-12-5 上半部分所示，劳动力数量由 L_A 减至 L_B；而同时带来的工资率上升，即由 w_0 提高至 w_1，意味着企业生产成本相应提高，受此影响，企业用于生产的资本投入将相应减少，从而企业生产规模受到影响，产出也会出现一定程度的减少。最终会使等产量线后移，要素组合点由 B 移至 C，这时使用劳动力的数量进一步减至 L_C，工资率也下降，由 w_1 降至 w_2，产出效应发生。

可见，在长期中，由于企业生产过程中的生产要素组合变化，企业劳动力的使用量由 L_A 减至 L_C，在此过程中，替代效应和产出效应（连带作用）同时发生作用。由此分析，可推出劳动力长期需求曲线 D_L 如图 3-12-5 下半部分所示。

如图 3-12-6 所示，当市场上的产品价格和资本价格（银行利率）既定时，若工资率为 w_0，企业选择使用 L_0 的劳动力和 K_0 的资本，即 A 点。短期内，资本变动将造成沿 D_S（短期需求）曲线的移动，即由 A 至 B 或由 A 至 C，工资率相应地由 w_0 提高至 w_1，或由 w_0 下降至 w_2。而长期内，企业有足够的时间来调整资本使用。当工资率降至 w_2 时，劳动力使用量增加至 L_2，当工资率上升到 w_1 时，劳动力使用量减少至 L_1。可见，长期劳动力需求曲线总是比短期劳动力需求曲线要平缓些。

（三）劳动力需求弹性

劳动力需求弹性是指工资率增长 1% 而引起的对劳动力需求量的百分比变化，如式（3-12-1）所示。

$$\eta = \frac{\Delta L^D / L^D}{\Delta w / w} \quad (3\text{-}12\text{-}1)$$

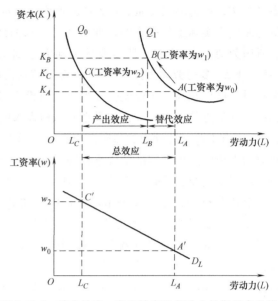

图 3-12-5　替代效应、产出效应和劳动力长期需求曲线

因劳动力需求曲线下倾，故工资率上升，劳动力需求量减少，需求自身的工资弹性为负值。当需求弹性绝对值大于 1 时，劳动力需求曲线为有弹性需求曲线，此时工资率上升会引起更大的对劳动力需求的下降，因而将引起劳动者工资总报酬（工资率乘以劳动者所提供的劳动力数量）的下降；当绝对值小于 1 时，劳动力需求曲线为无弹性需求曲线，此时，工资率上升会引起较小的对劳动力需求的下降，因而将引起劳动者工资总报酬的增加；若需求弹性为 -1，需求曲线为单位弹性曲线，此时，工资率上升不会导致劳动力工资总报酬变化。通常，直线式需求曲线上端弹性要大于下端，某些区域有弹性，某些区域无弹性，如图 3-12-7 所示。

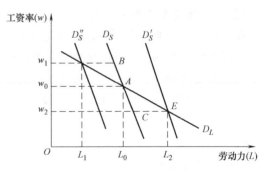

图 3-12-6　短期和长期的劳动力需求曲线比较

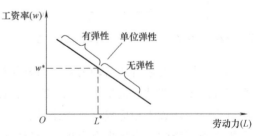

图 3-12-7　劳动力需求曲线的弹性差异

二、城市劳动力供给

城市劳动力供给（labor supply）是城市经济发展的要素支撑，同时也是城市劳动力市场得以正常运行的重要方面。城市劳动力供给受城乡人口再生产、劳动适龄人口规模、劳动力参与率、工作时间和劳动力流动等多方面影响，其中劳动者愿意提供的工作时间起决定作用。

(一) 劳动力参与率、工作时间与工作决策

劳动力参与率（labor participate rate）是指有工作者和正在寻找工作者占相应人口的百分比。它是影响劳动力供给的重要方面。工作决策可视为劳动者在闲暇和有酬工作间进行选择的过程。闲暇的价格是劳动力的市场工资率。

一般来说，当工资率不变时，若收入增加，劳动者愿意工作的时间会减少；反之，若收入下降，劳动者愿意工作的时间会增加。这种在工资率不变情况下，因收入变化而考虑是否工作从而对闲暇时间需求的变化，称为劳动力供给的收入效应。它既可用闲暇时间的需求来表示，也可用工作时间的供给来表示。其定义为：工资率（w）不变，收入变化（ΔY）引起的工作时间的变化（ΔH），即

$$收入效应 = \frac{\Delta H}{\Delta Y}\bigg|_{\overline{w}} < 0 \tag{3-12-2}$$

由于工作时间的增减决策是与收入的增减成反方向变化的，故收入效应为负值。

除了收入会影响人们的工作决策外，工资率也会影响人们是否找工作的决策。在收入（$\overline{Y}$）不变的情况下，工资率的变化（Δw）引起人们工作时间的变化（ΔH）称为劳动力供给的替代效应，即

$$替代效应 = \frac{\Delta H}{\Delta w}\bigg|_{\overline{Y}} > 0 \tag{3-12-3}$$

由于工作时间的增减决策是与工资率的增减成正方向变化的，故替代效应为正值。

收入效应通常是工资率提高后财富或潜在收入增加的结果；而替代效应则是因工资率上升引起闲暇的机会成本提高的结果。一般情况下，收入效应和替代效应往往同时存在，但二者发挥作用的程度却往往不同。若收入效应占优，市场工资率将上升，劳动者的个人反应是减少劳动力供给，劳动力供给曲线斜率为负；而当替代效应占优时，劳动者的个人劳动力供给曲线斜率为正，即劳动力供给随工资率提高而增加。

工资率变化对工作时间的影响表现在：①替代效应大于收入效应时，若市场工资率上升，将会引起劳动者工作时间随之增加；而当市场工资率下降，劳动者的工作时间则会随之减少。这两种情况下，劳动力的供给曲线均呈正斜率。②在收入效应大于替代效应时，若市场工资率上升，劳动者的工作时间将会减少；而当市场工资率下降时，劳动者的工作时间将会增加。上述两种情况下，劳动力供给曲线均表现为负斜率。

(二) 劳动力供给曲线

从微观角度考察，个人劳动力供给量与劳动者所具有的人力资本（决定劳动力的质）及其愿意在市场上提供的工作时间多少有关。在不考虑劳动者所拥有的人力资本因素的前提下，个人劳动力供给量仅与劳动者欲提供的工作时间有关。假定劳动者把时间用于一种或两种事情上，即工作或享受闲暇，那么工作和闲暇间存在如下关系：用于工作的时间越多，则享受闲暇的时间势必越少；反之，享受闲暇的时间较多，则工作时间必然较少。个人劳动力供给与工作时间呈同向变化关系，与闲暇则表现为反向变化关系。在经济学上，闲暇通常被视为一种消费活动，因为劳动者享受闲暇而不去从事有酬劳动的结果，将使其损失相当于闲暇时间的劳动报酬（它等于市场工资率乘闲暇时间），但它对劳动者人力资本积累可能是有利的（假如人们把闲暇用于学习、体育锻炼等有宜于健康改良、智力开发和技能增进的活

动中的话）。闲暇是一种机会成本。工作则有利于劳动者物质和精神消费水平的提高，因为工作意味劳动者将自己劳动力的使用权让渡给他人，同时按市场工资率及其所提供的工作时间获取报酬。在市场工资率一定或有所提高的情况下，工作时间越长，所获取的劳动报酬则越多，劳动者越可能获得充足的供自己和家人消费的物质和精神商品。一般说来，市场工资率越高，劳动者愿意提供的工作时间也往往越多，但并非说劳动者愿意提供的工作时间将随市场工资率提高而永续增加下去，实际上，在工资率提高过程中，闲暇对劳动者来说将变得越来越有价值，而在达到某一工资水平后，市场工资率的提高不仅不会引致个人工作时间的进一步增加，反而会引起个人工作时间的减少，即通常情况下个人劳动力供给曲线是一条向后弯曲的曲线，如图 3-12-8 所示。

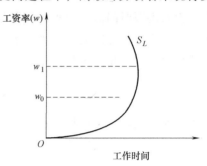

图 3-12-8　向后弯曲的个人劳动力供给曲线

从宏观角度考察，社会劳动力供给量主要受人口规模、劳动力参与率和平均工作时间的影响，而一定时期的人口规模又由基期的人口规模和人口的时期增长率所决定。如果用 P_0 代表基期人口，以 g_P 表示一定时期 t 的人口增长率，用 $LFPR_t$ 表示劳动力参与率，那么，一定时期的劳动力供给量 S_{Lt} 如式（3-12-4）所示。

$$S_{Lt}=P_0(1+g_P)^t \cdot LFPR_t \tag{3-12-4}$$

如果用工作时间表示，上式则变成式（3-12-5）。

$$S_{Lt}=P_0(1+g_P)^t \cdot LFPR_t \cdot T_A \tag{3-12-5}$$

式中，T_A 表示时期 t 的劳动力平均工作时间。

由式（3-12-5）可见，一定时期内的人口增长率越高，劳动力参与率越高，劳动力平均工作时间越长，则社会劳动力供给量越大。而随着第二次世界大战以来发展中国家政治地位和经济状况的改善，人口死亡率尤其是婴幼儿死亡率迅速降低，人口平均预期寿命普遍延长，较高的人口增长率、较高的劳动力参与率和较长的工作时间导致这些国家劳动力供给量相对增加，劳动力过剩问题比较突出。宏观角度的劳动力供给曲线通常存在四种类型，即水平形、正斜形、垂直形和向后弯曲形，如图 3-12-9 所示。

图 3-12-9 中的供给曲线有着不同的存在条件。水平形的供给曲线通常存在于二元经济社会，垂直形的供给曲线存在于劳动力已得到充分利用的社会，而向后弯曲形的供给

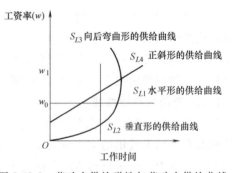

图 3-12-9　劳动力供给弹性与劳动力供给曲线

曲线则存在于经济得到相当大的发展，居民生活已达到较高水平的社会，在这种社会中，工资可能已不再是个人和家庭获得收入的唯一方式。与上述三种类型相比，正斜形的供给曲线被认为是一种更常见、更合理的类型。因为对有些人来说，工资增加会引起替代效应，他们虽然不愿在较低工资下工作，但随着工资率上升，他们觉得寻找工作变得越来越值得，这

样,他们愿意提供的工作时间将会增加。

需要指出的是,对于向后弯曲形的劳动力供给曲线(见图3-12-8),从个人来说,曲线哪一点上将向后弯曲,要视劳动者的个人偏好而定;而从整个劳动力市场的劳动力供给来看,情况也许有所不同,因为劳动力市场的供给曲线是个人劳动力供给曲线之和。在工资率为 w_0 的情况下,劳动力供给为从劳动者 a 到劳动者 z 的加总,随着工资率上升或其他原因(如继承财产等),虽然有的劳动者工作时间减少,但是大多数人仍会增加工作时间。特别是工资率提高只能引起替代效应时,一些不愿在低工资率条件下工作的人,也会感到寻找工作是值得的。

三、城市劳动力市场的均衡

劳动力市场是劳动力的供(劳动者个人或劳动者组织)求(企业)双方,就寻找工作和提供工作机会进行协商的场所,经过讨价还价,最后达成有关劳动力使用权出让数量和时间的合约,双方各得其所。由于劳动力市场上一般都会有众多的买者和卖者存在,因而决策往往要受他人决策和行为的影响。例如,某企业为保持和提高其在劳动力市场上的竞争力,吸引和留住员工,在其他企业提高报酬的情况下,该企业也会这样做。

城市劳动力市场是进入城市的劳动者和城市的生产单位之间就劳动力使用权进行交易的场所。在我国城市劳动力市场上,除了本市的居民外,每天还要接纳大量的外来劳动力,主要是农村剩余劳动力。

劳动力市场上的工资率水平由对劳动力需求和供给双方力量的比较决定。将劳动力需求曲线和劳动力供给曲线绘在同一图中,可以得到关于劳动力市场的均衡数量与均衡价格的信息,如图3-12-10所示。

劳动力需求与供给相等时的工资率,称为市场均衡工资或市场出清工资。图3-12-10中的 w^* 点即为均衡工资点或市场出清工资点。在此点,劳动力供求相等。市场出清工资是市场中的最终通行工资率,低于或高于该点的工资率都不会成为通行工资率。因为劳动力短缺将导致企业或雇主提高工资率,而劳动力过剩则促进企业或雇主降低工资率,从而市场工资率会向均衡工资或出清工资靠拢。

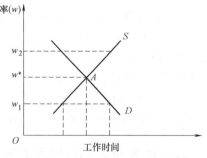

图3-12-10 劳动力供求与市场均衡

在劳动力市场上,需求曲线或供给曲线的移动将会打破劳动力的均衡状态,引起均衡工资和均衡就业数量的变动。假设社会由于对产品或服务的需求量增加而使企业对劳动力的需求增加,劳动力需求曲线将右移,从而会形成新的高于原来的均衡工资水平;反之,则会形成新的低于原来的均衡工资水平。

技术进步会推动整个城市的劳动生产率提高,此时劳动力供给曲线将向左移动,市场均衡工资将提高。因为在产出规模一定的条件下,劳动生产率提高将导致劳动力的需求量减少,技术替代了劳动力。这时,较高质量的劳动力以较高的劳动力边际产出率,会迫使市场工资率提高。

第三节 城市就业与失业治理

一、城市劳动力的存量和流量模型

就某一城市劳动力市场而言,某一时期的劳动者就业人数(E)、失业人数(U)和非劳动力人数(N)之间的关系可用图 3-12-11 表示。设某一时期由失业者变成就业者的劳动力流量为 UE,由失业者变为非劳动力者的流量为 UN。图 3-12-11 中,这两部分人数的总和为 0.7 万人,即约有 7%的失业者脱离失业状态;又设从就业者存量中进入失业者队伍的劳动力流量为 EU,从非劳动力者存量中进入失业者队伍的流量(即各种学校的毕业生没有找到工作的人数)为 NU。图 3-12-11 中这两部分人数为 0.8 万人,即增加了新的失业者约为 8%。进入失业状态的流量大于脱离失业状态的流量,这意味着本时期的失业人口存量增加。

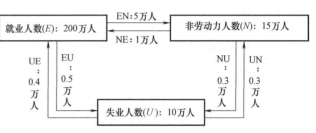

图 3-12-11 城市劳动力的存量与流量

根据图 3-12-11 中的关系,可建立城市失业率函数 u,如(3-12-6)所示。

$$u = f(P_{EN}^+, P_{NE}^-, P_{NU}^+, P_{UN}^-, P_{EU}^+, P_{UE}^-) \tag{3-12-6}$$

式中,P 表示各种劳动力流量的百分比;例如,P_{EN} 为就业者变为非劳动力者所占的比重(5 万人/200 万人=2.5%),P_{NE} 为非劳动力者中进入劳动者队伍并已找到工作的人员比重(1 万人/15 万人=6.67%)等;变量顶部的"+"表示该变量增加将提高失业率,"−"则表示该变量增加将降低失业率。

图 3-12-11 和式(3-12-6)表明,城市社会对任何既定失业率水平的关注都应集中于失业的影响因素以及失业的持续时间两个方面。

二、就业与失业的界定及失业的类型

(一)就业和失业的界定

所谓就业,是指达到法定年龄、具有劳动能力的人口,运用生产资料依法从事某项社会劳动,并获取赖以生存的报酬或经营性收入的经济活动。按国际劳工组织的定义,就业是指一定年龄阶段的人口所从事的为获取报酬或为赚取利润所进行的活动。可见,要实现就业,就必须满足三个基本条件:①就业主体是达到法定年龄的具有劳动能力的人;②就业主体所从事的劳动属于合法的社会劳动;③就业主体所从事的劳动是有报酬的劳动。

按国际劳工组织的规定,凡在规定年龄之内,符合下述条件者均属就业人员:①正在工作的人,这是指在规定时间内从事有报酬或收入的工作人员;②有职业,但临时因疾病、休假、劳动争议等不工作的人,以及单位因各种原因临时停工的人;③雇主和自营人员,或正在协助家庭经营企业或农场而不领取报酬的家属人员,在规定时间内从事正常工作时间 1/3 以上者;④已办理离休、退休、退职手续,但又再次从业的人员。衡量就业状况的指标通常

为就业率，如式（3-12-7）所示。

$$就业率 = \frac{就业人数}{就业人数 + 失业人数} \times 100\% \quad (3\text{-}12\text{-}7)$$

需要说明的是，现在的就业人数统计虽然从理论上讲应为法定劳动年龄内的人口，但实际上，它往往也包括了一部分劳动年龄外的人口；而失业人数统计一般只统计法定劳动年龄内人口，由此必然会导致就业率相对偏高而失业率相对偏低的结果。

这里先介绍一下充分就业。充分就业是一个相对的概念，凯恩斯认为，充分就业就是"在某一工资水平下，所有愿意接受这种工资的人都能得到工作"。他把失业划分为"自愿性失业"和"非自愿性失业"。根据凯恩斯的理论，只要解决了"非自愿性失业"人员的就业问题，就算达到了充分就业。在理论界，对充分就业的理解大致可分为两种：①充分就业就是指劳动力和生产资料均达到充分利用的状态；②充分就业并非指失业率为零，而是总失业率等于自然失业率。从统计上讲，20世纪50年代认为，失业率不超过4%即为充分就业；80年代则认为，失业率不超过6%即为充分就业。

失业是相对于就业而言的，按国际劳工组织的定义，失业是指有劳动能力并愿意就业的劳动者找不到工作的一种现象。其实质是劳动者与生产资料相分离。目前发达国家一般将失业理解为：凡是统计时被确定为有工作能力，但没有工作，且在此之前4周内曾努力寻找工作，但未找到工作；此外，还包括暂时被解雇正等待恢复工作的人和正等待到新工作岗位报到，等待时间30天以上的人。失业的界定是以劳动者是否面向市场为依据的。衡量失业状况的指标是失业率，如式（3-12-8）所示。

$$失业率 = \frac{失业人数}{就业人数 + 失业人数} \times 100\% \quad (3\text{-}12\text{-}8)$$

在我国，失业率通常用城镇登记失业率表示，如式（3-12-9）所示。

$$城镇登记失业率 = \frac{城镇登记失业人数}{城镇就业人数 + 城镇登记失业人数} \times 100\% \quad (3\text{-}12\text{-}9)$$

（二）失业的类型

从不同的角度，可以把失业区分为不同的类型。

1. 按照表现形式划分

按表现形式，失业可分为完全失业和半失业。前者是指完全找不到工作，为法律所公开承认的失业；后者是指希望全日工作、连续工作的人只能从事半日工作、非连续工作，法律不公开承认为失业，也称半就业或半失业。

2. 按照产生原因划分

按产生原因，失业可分为自愿失业和摩擦失业。前者是指因劳动者不愿接受现行工资，或不满足现状工作条件而失业；后者是指非主观因素或就业信息不充分等造成的失业。

3. 按照性质划分

按性质，失业可分为结构性失业和需求短缺性失业。前者是指劳动者的知识技能结构不适应工作需要以及因新技术应用而使旧技术废弃所造成的失业，后者是指由于社会对某些商品和服务的总需求减少导致的失业。

4. 按照时间划分

按时间，失业可分为季节性失业和过剩性失业。前者是指由于生产、消费的季节性而导致对劳动力需求的周期性变化引起的间断失业；后者则是在相当长的时期内，劳动者人数超过劳动力工作岗位而形成的某些人的连续失业。

三、城市失业治理

失业无论对个人还是对社会，都会带来大量的消极影响，因而城市政府必须关注对失业的全方位治理。

（一）破除劳动力市场的地域和条块分割，建设城乡一体化的劳动力市场

我国目前城市中的劳动力市场，在配置劳动力资源时存在着缺陷和不足：①劳动力供求信息传播范围较小、传播速度较慢，使得临时性失业的比重较大；②劳动力供求信息的准确性、可靠性不高，劳动力供方与需方不易或不能直接"见面"和"对话"，使实现就业的交易成本很高；③市场在配置劳动力资源时，人为因素和主观因素过多，使劳动力较难达到最优或较优的使用，劳动力资源的开发利用效率较低；④由于我国劳动力数量较多，城市劳动力市场总体上还是买方市场，劳动力资源配置的总体效率偏低。

这些问题的存在，主要原因是我国城市劳动力市场不完善和缺乏劳动信息系统。

完善我国城市劳动力市场，首先必须要消除制度壁垒、地方和企业障碍以及其他人为障碍，形成全国范围内的、城乡一体化的劳动力市场，促进劳动力流动，实现劳动力资源优化配置。这需要以优良的制度环境、组织环境和人为环境为前提。其次要积极推进劳动力市场的信息化、网络化和现代化建设，适应知识社会发展的趋向，从信息化、网络化、现代化及全国"一盘棋"的高度，构建全国统一、城乡统一的劳动力资源配置系统，为劳动力供求信息的快速、准确传播，实现劳动力资源与物质资源的有效配置，提供物质前提和技术保证。

（二）建立科学严格的劳动力资源社会测评制度和评价体系

劳动力市场往往以劳动者的专业学历或文凭作为劳动力定价的依据和交换标准，这种将劳动力供给方的"学历"或"文凭"作为"个人能力信息"的做法，导致了20世纪70年代以来困扰许多国家的"文凭膨胀"问题。根据筛选假设理论的观点，教育通常被视作一种"筛选装置"，受教育水平被认为是反映个人能力的有效信号，通过求职者的专业学历或文凭，来识别不同能力的求职者，按其专业和受教育水平高低来安排工作岗位，确定劳动力价格。然而筛选假设理论同时也警示人们：教育若不能发挥提高劳动生产率的效用，那么过分依赖教育为选聘依据，将会带来许多不良后果。为此，必须对现行体制中的人才培养和选拔制度进行改革：

1) 建立科学、严格的劳动者能力的社会测评制度和评价体系，对劳动者个人能力（包括个人特长和综合能力等）进行全面、综合的测评，一方面用于指导劳动者的择业和培训，另一方面为劳动力需求者（企业或雇主）提供科学、有价值的劳动者个人能力信息，提高劳动者个人能力信息在劳动力市场上的信度和透明度。

2) 以市场为导向推进教育体制改革，建立素质教育体系，建立学生平时档案制度，加强对学生平时表现和能力的考核，并结合学生个人志向、兴趣和爱好等进行科学综合测评。

对学生平时档案内容及其考核要求、办法和标准，应立法来严格规范，责任到人，强化监督，避免营私舞弊和不负责行为的发生；力求做到对学生的考核公开、公正、公平。

（三）建立严格的劳动者职业培训制度

劳动者的科学文化素质不高，专业技术知识不能适应社会生产力的要求，是产生失业问题的重要原因之一。我国 2015 年 11 月提出"供给侧结构性改革"概念，其中，"员工安置与再就业"是焦点问题之一。而职业培训是劳动力资源开发的主要形式之一，具有明确的目的性、指向性和灵活性特点。它的重要性会随着未来社会经济走向对劳动力需求由体力型向知识型、技术型转变而更加显著。目前我国城市劳动力供给体力型比重偏大，难以满足国内外劳动力市场及未来社会生产力发展的要求。所谓"中国劳动力资源丰富"是就人口或劳动力人数而言的，如何将贮量丰富的潜在劳动力资源转化为现实劳动力资源乃至社会财富，是摆在我们面前的重要课题。为此，应在重视正规学校教育的同时，逐渐建立起符合我国国情的职业技能培训制度，加强对在职职工和社会失业人员的职业技能和知识培训。

（四）建设并完善劳动力市场法律规范

我国城市劳动力市场信息不完善的一个重要原因是法律不健全。根据调查，一些社会中介机构往往"乘人之危"，向急于求职的劳动者索要"保证金""安置费""押金"等不法收费，甚至存在欺骗现象。为此，加强劳动力市场法律建设十分重要。依法管理是市场经济的基本特征之一，法律规范的作用不能由任何社会规范替代。我们要建立起一套有效管理劳动力市场的严格完善的法规体系，加强劳动力市场管理，增强企业和劳动者的法制观念，规范劳动力市场行为，维护企业和劳动者的正当权益，逐步建立起公开、公平、公正的劳动力市场竞争机制，使劳动者权益受到保护的同时，劳动力资源的配置得到优化（张明斗，王雅莉，2012）。

（五）加强行业、企业、职业内部的劳动力市场建设

同一行业、企业和职业内部的运行往往有相近的规律，对劳动力情况有比较深入的了解。因此，充分发挥部门内的不同劳动力市场的信息交流，实现劳动力同行业、同企业和同职业间的内部调剂，互调余缺，互通有无，这对我国二元经济条件下供过于求的劳动力市场建设，对节约社会资源，减轻下岗、失业的社会压力，现实意义重大。为此，应鼓励部门内的人力资源管理机构相互融通，形成内部劳动力市场。

（六）健全并完善社会保障制度

社会保障制度的建设和完善是社会主义市场经济发育发展的基础，同时也是城镇劳动力市场发展的基石。没有完善的社会保障制度和社会服务体系，不实现社会保障基金的国家级统筹，劳动力就不能实现顺畅流动，资源配置的有效性和效率也就难有保证，中国的劳动力市场就无完善和成熟之日。因此，国家应逐步完善社会保障制度，实现社会保障制度的城乡统一，推动社会保障基金尽快实现省级乃至国家级统筹。此外，还要加速建设与劳动力市场相配套的社会服务体系，包括人才公司、社会诚信体系、医疗保险、养老保险、失业保险等。

（七）以经济社会的全面发展广开就业门路

解决我国城市就业问题的途径是多方位、多层次的。从城镇发展和社会进步的角度看，不断提高第三产业的产值率和就业比重，大力扶持和培育非国有经济，大力发展社区服务，

积极鼓励劳动密集型行业的发展,都会促进劳动力就业;同时,在提高劳动者整体素质和调整劳动者知识技能结构的同时,不断推进国内和国际的劳务合作和劳务输出,开源畅流,是缓解城镇就业压力、解决城镇就业问题的可行性措施。

复习思考题

1. 试述劳动力迁移的动机。这种迁移对城市发展有什么作用价值?
2. 结合实际分析,影响城市劳动力需求和供给的因素各有哪些?
3. 就业与失业的界定是什么?
4. 试结合图 3-12-11 的资料,运用城市劳动力的存量和流量模型分析城市失业率的状态。
5. 结合当前城市的就业和失业现状,谈谈如何强化城市失业治理。

第十三章　城市物流经济

【学习目标】

通过本章学习，要求学生掌握城市物流的内涵、组成要素与主要特征；了解城市物流对城市经济发展的重要影响；明确城市物流系统的基本框架与形成机制；熟悉城市物流平台的结构设计；全面知晓城市物流政策体系。

第一节　物流与城市物流

一、物流的内涵及分类

（一）物流的内涵

GB/T 18354—2021《物流术语》对物流（logistics）的定义是："根据实际需要，将运输、储存、装卸、搬运、包装、流通加工、配送、信息处理等基本功能实施有机结合，使物品从供应地向接收地进行实体流动的过程"。

理解物流概念，应当注意以下基本要点：

1. **物流是物品物质实体的流动**

任何一种物品都具有两重性：一是自然属性，即它有一个物质实体；二是社会属性，即它具有一定的社会价值，包括它的稀缺性、所有权性质等。物品的物质实体的流动是物流，物品的社会实体的流动是商流。商流是通过交易实现物品所有权的转移，而物流是通过运输、储存等实现物品物质实体的转移。

2. **物流是物品由供应地流向接收地的流动**

物流是一种满足社会需求的活动，是一种经济活动；不属于经济活动的物质实体流动，就不属于物流的范畴。

3. 物流包括运输、搬运、储存等基本功能活动

一般来讲，物流包括运输、搬运、储存、保管、包装、装卸、流通加工和信息处理等基本功能活动。这些处理过程形成了环环相扣的链接整体，因而称作"流"，因此，物流是集成性活动，是多种活动的统一。

4. 物流包括空间位置的移动、时间位置的移动以及形状性质的变动

物流包括空间位置的移动、时间位置的移动以及形状性质的变动，因而通过物流活动，可以创造物品的空间效用、时间效用和形质效用。通过运输、搬运、装卸等克服供需之间的空间距离，创造物品的空间效用；通过储存、保管克服供需之间的时间距离，创造物品的时间效用；通过加工以及包装等改变物品的形状性质，创造物品的形质效用。

5. 物流最基本的特性是它的普遍性

社会经济中所有物品的物质实体，无论它是处在运动状态（运输、搬运），或是处在静止状态（储存、保管），还是处在静动状态（包装、装卸、加工、检验），都毫无例外地是处在物流状态。因为它们或者是使物品发生空间位置的变动，或者是使物品发生时间位置的变动，或者是使物品发生形状性质的变动。可见，有物品就必有物流。因此，物流无处不在、无时不在。

（二）物流活动的构成要素

1. 包装

为保证产品完好地运送到消费者手中，大多数都需要不同方式、不同程度的包装。包装分为工业包装和商品包装。工业包装既是生产的终点，又是企业外物流的始点，它的作用是按单位分开产品，便于运输，并保护在途货物。商品包装的目的是便于消费者购买，便于在消费地点按单位把商品分开销售，并能最鲜明地显示商品特点，吸引购买者的注意并引起他们的喜爱以扩大商品的销售。

2. 装卸搬运

装卸搬运是随输送和保管而产生的必要物流活动，它是对运输、保管、包装、流通加工等物流活动进行衔接的中间环节，包括装车（船）、卸车（船）、堆垛、入库、出库以及联结以上各项动作的短程搬运。在物流活动的全过程中，装卸搬运活动是频繁发生的，因而是产品损坏的重要原因之一。

3. 运输

运输的任务是将物资进行空间移动。它不改变产品的实物形态，也不增加其数量，但它解决了物资在生产地点和需要地点之间的空间距离问题，创造出了商品的空间效用，满足了社会需要。因此，运输是物流的中心活动。在某些场合中，甚至把运输作为整个物流的代名词。

4. 储存

储存也称为保管，包括堆存、管理、保养和维护等活动。其目的是克服产品生产与消费在时间上的差异，是物流的主要职能之一。在商品流通过程中，产品从生产领域生产出来之后，进入消费领域之前，往往要在流通领域停留一段时间，这就形成商品储存。同样，在生产过程中，原材料、燃料和工具、设备等生产资料和半成品，在直接进入生产过程之前或在两个工序之间，也都有一小段停留时间，这就形成了生产储备。

5. 流通加工

流通企业或生产企业在为用户提供商品时，或为本工厂供应生产资料时，为了弥补生产过程加工程度的不足，更有效地满足用户或本企业的需要，往往需要在物流过程中进行一些辅助性的加工活动，称之为流通加工。在流通过程中对商品进一步加工，以使流通过程更加合理化，是现代物流发展的一个重要趋势。

6. 配送

配送是按照用户的订货要求，在物流据点进行分货、配货工作，并将配好的货物送交收货人的物流活动。配送活动以配送中心为始点，而配送中心本身具备储存的功能。分货和配货工作是为满足用户要求而进行的，因而在必要的情况下要对货物进行流通加工。配送的最终实现离不开运输，这也是人们把面向城市内和区域范围内的运输称为"配送"的原因。

7. 信息管理

为了使物流成为一个有机系统而不是各个孤立的活动，就需要及时交换信息。从本质上讲，信息是对事物的内容、形式及其发展变化的反映，它必须通过一定的载体，以某种形式传输给客体（另一个事物）并为其所接受。所以，信息被人们发现后，需要经过搜集、传输、处理、分析，它伴随着能量的消耗，凝结着人们的物化劳动。近几十年来，物流信息在整个经济信息系统中占有越来越重要的位置。

（三）现代物流的分类

由于物流对象、目的不同，物流范围、范畴不同，便形成了不同类型的物流。尽管目前还没有统一的物流分类标准，但为便于研究，按照物流系统的作用、属性及作用的空间范围等属性，可以从不同角度对物流进行分类。表 3-13-1 是常用的物流分类情况（夏春玉，2004）。

表 3-13-1 常用的物流分类情况

分类标准	物流种类	其他名称
空间范围	国际物流、国内物流、区域物流、城市物流、企业物流	
物流主体	生产企业物流、流通企业物流、专业化物流、消费者物流	制造商物流、批发商物流、零售商物流、第三方物流、第四方物流
物流业种	铁路物流、公路物流、海运物流、航空物流	行业物流
物流阶段	供应物流、销售物流、生产物流、退货物流、回收物流、废弃物流	采购物流、厂内物流
物流客体	生产资料物流、消费品物流、散装货物流、包装货物流	
其他	宏观物流、中观物流、微观物流	

除了以上的分类之外，还有绿色物流、军事物流、定制物流、虚拟物流等。

二、城市物流的构成与主要特征

城市物流既是发生在城市内的物流，又是以城市为依托的物流。由于城市是一个区域的经济、政治、文化与生活中心，是社会生产、流通、消费的聚集地，也是商品、人员、信息等的高度密集区域，因此，城市是一个区域的物流中心，其物流的集中度更高，对城市经济与社会发展的作用更为重要。这是必须对城市物流给予特别关注的重要原因。

(一) 城市物流的概念

城市物流是在市场经济的框架下综合交通环境、能源消耗等因素,由个体企业全面优化城市区域物流和交通行为的过程,是城市功能得以发挥的有力支柱,是城市资源合理配置和有效利用的基础。

城市物流是介于宏观物流和微观物流之间的中观层次,可以看作众多企业的微观物流向城市之间的宏观物流的一种过渡。与我们平常提到的物流相比,城市物流多了一个边界,需要在物流涉及的诸多方面上加上地域限制,并要考虑到城市的属性。它涉及城市的交通运输、仓储、包装、装卸、信息传递及制造业、加工业、流通业、居民生活水平、产业结构等物流的核心和外围的方方面面。

从城市物流的功能来看,城市物流主要包括生产功能、生活功能与社会功能。其中:①生产功能是指城市物流对企业经营的贡献,即城市物流可以为城市各类企业的生产经营活动做出重大贡献。无论是制造企业还是流通、服务企业,都离不开城市物流系统的支撑,城市物流不仅是企业实现价值、降低成本的重要手段,也是企业提高顾客服务水平、创造价值的竞争战略。②生活功能是指城市物流对消费者购物、生活方面的贡献,高效率的城市物流可以为消费者的低价、及时购物与消费提供条件,同时,城市物流还可以为消费者提供各种生活上的便利,如搬家物流、消费者与消费者之间的"速递"物流、生活废弃物的回收物流等。③社会功能是指城市物流对全社会的贡献或影响,主要体现在对城市交通、环境、能源消耗等方面的贡献与影响。显然,城市物流系统组织运行得越好,对缓解城市交通拥挤、减少交通事故、减少环境污染、节约能源消耗的贡献就越大;反之,则会加剧交通与环境的恶化,降低整个城市的福利水平。

从城市物流的主体来看,城市物流主要由货主、物流事业者、消费者及城市政府等四大相关主体构成:①货主。货主是货物的所有者,包括发货货主与收货货主。货主是物流服务的需求者,货主的期望目标是谋求物流成本、速度、安全、货物在途信息等方面的最优化。②物流事业者。物流事业者是物流服务的提供者,即专业化的物流企业。其目标是实现自身利益的最大化,一般表现为尽量降低物流成本。③消费者。消费者的目标是希望达到尽可能低的物价,同时,作为居民的消费者,还希望缓解交通拥挤、减少噪声与大气污染、减少生活空间的交通事故。④城市政府。城市政府的目标是在实现地方或全国的社会经济发展、保证就业目标的同时,提高城市的竞争力,并缓解辖区内的交通拥挤、改善环境、减少交通事故。

显然,上述主体各有不同的目标与行为,在城市物流系统中发挥着不同的作用。同时,四大主体的目标与行为又是相互影响、相互制约的。因此,要实现城市物流系统的整体最优,必须在充分考虑上述主体的目标与相互关系的基础上,努力促使它们之间相互合作。其中,政府应该发挥特殊的作用,如制定环境标准、交通及土地使用规则,并促使民间企业与个人遵守这些标准与规则。同时,政府在道路等公共产品的开发建设中,也要发挥重要的作用。显然,政府的上述作用也是保证民间企业公平竞争的重要条件。

(二) 城市物流的组成要素

1. 从城市物流所需要的物质要素来看

从城市物流所需要的物质要素来看,城市物流主要由道路、物流设施与网点、物流设备与工具以及各种物流信息系统构成。

（1）道路　道路是城市物流最基本的物质要素。这里所说的道路，主要是指货物通行的道路，即城市内的公路系统。但是，多数城市并没有专门的货车通行道路，而是将货车通行道路与非货车通行道路混用，因此，在进行道路布局与建设时，应充分考虑货物车辆与非货物车辆的同时并用或分时间段、分工使用的问题。城市道路有很多种类与区段，既有普通路与高速路，也有单行路与双行路；既有直行路与环形路，也有高架路与地下路。

（2）物流设施与网点　物流设施与网点包括车站、港口、仓库、货场、物流或配送中心、停车场等。这些设施也是城市物流所必不可少的物质要素。对城市物流系统来说，最重要的问题是城市物流设施与网点的空间布局。因为这些设施与网点的空间布局，不仅直接影响城市物流的效率，而且也直接影响城市的整体交通状况与居民的生活。物流设施与网点既可以由政府投资建设，也可以由民间投资建设，或政府与民间共同投资建设。但是，政府的职责或作用是从城市物流系统整体最优化的角度对上述设施与网点进行规划，制定相应政策让民间主体遵守这个规划。

（3）物流设备与工具　物流设备与工具主要是指运输、储存和装卸设备与工具，具体来说主要包括运输车辆、集装箱与托盘。从城市物流整体最优的角度来看，最重要的问题是限制货物车辆的尾气排放、噪声与振动以及集装箱与托盘的标准化，尤其是低公害货物车辆的开发与使用，应该成为城市物流管理者制定物流设备与工具政策的重点。此外，鼓励微观物流主体共同拥有与使用物流设备与工具，对提高城市物流系统的整体效果也是非常有意义的。

（4）物流信息系统　物流信息系统主要是指与城市物流系统运行高度相关的各种信息系统，如道路交通信息系统、自动收费系统、车辆供求与物流供求信息系统、车辆或货物跟踪系统、车辆自动识别系统、卫星定位系统、数字化地图等。显然，城市物流信息系统对城市物流系统整体最优化目标的实现相当关键。为此，政府与民间企业要发挥各自的优势，积极开发与应用城市物流信息系统，对具有公共产品性质的城市物流信息系统应该主要由政府来承担开发成本，并制定相应的经济政策鼓励民间企业参与开发。

2. 从城市物流的运营来看

从城市物流的运营来看，城市物流系统主要由节点物流与路线物流构成。

（1）节点物流　节点物流主要是指铁路与公路车站、内河或海运港口内的物流，以及机场、仓库、物流或配送中心、城市物流园区等的物流。节点物流的重要特点是物流业务量大而集中，同时，各种物流设备与工具也相对集中，因此，对节点物流来说，最大的问题是节点内部的物流作业区的合理划分、物流设备与工具的合理调配、物流业务量的时间分配，以及节点内的物流作业安全问题。可见，节点物流的效率化与安全性，也是城市物流管理中一个十分重要的领域。

（2）路线物流　路线物流主要是指节点与节点之间的物流、节点与企业用户之间的物流、企业用户与企业用户之间的物流、企业用户与消费者之间的物流，以及消费者之间的物流。与城市内的节点物流相比，城市内的路线物流的作业范围更大，影响也更广泛，因此，谋求路线物流的最优化是城市物流系统管理的重点。

除从节点与路线的角度对城市物流系统进行划分外，还可以从企业与消费者的角度，对城市物流系统进行划分,即城市物流系统由企业物流与消费者物流两个子系统构成。

(三) 城市物流的主要特征

1. 物流密度高

物流密度是指单位面积内所拥有的物流业务、物流设施（物流线路、物流网点等）、物流设备（运输车辆）、物流组织等的数量。所谓高密度，是指在相对较小的空间内拥有较大的物流量和较多的物流设施、物流设备、物流组织。与其他区域（郊区或农村，以及城市与城市之间）相比，城市物流作业量、物流设施、物流设备、物流组织相对比较集中，因此，城市的物流密度也比较高，特别是大城市，其物流密度更高。物流密度越高，存在的问题及隐患也就越多，从而要求城市物流组织与管理更科学、更系统、更缜密，组织与管理的难度也就更大。

2. 与企业关系密切

城市物流与企业内部的微观物流有着千丝万缕的联系。一方面，由于城市物流与微观物流客观上存在着密切的集散关系，企业输出的微观物流必须通过城市物流才能汇集成输出城市的宏观物流，而外部的宏观物流也只有通过城市这个节点的再分配，才能到达各个企业。另一方面，由于企业本身就存在于城市之中，在某些物流功能方面，很难分清它究竟属于此还是属于彼。例如，储存功能是除了运输之外的物流第二大主功能。城市中企业的储存（包括原材料储存和产品储存），从物流学的观点看，既可以认为是企业的储存，又可以看作城市的储存。装卸搬运功能、包装功能、流通加工功能、物流信息功能等都存在类似的情况。

3. 制约因素多

由于城市既是生产、流通、消费中心，也是政治、经济、文化中心，在有限的城市空间内高密度地分布着各种交通设施（铁路、公路、车站、港口、桥梁）、商业旅游设施、文化体育设施、教育医疗设施、园林绿地、工厂、机关团体、居民住宅等建筑物及生产与生活区域，同时，还有大量的人员流动。从某种意义上讲，这些要素都是城市物流的"障碍物"，例如，物流网点的布局、物流路线的选择、物流作业的开展，都会受到上述"障碍物"的影响与制约。

4. 以城市道路系统和短途运输为主

由于城市物流受到了城市地理区域的限制，从而决定了这个系统不可能涉及长距离、大范围的物流服务，而只能以城市道路系统和短途运输为主，是发生在城市内部各物流网点之间、物流网点与用户之间以及用户与用户之间的同城物流。不论是哪种形式的城市物流，其主要载体或手段都是公路与货车，因此，城市物流的最大特点就是以公路物流为主，而且是短距离的公路物流。

三、城市物流对城市经济的影响

现代市场经济，是以经济流量、主体行为和市场结构三大方面内容构成的社会经济系统。其中经济流量及其方向在城市中集中地表现为"市"的表征状态，研究城市经济流量如何在各个经济环节、阶段以及主体间流动，如何转化为经济存量，形成城市财富，是研究"市"的经济运行的重要内容。这一过程中的主要行为对象，包括城市国民财富的再生产过程、城市国民收入的运动过程和城市社会资金的循环与周转过程。这些过程都离不开物流的基本运动。不管是以商品使用价值交易为目的所形成的物流引导资金流，还是以资本交易为目的所形成的资金流引导物流，都需要借助物流来实现其交易的目的。在这一进程中，物流的规模、速度和结构将对城市经济产生重要的影响。

1) 城市作为工业集中地，需要大量的原燃材料（中间产品）输入和产品（包括中间产品和最终产品）的销售输出，城市基础部门产业正是依托强大的物流而成为城市经济发展的支撑的。目前，物流的成本已经成为工业产品成本中的重要组成部分，物流业若形成集聚规模，以较低的成本提供生产运输的服务，就可以大大降低工业生产成本，从而提高城市工业产品的市场竞争力。

2) 城市作为人口的集聚社区，需要大量的生活用品。除了城市自身生产的以外，还需要各种各样的外地产品进入。城市的物流业发达，市民将会享受到多种消费品的功能效用，城市的物流业高效，市民将会以较低的支出享受到多种外地消费品的使用价值。因此，城市物流水平的高低对市民生活具有重大影响。

3) 城市物流环境优劣是引进内外资、进出口贸易能否正常进行和能否进入全球采购系统的重要条件。随着经济全球化的发展趋势，生产性采购不是简单地根据物质距离的长短进行决策，而是根据经济距离的长短做出决策。经济距离是指物流的实际费用。有些物流虽然物质距离较长，但是由于物流渠道畅通，总的运输费用较低；而另一些物流尽管物质距离较短，但由于物流渠道不畅通，总的运输费用较高。这就要以经济距离为根据来决策。可见，一个城市有没有物流优势，不是完全取决于自然地理位置的优势，而是取决于物流的技术条件和组织能力。如果城市形成了强大的物流系统，不同行业、再生产的不同环节、不同的销售渠道、不同的小区域的物流供求，都可通过共同的信息处理、调度、运输、配送、组织和共同管理，使城市物流整体最优，形成对其他城市的物流优势，就会形成现代化的城市物流中心，不仅吸引国内的物流，还会吸引国际的物流，从而会对城市的国际化发展产生巨大的推动影响。

4) 城市物流的发展，可以起到对周边城市的辐射作用和对农产品物流的带动作用；物流业作为一个新兴的服务业，将会全面地替代过去的运输产业。它是全面适应市场经济需要，在批量、种类、容积、包装方式以及集装箱方式的全方位多样化的服务。它不是单纯的物资流动，还要有仓储、包装、简单加工等方面的系统配套。因而物流业的发展，可以带动城市的产业结构调整，增加就业，吸引农业剩余劳动力的进入，提高城市化率。这些方面不仅促进了城市经济的发展，还会产生重要的社会进步的影响。

第二节 城市物流系统

一、城市物流系统的基本框架

从形态上看，城市物流的基本框架为：城市外围区布置大型的物流园区；中心区以配送车辆运行为主；在此两者中间布置各类的物流中心和配送中心。其各部分功能如下：

（一）物流园区

物流园区是指由分布相对集中的多个物流组织设施和不同的专业化物流企业构成，具有产业组织、经济运行等物流组织功能的规模化、功能化物流组织区域，其功能除了一般的仓储、运输、加工（工业加工和流通加工）等外，还具有与之配套的信息、咨询、维修、综合服务等服务项目。它与布置在其中的不同功能的物流企业之间的关系可以是租赁、资产入股、合作开发与经营等。

从主要功能上讲，物流园区大致可分为以下几种类型：①国际型物流园区，主要是指紧靠港口、机场和陆路口岸，与海关监管通道相结合的大型转运枢纽；②全国枢纽型物流园区，是多种运输方式骨干线网交汇的中转枢纽；③区域转运型物流园区，是跨区长途运输和城市配送体系的转换枢纽；④城市配送型物流园区，是指保障商贸与城市生产的物流园区。

（二）物流中心

GB 18354—2021《物流术语》给物流中心下的定义是：具有完善的物流设施及信息网络，可便捷地连接外部交通运输网络，物流功能健全，集聚辐射范围大，存储、吞吐能力强，为客户提供专业化公共物流服务的场所。凡从事大规模、多功能物流活动的场所即可称为物流中心。物流中心的主要功能是大规模集结、吞吐货物，因此必须具备运输、储存、保管、分拣、装卸、搬运、配载、包装、加工、单证处理、信息传递、结算等主要功能，以及贸易、展示、货运代理、报关检验、物流方案设计等一系列延伸功能。

（三）配送中心

配送中心是从事货物配备（集货、加工、分货、拣选、配货）和组织对用户的送货，以高水平实现销售或供应的现代流通设施。配送中心是社会经济发展和社会化分工的产物，自然要随着社会经济发展需要的变化而变化。对配送中心的适当划分，是深化及细化认识配送中心的必然。从理论上和配送中心的作用上，配送中心可以有许多种分类，如专业配送中心、柔性配送中心、供应配送中心、销售配送中心、城市配送中心、区域配送中心以及储存型配送中心、流通型配送中心、加工配送中心等。比较起来看，国外和我国都在向以销售配送中心为主的方向发展。

二、城市物流网络的形成

城市物流网络是由城市物流系统纵横交织形成的网状社会组织机构。它的形成主要来源于工业物流和商业物流的需求，并随着城市中工业设施和商业设施的空间变迁而发生变迁。

（一）城市工业物流网络的形成与变迁

在城市发展的早期，城市工业企业在城市聚集所形成的物流网络相对简单而固定，其基本特点是：地理跨度不大（地理上接近）；运行具有规律性（供货企业及商品、数量、时间相对固定）；公路运输是主要运输手段（短途运输）。但随着企业生产条件的不断变化，城市工业物流网络也在不断地发生变迁。

1. 企业郊区化的影响

从 20 世纪初开始，随着城市中心地带的环境要求和交通系统的发展，工业企业开始向城市郊区扩散。城市物流网络也相应地发生了变化：①物流网络的规模扩大。随着企业郊区化的趋势，大量仓库建立在城市边缘，且多建在靠近交通网的地区，通常周围有多种运输方式可资利用。这些仓库不仅承担周边地区的货物运输，而且还承担城市其他地区，甚至区域的货物运输，促使物流网络复杂化。②货物运输方式多样化。在向郊区分散化的过程中，作为城市政府规划的产物，物流园区开始在一些大城市的边缘产生。由于物流园区可以把企业大量散乱分布的物流设施集中起来，从而使物流网络变得易于控制。

2. 企业生产柔性化的影响

随着卖方市场向买方市场的转变，消费个性化、多样化趋势日益明显。以准时制、精益生产等为代表的新型生产方式相继产生，企业开始由大批量生产方式转向以多品种、小批量为主的柔性化生产。这种柔性化生产方式相应改变了原来专职从事大量运输、大量储存的物流活动，给城市物流网络带来了新的变化：①物流网络节点大量增加。货物运输从起点到终点要经过许多在途节点以满足规模运输的需要。②物流网络复杂性大大增强，迫切需要加强网络的协调运行。对于多品种、小批量物品的运输，物流网络的规模、节点数目都大大增强。此时，单个企业难以保证经济而又及时地把货物送到客户手中，因此，迫切需要将物流服务社会化，把多个企业的物流服务进行集中整合。

3. 制造社会化的影响

随着品牌营销时代的到来，企业要将非核心业务外包给专业、高效的供应商，形成所谓"贴牌"生产的社会化体系，货物运输极其复杂，给城市物流网络又带来一些的变化：一是物流网络密度增加；二是专业企业参与物流网络运行和维护工作。显然，其中的专业企业即第三方物流企业。

(二) 城市商业物流网络的形成与变迁

随着社会经济的进步和人们消费行为、观念的变化，城市商业形态日益趋于复杂化。不同业态的商业企业具有不同的市场定位和地理定位，它们互为补充地共存于城市之中，物流活动贯穿于其业务活动的全过程，决定并影响着城市物流网络。

1. 百货商店业态下的物流网络体系

百货商店是传统商业业态的代表，其经营特征表现为经营规模大、商品品种多、商品相对高档等，空间特征表现为集中于城市中心地带。为其配套的物流网络体系一般有如下特征：①物流网络节点相对较少，货物从起点（物流中心或大型仓库）一般直接到达终点（百货商店的配套仓库），实现规模运输相对容易；②物流网络结构呈中心发散型（百货商店通常位于城市中心地带），货物流向明显向城市中心集中，容易给交通造成压力；③为避开人流高峰，百货商店的货物运输往往集中在白天的人流非高峰时段或夜晚进行。

2. 连锁超市业态下的物流网络体系

超市采用顾客自我服务方式，经营商品以大众化食品和日用品为主，空间上位于居民区附近；在规模上一般小于百货商店，价格较为便宜。连锁超市成功的核心在于采用中央配送制。采用中央配送制的优势在于能使零售商增强对供货商的议价能力，同时也容易实现运输规模化；另外，中央贮货还可以大大减少零售仓储点。在这种商业业态下，城市物流网络主要特征是：①连锁超市企业一般自建配送中心，货物从供应商处先运至配送中心，再由配送中心向各连锁超市送货。②物流网络规模较大，由于连锁超市主要分布在居民聚集区，空间分布比较分散，故物流配送网络覆盖面较大。③物流网络运转密度较高。由于连锁超市经营生鲜食品、时令菜蔬比重越来越大，要求每日送货或几小时送货，从而对货物配送频率的要求大大提高，并且，为保证商品的新鲜度，配送要求采用冷藏等特殊手段。

3. 便利店业态下的物流网络体系

便利店在空间上遍布城市的各个角落，以经营速成食品、小百货为主，一年 365 天的

24 小时都营业，主要满足顾客的即时消费、应急消费等便利性需要，基本上是通过配送，而不是仓储来补充商品，需要进行高频度、小单位、高效率的商品配送。在这种商业业态下，城市物流网络主要特征有：①网络覆盖面广，空间上遍布城市的各个角落，且网络节点众多。②支持 24 小时便利店物流网络运行的基础在于实行共同配送，通过集中多家便利店的小量订货来一次性共同配送以实现规模经济，因此，网络运行中的协调性要求较高。③网络运转密度高，一方面便利店采用即时订货制补充货物，另一方面，其经营的生鲜食品等对时间的要求苛刻，从而造成配送频率高。从当今零售业物流系统的发展看，最具代表性的零售企业 24 小时便利店的物流系统的设计、管理已成为零售业物流发展战略的标志。

4. 购物中心业态下的物流网络体系

随着城市化进程的加快，以住宅郊区化为先导，城市市区各职能部门郊区化的连锁反应产生了。再加上更多的消费者将购物、娱乐、康体休闲等结合在一起的购物行为变化，产生了集商业与服务业功能为一体的新型购物中心业态。它占地面积广，提供的商品服务种类多。一般位于城郊，以巨型市场或仓储式卖场为核心，一些专卖店、休闲中心等聚集在其周围而形成郊区商业中心。其经营特征、选址定位使其配套的物流网络体系呈现如下特征：①郊区购物中心由于地价便宜，一般都配有面积较大的仓库，特别是仓储式商场，它集仓储与销售功能为一体，不需要专门配备配送中心配送货物。②由于地处郊区，并且多在交通要道口，交通方便，因此，物流网络运行相对简单，网络运行质量较高。③除了一些生鲜食品对货物运送频率要求较高外，郊区购物中心总体对货物运送频率要求不高，货物可以大批量采购和运输。

5. 电子商务业态下的物流网络体系

电子商务是以计算机网络为基础，通过电子网络方式进行商品交换的商业模式。与传统商业经营相比，电子商务在购物方式、货币支付方式和货物运输方式上存在着很大差别。在配送对象上，传统商业业态为各商店，而电子商务业态则是分布在城区的零散客户。这种对象的差别决定了它们配送模式的明显不同，见表 3-13-2。

表 3-13-2 传统店面配送与电子商务配送的区别

项目	传统店面配送	电子商务配送	项目	传统店面配送	电子商务配送
配送数量	批量大	批量小	配送点	较集中、固定、点少	分散、不固定、点多
配送频率	基本稳定	不稳定	包装单位	大	小（一般用包裹）
配送批次	较少	多	货物聚类	大量同宗货物	货物同类性低

由表 3-13-2 可见，电子商务作为一种全新的商业业态，它对城市物流提出了诸多挑战。在这种商业业态下，城市物流网络主要有以下新的特征：①物流网络不稳定，处于不断变化之中。由于购买者的需求无法保证稳定的连续性，货物配送路线处于不断的变化中，物流网络结构、空间范围也处于不断变化之中。②网络运行呈现不规则的频度变化。零散客户的需求千变万化，使货物配送时间无法统一、固定，配送频率无规则。③由于货物配送直接面对成千上万的零散客户，其所形成的物流网络在空间上覆盖城市的所有工作、居住角落，物流广度、节点数目都远非传统商业物流可比，因此，城市物流网络错综复杂，网络运行的难度非常高。

三、城市物流平台的结构设计

物流活动所需要的基础条件为物流平台。它是把物流作为一种新兴的业态、一种先进的组织方式和管理技术,使之在城市经济运行中充分发挥其效用的基础环境和基本条件。它涉及铁路、水路、公路、仓库、场站、管理体制和信息水平等相关因素。它构成了城市物流系统结构的主框架。

城市物流系统的基础结构主要包括:商品从供应商流向消费者的市场流通渠道;城市物流系统运转必需的公路、铁路、车站、机场和港口等基础设施;政府为规范和调控城市物流系统而确立的产业政策和规章制度;城市物流发展战略的制定;与实物流通同步进行的虚拟供应链渠道和多媒体等物流信息系统的运转。

(一)物流概念平台

物流概念平台主要包括物流概念体系的设计、确立、发展、完善与普及。这一平台将随着城市经济的发展、企业竞争力的增强、信息技术水平的提高以及市场环境的逐步完善而日益成熟。

(二)物流硬件平台

物流硬件平台主要包括物流基础设施平台、物流技术研发平台和物流信息平台。

这三者构成城市物流系统有效运转的硬件支撑体系,其主要作用是为城市物流系统的发展创造一个良好的硬件环境。

1. 物流基础设施平台

物流基础设施平台是由各类物流节点(如物流园区、配送中心等)和线路(如公路、铁路、海运航线等)有机结合配置而形成的物流网络。构筑物流基础设施平台的过程,是一个在现有运输、仓储等基础设施的基础上进一步调整完善的过程,既要解决现有资源对物流系统的适应性问题,又要挖掘和发挥现有资源整合后的潜力,增强各种基础设施之间的兼容性和协同性,追求系统的最优。

2. 物流技术研发平台

物流技术研发平台的主要作用在于为各类物流主体的运作、物流各层面的运作提供技术支持,包括各项物流软、硬件技术的开发、试用和推广工作,以及完备的物流技术认证体系的确立和升级工作等。物流软件技术是指组成高效率的物流系统而使用的系统工程、价值工程技术和信息技术,以便在物流硬件技术的支持下,最合理、最充分地调配和使用现有的物流技术装备;物流硬件技术主要是指各种机械设备、运输工具、仓储建筑、站场设施、集装箱车(船)、立体化仓库以及服务于物流组织和管理的通信网络设备等。

3. 物流信息平台

物流信息平台是要解决各种物流信息系统之间的信息共享、系统集成以及各类信息通道之间的互通互联问题,包括进一步提高生产企业、流通企业,尤其是各种类型物流企业的信息化水平,建立的物流信息输入、加工与输出的公共服务平台。物流信息平台最终是为实现城市物流系统数字化而服务的,同物流基础设施建设一样,城市物流系统的数字化建设也需要大量的投资,尤其是在信息技术、控制技术和智能技术本身还在不断发展的情况下,仅依靠独立的企业或个体,是无法承担巨大的开发和升级费用的,使用和维护成本也会相当高。

因此，在数字化的初期，有必要通过系统规划，构筑区域物流信息平台，为最终实现城市物流系统的数字化创造良好的运行条件。

(三) 物流发展政策平台

物流发展政策平台的作用是为城市物流系统的发展提供一个理想的软环境，确立城市物流产业持续健康发展的政策保障体系，包括理想的投资环境和产业运营环境，以及针对运营主体的市场准入政策、融资政策和具体的市场管理政策。

第三节 城市物流政策体系

物流政策是物流业发展的基础，可以起到推动和保护城市物流业健康发展的作用。特别是在城市物流的发展前期，政府的推进与支持作为起始点的推动力，有利于城市物流有较高的发展起点，在较短的时间内完成社会资源的前期整合，形成一个协调发展、物畅其流的城市物流平台，在较长的时期保持城市物流良好的运行轨迹。

物流政策体系包括以下四方面的内容：

一、城市物流市场和行业规范化管理政策

城市物流的发展需要公平开放竞争有序的市场环境，这需要城市政府通过市场管理机制的建设和政策实施来保证一个完善的市场体系和市场机制的正常运行，以达到促进物流资源的有效配置、维持物流市场的公平竞争环境、防止垄断和恶性竞争、增强企业运营动力的目的，保证物流业健康发展。

(一) 物流市场管理政策

城市政府管理物流市场，从把城市物流作为一个新兴的产业理念出发，首先要坚持以市场为资源配置基本手段、鼓励物流业充分竞争的原则，管理政策的制定要符合世界贸易组织（WTO）规则和国际惯例的原则，防止垄断又防止过度竞争的原则，有利于市场稳定的原则。其次，政府对物流市场管理的内容，主要是通过制定市场制度来进行。市场制度是市场经济运行的内在机制及与之相联系的一系列组织形式、运行规则和管理制度的总称。市场制度主要包括充分发挥作用的市场机制、严密完整的市场法规体系和严格的市场管理制度。

(二) 行业规范化管理政策

行业规范化管理政策是指对物流服务和技术规范标准的要求。促进物流系统的标准化，提高各个物流环节之间的兼容性，是使物流系统作业合理化、规范化，物流活动高效、顺畅、提高物流企业竞争力的必要条件。物流服务的标准包括：服务质量的标准；物流企业对客户的反应速度和配送速度的标准；物流企业为客户提供的货物跟踪与查询服务的标准；对例外运输、紧急运输等非常规运输实施的标准；在运输中交通事故、货损、丢失与发送错误和在保管中变质、丢失、破损等的赔偿的标准等。物流技术规范标准包含硬件、软件标准。硬件标准是指物流运作过程中的相关机具、工具的标准及配套标准，从一个作业程序转向另一个作业程序的衔接标准。例如仓库、堆场、货架的规格标准，信息系统的硬件配置标准等。软件标准是指物流信息系统的代码、文件格式、接口标准，以及物流的操作程序与规范等。

二、支持城市物流业发展的产业政策

按照产业政策合理化的基本要求,结合我国城市物流发展现状,我国的城市物流产业政策应从以下几个方面进行考虑:

(一) 促进市场拓展的产业政策

现阶段我国城市物流的服务内容还比较单一、市场潜力巨大,政府有必要通过制定相关政策措施,提出明确计划,从而造就新的市场空间,引导企业通过技术和管理竞争进入这一新的市场运行。在物流市场起步初期,可从以下两个方面入手:

1. 实施重点扶持重点培育政策

政府培育物流业的重要策略之一是集中精力重点扶持培育几个现代化物流龙头企业,通过示范性企业带动大批后续发展企业,尽快完成物流业的资源优化重组。

2. 培育建立时效性的区域运输服务体系

建立覆盖地区的时效性运输服务体系(由城市间的时效运输网络及延伸到城市内部的物流集配送中心所组成),以增强城市物流服务对城市及其周边地区的辐射能力。

(二) 构筑物流服务圈的产业政策

所谓物流服务圈,主要是指以物流服务提供者为中心,物流服务所能覆盖的范围。城市物流可以通过高等级公路和干线铁路向本地以及临近地区辐射。这种辐射能力的定位需要通过制定有关产业政策来支撑。

1. 完善交通运输系统,增强城市的物流服务圈辐射能力

为实现良好的物流服务,交通运输业作为物流业的有机组成部分,必须满足运输费用低、运输时间短、运输频率快、运输能力大、运输安全,以及运输时间可靠性、运输可获得性、网络及运输方式的衔接便利性和信息的及时性与准确性等要求。在建设城市物流服务体系的同时,还必须通过加强运输枢纽的各项设施和服务内容来进一步完善综合运输网络,提高枢纽的集中疏运能力。

2. 以物流园区为支撑,大力发展区域物流

对于以区域物流服务为定位的物流园区,在规划中要充分考虑如何有利于区域物流的发展。

3. 积极引导和扶持专业运输企业

专业化的物流服务是开拓和占领区域物流市场的重要手段,因此需要对物流企业进行合理规划和引导,组建专业化运输程度较高的运输体系。

(三) 引进大型物流企业的产业政策

吸引国内外大型物流企业进入的基本保障及相关政策主要有:

1. 完善本地物流企业经营网络和服务内容

完善本地物流企业经营网络和服务内容,鼓励本地物流企业与国内外企业结盟。例如,可以以货运代理业特别是国际货代为突破口,通过企业联盟或兼并等形式,实现其与其他物流企业的资源整合。

2. 加强对大型国际物流企业的吸引力

在规划物流园区时,应考虑完善物流园区的国际物流功能,如设立海关监管、保税功

能、建立国际物流信息交易系统等，并以此提高整个物流业的国际吸引力，为国际物流企业落户创造有利条件。

3. 大力推进物流标准化工作

我国物流行业现在普遍存在物流设施和装备的标准化程度低的问题。其主要表现为：各种运输方式的装备标准不统一；物流器具标准不配套；物流包装标准与物流设施标准之间缺乏有效的衔接；企业独立开发的物流信息系统因开发方法、组织管理功能、系统结构等存在较大差异，信息的共享和传递客观上存在障碍等。城市物流业要与国际接轨，必须一方面在物流用语、计量标准等方面做好基础工作。另一方面要加强标准化工作的协调和组织工作，使各种相关的技术标准协调一致，提高物流产业中货物和相关信息流转的效率。

三、城市物流的基础设施和信息平台建设的保障政策

（一）基础设施平台建设的保障政策

基础设施平台建设规划是城市物流业发展系统规划的重要组成部分，也是一个在现有基础设施的基础上调整完善的过程。根据不同的基础设施要素，政府需要采取相应的物流园区政策、货运路网体系建设政策和港口、机场、铁路货运站建设政策等。

1. 物流园区政策

物流园区的主要功能是作为一种社会性基础设施对社会提供服务，改善社会的投资环境，因此对园区的投资建设应由政府负责。对于新选址物流园区，政府应该对这片规划的土地实行一些优惠的用地政策来吸引企业，承担建设项目的前期开发。要利用相关政策协调各单位之间的关系，争取能够成片开发。其相关的政策有投资渠道多样化、减免税收、政府赠地、财政贷款、协调建设主体的关系、整合现有的资源和注意与信息平台同步建设等方面。

2. 货运路网体系建设政策

货运路网体系包括货运通道和配送道路体系。

货运通道政策的重点是，保护道路的货车通行权和建设相应道路将物流园区与高等级道路相连。其相关政策有：根据物流园区的功能定位以及通行货车类型对现有国道、省道进行技术改造；建设物流园区与高等级道路的连接道路；保障经过资格审定的货运车辆的24小时通行权；保障物流园区到外部基础设施的道路建设及通行；对危险品货运资格及专用货运路线的选择做出相关立法或管理措施等。

对于配送道路体系，其相关政策有：政府应在基础设施上给予一定的保证措施；政府应特别给予有正规、规范物流服务能力而且具有一定规模的物流企业一些基础设施上的优惠措施；可对物流公司的货运车辆的通行和收费给予一定的优惠政策，以鼓励物流企业的正规化，也在一定程度上帮助政府规范物流市场；合理规划停车场，建立科学合理的停车收费制度，鼓励货主建立自己的停车泊位等。

3. 港口、机场、铁路货运站建设政策

这些外部基础设施建设是需要特定的外部条件的，如：港口要临海或临江；铁路货运站要有铁路线通过；附近有机场，因此本地建设机场的可能性也不大；这些设施的建设权限也不在地方政府。因此，政府在这些地方的建设要以立足现状做好配套服务为主，协调其他管理部门共同建设为辅。

（二）信息平台建设的保障政策

现代物流公用信息平台是跨行业的综合性很强的专业系统信息工程，涉及方方面面和各行各业的切身利益。因此，首先需要政府有关职能部门进行强有力的组织协调工作，以推动物流公用信息平台的建设和实施。信息平台建设的政策保障主要是保障硬件设施的建设和软件系统的开发。从城市信息化的角度来看，政府推动信息平台建设的保障政策主要有以下几个方面：

1. 加强组织协调和统一规划工作

物流领域的信息技术推广具有涉及多个领域的信息共享、参与者分属不同行政管理体制、需要在已有信息系统的基础上进行系统集成等特点。同时，还需要积极组织行业协会促进和推广信息平台的标准化、产业化。利用信息技术来整合现有资源。

2. 加强城市物流服务的网络及应用基础设施建设

以需求为中心，重点加强对各类物流中心、仓储配送中心以及物流集散地信息基础设施的规划，并加强配套设施建设，采用先进适用的接入技术，实现物流信息及时、灵敏的通信、处理、管理和控制。

3. 加快城市物流信息安全体系和信息化政策法规的建设

大力加强物流信息平台安全防护建设，加快研发和应用相应的安全技术、安全设备和安全产品。同时，加强数据中心和异地备份中心建设，对物流信息平台加强安全监测。

四、城市物流的人才培养和保障政策

城市物流是建立在高水平的信息技术、物流技术基础上的现代化的物流。物流人才一方面要懂物流技术，善于运用信息手段处理物流信息。例如，信息平台、卫星定位系统、电子数据交换（EDI）、货物跟踪系统及复杂多变的供应链等，都需要有高层次和富有经验的人员来操作。另一方面还要懂管理技术，熟悉物流运作规律。因为城市物流非常侧重于策划、咨询、分析、预测和管理等，并以提高服务质量、降低物流成本为宗旨，因此物流人才必须树立全局观念，具有采购、仓储管理、运输、报关报验和客户服务等全方位的知识，并具有敏锐的分析能力，能够对需求进行专业预测。

由于我国物流起步比较晚，人才在数量和质量上都不能满足物流业发展的需要。为此，我国政府应将对物流人才的培养、吸引和利用作为战略任务切实抓好，重点做好人才的培养和人才保障政策的制定。

1）政府首先应当鼓励和允许更多高等院校按照市场对人才的需求，开办、设置相关的专业和课程，建立物流专业研究生、本科生和职业教育等多个层次；鼓励物流企业和物流咨询机构、科研院校等进行多种形式的资本与技术的融合，充分发挥社会各种优势，实现物流的产学研一条龙发展。

2）全面开展物流在职教育，进一步全面推行物流从业人员的职业资格认证制度，如仓储工程师、配送工程师等职位。所有物流从业人员必须接受职业教育，经过考试获得上述工程师资格后，才能从事有关的物流工作。

3）为了创造吸引、发挥人才作用的良好环境，应建立人才激励、竞争和淘汰机制，形成尊重知识、尊重人才、鼓励创业的社会氛围。

4) 完善技术入股、奖励股份、股份期权、协议工资、年薪制等收入分配政策。同时，还要打破户籍、档案、地域等方面的限制，促进人才的合理流动。

总之，政府应鼓励多渠道、全方位地培养和吸纳懂业务、懂管理的物流高级人才，并通过建立行之有效的高薪和鼓励创新的激励机制，有效地解决物流人才匮乏和人才外流的问题，不断提高人才的素质和对人才的管理水平。

复习思考题

1. 城市物流对城市经济发展有哪些影响？
2. 在信息技术影响下，城市物流网络会发生怎样的变化？
3. 城市的商业设施许多位于闹市区，所引起的物流运作容易带来诸多外部性问题，如交通拥挤等。请选择特定城市为个案，分析如何解决这个问题。
4. 今天，越来越多的企业开始表现出对供应链的热情。怡亚通是深圳一家从 IT 物流飞速成长起来的企业，目前，它正为飞利浦的液晶显示器、小家电、灯具等产品提供供应链服务。如果没有专业供应链服务，飞利浦将需要与分布在不同国家、地区的近 10 个物流服务供应商打交道，而怡亚通将这一复杂的链条整合为一，飞利浦只需通过一个接口与怡亚通合作就可以了。
   （1）你从这个案例中受到了什么启发？
   （2）一个企业如何进行供应链管理，以便在竞争中取得先机？
   （3）试为一个你熟悉的物流企业设计出供应链网络，并画出供应链流程图。
5. 结合实例分析，城市政府应采取怎样的城市物流政策体系？又如何运用这些政策呢？

第四篇　城市公共政策

第十四章　城市地方社会财力与城市财政

【学习目标】

通过本章学习，要求学生深入了解城市地方社会财力的内涵和调控意义，明确财政和良好的社会融资环境是城市政府的重要经济职能。重点掌握城市财政的收入和支出项目、原则及其政策力度如何影响城市经济发展的公共经济效应，学会对城市财政政策效果的经济评价方法。同时明确城市融资活动、融资体制和融资模式的内涵及其在我国城市中的现状，分析城市公共产品建设的融资问题、城市社会融资问题，了解我国城市投融资体制的改革方向和发展趋向。

第一节　城市地方社会财力概述

一、城市地方社会财力的内涵与结构

(一) 社会财力与城市地方社会财力的内涵与意义

社会财力来自于社会产品和国民收入初次分配与再分配而归属于不同社会利益主体的货币资金，在市场经济条件下，这些财力是引导社会资源配置的源头，是影响社会经济运行的主导力量。

财力作为社会在一定时期内创造的以货币形态表现的可以支配和使用的价值，是相对于人力和物力而言的。人力和物力集中表现为自然力和经过人们劳动生产出来的社会产品的物质形态，而财力则是这一物质形态相对伴行的货币状态。这是财力的第一个属性，如果财力没有一定的人力和物力相对应，则不能称其为真实财力。虽然在市场经济中，价值和使用价值的运动由于可以相互分离而使其数量在某些环节不一定相互对应，但在一定时期内的总量上一定要对应，否则便会造成社会总供求的失衡，这也是总量财政政策的意义所在。

这种财力与人力、物力的对应关系,并不仅仅是指当年新生产出来的社会产品(劳务)和资金的相互对应,也包括以前的财力积累与库存物资的相互对应。因而财力不仅仅是增量或流量的概念,同时也是存量的概念,存量的累积性特征形成了财力的第二个属性,它深刻地反映了财力的发展过程和动态性质。从这一属性出发,财力成为财力资源,对于财力增长、财力潜力、财力发展效应等有重要意义。

财力的存在形式分为静止状态和运行状态两种,静止状态的财力是指仅仅进入生活消费过程的财力,由于最终被消费掉了,有人认为这部分可以不算社会财力。但是,财力的静止状态会经常地转化为运动状态,因而仍然会进入财力研究者的视线范围。运动状态的财力进入再生产过程成为广义的社会生产资金。其中:进入简单再生产过程的财力是社会总产品的分配结果,在经济运动中分别采取货币资金、生产资金和商品资金三种形式,在形式变换中实现增值,是能够带来新增价值的价值,构成社会生产资本的内涵;而进入扩大再生产过程的财力在经济运动中分别采取投资资金、建筑材料资金和技术设备固定资金三种形式,在形式变换中实现新的社会生产能力,是扩大再生产的源泉,构成社会投资资本的内涵。这种不同运动状态的财力具有不同的性质,是财力的第三个属性,可称为财力的状态属性。它是研究财力结构作用的核心内容,是据以制定财政结构政策的研究范畴。

综合而论,社会财力就是以货币形态表现出来的社会价值资源、社会价值配置、社会资金周转及运行的全过程,它是一国国力的重要表现,在市场经济运行中起着主导作用。

城市地方社会财力是发生于城市地区、具有地方性质的社会财力。其经济属性与全国财力的属性一样,也具有与物力及人力的对应性、累积性和状态性特点,但是这些属性的空间表现与全国财力有区别。城市地方社会财力的运行空间仍然是全国,但是其作用空间只在城市,作用的程度可以由城市的资金流以及商务流来反映。

(二) 城市地方社会财力的结构与公共财力

城市地方社会财力包括预算内财力、预算外财力、金融财力、企业财力、居民货币收入、外汇财力、地方政府性债务等种类。其中相当大一部分构成城市地方公共财力资源,为城市的公共经济发展提供资金条件。在这个过程中,不同的财力主体和财力范围,对城市社会经济运行和提高公共产品的作用方向和作用力度影响不同。

1. 预算内财力

预算内财力是指公共预算资金,它直接构成公共财力资源,是为了行使公共管理职能而为市场经济提供公共服务的资金分配行为。在我国二阶财政体制下,公共预算分为中央政府预算和地方政府预算。根据分税制体制,城市公共财政有相对独立的管理职能。

2. 预算外财力

预算外财力是我国历史上延续下来由国家机关、事业单位和社会团体为履行公共职能或代行政府职能,依据国家法律、法规和具有法律效力的规章而收取、提取和安排使用的未纳入国家预算管理的各种财政性资金,包括地方财政部门按国家规定管理的各项附加收入,事业、行政单位依据国家法规自收自支的不纳入国家预算的资金。它形成公共财力资源的重要组成部分。从长远发展方向来说,预算外资金应逐步转为预算内资金和非营利机构的社会基金,这将随同我国政府机构和事业单位的深化改革而逐步转化。

3. 金融财力

金融财力主要有国有银行信贷财力和非国有金融机构财力两个组成部分。前者属于广义的公共财力的构成部分，但与预算完全不同，它所动员和集中的是各企业单位和居民个人的储蓄资金和暂时闲散资金，只能在存款约定储蓄期间内集中使用；这种化零为整的社会财力，在用于公共产品的建设时，构成了公共财力资源的性质。非国有金融机构财力是市场经济下民间力量分配社会闲散资金的重要工具，一般不具有公共财力的性质。

4. 企业财力

企业财力是指企业利润收入。随着我国社会主义市场经济的发展，这部分社会财力增长迅速。目前我国企业财力中的税收部分，是公共财力资源的重要来源，国家通过各种经济杠杆的运用，引导企业实现增产增收，从而增加公共财力资源的基础。

5. 居民货币收入

居民货币收入是国民收入的主体。在社会主义市场经济条件下，居民收入是以劳动报酬、财产性收入和其他收入形成的多种收入总和。在这些居民收入中的个人所得税税收部分，也是公共财力资源的重要来源。

6. 外汇财力

外汇财力是本国具有的外国货币的数量。作为公共财力资源性质的外汇，主要是指国家外汇储备和公共组织在提供公共产品活动中形成的外汇收入，城市政府组织要直接或间接地干预外汇财力的运行。

7. 地方政府性债务

地方政府性债务是指地方政府及地方机关事业单位专门成立的基础设施性企业为提供基础性、公益性服务直接借入的债务和地方政府机关提供担保形成的债务，分为直接债务、担保债务和政策性债务，包含地方政府负有偿还责任的债务、负有担保责任的债务和其他相关债务。其来源为银行借款、债券、政府公共资金借款等。

可见，公共财力资源与社会财力的七大部分都有关系，其中预算内财力占主导地位。由于对不同财力管理的方式不同，支配的程度不一，公共财力资源可以划分为集中性和非集中性的两种：①集中性公共财力是一定时期内财政部门直接支配使用和调节的那部分社会财力，主要由预算内财力及地方财政所掌握的不列入预算的机动财力两个部分构成；②非集中性公共财力是不由政府直接支配的那部分财力，包括国有资产收益、事业行政单位的预算外财力和除了财政存款外的国有银行信贷资金等。这部分财力随着社会主义市场经济的发展，其比重有逐渐扩大的趋势。

上述财力在城市地区具有两种概念：①地方财力，是指由城市政府所辖各经济主体的财力总和；②地区财力，是指除了地方财力外，还包括流经城市地区但不由城市政府控制的社会财力，是资金流的重要构成。一般来说，地区财力的计算公式为

$$地区财力 = 本地区GDP生产额 - 国家税收和其他上缴中央财力 + 中央财政补助 - 向区外流出财力 + 区外流入财力$$

二、城市政府对地方社会财力的调控

城市政府对地方社会财力的调控建立在对地方经济和财力的性质认识的基础之上。

从客观上看，地方经济具有相对独立的性质。城市地方在经济发展中总是力求运用本地比较优势，积极开展与外界的经济联系以求得本地区尽快发展，形成具有地方特色的经济运

行规律；地方经济组织和管理机构，从寻求地方经济相对独立的经济利益出发，实行功能性的管理，使城市地方经济产生协同效益，并通过调节，使城市本地化供求比重不断上升。可见，地方经济发展在客观上要求地方具有相对独立的经济管理调控权。正确运用这种权力，将会在兼顾宏观经济利益和微观经济利益的同时，形成地方的稳定效益，并对全国经济发展起到基础作用。

从主观上看，地方经济政策是城市发展的重要保障。地方经济运行出现供求不平衡时，需要经济调节，要从研究地方社会财力的供求方开始；地方财力的分布、趋向及结构状态意味着城市经济的优化状态，据此可以寻找和把握地方经济生长点的战略性措施；地方社会财力的分配状况是否合适，将会直接影响城市经济主体的发展积极性；等等。这些，都需要从城市地方社会财力出发研究城市政策的制定。

城市政府在中央政府政策的基础上，对城市地方社会财力的调控主要内容有：

（一）正确合理使用地方财政资金

正确合理运用地方财政资金，保证城市安全运行和社会公益事业支出。例如：城市地方行政管理、法制建设、地方社会治安维护支出；城市基础设施建设支出，城市教育、科研、卫生等事业费支出，城市社会保障支出等。

（二）通过经济政策鼓励资金引进

例如，城市政府鼓励招商引资，可以制定相关的城市产业政策、进出口政策和地方税收政策等，在保护城市生态环境的前提下，积极吸引外部资金、推动城市经济发展。

（三）控制城市不同主体和社会机构的收益

城市是自然垄断产业和公共产品集中的地方，也是大垄断公司集聚的地方。城市政府可以通过公共规制调节垄断性收益增加城市生产公共产品的资金来源，优化城市市场结构。

（四）制定城市居民收入调节政策

从公平城市收入分配目标出发，城市政府要制定使市民实现起点公平（机会均等）、规则公平（按要素分配）和结果公平（基本生活保障）的收入调节政策，兼顾城市财力配置的公平与效率，为建设和谐城市创造条件。

三、地方融资平台

地方融资平台是指由地方政府发起设立，通过划拨土地、股权、规费、国债等资产，组建的资产和现金流均可达融资标准的公司，必要时再辅之以财政补贴作为还款承诺，以实现承接各渠道资金的目的，进而将资金运用于市政建设、公用事业等城市建设项目。其主要表现形式为地方城市建设投资公司（简称城投公司）。其名称可以是某城建开发公司、城建资产经营公司等。

地方融资平台对促进地方经济发展、加快城镇基础设施建设、推进城市化进程，特别是在应对国际金融风险，保增长、扩内需、调结构中发挥了积极作用。民间投资和居民消费的启动需要漫长的时间，地方政府启动融资平台投资却能立竿见影，这是银行资金大量流向各级地方政府融资平台的客观原因。这种状态使地方融资平台在发挥作用的同时，也引发了部分地方领导干部的不正当负债观，在地方政府负债机制转换和体制改革相对滞后的情况下，使预算法禁止地方财政负债的"明规则"，被事实上的普遍负债的"潜规则"强制替代，催生了地方政府盲目举债行为和地方融资平台的较大风险，例如，把地方政府基础建设和公共事业产生的债务信贷化。

对此，国家积极部署加强地方政府融资平台公司管理。对地方政府及其部门和机构等设立的融资平台公司，出现的规模增长过快、运作不够规范等问题，要进行有效防范，抓紧清理核实并妥善处理融资平台公司债务，按照分类管理、区别对待的原则，妥善处理债务偿还和在建项目后续融资问题，分类清理规范地方政府已设立的融资平台公司，划清职能，规范运作，坚决制止地方政府违规担保承诺行为，以保持地方融资平台安全有效的运行。

第二节 城市财政

一、城市政府的公共经济职能

一般来说，在市场经济体制下，财政的经济职能有稳定经济、公平收入分配和资源配置三大方面。对于城市财政来说，这三大方面有不同的表现：

（一）稳定经济职能

传统观点认为，稳定经济的作用主要应由中央政府来担当，即单个地方政府几乎控制不了其辖区内的物价、就业和经济活动的总水平。原因主要是：①地方政府没有货币制造权；②地区经济间具有高度开放性，要素和商品流动性很大，严重限制了地方政府使用财政政策的能力。经济学界在承认地方政府在稳定经济方面局限性的同时，也有人对传统认识表示了异议。格兰姆里奇（Gramlich）认为，地方财政政策在稳定经济方面是完全必要的。因为如果个人并不因经济原因而流动，并且增长的支出份额是用于购买地方性劳务的，流动性将很少发生，地方财政政策在辖区内就会有较大作用。此外，格兰姆里奇论证，宏观经济总是日益变得地区化而不是全国化，这是因为特定的产业总是受特定经济要素的影响。当某些地区正在推行紧缩政策的时候，某些地区可能正在执行扩张政策。在这种情况下，地方财政政策是必要的。事实上，地方财政决策的总和对于国民经济运行的影响是不容忽视的。

（二）公平收入分配职能

分配政策是指政府获得和维持社会偏好的收入分配格局的职能，在绝大多数情况下是把高收入者的收入再分配给低收入者。对于这一职能，其传统观点一直与稳定问题的观点相类似，认为在劳动力等要素能够充分流动的条件下，地方政府重新分配收入的努力会因为纳税人的流动与受益人的迁移而受阻，即城市富裕居民会迁出征收高累进税的城市，流入有较少福利方案的地区居住，从而导致城市税收总量的减少；而一些贫困家庭则大量迁入高福利计划的城市，从而导致受益人人均转移支付的减少。富有者的迁离和贫困者的迁入共同削弱了城市的再分配计划，使地方政府都不愿进行大规模的再分配计划。因此，流动性的存在限制了地方政府进行收入再分配的能力。当然，这一观点并不排除地方政府履行再分配职能，由于搬迁是有成本的，如果再分配政策的税收低于搬迁成本，就不会影响地方政府的再分配职能，因此很多地方政府在实际操作中仍然提供少量的再分配政策。

（三）资源配置职能

大多数经济学家认为，城市政府应当担负起地方资源配置的主要职能，即负责提供地方公共产品和公共服务，其中包括教育、公路、安全防护、消防、公园和污水处理等。大量事实证明，与中央政府统一提供公共产品相比，城市政府能够提高资源配置的效率。公共产品因受益范围不同，供应主体也会不同。诸如国防、外交等公共产品，其受益范围不受地域限制，称为全国公共产品；而诸如消防、供能等公共产品，只使其具体服务的地区内居民受益，而称为地方公共产品。与特定的地理位置相对应，地方政府更接近当地居民，了解当地居民偏好，能依据这种居民偏好及环境做出快速反应，最大限度地提供满足居民需要的公共产品和服务，故能够提高资源配置效率。如果由中央政府统一提供，对各地需求差异不可能考虑周全，就只能提供一个全国范围内的平均水平，由此会产生效率和社会福利的损失。

城市政府如何运用相对独立的城市资源配置权力最有效地配置资源呢？美国经济学家查尔斯·蒂博特（Charles Tiebout）于1956年提出一个假说，即蒂博特模型（Tiebout Model）。这一模型认为，地方政府只对所属纳税居民提供公共产品和服务，那么居民就会根据各个城市地方政府提供公共产品的情况，选择一个特定地方政府辖区内的地点居住，以便消费自己想要得到的公共产品和服务的数量质量。换句话说，众多地方政府，如何配置资源，是受居民"用脚投票"行为约束的。由于税收支出组合在地方政府间差异极大，居民可以从一个社区搬到另一个社区，使自己的消费偏好与政府的税收支出组合相符。对这一假说，西方学者做了大量检验，证实了这一模型的正确性。有代表性的是华莱士·奥茨（Wallace Oates）的研究，通过对美国新泽西州郊区住宅的地方财政部门的价格反映证实：住宅选址决策者受到服务好、税收低的社区的吸引。

二、城市地方财政收支的内容

城市地方财政是城市政府为实现其职能需要而筹集资金与使用资金所形成的财政分配关系。它的基本内容包括城市财政收入与财政支出两大方面。

（一）城市财政收入

城市财政收入的形式主要有税收（预算收入）和收费（预算外收入）两种。1994年分税制改革以前，我国城市政府财政收入类型与中央财政基本一致，只是收入结构受城市地区经济结构影响而与中央财政有所区别；实行分税制后，城市财政收入来源发生了很大变化，其独立性也日渐增强，概括来讲大致有以下几种来源：

1. 税收收入

作为国家凭借政治权力无偿参与社会产品分配的形式，税收具有无偿性、强制性和固定性三大特征。城市财政收入在西方国家主要包括财产税、销售税和地方所得税等，其中地方所得税比重最大，是根据个人和公司收入稽征的税种，主要采用累进所得税方式。我国现行税种中，属于地方性固定收入的有城镇土地使用税、耕地占用税、土地增值税、契税、房产税、车船税、烟叶税、环境保护税等，属于与中央共享的收入有增值税、企业所得税、个人所得税、城市维护建设税、资源税、印花税等。增值税中央分享50%，地方分享50%。

2. 国有资产收益和利润（亏损）收入

国有资产收益和利润（亏损）收入是市属国有资产收益和市政企业税后利润规定留成后的剩余。市属国有资产收益通过市属国有投资公司提供，是对国有资产的运营收益。而市政企业主要是自然垄断性质的提供城市公共产品和公益服务的经营单位。在公共规制情况下，市政府往往规定市政企业的财务目标是收支平衡，因而城市财政利润收入的比重很小，甚至更多的时候是亏损补贴。

3. 上级财政转移支付

上级财政转移支付是城市建设和发展的重要资金来源。在美国，转移支付有两种形式：①对称补助金，即地方政府为某项目筹措部分资金，不足部分由联邦政府提供；②计划补助金，一般是有条件限制的为某项特定事业提供的资金。我国1994年以后，中央财政对地方的转移支付以1993年为基数逐年递增，递增率按全国增值税和消费税增长率的30%确定，是一个相对稳定的数字。

4. 政府公债

政府公债有外债和内债两种，由于对外举债关系到国际收支平衡和币值稳定，只有经中央政府特别授权的城市政府才可对外发行公债。城市政府为特定财政目标发行某种特定政府债券，用以筹集民间资金来促进城市建设与发展的财政活动，也必须经过中央政府授权后实行。近年来，城市政府发行公债越来越多，已成为财政收入的一个重要来源。

以上四项均属于一般预算收入，它们通过一定的形式和程序，由国家有计划、有组织地分配，城市政府一般没有独立决策权。

此外，还有城市政府独立决策的预算收入，主要内容有：

5. 收费收入

收费收入包括公共事业使用收费、土地使用费、管理费、事业费、资金占用费、租赁费等。收费收入一般是城市政府通过市政管理向城市主体提供市政公共设施和公共服务，而向受益者收取的费用。它是市政公用事业投入成本的一种回收方式，既要讲究社会效益，又要兼顾经济效益；既要讲究效率，又要兼顾公平，因而不同于税收。需要指出的是，城市土地是国有土地，对其市场化运作，必须收取地租。在我国目前的体制下，地租是通过土地出让金和使用费形式收取的，已构成城市财政收入的重要来源，有的城市称其为第二财政。

6. 基金预算收入和专用基金收入

随着城市相对独立作用的增强，城市针对特殊的用途，在国家批准下，可以通过建立社会基金和专用基金的形式来满足城市发展的需要。社会基金的年度预算可以成为市政建设资金的来源。这里，预算外资金可以看成是一种特殊的社会基金。由于各个城市发展很不相同，专用基金和预算外资金的收入在不同城市的差异很大。此外，只在地方财政中列示而未进入预算的社会保障资金，呈现逐年增长的趋势。

7. 行政收入

行政收入是指政府或公共机关提供公共管理服务的收入，一般包括规费、特别课征、特许金与罚金。

1) 规费是指公共机关为个人或企业提供某种特定服务的特定报偿，一般按填补主义标准（即根据公共机关提供服务所需费用而定）和报偿主义标准（即以公民从公共机关服务所得利益为准）两个标准确定。规费通常分为行政规费（如护照费、会计师执照费、商标登记费等）和司法规费（如诉讼费、出生登记费、结婚登记费等）两类。

2) 特别课征是政府对公共目的的新增设施或改良旧有营建，根据受益大小按比例进行的课征，以充实工程费用的全部或部分，如修建沟渠、公园等费用。

3）特许金是政府公共机关对给予个人某种行为或营业活动的特别权利可取得的一定金额，例如，在美国汽车驾驶执照费是特许金中最大的一种。

4）罚金是政府公共机关对于个人违反法律以致危害国家利益或公共利益行为课以处罚的金额。

（二）城市财政支出

城市财政支出的形式主要有一般预算支出、基金预算支出、专用基金支出、收费支出以及其他支出等。在内容结构上，城市财政支出正随着我国社会主义市场经济体制的逐步完善，趋向于现代城市财政支出结构。西方国家城市财政支出主要由以下五部分组成：①公用事业支出，包括城市给水排水、污水处理、电力供应等方面。②社会服务支出，包括教育、医疗保健、社会福利以及公共住房的建设等方面的支出和对低收入阶层的房租补贴等。③城市交通支出，包括道路、桥梁、车辆等城市交通设施的投资支出以及对城市公共交通的营运补贴等。④一般城市服务支出，包括垃圾收集、公园建设和管理、公共建筑投资、土地开发计划、消防、执法等方面。⑤其他支出，如一般行政管理支出等。

我国城市财政支出结构在市场化的进程中基本形成了以下六个方面的内容：

1. 城市经济支出

这包括城市国土整治支出、城市公益事业基本建设支出、技术改造支出、对国有工商（市属）企业的援助性投入、市管县体制下对农业的援助性投入等。

2. 城市维护和建设支出

这包括城市公用设施、市政基础设施等的建设与维护支出等。

3. 教科文卫事业支出

这是指除基本建设支出、技术改造资金、流动资金和科技三项费用以外的各项文教事业费、科学事业费支出。它包括文化、出版、体育、教育、卫生、计划生育等共计15项事业费支出。

4. 行政管理费用支出

这即城市行政管理部门的管理费用，包括市政府、人大、政协、公检法、人民团体、市委直属机关事业单位的办公费、设备费、业务费、工资、基建开支等。

5. 社会保障和社会救济支出

这即用于城市人民生活保障的费用，如社会救济费、公共医疗保健费、残疾人费用、劳动保护费用以及社会灾害补助费等。

6. 价格等补贴支出

这即用于国家政策性生产补贴和消费补贴的支出。

三、城市地方财政政策分析

城市财政的收入与支出能否取得良好的发展效果，与城市财政政策密切相关。

（一）城市财政收入政策分析

1. 城市财政收入的基本原则

（1）发展经济的原则　这即财政收入不能损害经济发展，要积极支持城市工商业发展，实施"保护税率"。这样，城市财政才能够激励生产力发展，不断扩大税源。

（2）税收效率原则　这即征税要有利于资源有效配置和经济机制的有效运转，降低管理成本，提高税收的行政水平。

（3）公平分配原则　公平分配原则的内涵是指每个纳税人的税收负担要与其经济实力（纳税能力）相适应，从而做到税负均衡，这包括横向公平（纳税能力相同的人应缴纳相同数额的税收）和纵向公平（纳税能力不同的人应当缴纳数额相异的税）两项内容。区别对待，才能缩小贫富差距，保证城市社会分配的公正性，体现社会进步。

城市财政收入是否体现了上述原则，可以通过政策分析来检验，主要采用税收收益弹性和税收负担转移来分析。

2. 税收收益弹性

税收收益弹性是城市政府税收收益变化的百分比与相应的纳税者收入变化的百分比的比值。税收收益的收入弹性若小于1，则表明税收收益的增长率低于市民收入的增长率，政府税收收益缺乏弹性；若等于1，则表明政府税收收益与市民收入的增长率相等，为单位弹性；若大于1，则表明税收收益的增长率大于市民收入的增长率，政府税收收益是富有弹性的。把税收收益与地区总产值（GRP）联系起来，可以得到与GRP相对应的收益弹性，即政府收益变化百分比与GRP变化百分比的比值。GRP反映经济增长情况，而经济增长在很大程度上决定着政府收益的变化。根据美国20世纪60年代的研究，财产税的收益弹性在0.82~1.3；一般销售税的收益弹性常常是1.0，货物税的收益弹性在0.4~0.7。研究还表明，州级的个人所得税收益弹性可能高达1.7~2.0，而自治市的所得税收益弹性在1.3~1.4。使用费是高度非弹性的，收益弹性少于1（孟晓晨，1992）。

3. 税收负担转移

税收负担转移是付税者的逃避行为造成的。在流通领域，税收负担转移是纳税人减少应税活动，或改变贸易的名称以逃税，把税收负担转移到他人身上。一般来说，在局部均衡条件下，当政府对一种商品或服务征税时，它的价格就上升，而购买量将减少。负担分布将取决于经济系统对这一变化的反应，而经济的反应又受到市场结构、市场调节时间长短和供求条件的影响。雷阿德（Layard）和瓦尔特斯（Walters）指出：一项税收对相对价格和购买量的影响与政府是对购买者还是对卖者征收无关。当商品的需求价格弹性小而供给弹性大时，一项给定的税所引起的买方付出价格的提高大于卖方收到价格的降低。

在生产领域，税收负担转移的程度取决于征税资源对于某一地区、某一工业或某一具体工程的专用化程度。资源转移有用途转移和地理转移之分。前者为转向非纳税用途，后者为迁出纳税地区。前者的转移可能性取决于资源的专用化程度，后者的转移可能性取决于资源的地理特殊性（如土地就无法转移）。一项资源的专用化程度越高，它改变用途所获得的价值就越低，税收负担转移的可能性就越小。具有地理特殊性的资源转移的可能性较小，因而不得不承担较大的税收负担。

（二）城市财政支出政策分析

1. 城市财政支出的基本原则

城市财政支出在贯彻执行中央财政政策的基础上，其性质是城市政府如何向市民提供公共产品和服务的政策选择问题。进行这种选择，一般要坚持如下城市财政支出原则：

(1) 统筹兼顾、全面安排原则　这一原则要求做到重点与一般相结合，当前与长远相结合，城市经济与城市社会环境发展相结合，以便合理地使用城市财政资金。

(2) 量入为出与量出为入相结合的原则　量入为出是以收定支，根据收入的多少来安排支出；量出为入是以支定收，按支出的多少来安排资金筹集的规模。从财政角度看，量入为出的主动权在于自己，而量出为入则受着事权上的局限（但也并非毫无余地，如通过财政手段筹集某些资金等）。对于城市财政支出而言，一般情况下还是应坚持收支平衡、减少赤字，当然也不能单纯追求和满足静态平衡，要能够适应和有利于城市经济发展，充分反映城市政府提供公共产品的优势。

(3) 讲究效益的原则　城市财政支出应尽量按预算进行，既要讲究经济效益，也要讲究环境效益和社会效益，力求节约，避免盲目投资和重复建设。对于一些大的建设项目，要进行深入细致的可行性研究、财务分析和方案评估。对支出效益的评价可用"成本-效益"分析法和"最低费用选择法"，前者详列各种方案的全部预期成本和预期收益，通过分析比较，选择最优投资项目；后者是对于不能用货币单位计量社会效益的项目，只计算每项备选项目的有形成本，并以成本最优为标准选择。

(4) 取之于民、用之于民原则　城市财政资金来源于城市，除了上缴国家以外，其余都要用于城市建设与发展。这里要紧紧围绕提高市民素质和提高城市人民生活水平来使用财政资金，以加快城市现代化的步伐。

2. 城市财政支出的经济效果评价

根据上述原则确定的城市财政支出，数量和结构是否合理，实质上是确定城市公共产品和公共事业的合理规模问题。规模过小，不能满足城市经济发展需要；规模过大，则会加大纳税者负担。如何确定城市公共产品的适度规模呢？需要分析公共产品和公共事业需求的社会总收益和社会总成本以及城市公共事业规模与居民消费水平的关系来确定。

从公共事业规模与边际成本的关系来看，短期内一次性投资所形成的产品的产出规模的边际成本可看作是不变的，社会最佳产出规模是由需求曲线（D）和边际成本曲线（MC）的交点决定的。按照边际成本等于边际收益的原则，私人供给将选择 Q_2（边际收益曲线与边际成本曲线的交点）的规模，而非营利的政府将选择 Q_1（需求曲线与边际成本曲线的交点）的产出规模（见图4-14-1）。在长期，边际成本不可能保持不变，一般会随着产出规模的扩大而上升，而需求也会随着时间而增长，此时，第一次投资形成的产出能力不能满足需求，出现供给不

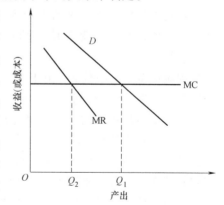

图4-14-1　公共事业规模与边际成本的关系

足，这会使人们愿意支付的价格上升，当人们愿意支付的价格超过了长期边际成本时，就具备了进行新的投资来扩大产出能力的条件，公共事业规模也会随之扩大。

从公共事业规模与居民消费水平的关系来看，城市居民的消费水平依存于公共产品的产出规模。假定城市经济运行中只有一种公共产品 G 和一种私人最终消费产品 X，城市总产出 Z 由这两种产品构成，并假定它是城市劳动者人数或人口数 N 的递增凹函数，如式（4-14-1）所示。

$$Z=f(N) \quad f'>0, f''<0 \tag{4-14-1}$$

假定城市劳动者或人口的消费偏好都是相同的,可以得到城市总产出的生产约束条件,如式(4-14-2)所示。

$$Z = XN+G=f(N) \tag{4-14-2}$$

在城市既定资源的条件下,所生产的城市产品对于固定的城市人口 N,消费的机会集合可以由图 4-14-2 列出。

城市消费相同的个人偏好可以由效用函数 $U(X, G)$ 表示,假定 U 是拟凹的。如果政府希望在给定 N 下的 U 达到极大,即达到图 4-14-2 中的切点,则必须遵循使 U 达到极大的条件,如式(4-14-3)所示。

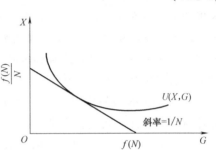

图 4-14-2 固定人口下的消费机会集合

$$U_X = NU_G (\text{或} NU_G/U_X = 1^{\ominus}) \tag{4-14-3}$$

式中,U_X 为城市居民对私人产品消费所获得的效用;U_G 为每位城市居民对公共产品消费所获得的效用。

就是说,这时的城市资源用于生产公共产品和私人产品,每位城市居民对这两种产品的消费,其效用都是一样的,这时就实现了两种产品的生产均衡。

但是,对于固定的城市人口 N,城市政府可以确定 G 的多种不同的初始数量,从而可以有不同的城市产出函数。

当城市人口 N 增加时,城市产出及公共产品的最大水平相应增加(因为 $f'>0$),但人均消费的最大水平($f(N)/N$)下降。可变 N 的消费机会轨迹是固定 N 的消费机会轨迹的外包络线(见图 4-14-3)。取 G 的一个固定值作为初始值,然后改变 N 使 X 值达到极大,就可以得到这种包络线。

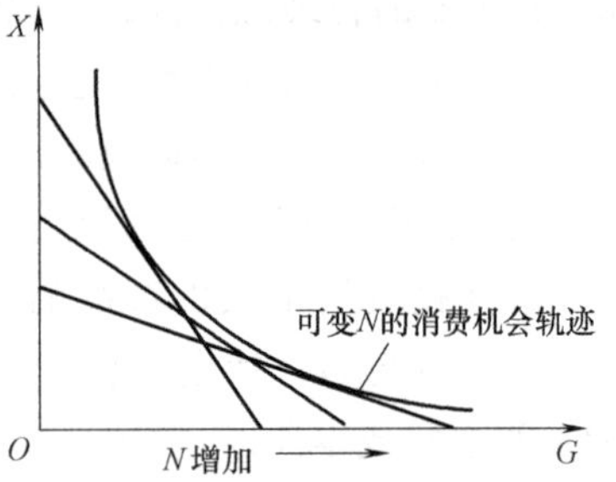

根据城市总产出函数 Z,由于 $X=[f(N)-G]/N$,$f'=X$,或 $G=f-Nf'$,我们得到一个启示:使人均消费达到最大的人口数量是使租金与公共产品支出相等的人口数量。

图 4-14-3 可变人口的消费机会集合

因为 f' 可以理解为是劳动的边际产品,而 $f-Nf'$ 可以理解为是扣除了相当于劳动力成本的消费产品的其余产品,即公共产品,对于这部分公共产品的供应,如果是全部来自公共支出,并假定它不变,那么,要想使居民消费水平达到最大的城市人口就是使租金与公共产品支出相等。因为土地税是资助公共产品的"单一税"。随着城市经济的增长,需要扩大城市公共产品的资金来源,基本途径就是通过确定适度的土地租金控制城市经济的增长。

可见,在城市化进程中,如何根据居民消费水平的增长速度,确定适度的城市土地增值,供应与私人产品量相适应的城市公共产品量,是城市政府需要考虑的大问题,它对城市发展速度和城市化经济运行的均衡状态将产生直接的重要影响,由此决定了城市土地政策和租金政策是保持相对于城市私人产品的城市公共产品生产量均衡的基础性政策。

㊀ 这是边际替代率之和等于边际转换率的通常结果,即 $\sum MRS = MRT$。

第三节 城市社会投融资

一、我国城市社会投融资及其体制现状

（一）城市社会投融资的内涵

融资是指为了投资活动正常进行而事先筹集社会资金的活动，投资则是指项目建设整个周期的经济活动，投资的结果是资本（包括固定资本和流动资本）形成。我国正处于城市化快速发展时期，在城市社会中，无论是私人产品生产，还是公共产品生产，都存在着日益增长的大量社会需求，从而导致对投资资金的日益增长的需要。我国过去的资金供给，一般是在政府控制下，由财政或国有银行提供，资金供给渠道单一。进入市场经济体制以来，供应渠道尚未充分展开，城市社会融资面临中小企业融资难、城市公共产品建设资金不足等问题。为此，如何对现有投融资体制进行改革，采取何种社会融资方式，以便满足城市社会主体对投资资金的需求，就成为当前我国城市化进程中的一个现实经济问题。

（二）投融资体制的内涵及其多元化改革

投融资体制是投融资活动的组织形式、投融资方法和管理方式的总称。其主要内容包括投融资主体的确定，投融资决策制度，投融资资金筹措实施方式及运作，投融资收益分配结构，以及投融资监督体系和调控方式等。

我国过去的投融资体制，由于在投融资主体、投融资决策、资金筹措、投融资收益分配、投融资监督体系、调控方式等方面，都由政府单一化管理，制约了资金配置效率的提高。主要问题包括：①资本市场不健全，融资渠道较窄，主要依赖银行贷款，使城市基础设施建设资金严重不足。②公共产品投资主体地位不明确，产权关系不明晰，投融资机制不顺。一些公共产品建设主体的公司（如作为高新区建设主体的多为管委会下属的公司），只承担建设任务，既不承担资金筹集职能，又不承担还贷责任，缺少约束机制；而作为资金管理部门的政府部门（例如开发区管委会）既不能直接贷款，又不能提供担保，在管理和协调上存在很多困难。而社会投资主体市场准入标准模糊，审批代价太大。这样仅靠财政一家扛，难堪重负，于是出现工程款拖欠、施工企业无奈垫资等现象。③资产存量迅速膨胀，而资本运作成效不大。这主要表现为大量社会资金闲置，如某开发区自建区以来，用在城市基础设施和社会公益事业方面的投资已达 50 多亿元，但投资回报率很低，有些存量资产可以通过市场运作变现收回投资，但因政府精力不足而迟迟未能决策。此外，由于决策失误，运作不当，财政投资不足，出现了一些因财政后续资金供应断档而涌现出的"半拉子"工程。④投融资中介服务体系不健全，无法适应现代市场经济投融资要求。主要是难以建立独立可信的社会评估监督机制和完整的社会信用体系，以及投资者很难从市场上获得满意的投融资中介服务两方面问题。⑤政府对投融资活动采用以缺乏约束的行政审批为主的项目管制方式，国家金融机构不良资产增长，低水平重复建设，中小企业缺乏应有的投融资支持。⑥政府直接投融资活动缺乏社会监督，财政投资资金存在损失浪费。甚至出现投资决策"暗箱"操作，使招投标失去有效监督。一些地方政府"寻租"行为随之产生，开发商为了以低价打败竞争对手或为谋取暴利，会对"寻租"行为给予积极配合，进而导致腐败。

2003年10月的《中共中央关于完善社会主义市场经济体制若干问题的决定》，是对中国投融资体制改革寻求突破的战略性文件。我国已经开始了对投融资体制的深化改革，融资主体除了企业和居民外，还包括国务院国资委、地方国资委，以及它们下属的国企（投资公司）这些政府融资主体。融资主体站在同一起跑线上，经过一段时期的资信竞争后，将会出现地方政府融资资格和能力的分化。某些地方政府投资功能只局限于做出项目规划，而另一些地方政府资本可能脱颖而出，成为跨地区甚至跨国投资主体。这是正常的发展结果，所以在运行中，可以不强调融资主体的区划性或行政隶属关系。2016年的《中共中央国务院关于深化投融资体制改革的意见》指出，与政府职能转变和经济社会发展要求相比，投融资管理体制仍然存在一些问题，主要是：简政放权不协同、不到位，企业投资主体地位有待进一步确立；投资项目融资难融资贵问题较为突出，融资渠道需要进一步畅通；政府投资管理急需创新，引导和带动作用有待进一步发挥；权力下放与配套制度建设不同步，事中事后监管和过程服务仍需加强；投资法制建设滞后，投资监管法治化水平亟待提高。由此可见，在投融资决策与管理，投融资资金筹措方式及运作，投融资收益分配结构等方面，都要正确处理好行政配置与市场运作和行政干预与市场规则之间的关系。

城市投融资体制改革的核心，是要建立对政府投融资行为的市场化约束激励机制，建立权责清晰的出资人的多元投融资制度。这对于政府职能转变、国企改革、国资管理体制改革、以及金融体制改革都有极其重要的意义。而建设投融资多元化的运行机制，提高社会直接融资比例，降低间接融资比例，对于预防信贷风险也有重要意义。最后实施投融资体制多元化，将激励社会各种人员的投资意识，积极培育市场经济的多元投资主体，既广泛吸引社会闲散资金用于现代化建设，又使投资者增加收益，获得双赢的经济增长效应。

二、城市社会多元化融资模式的建立

在市场经济条件下，融资模式一般可以分为如下几类：直接融资（企业上市等）与间接融资（通过银行等中介）；企业融资（企业债券等）与项目融资（项目债券等）；政府融资（公债等）与民间融资（民间借贷等）；公共产品融资（税收、收费或债券）与私人产品融资（上市、合资、债券、信托、租赁等）；长期融资（资本性融资）与短期融资（货币性融资）；吸引内资与利用外资等。

由于市场机制的推动，我国城市融资模式随着城市化进程的加速，已经和正在以下几个方面不断地推进改革，形成一种多元化的城市融资模式：

（一）正在逐步形成的城市公共财政的融资模式

我国财政体制正在向公共财政体制转化，这对整个投融资体制将带来巨大影响。因为公共财政的本质要求政府投资和管理职能明晰，职责到位；允许多元投资主体和融资方式多样化，要求具有完善的间接宏观调控体系。这样，公共财政取向的改革过程，也是投融资体制重新构建的过程。首先，这一改革对作为投资主体的政府影响最大，它要求政府职能要实行彻底转变，从集权组织者、全民生产资料所有者、生产经营指挥者和组织者三位一体向市场体制下的社会管理者转变。政府在进行公共产品的投融资活动中不必大包大揽，财政资金要发挥带动效应，以"四两拨千斤"的气势撬动社会投资来满足社会对公共产品和准公共产品的需要。其次，公共财政为社会投资主体提供了大量新机遇。政府将从竞争性和营利性领域退出，为社会投资主体介入这些领域充分发挥自身优势腾出空间，与此同时公共财政为社会投资主体提供税收优惠、财政补贴和信贷担保等条件，并鼓励有效竞争，在充分发挥社会投融资主体积极性的同时，使投资效果不断提高。最后，公共财政体制允许民间投资主体介入准公共产品的投资领域，这样社会投资主体的投融资介入范围将更加扩大，使其投融资活动有了更广泛的选择空间，这就为社会资金的有效利用创造了体制上的条件。

（二）国有商业银行和城市商业银行交融发展的城市银行融资模式

银行信贷资金是传统的融资方式，它通过传统的负债业务和资产业务发挥融通社会资金的作用，并通过中介业务（结算、信托、租赁、信用卡等）为社会资金的良性流动服务。我国城市中，国有商业银行一直是城市融资的主渠道。改革开放以来，许多城市为了灵活地运用社会资金，成立了城市商业银行，为地方生产和建设服务发挥了重要的作用。但是，由于这些银行机构还没有脱离国家机构的运行模式，在向市场经济转化的过程中，由不计资金使用效益变为不敢承担风险而惜贷。当前我国城市银行融资的主要问题是：银行资金富余，却难以对接高技术创新时代的资金需求，银行资金转化为高技术创新的通道存在着机制创新的不足，结果银行被动地跟在其他融资方式的后面，已经不适应高技术创新已成为竞争核心的国际形势。因此，银行贷款有必要建立新的融资机制体系，如连接、锁定、参与、投资高技术投资组织和风险投资基金，或者成立风险投资基金并将其委托给开展风险投资比较好的银行或者风险投资公司，或者提供占总贷款额度1%~5%的用于风险投资项目的特别贷款，或者购买高比例的信用保险等。这样，高技术创新就能通过银行的外部机制、隔离机制、低风险收益机制和风险补偿机制，得到政府性组织的程序性和采购性的优先扶持。

高技术贷款的中介专业化和相应的政策支持，将微小比例的银行资金设立为高技术创新的风险贷款特别基金，能充分降低风险且有合理补偿。此外，充分利用信用体系、风险投资网络体系，进行银行业务的创新和机构创新，也能促进高技术企业融资，奠定高技术企业创新融资方式的架构。

（三）企业上市融资模式

企业上市是直接融资模式，可以减少金融风险。目前我国的股份资金市场包括主板市场和二板市场（创业板市场）。主板市场是我国为了适应国有企业深化改革（改制）、解决企业运行矛盾对社会资金的大量需要，而设立的资金（股份）市场。上市国有股份公司（国家控股51%以上）是在一定的企业资金条件下，由国务院直接审查和批准。这些企业通过面向公众发行股票的公募形式，直接向社会融资，获得良好的社会资金支持。而一些暂时还不能上市的企业和有良好发展前途的项目，还采取了私募的融资形式，实践表明这也是企业（通过券商）融资的有效选择途径。2004年6月，为缓解中小企业尤其是民营中小企业融资难问题，我国设立了中小企业板市场。其市场主体是高新技术企业、民营企业和中小企业。它不是原有市场的补充，而是与原有市场并行发展的服务于不同领域的新市场。与主板市场比较起来，它具有上市门槛较低、监管体系严格、券商保荐责任重大和股本全额流通的特点，对中小企业融资发挥了重要作用。2009年，设立了创业板市场，它的低门槛进入、严要求运作有助于有潜力的中小企业获得融资机会，成为孵化创业型、中小型企业的摇篮。2021年4月，经证监会批准，深交所主板和中小企业板合并。从金融领域的改革和资金需求的发展趋势看，我国城市还需要发展一些地方性的小交易所，以进一步形成投资市场多元化的格局，人们把这种股市称为三板市场。

（四）BOT 类融资方式

BOT 类融资方式是指以政府和私人机构之间达成协议为前提、政府向私人机构颁布特许、允许其在一定时期内筹集资金建设某一基础设施并管理和经营该设施及其相应产品与服务的融资方式。政府对该机构提供的公共产品或服务的数量和价格有所限制，但保证私人资本获取利润的机会。风险由政府和私人机构分担。当特许期限结束时，私人机构按约定将该设施移交给政府。这是建设城市公共产品、充分利用社会资金的有效方式。具体种类包括 BOT（建设-经营-移交）、BOOT（建设-拥有-经营-移交）、BOO（建设-拥有-经营）、BLT（建设-租赁-移交）、TOT（移交-经营-移交）等。

在 BOT 类融资方式中，政府是 BOT 类项目的控制主体，业主是 BOT 类项目的执行主体，所有关系到 BOT 类项目的筹资、分包、建设、验收、经营管理体制以及还债和偿付利息都由业主负责。大型基础设施项目通常专门设立项目公司作为业主，同设计公司、建设公司、制造厂商以及经营公司打交道。BOT 类项目实施过程包括立项、招标、投标、谈判、履约五个阶段。一般而言，法规健全，政策透明度高，市场竞争有效，将为 BOT 的发育提供良好的土壤。BOT 管理大体上分为两种模式：①国内所有 BOT 类项目都适用的通用法规管理模式；②针对单个 BOT 类项目订立单独的具有法律效力的合同或协议的管理模式。

（五）证券类融资模式

证券类融资模式是以发行各种证券向社会融资。除了企业上市发行股票外，各种银行等金融机构、企业或政府部门获得国家有关部门批准，可以发行专门的证券融资，用于国家批准的专门项目建设。随着体制改革的深化，在地方政府有可能具有独立融资权时，可以考虑发行地方政府证券用于城市基础设施建设。某些城市特殊企业在国家特批下，也可以发行企业债券用于特殊的建设活动。这里值得提出的是，ABS（asset-backed-securitization，ABS）融资方式，是以资产为支持的证券化，是指以项目所属的资产为基础，以该项目资产所能带来的预期收益为保证，通过资本市场发行证券来募集资金的一种项目融资方式。它通过一个严谨有效的交易结构来保证融资成功。其交易结构由原始权益人（政府）、特设信托机构和投资者构成。原始权益人（政府）将自己拥有的财产（如大桥）以"真实出售"方式过户给特设信托机构，特设信托机构获得该资产，发行以资产的预期收入流量为基础的资产支持证券，并凭借对资产的所有权确保未来的现金收入流量首先用于证券投资者的还本付息。这是城市政府建设基础设施的一种有效方式。在日本还出现一种可转换的抵押证券形式，例如，日本的地价指数债券。

（六）社会基金和基金会类融资方式

社会基金是国家政府、社会团体或企业为了支持某种社会公益类活动而建立的专用基金，由专门的社会基金组织负责其保值增值和资助使用活动。例如，著名的洛克菲勒基金、福特基金等。我国进入市场经济以来，原有的社会福利由于公共管理体制取向的改革而发生了极大变化，许多公益事业和准公共产品的生产要靠社会资金。在这一背景下，鼓励富人捐资建立各种社会基金，资助公益性事业或慈善事业是实现社会收入转移支付的有效途径。这种基金一旦建立便成为一种社会所有财产，由专门的基金管理委员会管理，按照基金章程规定的用途运作，可用于资助科学研究、文化、教育、医疗、卫生等事业，或用于扶贫帮困、助学、救难等慈善事业。因而社会基金是我国城市发展社会文化等公益事业的良好途径。

而基金会类的社会融资组织，是以营利为目的专门营运社会资金的金融类组织。这类组织的资金来源于社会存款，其资金使用十分灵活，也可以作为城市建设和企业融资的一种形式，但是它的资金成本往往很高。

（七）信托类融资模式

现代信托已日益演变为一种营业化特殊金融形式，是由委托人将其合法拥有的财产转移给受托人，受托人以信托财产的名义持有人运营资金，信托财产不受任何信托关系当事人的绝对控制，具有超然独立的法律特征类融资模式。它是一种高度专业化的理财工具。信托机构不仅接受土地、房屋等有形财产委托而进行财产管理，而且接受金钱、有价证券的委托，从事投资和融资活动。信托业已经与银行业、证券业、保险业一起构成了现代金融业的四大支柱。

信托方式可以避免社会集资的高交易成本和非专业股东干预的投资风险，土地使用者将待开发土地的使用权以信托方式交付给信托投资公司，由其在整个地块上进行开发建设，最后按照信托文件规定，向土地使用者交付房产或出售房产的资金。由于信托不但可以满足不同土地使用者的各种合理要求，而且能够吸纳小投资者参与房地产开发，从而获得充足的地产和资金，有效地进行城市改造。因此，相对于银行贷款和企业债券等融资方式，信托融资具有自身的优势和特点。是城市建设融资的一种可选途径。

此外，租赁融资方式也是城市经济主体融资的必要方式，通过产品租赁、土地租赁以及劳务租赁，满足经济主体供给和需求的各种意愿。

三、城市社会投融资体制的改革

我国城市投融资体制改革的方向，是建立起直接融资与间接融资，短期融资与长期融资，吸引内资与利用外资相结合的多层次、多渠道融资体系。要达到融资决策科学化、融资主体多元化、融资渠道多样化、项目建设法人化、项目监管法制化、资源配置市场化。具体来说，要进行如下探索：

1）充分调动投融资主体的积极性，积极探索建立多元化投融资模式。按照"谁投资、谁决策、谁受益、谁承担风险"的原则，充分利用外资、国内贷款、地方自有资金，同时制定优惠政策吸引民间资金投资于国家基础设施建设。

2）在基础设施和公益事业领域，建立适宜于市场化经营的投融资方式，鼓励各级政府通过贴息方式支持公益性项目建设。推进投资主体多元化和融资方式多样化，大胆创新融资方式。例如转让部分基础设施收益权，运用 BOT 类方式吸引国内外资金，申请发行地方债券，对项目整体包装上市等。

3）对投资项目进行分类管理，明确投资主体，理顺产权关系。对于一般投资项目，完全放权给企业投资主体；对于基础设施建设项目，政府要创造条件，利用特许经营、投资补助等多种方式，吸引社会资本参与；对于具有垄断性的项目，试行业主招标制度，开展公平竞争，保护公众利益。已建成的政府投资项目，具备条件的经过批准，可以依法转让产权或经营权，以回收的资金滚动投资于基础设施建设，提高资金使用效率。

4）国家审批投资项目按性质实行分类管理：①对需要利用国家财政性投资等政府投资

项目，不论项目规模大小，仍然维持现有审批制管理办法；②对不需要国家财政性资金支持但涉及国家安全、重要资源开发、产业布局的重大项目，实行核准制管理办法；③对不需要国家投资、能够自行平衡建设资金和落实建设条件的一般竞争性产业项目，实行备案登记制管理办法。应逐步缩小纳入政府投资审批的范围。从长远来看，应逐步以立法形式代替行政管制。

5）在国家完善国资委作为出资人职能，完善对国有资产市场化绩效考核和保值增值评价体系的基础上，城市政府要加快基础设施投资及经营管理体制的创新：改组改造现有基础设施经营管理机构成为真正独立核算的经营企业；对存量资产明晰产权关系，通过公开招标等手段委托企业负责经营，提高运行效率；引入市场竞争机制，积极探索实行共用产品供应和销售的分开经营、独立核算，形成开放式、多元化、竞争性的建设运营格局。

6）放松民间资本进入金融行业的限制，加快银行体系的市场化改革，为中小企业发展培育一个良好的融资环境。

7）发展和完善资本市场，促进股票市场发展，促进证券市场融资能力的提高和资源配置效率的改进。放松对利率等金融杠杆的管制，推进整个金融市场的发展。

8）在国家推动信用体系建设的同时，城市政府要在国家政策指导下，建立政府、企业、个人的信用征信制度和信息披露制度，树立崇尚诚信的社会风气，形成区域性的信用安全区。同时推动综合授信活动，在诚信互利基础上建立银政、银企、银区的合作，建设地区性融资活动的长期稳定的绿色通道。

9）积极推进政府融资管理方式，缩小审批范围，简化程序，将投融资决策权力归还给企业，逐步以立法形式代替行政管制。

10）城市政府要当好融资活动的管理者，创造适宜于融资的社会大环境。政府不是具体地为每个项目去考虑筹资方案，而是使好的项目、合格的投资者能够得到资金，使坏的项目、不称职的投资者难以筹资。因此，融资管理重点，要从项目管理转向资本市场管理；融资管理职责，是建立针对出资人的资信评价体系，实施对出资人融资能力的宏观调控；最终形成投资决策、资本决策和信贷三权鼎立、相互制约、各负其责的投融资管理格局。

复习思考题

1. 什么是城市地方社会财力？举例说明它的意义。
2. 市场经济中城市政府的公共经济职能有哪些？试根据实例分析这些职能。
3. 城市财政的主要内容有哪些？试分析其与中央财政的区别。
4. 城市财政收入有哪些原则？通过什么方法来检验城市财政收入符合了这些原则？
5. 什么是税收收益弹性和税收负担转移？它们说明了什么样的城市财政问题？
6. 我国城市财政支出应当坚持哪些原则？为什么？如何对城市财政支出的经济效果进行评价？
7. 我国城市投融资体制有哪些问题？改革核心是什么？
8. 现代市场经济条件下有哪些融资方式？各种融资方式各有什么利弊？
9. 试论述我国城市投融资体制改革的方向。

第十五章 城市发展战略与政策

【学习目标】

通过本章学习,要求学生掌握城市发展战略的内涵与特征以及制定;全面、深入了解新型城镇化战略的内涵、意义、任务和政策;了解城市现代化的内涵与特征、主要标志与指标;明确城市国际化战略的内涵与特征、主要标志与指标;掌握国际性城市的含义与功能;熟知城市竞争力的内涵,掌握城市竞争与合作战略。

第一节 城市发展战略体系

一、城市发展战略的内涵与特征

(一)城市发展战略的内涵

战略原是指对战争全局的筹划和指导,如今这一概念被广泛应用于经济社会领域。城市发展战略是指人们从一个较长时期的城市各种因素、条件和可能变化的趋势预测出发,所做出的关系到城市经济社会建设发展全局的根本谋划和对策,是城市经济、社会、建设三位一体的统一的发展战略。城市发展战略可以分为两个层次:宏观层次和微观层次。宏观层次是国家指导全国城市协调发展的总体战略,要回答我国东、中、西部,大、中、小和不同主导功能的城市的长远发展方向、目标、比例结构和地域分布问题;微观层次则是城市政府制定的关于本市自身发展的方向、目标和措施等。城市发展战略的内涵一般包括以下内容:

1. 城市发展战略依据

城市发展战略依据是制定城市发展战略时的发展条件,包括城市环境、经济、社会的资源情况和城市在整个国民经济发展中的战略地位,它们需要通过认真的调查研究和充分论证来确认,是定位城市性质的基本依据。

2. 城市发展战略目标

城市发展战略目标是发展战略的具体指向。在我国总体战略指导下,我国城市发展战略一般表现为城市现代化目标,主要包括四个方面内容:①经济发展指标。一般用人均国内生产总值、社会劳动生产率、三次产业结构、研发(R&D)投入占GDP的比重、进出口比例、外资产值比重等指标来表示。②社会进步指标。可用城市化水平、人均道路面积、公共教育支出、信息化程度、社会保险覆盖率、法律化程度等指标来表示。③生活质量指标。可用市民可支配收入、恩格尔系数、人均住房、人均用电、人均拥有文化体育设施面积、万人医生数、人均寿命等指标来表示。④生态环境指标。可用地均产出、水资源产出率、能源产出率、绿化覆盖率、三废处理率、环保投入占GDP比例等指标来表示。

3. 城市发展战略重点

城市发展战略重点是实现战略的关键、主导性而目前发展又比较薄弱、需要特别加强,且在发展方面具有显著优势的经济环节或产业部门。城市发展战略重点一般是指城市的基础部门、基础设施产业和战略性要素。战略重点的确定,必须考虑与一般的关系,要以重点带动一般,以一般发展为重点发展创造条件。

4. 城市发展战略步骤

城市发展战略步骤是实现战略目标顺序、过程的时间界定。实现战略目标需要把发展过程分成几个阶段,制定其阶段性目标,通过几个步骤来完成总目标。划分战略阶段和分解战略任务是踏踏实实实现城市现代化的策略,通过保证过程的有效性来保证总目标实现。

5. 城市发展战略措施

城市发展战略措施是针对实现战略过程中的矛盾所采取的策略和具体措施。由于矛盾性质和内容不同,策略和措施有很大差异。需要面对具体城市问题,采取总体性的、局部性的、体制性的、产业性的、国际性的、国别性的、渐进性的、突变性的等各种类型的对策。

(二)城市发展战略的基本特征

1. 主动性

主动性是城市发展战略的本质特征。城市是典型的人工系统,未来如何发展,要靠人们制订规划。在市场经济下,人们呈现理性"经济人"假设的行为特点,即追寻既定约束条件下的效用或产值最大化。城市发展战略和规划的制订也表现为人们以理性力量为基础,追求城市总体福利最大化。人们从理性出发,正确认识城市发展的约束条件和改变可能,并积极创造条件突破某些约束,力争实现城市总体效益最大化。从这一意义上讲,城市发展战略是人们在发展中主动与城市资源环境相协调的过程。

2. 公共性

公共性是城市发展战略的杠杆支点。在市场经济条件下,城市发展战略是通过公共经济、公共政策的间接作用实现的。公共产品、公共服务、公共政策是城市发展战略的杠杆支点;杠杆的动力点是公共产品和公共服务的提供方式,杠杆的作用力点是市民的整体利益,也是城市发展战略的目标所在。如果通过引入市场机制来运作公共产品和公共服务的供给,就是通过混合机制的运作形成战略杠杆的动力。在战略实施过程中,当牵涉市民的财产利益时，必须依照市场交换原则做出相应的补偿。

3. 公开性

公开性是城市发展战略的存在方式。为了获得民众广泛的社会力量的认可和支持，城市发展战略应当积极营造战略实施的优良环境，一方面吸引本市市民的广泛参与，另一方面吸引外部资源、资本不断流入，使城市内的各种社会经济活动都纳入战略的实施过程中。为此，城市发展战略要广开言路，欢迎和鼓励各种创新性的思考。

（三）现阶段城市发展战略的主要内容

城市发展战略的现实内容是关于城市现代化的具体蓝图。从我国东部沿海城市提出的率先实现现代化的战略部署看，城市发展战略主要有如下内容：①国际化战略。这即根据WTO规则，改善城市管理，建设国际性城市。②信息化战略。这即一方面按照产业发展顺序，积极发展高层次产业，以产业结构升级推进城市现代化；另一方面，推动城市运行各个环节的信息化，以信息化促进城市现代化。③科教强市战略。这即为适应知识经济的挑战，积极增加人力资本资源。④协调发展战略。这即贯彻可持续发展战略，以建设生态城市为目标，保持城市社会、经济、环境协调发展的综合性战略。

我国城市是由大、中、小城市组成的庞大体系，不同等级城市的发展战略各有不同：

1. 超大城市、特大城市及部分大城市的发展战略

超大城市、特大城市及部分大城市的发展战略，要符合市场经济下城市国际化、现代化的要求。其主要内容应包括：①以新技术改变城市原有社会经济结构和产业结构，大力发展为生产和居民生活服务的第三产业和以知识经济为核心的高新技术（第四）产业；②以高新技术建设城市基础设施，使城市建设全面现代化；③大力发展科学、文化和教育事业，提高市民素质，建设和培育城市精神；④实施全面开放政策，加强对外经济技术交流；⑤发挥大城市经济中心作用，建设卫星城、带动腹地，辐射全国甚至世界。

2. 大中城市的发展战略

大中城市的发展战略，要符合区域经济发展网络的要求，立足于地方社会经济和资源条件，突出优势，成为区域性的发展中心。具体来说：①从地区资源条件和城市性质出发，考虑到原有的工业基础、交通运输条件和国家生产力布局规划，找准战略重点，形成一业为主、兼顾他业、突出优势的产业结构。②从城市支柱产业出发，兼顾国家人才需要，发展有特色的高中等专科教育，使城市在某一专门科研和技术水平上保持领先地位。③建设适度优质的城市基础设施，保证城市特色产业需要。④规模较大的大中城市，应注意调整经济结构，积极发展第三产业，重视智力开发，实现内涵式增长；规模较小的中等城市，应实施优化城市特色或扩大城市规模战略，使城市在不同发展方向上具备充足的发展潜力。

3. 小城市发展战略

我国小城市发展战略，要突出表现在"靠山吃山、靠水吃水"，依托大城市辐射，在充分发挥大城市卫星城和城乡联结作用的同时发展有效城市功能。具体来说：①大力发展商业、市场，成为疏通和稳定地方商品的供销渠道；②大力发展有地方特色的劳动密集型工业，成为农产副品加工和农业生产资料产品的生产基地和吸收农村剩余劳动力的桥头堡；③大力发展城镇服务业和完善城镇基础设施，前者如仓储、运输、信贷、保险、技术咨询、生活服务等，后者如道路、住宅、供电、供水、通信等，逐渐形成一定的城市功能。

为了实现这些战略，很多城市提出建设四个城市体系作为对策：区域创新体系、完善的现代市场体系、优质的城市软硬件环境体系和完备的社会保障体系。

二、城市发展战略目标的选择

（一）城市性质定位分析的理论与方法

城市性质是反映城市本质特征的由城市内部矛盾性所决定的某种属性，是城市主导功能的组合反映。不同城市的主导功能各不相同，综合性功能强的城市，城市性质多样化程度高；专业化功能强的城市，其性质单一性较高。城市性质定位分析就是要确定一个城市未来发展的方向，其实质就是在区域社会经济发展的坐标系中，在综合地确定城市承担的各种功能基础上筛选出对城市发展具有重大意义的主导性和支配性的城市功能。

确定城市性质的理论依据，主要是劳动地域分工理论[⊖]。劳动地域分工是社会分工的空间表现，是城市相对于周边地区或其他区域的专业化生产。一个城市的专业化部门就是该城市向全国或其他城市、其他地区提供商品的部门，也称为城市的基础部门。由于城市的基础部门不同，就形成了不同性质的城市。

确定城市性质，对于新建城市来说，必须从全局出发，从整个地区着眼来考虑问题。在具体确定城市性质时，首先要依据一个有科学根据的国民经济与社会发展的中长期计划和区域计划，其次要认真考虑城市的本质特征，例如，发现了足够开采量的煤矿，就要以煤炭为主要经济活动来确定城市的性质。旧城市性质的确定难度较大，因为这些城市都有一定的发展历史，已经形成多种功能，这些功能可能多数是在性质不明的情况下发展起来的，情况复杂。重新确定城市性质就要根据劳动地域分工理论，采取定性分析法、定量分析法、区域对比法、综合分析法等方法具体分析研究。具体来说：①从定性入手，分析城市发展现状、城市区位特点、城市变化形势等重要因素，在众多的城市特征中，找出其主要、本质特征，确定城市的主导产业和主导功能；②进一步做定量分析，从该城市经济的规模、作用等方面分析认定城市主要特征，其中经常运用统计数据计算一些指标来判定城市性质，如专业化部门个数、专业化部门的职能强度、专业化部门职能规模、城市产业集中化系数等；③将城市特征与同类型的不同城市进行对比，进一步观察其主要特征，如果其主要特征不如其他同类城市，应当兼顾其他特征统筹考虑城市性质；④将定性、定量、比较等几种方法的研究结论结合起来，最后综合决定城市性质。总之，城市性质的确定，一要看历史沿革，二要看城市发展的自然、经济、社会条件，三要看人们建设城市的设想与规划。

（二）城市发展战略选择与决定的依据

城市发展战略决策的质量，首先取决于对发展战略的基础研究，即掌握足够的决策依据，正确分析城市发展的内部条件和外部环境。

1. 城市发展的内部条件

城市发展的内部条件是确定城市发展战略的主体依据。城市发展的历史背景，城市自身内部的自然、经济、社会现状条件，一般需要从以下方面进行评估：

（1）城市地位　其目的在于明确城市在地域分工中所处的位置，在社会经济发展中能

[⊖] 关于劳动地域分工理论，有五种经典的理论模式：亚当·斯密的绝对优势理论；大卫·李嘉图的比较成本理论；约翰·穆勒的相互需求理论；赫克歇尔-俄林的资源禀赋理论；巴朗斯基的地理分工理论。

起的作用和适宜扮演的角色。

（2）城市发展阶段　明确城市所处的产业结构高度和社会结构高度，这对确定城市未来发展方向、经济结构和近期战略重点有重要意义。

（3）城市容量　主要分析城市的自然资源、能源动力对城市发展的限制和门槛水平。

（4）城市优势和劣势　分析城市自身内部和在城市之间比较的区位、资源、技术、产业方面的优势和劣势，并以相对的、变化的观点，探讨本市潜在优势及其转变成现实优势，或将劣势转化为优势的基本条件，分析的目的在于扬长避短。

（5）创新活动与扩散活动　在城市发展战略抉择中，要认真研究本市创新活动的条件、能力及其与创新源的关系，研究本市对外部创新活动的吸收模仿能力和再生能力。这非常重要，因为创新是城市经济发展根本性的内在潜力因素；同时要研究城市主导产业，特别是名牌产品在区域中的扩散能力和地位，这也非常重要，因为扩散是城市发展的基本形式和动力。

2. 城市发展的外部环境

城市现代化要求城市发展战略应立足于全球战略的高度来选择和决定（周天勇，2005）。国际经济的区域化、集团化和经济竞争日趋激烈，使城市不可能封闭孤立发展，而必须应对全球的挑战，寻求更为广阔的发展空间。因此，确定城市发展战略必须了解世界发展变化的总趋势，掌握诸如技术进步、资源利用、市场份额、成本比较等具体发展动向；同时要了解全国的经济发展形势，接受全国和区域的战略性制约；要了解城市周边地区的情况，分析本市与周边农村、城市的关系，明确本市与所在区域的关系。此外，还要分析城市已有的或预定的主导产业和重点产业的外部环境，分析这些产业的机会和障碍。城市产业环境分析的内容有产业结构、生产状况、产品状况、商品市场状况、产品生产环境等。

（三）城市发展战略选择与决定的原则

正确做出城市发展战略决策，依存以下基本原则：

1. 把握全局的原则

把握国内、国际的全局，使战略决策的实施能够进一步加深城市的战略地位。

2. 综合判断的原则

在保证基本政治目标的前提下，两利相衡取其重，两弊相权取其轻。

3. 民主集中的原则

符合民主性和科学性要求，决策过程中，要广泛听取专家和市民意见，最后由城市领导综合各方面意见，按法定程序集中决策。

三、制定城市发展战略的方法和要求

（一）制定城市发展战略的方法

制定城市发展战略最常用的方法是 SWOT 分析法。SWOT 分析的基本点，就是战略的制定必须使其内部功能（优势和劣势）与外部环境（机会和威胁）相适应，以获取发展的顺利进行。通过 SWOT 分析，确定了城市发展战略可能的方向，按可能性和最优性原则确定城市发展战略。表 4-15-1 是一个简要的 SWOT 分析框架，它提供了 SO、WO、ST 和 WT 四种战略。SO 战略是关于发挥优势、利用机会的分析，WO 战略是关于利用机会、克服劣势的分析，ST 战略是关于利用优势、回避威胁的分析，WT 战略是关于减少劣势、回避威胁的分析。

表 4-15-1　城市发展战略的 SWOT 分析框架

	优势 S:Strength	劣势 W:Weakness
机会 O:Opportunity 1. 2. 机会描述	SO 战略 1. 2. 发挥优势、利用机会	WO 战略 1. 2. 利用机会、克服劣势
威胁 T:Threat 1. 2. 威胁描述	ST 战略 1. 2. 利用优势、回避威胁	WT 战略 1. 2. 减少劣势、回避威胁

(二) 制定城市发展战略的要求

城市发展战略制定的要求，主要有两个方面：①战略要充分地表现市民愿望和市民利益；②战略要体现协调性与个性化，符合科学发展观的要求。

城市发展战略是对城市未来发展趋势的预先确定，一旦实施，将会对市民的生产和生活产生重大影响，直接关系到市民福利的水平，因而一定要充分体现市民愿望和市民利益。这就需要市民广泛参与，并广泛征求社会公众意见。公众参与不只体现在战略制定时，还应包括对战略实施情况的监督与检查等内容。

城市发展战略的制定涉及资源、环境、经济和社会等多个方面，需要多学科的综合研究，才能保证它的正确性。制定的最终结果要体现协调性与个性化，符合科学发展观的要求。

1) 协调性主要体现在城市社会、经济和建设的战略相协调，总战略同分战略相协调，发展战略资金需要同经济实力及财政能力相协调。

2) 个性化主要体现在城市特色，应按照城市区域民族、风情、地理、气候等条件，同时吸取国内外建筑设计的精华，建设个性化的建筑和街区布局，力戒雷同和硬性模仿，避免千城一面和城市形象趋同。

第二节　新型城镇化战略与政策

一、新型城镇化战略及其意义

(一) 新型城镇化战略的内涵

新型城镇化是我国政府针对新时期的发展任务提出的城市化战略与政策。新型城镇化战略的内涵是坚持以人为本，以新型工业化为动力，实现农村与城市、人口与产业、经济社会环境全面协调可持续发展的城市化。其战略要点包括：①遵循经济发展的自然历史进程，以经济自然进程加速城市化；②以制度和机制创新打破城乡壁垒，使空间行政体制建设与城市化市场需求紧密结合；③城市由单极向多极发展、城市化区域由单个城市向组团式城区和城市群发展，城乡实现统筹协调发展，不断推进城乡经济一体化进程；④农村剩余劳动力的转移兼顾其产业性和空间性，理顺非农化、城镇化的发展阶段；⑤保护城市集聚经济效益，引致城市的吸引力和辐射力，充分发挥中心城市的发展极作用；⑥做大城市基础输出部门，形成城市化地区的产业链和产业集群，推进城市产业结构高级化；⑦根据区域不同的自然和社会条件，建立各具特色的人口、资源、环境协调机制，实现城市循环经济和高质量城市化过程。

（二）新型城镇化战略的意义

新型城镇化战略，要求按照建设中国特色社会主义"五位一体"总体布局，顺应发展规律，因势利导，趋利避害，推进集约、智能、低碳、绿色的城镇化，对全面建成小康社会、全面建成社会主义现代化强国、实现中华民族伟大复兴的中国梦，具有重大现实意义和深远历史意义。

1. 它是实现现代化的必由之路和保持经济持续健康发展的强大引擎

产业革命以来的经济社会发展史表明，一国要成功实现现代化，在工业化发展的同时，必须注重城镇化发展。当今中国，城镇化与工业化、信息化和农业现代化同步发展，是现代化建设的核心内容。我国在经济建设中，要不断地满足人们日益增长的需求，实行新型城镇化是核心保障。截至2019年年底，我国常住人口城镇化率为60.6%，户籍人口城镇化率只有44%左右，远低于发达国家80%的平均水平。距离本世纪中叶近30年时间里，我国还会有大量农民通过转移就业提高收入，通过转为市民享受公共服务，城镇消费群体会不断扩大，消费结构会不断升级，会引致城市基础设施和公共服务的巨大投资需求，从而要求新型城镇化作为我国经济发展的强大引擎。

2. 它是加快产业结构转型升级的经济机制

产业结构转型升级是实现经济发展和转变经济发展方式的基本途径，新型工业化和新兴服务业是产业结构优化升级的主攻方向。目前我国技术密集产出占工业生产总值的比重较低，服务业增加值比重仅为46.1%，既低于发达国家74%的平均水平，也低于中等收入国家53%的平均水平。转变这种结构，城镇化是一种有效的经济机制。城镇化过程导致的人口集聚，促进了思想交流和创新以及生产要素的优化配置，社会分工会细化，三次产业会联动，在城镇化提供的低成本共享空间内，人们的生活和要素的利用都会事半功倍，高新技术和新兴产业得到集聚式发展，城市产出效益日益增高。

3. 它是解决"三农问题"的根本途径

我国农村人口多、农业水土资源紧缺，人均耕地仅 $0.1hm^2$，农户户均土地规模约 $0.6hm^2$。城镇化使农村人口向城镇转移，农民人均土地资源相应增加，为现代农业集约式发展提供了土地空间。随着农业规模化、机械化生产，农业效率大大提高，农民收入增加，农村面貌改观，城乡差距将逐渐缩小乃至消除，"三农问题"将在根本上得到解决。

4. 它是推动区域协调发展的社会动力

我国城镇化的一个突出特点是不平衡。东南部沿海地区率先改革开放，常住人口城镇化率较高，形成了珠三角、长三角、京津冀等城市群，城市极化作用十分突出；而中西部地区城市数量少、发育不足，城市化率相对较低，社会经济发展较为滞后（张明斗，2016）。只有推进新型城镇化，形成新的增长极，才能使西部大开发、中部崛起等战略推向纵深，提升中西部地区的资源环境承载能力，推动人口经济布局更加合理，实现区域之间协调发展。

5. 它是促进社会全面进步的推进器

城镇化的进程不仅仅促进了经济集聚力的形成和发展，还会促进社会全面进步。特别是我国新型城镇化战略，是走向现代化的经济、社会和环境协调发展的基本方针。在新型城镇化战略指引下，城镇生态环境得到改善，人的全面发展的相对独立性加强，形成人与人之间互相联结、互相知会的社会环境（王雅莉，姜义颖，2019）。从而，城市能够在使人们提高物质生活水平的同时，提高其文化生活水平和质量，人们会在共享城市文明成果的同时，有更多丰富多彩的精神追求，社会和谐进步得到实现。

二、新型城镇化战略的任务

新型城镇化战略的总任务是，21世纪的前半叶，以可持续发展为原则，建设生态宜居和经济集聚城市，通过集聚和辐射充分发挥中心城市的带动作用，使城镇化成为发展的战略节点和政策节点。具体来说，新型城镇化战略的任务包括：

（一）推进户籍制度改革和基本公共服务均等化

按照尊重意愿、自主选择，因地制宜、分步推进，存量优先、带动增量的方针，以农业转移人口为重点，兼顾高校和职业技术院校毕业生、城镇间异地就业人员和城区城郊农业人口，统筹推进户籍制度改革和基本公共服务均等化。使符合条件的农业转移人口落户城镇，不仅要放开小城镇落户限制，也要放宽大中城市落户条件，特大城市可采取积分制等方式设置阶梯式落户通道调控落户规模和节奏，并逐步解决在城镇就业居住但未落户的农业转移人口享有城镇基本公共服务问题。同时建立健全全国中小学生学籍信息管理系统，为学生学籍转接提供便捷服务，将农民工随迁子女义务教育纳入各级政府教育发展规划和财政保障范畴，推动各地建立健全农民工随迁子女接受义务教育后在流入地参加升学考试的实施办法。实现就业信息全国联网，为农民工提供免费的就业信息和政策咨询。鼓励有条件的地方将符合条件的农民工及其随迁家属纳入当地医疗救助范围。采取廉租房、公共租赁房、租赁补贴等多种方式改善农民工居住条件。

（二）优化城镇化布局和形态

按照统筹规划、合理布局、分工协作、以大带小的原则，立足资源环境承载能力，推动城市群和都市圈健康发展，构建大中小城市和小城镇协调发展的城镇化空间格局。一是深入推进城市群发展。加快京津冀协同发展、长江三角洲区域一体化发展、粤港澳大湾区建设；扎实开展成渝城市群发展规划实施情况跟踪评估，研究提出支持成渝城市群高质量发展的政策举措，培育形成新的重要增长极。二是培育发展现代化都市圈。探索建立中心城市牵头的都市圈发展协调推进机制；加快推进都市圈交通基础设施一体化规划建设；支持建设一体化发展和承接产业转移示范区；推动构建都市圈互利共赢的税收分享机制和征管协调机制。三是推动大中小城市协调发展。超大特大城市要立足城市功能定位、防止无序蔓延，合理疏解中心城区非核心功能，推动产业和人口向一小时交通圈地区扩散；大城市要提高精细化管理水平，增强要素集聚、高端服务和科技创新能力，发挥规模效应和辐射带动作用；中小城市发展要分类施策，都市圈内和潜力型中小城市要提高产业支撑能力、公共服务品质，促进人口就地就近城镇化；收缩型中小城市要瘦身强体，转变惯性的增量规划思维，严控增量、盘活存量，引导人口和公共资源向城区集中。四是支持特色小镇有序发展。建立典型引路机制,坚持特色兴镇、产业建镇,坚持政府引导、企业主体、市场化运作,逐年挖掘精品特色小镇,总结推广典型经验,发挥示范引领作用;完善政银企对接服务平台,为特色产业发展及设施建设提供融资支持,为打造更多精品特色小镇提供制度土壤。

(三)提高城市可持续发展能力

提高城市可持续发展能力,要加快转变城市发展方式,优化城市空间结构,增强城市经济、基础设施、公共服务和资源环境对人口的承载能力,有效预防和治理"城市病",建设和谐宜居、富有特色、充满活力的现代城市;要根据城市资源环境承载能力、要素禀赋和比较优势,培育发展各具特色的城市产业体系,改造提升传统产业,淘汰落后产能,壮大先进制造业和节能环保、新一代信息技术、生物、新能源、新材料、新能源汽车等战略性新兴产业,推动特大城市和大城市形成服务经济为主的产业结构。强化城市间专业化分工协作,增强中小城市产业承接能力,构建大中小城市和小城镇特色鲜明、优势互补的产业发展格局。推进城市污染企业治理改造和环保搬迁。支持资源枯竭城市发展接续替代产业。发挥城市创业平台作用,充分利用城市规模经济产生的专业化分工效应,放宽政府管制,降低交易成本,激发创业活力。完善扶持创业的优惠政策,形成政府激励创业、社会支持创业、劳动者勇于创业的新机制。按照统一规划、协调推进、集约紧凑、疏密有致、环境优先的原则,统筹中心城区改造和新城新区建设,严格新城新区设立条件,防止城市边界无序蔓延。统筹生产区、办公区、生活区、商业区等功能区规划建设,推进功能混合和产城融合,在集聚产业的同时集聚人口,防止新城新区空心化。加强现有开发区城市功能改造,推动单一生产功能向城市综合功能转型。

(四)提升城市基本公共服务水平

首先是加强市政公用设施和公共服务设施建设,增强对人口集聚和服务的支撑能力。一是要加快构建以公共交通为主体的城市机动化出行系统,强化交通综合管理,推动各种交通方式、城市道路交通管理系统的信息共享,科学有序地推进城市轨道交通建设(张明斗,2016)。二是要建设安全高效便利的生活服务和市政公用设施网络体系。优化社区生活设施布局,健全社区养老服务体系,完善便民利民服务网络。统筹电力、通信、给水排水、供热、燃气等地下管网建设,推行城市综合管廊。统筹布局建设学校、医疗卫生机构、文化设施、体育场所等公共服务设施。

其次是加快绿色城市建设,构建绿色生产方式、生活方式和消费模式。加快建设可再生能源体系,推动分布式太阳能、风能、生物质能、地热能多元化、规模化应用,提高新能源和可再生能源利用比例。实施绿色建筑行动计划,实施大气污染防治行动计划,完善废旧商品回收体系和垃圾分类处理系统,合理划定生态保护红线,扩大城市生态空间。

再次是推进智慧城市建设,统筹城市发展的物质资源、信息资源和智力资源利用,推动物联网、云计算、大数据等新一代信息技术创新应用,实现其与城市经济社会发展深度融合。促进跨部门、跨行业、跨地区的政务信息共享和业务协同,强化信息资源社会化开发利用,增强城市要害信息系统和关键信息资源的安全保障能力。

最后是注重人文城市建设,发掘城市文化资源,强化文化传承创新,把城市建设成为历史底蕴厚重、时代特色鲜明的人文魅力空间。

(五)加强和创新城市社会治理

树立以人为本、服务为先理念,完善城市治理结构,创新城市治理方式,提升城市社会治理水平。顺应城市社会结构变化新趋势，创新社会治理体制，鼓励和支持社会各方面参与，实现政府治理和社会自我调节、居民自治良性互动。坚持依法治理和综合治理，强化道德约束，规范社会行为，协调社会关系，解决社会问题。健全社区党组织领导的基层群众自治制度，推进社区居民依法民主管理社区公共事务和公益事业。建立健全源头治理、动态协调、应急处置相互衔接、相互支撑的社会治安综合治理机制。完善城市应急管理体系，加强防灾减灾能力建设，强化行政问责制和责任追究制，并发挥社会力量在应急管理中的作用。

新型城镇化战略的任务向我们展现了我国未来城市化发展的核心内容：①加快农业剩余劳动力转移和城市就业，做好产业化转移和空间性转移。②提升智能型城市化的战略地位，促进城市产业升级和经济转型，推进高新技术产业的信息化发展和城市智能中心及教育中心建设。③推进包容性城市化与新型城市化的道路，坚持以人为本原则，包容性发展农民变市民的进程，推进城乡一体化和均衡发展。④关注中心城市的首位度和建设城市化区域，中心城市首位度关系到中心城市拉动城市化区域形成的能力和后者的建设水平。中心城市首位度的自然提升，有助于其发挥集聚效应和扩散效应，有助于整合城市体系的城市化区域的形成，使其在利用城市化规模优势的同时，发挥市场机制的联系效应，使城市化区域不断扩大，不断改善全国角度的社会经济空间结构。

三、新型城镇化政策

党的十八大报告指出：坚持走中国特色新型工业化、信息化、城镇化、农业现代化道路，推动信息化和工业化深度融合、工业化和城镇化良性互动、城镇化和农业现代化相互协调，促进工业化、信息化、城镇化、农业现代化同步发展；要加大统筹城乡发展力度，增强农村发展活力，逐步缩小城乡差距，促进城乡共同繁荣；着力在城乡规划、基础设施、公共服务等方面推进一体化，促进城乡要素平等交换和公共资源均衡配置，形成以工促农、以城带乡、工农互惠、城乡一体的新型工农、城乡关系。这是对新型城镇化战略的总体说明，也为如何实现新型城镇化提出了具体要求。

2013年3月，《全国老工业基地调整改造规划》下发，进一步指出了新型城镇化战略的详尽政策见解及实际运用范畴。规划首次把城市化战略和工业化战略进行结合，以推进城区老工业区改造、完善城市服务功能、优化城市内部空间布局及推动城乡协调发展来全面提升城市综合功能，试图通过分散下游发展产业，带动下一级城镇化建设和发展，扭转城市内部发展的不均衡格局。2013年12月，中央城镇化工作会议强调，推进城镇化，既要坚持使市场在资源配置中起决定性作用，又要更好发挥政府在创造制度环境、编制发展规划、建设基础设施、提供公共服务、加强社会治理等方面的职能。

2016年，《关于深入推进新型城镇化建设的若干意见》（以下简称《意见》）全面部署深入推进新型城镇化建设，《意见》提出，要坚持走中国特色新型城镇化道路，以人的城镇化为核心，以提高质量为关键，以体制机制改革为动力，紧紧围绕新型城镇化目标任务，加快推进户籍制度改革，提升城市综合承载能力，制定完善土地、财政、投融资等配套政策。

《2020年新型城镇化建设和城乡融合发展重点任务》指出，要坚持新发展理念，加快实施以促进人的城镇化为核心、提高质量为导向的新型城镇化战略，提高农业转移人口市民化质量，增强中心城市和城市群综合承载、资源优化配置能力，推进以县城为重要载体的新型城镇化建设，促进大中小城市和小城镇协调发展，提升城市治理水平，推进城乡融合发展。

《2021年新型城镇化和城乡融合发展重点任务》又进一步指出，要坚持稳中求进工作总基调，立足新发展阶段、贯彻新发展理念、构建新发展格局，统筹发展和安全，深入实施以人为核心的新型城镇化战略，促进农业转移人口有序有效融入城市，增强城市群和都市圈承载能力，转变超大特大城市发展方式，提升城市建设与治理现代化水平，推进以县城为重要载体的城镇化建设，加快推进城乡融合发展。

以上都说明了新型城镇化政策的具体内涵，明确了新型城镇化和区域经济协调发展、构建资源节约型和环境友好型的"两型社会"、促进民生改善和经济发展的政策原则。具体来说，国家陆续出台了推进城市群建设的政策，农业剩余劳动力转移者由农民变市民的政策，优化城镇布局和形态的政策，提高城市建设用地使用效率的政策，提高城镇设施建设水平的政策，建立城镇化多元资金保障体制的政策，以及加强对城镇化管理的政策。

第三节 城市现代化战略与政策

一、城市现代化的内涵与特征

（一）城市现代化的内涵

城市现代化一般是指摆脱传统落后的社会经济因素，以现代科学技术发展生产力，使劳动生产率不断提高、人们生活达到较高质量的发展过程。国际知名现代化理论家、美国哈佛大学教授塞缪尔·亨廷顿（Samuel Huntington）认为，现代化意指社会有能力发展起一种制度结构，它能适应不断变化的挑战和需求。他将现代化过程概括为九个基本方面：现代化是革命的、复杂的、系统的、全球的、长期的、有阶段的、同质化的、不可逆转的也是进步的过程。

不同时代的现代化有不同的发展模式和特征：19世纪现代化的实质是工业化，是以物质投入密集替代劳动投入密集、以物质资本替代劳动的粗放式的追求利润最大化的非均衡发展模式；20世纪现代化的精髓是广义服务化，即以广义服务投入密集替代一般物质投入密集、以金融资本替代物质资本的集约式的追求长期稳定发展的均衡发展模式；而21世纪现代化的内核则是知识化，是以知识投入密集替代一般服务投入密集、以人力资本替代金融物质资本的追求协同效应最大化的网络式协调发展模式。美国密歇根大学教授英格尔哈特（Inglehart）把1970年以来先进工业国家发生的变化称为后现代化。他认为，后现代化的核心是社会目标，不是加快经济增长，而是增加人类幸福，提高生活质量。

（二）城市现代化的特征

城市现代化通过以下三大基本特征表现其时代内涵：

1. 动力特征

现代化的动力特征，表现为用什么样手段、方法、技术路线和产业层次来获得发展。我国目前大多数城市的现代化，表现在工业化水平指数是否实现了在倒U形增长曲线上从左侧向右侧的转移。这也是衡量处于知识经济时代现代化进程动力转换的明显特征。

2. 公正特征

现代化的公正特征，表现为城市"共同富裕"的水平及其对于贫富差异和城乡差异的克服程度。目前我国城市现代化表现为社会公平程度指数是否实现了在倒 U 形增长曲线上从左侧向右侧的转移,包括人均财富占有的人际公平、代际公平和区际公平。公正特征是现代化进程衡量其社会公平能力(共同富裕)的明显特征。

3. 质量特征

现代化的质量特征,表现为城市"文明程度"和"生活质量"及其对于理性需求(包括物质的和精神的需求)的相对差距,其中包括物质支配水平、环境支持水平、精神愉悦水平和文明创造水平的综合度量。我国目前的城市现代化表现为生态环境质量指数是否实现了在倒 U 形增长曲线上从左侧逐渐上升经过其顶部的临界区后再落入右侧不断下降,这个转移过程是衡量现代化进程质量状态的明显特征。

此外,城市现代化还表现在五大辅助特征上:①人口总量(规模)是否趋于稳定,即人口自然增长率是否接近"零增长"和人口素质是否有很大提高(例如全国平均受教育年限可否达到中等发达国家的 14 年以上,人口年龄结构和知识结构是否趋于合理)。②能源消耗、资源消耗的弹性系数是否接近零,即随着经济的增长和社会财富的积累,能源和资源的消耗速率是否呈现"零增长"或"负增长"。③在促进科技进步的 R&D 投入中,是否实现了政府投入份额由高到低和企业投入份额由低到高的转换。④国家信息化水平是否实现了信息技术对传统工业改造和升级的力度。⑤社会腐败指数是否稳定下降,社会物质文明和精神文明是否均有显著提高。

依照上述城市现代化的动力、公正和质量三大基本特征的和五大辅助特征,就能够对城市现代化做出基本的判定,据此做出战略决策并进行统一的监测和正确引导。

二、城市现代化的主要标志和指标

(一) 城市现代化的主要标志

1. 先进的生产力水平和高度的物质文明

先进的生产力水平和高度的物质文明是城市现代化的首要标志。城市经济要达到具备先进生产力水平的发达的现代经济,人均 GDP 及居民收入达到世界中等以上的发达水平。先进的生产力和高度的物质文明不仅反映在产品数量与质量的提高,还表现在高度发达的社会分工与协作,产业结构合理化、高级化,以及对周围地区的辐射力与吸引力上。

2. 完善配套和高效的城市基础设施

完善配套和高效的城市基础设施是城市现代化的基础标志。基础设施是城市的骨架,必须骨架强壮,才能肌肉丰满(经济发展)和血气充沛(精神文明)。因此,城市基础设施是城市现代化不可缺少的重要条件。城市基础设施包括便捷的交通、通信,充足供应的水、电、气,完善的住宅、医疗、文体设施以及污水、垃圾处理等。

3. 优美的、适于人居的城市环境

优美的、适于人居的城市环境是城市现代化的形象标志。城市环境包括自然环境与人工环境,前者的现代化要求有周全的环卫设施和优美的园林绿化,无污染、无公害,保持生态平衡和良性循环;后者的现代化主要是指城市建筑设计做到既有民族化,又有时代性。

4. 丰富的城市文化

丰富的城市文化是城市现代化的深层标志。随着城市社会生产力的逐步提高,城市文化

功能日益发展，城市居民对精神文化的需求越来越高。城市文化是城市发展的根基，是城市气质的表现，文化使城市成为信息传播中心，适应知识经济发展的要求。

5. 高水平的城市科学管理

高水平的城市科学管理是城市现代化的政府标志。城市现代化不可缺少高水平的科学管理，要求城市政府拥有高效率的行政机构、高水平的管理手段、高层次的公众参与，以及科学决策系统和民主监督方式。

6. 精神文明和高素质的城市人口

精神文明和高素质的城市人口是城市现代化的市民标志。市民素质是城市现代化发展的灵魂。21世纪城市现代化发展和竞争，实质是人的素质的提高和竞争。没有高水平、廉洁奉公的管理者，没有高质量的城市人口和文明的城市风尚，不可能有良好的现代化城市。

（二）城市现代化的主要指标

对于城市现代化的指标，美国现代化研究专家英格尔斯（lnkeles）在20世纪70年代初曾提出十项现代化社会指标，后来在国际上较为通用。这十项指标是：①人均国民生产总值3000美元以上；②农业产值占国民生产总值比重不超过12%~15%；③服务业产值占国民生产总值比重超过45%；④非农业就业人口在总就业人口中所占的比例超过70%；⑤文化人口在总人口中占比要超过80%；⑥青年适龄年龄组中上大学的人数比例要超过15%；⑦城市人口占总人口比例要超过50%；⑧平均每名医生负担的人口为1000人以下；⑨平均预期寿命在70岁以上；⑩人口自然增长率为1%以下。

三、城市现代化政策

根据城市现代化的三个判定特征，城市现代化政策需要关注三大方面问题：一是城市智力开发、技术进步与产业结构高度化进程；二是城市社会公正机制与经济、社会、环境协调发展进程；三是城市福利与居民生活质量提高过程。与此相应有三方面的城市现代化政策。

（一）城市智力开发、技术进步与产业结构高度化政策

1. 城市智力开发政策

城市智力开发政策包括基础教育、职业培训、人才培养和相应的社会基础设施建设。在基础教育环节，要坚持德、智、体相结合，智力开发为经济建设服务的原则；在职业培训、人才培养环节要坚持普及与提高相结合、历史现实与未来相结合、开发与保护相结合的原则；在社会基础设施建设环节，要有计划地建设学校、图书馆、科技馆、实验室、博物馆、文化馆、电视台、广播电台、报社、体育场、影剧院、计算机网络等方面设施。要分别制订扩大知识存量、扩大技能存量和扩大健康存量的投资计划。采用补贴、免税等激励机制、技术产权机制、创新人才流动机制、技术项目开发机制、技术产品市场交易机制、技术风险投资保障机制、智力开发的资金投入机制和城市智力开发成果重奖机制的政策。同时配合以人才供求信息收集、整理和预测工作，市场和网上的人才数据库建设和人才市场的法规建设。

2. 城市技术进步政策

城市技术进步政策的主要内容包括：科学技术发展战略和计划确定；新技术推广项目管理；国外新技术引进管理。政策具体干预：项目与课题的选择，人力资源仪器设备的保证，经费预算；项目合同签订与方案实施，项目经费划拨与管理，项目计划检查与验收；科研计

划完成情况，人员仪器设备使用情况，科学技术成果转化，科研管理体制深化改革，产学研合作的大力促进，技术市场发展和完善等。

3. 产业结构高度化政策

产业结构高度化政策主要是通过城市产业政策来表现。内容包括：①城市产业结构政策，主要是支持高技术产业、信息产业、节能环保产业和国际竞争力强的产业；②城市产业组织政策，主要是支持实现规模经济效益、支持企业合理并购、支持合法竞争、支持潜力企业上市经营；③城市产业贸易政策，主要是支持潜力商务活动、连锁贸易机构、大型零售商和出口规模。此外对于农村，除了发展农业外，为了促进农村产业结构的转换，进而有力地推动农村小城镇的发展，也要发展一定程度的二、三产业，为此要制定有效合理的农村产业政策。

（二）城市社会公正与经济、社会、环境协调发展政策

实施这类政策要坚持三个利益导向：

1. 城市集聚利益导向

充分发挥城市经济特有的集聚特性，在不增加投入的情况下增加城市市场产出效益。

2. 国际市场竞争优势导向

要充分发挥城市的国际竞争优势，如：①空间优势，包括资源优势、区位优势等；②时间优势，包括传统优势、先发和后发优势等；③资本优势，即城市的"洼地效应"吸引大量资金的优势；④人才优势，包括专业人员、管理和教育优势；⑤信息技术优势，包括生产、传播、占有、使用信息的优势；⑥市场优势，包括交易规模优势、机会优势等。

3. 制度创新导向

对市场制度、产权制度、公共产品、外部性控制、政府行为等方面的制度进行改革。

（三）城市福利与居民生活质量提高政策

1. 城市福利的政策体系

城市福利的政策体系主要包括维护市场效率的政策体系、兴办城市公益事业的政策体系、城市转移支付的政策体系。

2. 城市居民生活质量提高的政策体系

城市居民生活质量提高的政策体系主要包括人均主要生活消费品水平、人均GDP水平、人均寿命、文化水平、营养水平等发展性指数的相关政策体系。

第四节 城市国际化战略与政策

一、城市国际化战略的内涵与特征

（一）城市国际化战略的内涵

城市国际化是指城市的辐射力和吸引力以及其新产生的聚散影响所波及的范围。城市国际化战略包括如下基本内涵：

1. 金融国际化

金融国际化即在金融行业无差别非歧视性原则诱导下，按金融国际惯例和基本程序实施

公平竞争，达到金融机构和业务中心集聚并向外发展、开拓和延伸。同时使保险、证券等金融行业同步发展，并使银行资本流动与汇兑业务自由化，形成金融大系统的良性循环。

2. 贸易国际化

贸易国际化即在与国际市场密切协调相联的基础上，形成完整的统一大市场。其中，中介贸易在贸易总量中具有举足轻重的地位，多边复式贸易日益增加，无形贸易（如信息、专利、技术、商标）不断开拓，比重日趋提高。同时，具有国际影响的商交会、博览会、招商会、洽谈会定期召开。

3. 生产国际化

生产国际化即在参与国际产业分工和合作的基础上实施社会化大生产，并使其产品市场向多元化、全天候、国际化方向发展，同时，使生产流程与质量、技术标准走向国际化，或至少采用能被国际社会认可的标准，从而使产业的至少某一方面具有一定的国际竞争力，并在世界经济大系统中产生一定影响。

4. 信息国际化

信息国际化即在以经济为核心的综合信息资源独立成网并与国际计算机网络并网运作的前提下，使地域网和空间网相融合，有线网与无线网互补，实现信息资源的存储、转换、加工、反馈的现代化和迅捷化，并使信息资源商品化，作为生产要素融入世界经济大循环。

5. 科技国际化

科技国际化首先是科技成果完全商品化，使科技生命力在商品化过程中体现其社会性和实用性价值。其次是使科学技术有专利而无国界，使知识产权得到法律保障和社会尊重。最后是实现科学技术的国际水平分工和合作开发，实现共同科技进步。

6. 产业国际化

产业国际化使国际性城市的金融、保险、商贸、会计、广告、法律、信息等行业比较发达，交通、运输、通信、网络咨询等设施齐全，各种服务行业都能提供高效、准确、便捷、舒适的服务。同时与国际交往相匹配的行政构架及管理体制，也保障了物流、资金流、技术流、信息流的顺畅。

7. 开放国际化

国际性城市的社会经济对众多的国家和地区开放，对外贸易和资本国际往来在城市GDP中占较大比重，国际交往人员往来频繁，出入境手续简便，经济体制和运行机制与国际经济体系兼容，是国际政治、经济、文化、旅游等活动的优选场所。

（二）城市国际化战略的特征

城市国际化战略着眼于跨国社会经济联系的建立，寻求在国际合作中获得发展。它具有以下特征：

1. 全局联结性

国际化城市经济高度发达，拥有雄厚的经济实力，一般是制造业中心、商贸中心、金融中心、交通中心、通信中心、信息中心和管理中心等，对世界各城市的进化起着强烈的示范效应。国际化战略就要着眼于其诸多城市中心功能的综合，从而表现出全局联结性的特征。

2. 国际指向性

国际化城市地理位置优越，区位优势明显，与国内市场与世界大市场高度关联，是世界市场链条体系的中心环节。它们接受国际市场供求关系的调节，根据国际市场的需求变化来安排生产、经营，从而成为连接国内外经济的桥梁和枢纽。城市国际化战略就要表现出国际指向性特征，注重城市在国内外经济中的结合点，突现其集散牵头功能。

3. 实施策略性

国际化城市是全方位开放的城市，面临着各种复杂的问题。为此，城市国际化战略在实施中要体现其策略性，针对不同的问题采取不同的措施。

二、国际性城市的等级分类与衡量指标

经济全球化为国际性城市的发展创造了极好的条件。由于跨国的经济联系，出现了跨国的中心城市——国际性城市。这使得人们基于原来认识到的大城市区域（metropolitan area）、大城市带（metropolis）的概念，创造了一些标志着更大功能和更广阔领域的城市概念——国际城市（international city）、国际大都市（international metropolis）、世界城市（world city）和全球城市（global city）。这些概念促成了对国际性城市的不同分类。目前，分析国际性城市的等级体系可以相互参照以下五种方法。

（一）科恩的城市国际等级体系

这即美国经济学家科恩的"跨国指数"和"跨国金融指数"方法。"跨国指数"是指全球最大500家工业公司在某一城市所发生的海外销售额占这500家公司海外销售额的比重与它的销售总额占这500家公司销售总额的比重的比值。如果这个指数大于1，该城市就属于国际中心城市，大于0.7、小于0.9，则该城市是国内经济中心城市。"跨国金融指数"则是指全球最大的300家银行在某个城市发生的海外存款与国内存款的比重。

根据科恩的方法，按照20世纪70年代的数据，从"跨国指数"分析，够得上国际制造业生产中心的城市是纽约、旧金山、东京等城市。同样，从"跨国金融指数"分析，得出的结论是：属于国际金融中心城市的是芝加哥、达拉斯、巴黎、苏黎世等。将这两个指标综合评估，结论是：从全球范围看，纽约、伦敦和东京在两项指标中居前三位，则属于全球城市。

（二）弗里德曼的城市国际等级体系

美国学者弗里德曼采用"核心-边缘"的方法，对国际性城市进行等级划分，他将全球30个主要城市，按照其所在国家的经济社会发展水平分为两个部分：核心国家（发达国家）和半边缘国家（新兴工业化国家）。然后按照城市的金融能力、制造业能力、交通能力、跨国公司总部数量、国际组织数量和人口规模等六个指标，将国际性城市分为第一级城市和第二级城市两个档次，由此得出核心国家的第一、二级城市和半边缘国家的第一、二级城市。最终，弗里德曼在他的城市国际等级体系中将纽约、伦敦和东京置于枢纽位置。同时，他在前人研究的基础上提出划分国际城市的两项标准：①城市与世界经济体系联结的形式与程度，即跨国公司总部区位的作用、国际剩余资本"安全港"的地位、面向世界市场的商品生产者的重要性、作为意识形态中心的作用等；②由资本控制所确定的城市空间支配能力，如金融及市场控制的范围是全球性、国际性还是国家性的，是区分国际性城市等级的显著标志。

（三）沙查的城市国际等级体系

英国学者沙查（Sacha）采用了16项涉及政治、经济、文化和人口规模的指标对欧洲

41 个主要城市进行分组分类，结果名列前 10 位的是：伦敦、巴黎、米兰、马德里、慕尼黑、法兰克福、罗马、布鲁塞尔、维也纳和阿姆斯特丹。

（四）萨森的城市国际等级体系

1991 年，美国经济学家萨森（Sassen）在研究了霍尔（Hall）、弗里德曼等专家对国际性中心城市的描述和等级评定后，从经济全球化的角度认为，作为国际性城市应当是各类国际市场的复合体，是外国公司的主要聚集地和向世界市场销售生产性服务的主要集散地，同时，由于这些城市在全球经济的运行中发挥出如此重要的作用，所以，国际性城市也应当是国际性不动产市场最重要的所在地。为此，他提出国际性城市应该是"主导性的金融中心""主导性的国际货币交易中心"和"国际性不动产市场"三项要求。萨森用这三项指标比较的结果是：纽约、伦敦和东京三大城市在各项指标比较中，均名列前茅，是名副其实的国际性城市。

（五）中国学者的城市国际等级体系

1999 年，中国著名城市经济学家饶会林教授提出，衡量国际性城市，应在弗里德曼的城市经济功能基础上，加入城市文化、信息的功能，于是选取金融资产数量、跨国公司总部分布量、国际组织总部分布量、举办国际会议次数、发表科学论文量和邮政信件总量六项指标表达城市类别和城市在世界经济文化联系中的地位和作用。按照可能获得的城市数据，计算了有关资料，根据指标的重要性程度和排序打分，得出了世界最著名的 49 个城市三个层次的国际功能量级（城市后面括号里是量值），认为第一层次的全球城市有伦敦（159）、纽约（156）、巴黎（155）和东京（138）4 个，第二层次的世界城市有 22 个，第三层次的国际性城市有 23 个。

这些分类都是一定时期的状态，随着发展，各类国际性城市的变化很大。2009 年，国际"全球化和世界城市研究小组"将全球 242 个城市分成 5 级 12 段。处于顶级的国际性城市被公认的有纽约、伦敦和东京 3 个。其次是巴黎、芝加哥、法兰克福、香港、北京、上海、首尔、洛杉矶、新加坡等。世界城市相互关联、互为依存，但由于各个城市自身制度、文化结构的差异，以及全球化经济格局中职能分工的差异，各个城市在类型上也表现出多样性或差异性，其城市职能不尽相同。例如，纽约、伦敦、东京、巴黎都是综合型中心，但是纽约和伦敦是资本吸收型或称资本管理型，东京则是资本供给型或称产业中心型；阿姆斯特丹、香港是金融中心；芝加哥、米兰、法兰克福是物流信息中心；马德里、罗马、柏林是历史文化中心。

三、国际性城市的功能和政策

国际性城市是一个城市由国内城市走向国际城市的过渡阶段，它的国际影响比国内城市要高，比国际城市要低。国际性城市是在逐渐具有了一定的和不断增加的国际因素而形成了国际性的城市功能后发展为国际城市的。为了扩展这些国际因素以促使国际性城市的功能形成，国家也出台政策支持这些功能。

（一）生产要素的国际配置中心和政策

生产要素的国际配置中心是一个广义概念，属于生产性服务的范畴，包括资金配置中心、商品配置中心和人力资源配置中心三大内容，其运行方式是通过各类有形或无形市场对生产要素进行合理配置，按照其配置能力可以将配置中心区分为全球性或区域性的。资金配置中心表现为国际货币、资本、外汇和金银的交易中心，如纽约、伦敦、东京、新加坡和香港的离岸证券市场、同业拆借市场、外汇市场。商品配置中心表现为各类商品期货和期权市场。人力资源配置中心表现为各类人才，特别是高知识含量人才和其他专门人才的集散地，具体表现为来自国外的就业人员的数量和质量。例如，纽约是全世界雇用外籍人员最多的城市，洛杉矶好莱坞是世界电影业从业人员的中心。我国城市政府在支持生产要素国际配置中心的建设上，有 CBD、智慧城市、海绵城市、生态城市等城市建设政策，有区域金融中心、人才市场等要素市场建设政策。

（二）经营决策管理的国际中心

经营决策管理的国际中心是指国际性城市是各类全球性或区域性的政府性或非政府性国际组织总部的驻地。例如，纽约是联合国总部的所在地，对世界政治、经济具有重大影响；华盛顿是世界银行和国际货币基金组织的所在地，影响着世界金融的发展。为了推进我国城市的国际化，各地城市政府也相继出台了总部经济、国际会议组织和各国政府机构建设政策。

（三）知识和技术创新型的国际中心

知识和技术创新型的国际中心是指在国际性城市内，既集中了著名的高等院校、科研机构和医院等知识技术创新的基础设施，又因众多的国内外优秀人才聚集在此就业，这里成为新知识、新技术和新思想的发祥地和集散地，对世界社会的发展起着指导作用。例如，纽约就是美国生活方式的集散地，巴黎是现代思潮的发源地和集散地。我国还缺乏知识和技术创新型的国际中心，2018 年 4 月国家公布的《河北雄安新区规划纲要》体现了这样的国际性城市建设的各种政策。

（四）信息国际枢纽

信息国际枢纽是指城市作为信息业的聚集地，拥有强大的、覆盖全球的各类通信网络和传播媒介。例如，伦敦是全球的通信枢纽之一，纽约是美国传媒最集中的城市。我国的信息国际枢纽还没有完全形成，上海正在朝这一目标靠近。整体来看，我国城市的信息业，包括信息集合、信息产品制造、信息服务平均水平还比较落后，需要出台有力的支持政策推进其发展。

（五）娱乐休闲国际中心

娱乐休闲国际中心是指拥有古典或现代化剧场、戏院、音乐厅、博物馆、俱乐部等文化基本设施以及豪华的宾馆、饭店和各类餐饮场所的国际性城市，这类城市承载着国际性的娱乐休闲功能，对促进国家关系十分重要。我国从增进国际交往的目的出发，在一些发达城市内，有一些国际娱乐休闲的功能建设，随着国家的国际化发展，将会有一些国家政策促进城市娱乐休闲国际中心的建设。

第五节 城市竞争合作战略与政策

一、城市竞争力的内涵与评价指标

（一）城市竞争力的内涵

城市竞争力是指城市经济功能的强弱，它的内涵是一个城市所能获得的市场权力的大小，表现为城市在集聚生产要素和创造财富以及辐射城市所在地区和国家发展方面的能力。城市竞争力是一个综合概念，它既包括在某一时间段上吸引并集聚资金、人才、技术、品牌、市场的能力，同时又表现为在更长的时间里的发展潜力，后者决定了一个城市在较长时期内的发展地位和竞争水平。

（二）城市竞争力的评价指标

城市竞争力一般包括经济实力、服务功能、发展环境、创新能力、管理水平和市民素质，对这六个要素进行分解，可以得到评价城市竞争力的操作性指标，见表4-15-2。

表 4-15-2　评价城市竞争力的操作性指标

评价要素	指标
经济实力	城市GDP总量、人均GDP、最近5年GDP年递增速度、第三产业比重、科技进步对经济增长的贡献份额、进出口总额、国外对本地直接投资总额
服务功能	公路网密度、通信光纤长度、每万人互联网户主数、移动电话普及率、报纸出版量、年货物运输量、股票市场交易额、年末居民储蓄存款余额、保险保费总额、每千人拥有医生数
发展环境	公路网密度、通信光纤长度、人均居住面积、人均道路面积、人均公用绿地面积、三废治理达标率、失业率、犯罪率
创新能力	研究与开发经费占GDP比重、每万人申请专利数、每万人拥有科技人员数、每万人在校大学生数、科技人员净增加量、科技论文发表量、新产品产值比重
管理水平	政府领导交办重大事务办结平均天数、人大政协建议提案办复率、外商投资项目审批平均天数、政府官员经济案件立案数
市民素质	市民平均受教育年数、人均报纸杂志消费额、人均保健支出额、平均预期寿命

二、城市竞争与合作战略与政策

（一）基本特征

城市竞争与合作战略是建立在对城市竞争力分析的基础之上，采取理性博弈、合作博弈态度而确定的城市发展战略，一般作用于城市群体系，有以下几点特征：

1. 动态性

经济发展是一个复杂的动态变化过程，与城市化水平存在着内在关联规律。一般而言，区域的城市化水平达到20%时，经济竞争与合作处于孕育阶段，进入30%以后开始提速，城市竞争与合作境况复杂，达到70%以后逐渐趋向于稳定关系。

2. 整体性

城市竞争与合作的宗旨和动因应当是寻求获得城市化区域的整体发展，提升城市群的整体竞争力。这本身要求城市群内部的城市应当从整个城市群经济系统的角度来审视自身发展战略和方向，确立符合整体利益导向下的局部发展。

3. 关联性

经济发展程度越高，城市间的联系就会加强。全方位、多层次、宽领域的城市竞争与合作便是以核心城市之间日益增强的经济联系所产生的关联效应为出发点来构建全新的发展理念。

4. 持续性

城市若缺乏整体性发展思路，过分追求自身利益，可能会破坏城市群整体的持续发展。

城市群经济整合是一个持续发展的过程，随着城市群经济的发展，各个城市应不断调整竞争与合作的力度与广度来适应城市群经济可持续发展的要求。

5. 可控性

在某种程度上，城市竞争与合作也是一种政府行为。以市场经济发展规律为基础，特别是在 WTO 的框架下，通过政策、制度的调整与制定对城市群经济发展展开有效的调控、规划以及调整，从而引导城市群经济实现从无序到有序、从局部到整体的发展。

（二）政策措施

城市间的经济竞争与合作的政策措施一般包括：①建立城市政府间的合作协调机制。一是建立国家的区域合作领导小组，二是促进城市间的市长联席会议制度的建立，三是制定区域经济合作政策。②实现城市间的交通设施网络化，以促进区域经济一体化。③建立城市间的统一市场，促进要素合理流动。④建立区域性中介机构和相关组织。一是设立区域行业协会联合会，二是建立技术指导和管理咨询中心，三是建立产业协作信息中心。⑤促进城市间的银企合作，支持企业产业转移。

三、城市合作的区域一体化战略与政策

城市合作的区域一体化战略是本着大中小城市因地制宜、各城市之间优势互补、区域可持续发展的原则，最大限度地降低城市之间的经济交流成本，促进生产要素跨区域流动和生产力布局的调整，促进城市与区域的相互作用。从微观角度讲，城市合作的区域一体化战略至少要考虑以下七个方面：

（一）形态一体化

区域城市在空间形态上聚焦，成为各种要素流动的枢纽和创新的孵化器。由于核心城市的聚集效应，会在空间形态上形成多核心的人和生产要素高度密集的星云状结构的大都市带，因而形态一体化的含义，就是要形成有利于发挥要素流动枢纽和创新孵化器两大功能的空间布局结构。

（二）市场一体化

市场机制通过"无形的手"自发调节资源分配和商品供求，通过平均利润调节资本在各生产部门的分布。城市一体化的市场战略，就要消除区域合作的各种市场障碍，形成城市区域的统一市场，从而实现区域经济的一体化。

（三）产业一体化

城市合作讲求分工，即根据比较优势形成产业分工，实现区域内产业结构合理化，以提升产业的整体竞争力。产业整合的方向，应该根据各个城市的工业化水平，形成垂直与水平一体化：对于处在不同梯次的地区，可以通过垂直分工来加强产业联系；而对于处在同一梯次的地区，则可以通过地区之间互补性的水平分工来加强产业联系。

（四）交通设施、基础设施一体化

以区域高速公路等快速干道建设为契机，加快城市通道的配套与衔接，共同完善交通、物流网络。加快区域内各城市间基础设施的连接，形成发达的地区交通枢纽，发挥其对区域经济的巨大带动作用。

（五）信息一体化

消除信息封锁现象，强调信息公开、透明，强化信息资源的互通共享，提高工作效率，

降低社会交易成本。

(六) 制度一体化

规范各地政策和制度,为城市一体化提供制度规范和保障。

(七) 生态环境一体化

从可持续发展要求出发,努力形成人和自然和谐发展的生态环境。

当前国内区域经济合作的重要趋势是以中心城市带动区域经济网络的发展,区域节点城市的空间权力日益扩大,并成为参与国际竞争的重要方式。同时,在全球价值链升级的背景下,我国区域经济合作与产业升级呈现出了一些新的特点,使得区域的竞争日益体现为产业竞争。为此,应从价值链视角关注区域产业升级与区域经济合作的内在机制,推进城市间的一体化合作。对此,城市政府应从产业结构、创新能力、经济实力等方面促进区域经济合作与产业升级,制定和实施城市间的互利合作政策、城市化区域政策、城市劳动地域分工政策和城市合作的区域一体化政策。

复习思考题

1. 采用SWOT分析法制定某个城市的发展战略。
2. 新型城镇化的战略要点是什么?发展新型城镇化有什么重要意义?
3. 新型城镇化战略的任务是什么?
4. 城市现代化的主要标志和指标有哪些?你对你所在城市的现代化战略有什么意见或建议?
5. 国际性城市的功能有哪些?对于目前我国几十个城市争建"国际化城市"的现象,你有什么看法?
6. 什么是城市竞争力?其操作性指标有哪些?
7. 举例说明城市竞争与合作战略的内涵与特征。
8. 请任选一案例,对在城市区域合作中,小城市与周边大城市的发展方法与发展定位给出自己独到的见解。

参 考 文 献

[1] 王雅莉. 城市经济学［M］. 北京：首都经济贸易大学出版社，2008.
[2] 饶会林. 城市经济学［M］. 大连：东北财经大学出版社，1999.
[3] 许学强，周一星，宁越敏. 城市地理学［M］. 北京：高等教育出版社，1997.
[4] 吕玉印. 城市发展的经济学分析［M］. 上海：上海三联书店，2000.
[5] 冯云廷. 城市集聚经济［M］. 大连：东北财经大学出版社，2001.
[6] O'SULLIVAN A. Urban economics［M］. 9th ed. New York：Mcgraw Hill Education，2020.
[7] 王雅莉，张明斗. 城市经济学［M］. 北京：中国财政经济出版社，2017.
[8] 张明斗. 新型城镇化与城市可持续发展［M］. 北京：中国财政经济出版社，2016.
[9] 孟晓晨. 西方城市经济学：理论与方法［M］. 北京：北京大学出版社，1992.
[10] 山田浩之. 城市经济学［M］. 魏浩光、崔培文、蔡纪良，译. 大连：东北财经大学出版社，1991.
[11] 托达路. 经济发展计划化：模型与方法［M］. 杨斌，译. 北京：中国社会科学出版社，1979.
[12] 苗丽静，王雅莉. 城市化经济的产业集群效应分析［J］. 城市发展研究，2007（4）：64-69；77.
[13] 巴顿. 城市经济学：理论与政策［M］. 上海社会科学院部门经济研究所城市经济研究室，译. 北京：商务印书馆，1984.
[14] 伊文思. 城市经济学［M］. 上海：上海远东出版社，1992.
[15] 董利民. 城市经济学［M］. 北京：清华大学出版社，2011.
[16] 胡佛. 区域经济学导论［M］. 王翼龙，译. 北京：商务印书馆，1990.
[17] 勒施. 经济空间秩序：经济财货与地理间的关系［M］. 王守礼，译. 北京：商务印书馆，1995.
[18] 王雅莉. 京津冀大城市化区域的协同性与发展对策［J］. 城市，2014（10）：3-7.
[19] 踪家峰. 城市与区域经济学［M］. 北京：北京大学出版社，2016.
[20] 朱振国，姚士谋，吴楚才. 土地制约条件下的建设用地优化［J］. 城市问题，1998（5）：42-44.
[21] 周伟林，严翼. 城市经济学［M］. 上海：复旦大学出版社，2004.
[22] 王雅莉. 市政管理学［M］. 北京：中国财政经济出版社，2002.
[23] 王雅莉. 城市化经济运行分析［M］. 上海：上海三联书店，2004.
[24] 刘景林. 论基础结构［J］. 中国社会科学，1983（1）：74-88.
[25] 严盛虎，李宇，毛琦梁，等. 我国城市市政基础设施建设成就、问题与对策［J］. 城市发展研究，2012（5）：28-33.
[26] 丁向阳. 城市基础设施建设市场化理论与实践［M］. 北京：经济科学出版社，2005.
[27] 王雅莉. 公共规制经济学［M］. 3版. 北京：清华大学出版社，2011.
[28] 蔡孝箴. 城市经济学［M］. 2版. 天津：南开大学出版社，1998.
[29] 谢文蕙，邓卫. 城市经济学［M］. 2版. 北京：清华大学出版社，2008.
[30] 饶会林. 城市经济理论与实践探索［M］. 大连：东北财经大学出版社，1998.
[31] 汪利娜. 对经济适用住房政策的反思［J］. 中国房地信息，2005（9）：4-7.
[32] 彭敏学. 浅论我国大城市住房的发展约束及其政策启示［J］. 现代城市研究，2013（11）：57-65.
[33] 巴曙松，华中炜，郝婕. 房地产业发展与金融政策：发展脉络和趋势［J］. 福建金融，2005（9）：4-10.
[34] 孙久文. 城市经济学［M］. 北京：中国人民大学出版社，2016.
[35] 赵民，何丹. 论城市规划的环境经济理论基础［J］. 城市规划学刊，2000（2）：54-59.
[36] 高鸿业. 西方经济学［M］. 7版. 北京：中国人民大学出版社，2018.
[37] 吴金星. 生态城市建设理论与实证研究［D］. 长春：吉林大学，2004.

［38］王兴平. 中国城市新产业空间：发展机制与空间组织［M］. 北京：科学出版社，2005.
［39］冯云廷. 城市经济学［M］. 5版. 大连：东北财经大学出版社，2018.
［40］肖兴志. 产业经济学［M］. 2版. 北京：中国人民大学出版社，2016.
［41］张明斗，王雅莉. 中国新型城市化道路的包容性发展研究［J］. 城市发展研究，2012（10）：6-11.
［42］夏春玉. 现代物流概论［M］. 北京：首都经济贸易大学出版社，2004.
［43］周天勇. 城市发展战略：研究与制定［M］. 北京：高等教育出版社，2005.
［44］张明斗. 新型城镇化的深度发展及政策思路创新研究［J］. 城市发展研究，2016（5）：10-15.
［45］王雅莉，姜义颖. 网络时代的城市经济学发展研究［J］. 城市发展研究，2019（1）：30-37.
［46］张明斗. 新型城镇化运行中的基本公共服务均等化研究［J］. 宏观经济研究，2016（6）：118-126.